Energiepolitik & Lobbying –

Die Novellierung des Erneuerbare-Energien-Gesetzes (EEG) 2009

ECOLOGICAL ENERGY POLICY - EEP

Edited by Prof. Dr. Danyel Reiche

ISSN 1864-5860

5   Matthias Corbach
    Die deutsche Stromwirtschaft und der Emissionshandel
    Mit einem Vorwort von Thomas Leif
    ISBN 978-3-89821-816-0

6   Christian Schossig
    Erneuerbare Energien in den US-Bundesstaaten
    Eine vergleichende Fallstudie der Förderpolitiken von Kalifornien und Texas
    Mit einem Vorwort von Miranda Schreurs
    ISBN 978-3-89821-844-3

7   Paul Mußler
    Standortfaktoren für den Ausbau der Photovoltaik in Bayern
    Eine Analyse der politischen Steuerungsinstrumente im Mehrebenensystem
    Mit einem Vorwort von Hans-Josef Fell
    ISBN 978-3-89821-881-8

8   Iwona Podrygala
    Erneuerbare Energien im polnischen Stromsektor
    Analyse der Entstehung und Ausgestaltung der Instrumente zur Förderung der
    Stromerzeugung aus erneuerbaren Energien
    Mit einem Vorwort von Grzegorz Wiśniewski
    ISBN 978-3-89821-837-5

9   Marie-Christine Gröne
    Erneuerbare Energien in Indien
    Möglichkeiten, Grenzen und Zukunftsperspektiven für deutsche Unternehmen
    ISBN 978-3-8382-0008-8

10 Mischa Bechberger
    Erneuerbare Energien in Spanien
    Erfolgsbedingungen und Restriktionen
    Mit einem Geleitwort von Udo Simonis
    ISBN 978-3-89821-952-5

11 Daniel Vallentin
    Coal-to-Liquids (CtL): Driving Forces and Barriers – Synergies and Conflicts from
    an Energy and Climate Policy Perspective
    Including Country Studies on the United States, China and Germany
    and a Foreword by Peter Hennicke
    ISBN 978-3-89821-998-3

12 Steffen B. Dagger
    Energiepolitik & Lobbying
    Die Novellierung des Erneuerbare-Energien-Gesetzes (EEG) 2009
    ISBN 978-3-8382-0057-6

Steffen B. Dagger

ENERGIEPOLITIK & LOBBYING

Die Novelle des Erneuerbare-Energien-Gesetzes
(EEG) 2009

ibidem-Verlag
Stuttgart

Bibliografische Information der Deutschen Nationalbibliothek
Die Deutsche Nationalbibliothek verzeichnet diese Publikation in der Deutschen Nationalbibliografie; detaillierte bibliografische Daten sind im Internet über http://dnb.d-nb.de abrufbar.

Bibliographic information published by the Deutsche Nationalbibliothek
Die Deutsche Nationalbibliothek lists this publication in the Deutsche Nationalbibliografie; detailed bibliographic data are available in the Internet at http://dnb.d-nb.de.

Coverfoto: Getreidefeld mit Windrad. Copyright: R. Röder. Quelle: www.digitalstock.de

Dissertation, Freie Universität Berlin 2009

D 188
∞

Gedruckt auf alterungsbeständigem, säurefreien Papier
Printed on acid-free paper

ISSN: 1864-5860

ISBN-10: 3-8382-0057-8
ISBN-13: 978-3-8382-0057-6

© *ibidem*-Verlag
Stuttgart 2009

Alle Rechte vorbehalten

Das Werk einschließlich aller seiner Teile ist urheberrechtlich geschützt. Jede Verwertung außerhalb der engen Grenzen des Urheberrechtsgesetzes ist ohne Zustimmung des Verlages unzulässig und strafbar. Dies gilt insbesondere für Vervielfältigungen, Übersetzungen, Mikroverfilmungen und elektronische Speicherformen sowie die Einspeicherung und Verarbeitung in elektronischen Systemen.

All rights reserved. No part of this publication may be reproduced, stored in or introduced into a retrieval system, or transmitted, in any form, or by any means (electronic, mechanical, photocopying, recording or otherwise) without the prior written permission of the publisher. Any person who does any unauthorized act in relation to this publication may be liable to criminal prosecution and civil claims for damages.

Printed in Germany

Ecological Energy Policy (EEP) – Series Foreword

How can we initiate an ecological transformation process in the energy industry, a development toward increased use of renewable energies, more efficiency where the burning of fossil resources is still necessary, and the faster reduction of the gross energy consumption?
As evident as the necessity for changes of that kind may appear, it has only recently been brought to the attention of a broader international audience: The consequences of global warming, external costs, the finiteness of fossil resources, and the regional conglomeration of fossil sources bear problems for mankind on a scale that seemed utterly unthinkable before.

So the goal of the new series *Ecological Energy Policy (EEP)* is not about the – now widely accepted – necessity for a change, a transformation process, but it aims to discuss how such an alteration can be *implemented* in real-life economy and society.
Crucial for the papers to be published within EEP are the answers to questions such as:

- Which political, economical, technical, and cognitive *restrictions* oppose change, by which factors *(success conditions)* can those restrictions be overcome?
- Which *actors* can support change, which *constellations of actors* are necessary to induce alterations?
- Which *regulating pattern* is in favor of the implementation of a transformation process? How do the different *instruments* have to be formed, what is a reasonable policy mix to achieve the effects intended?

The new series EEP presents an attractive platform for the publication of monographs, anthologies, conference volumes, and studies.

The first volumes of the series are studies of outstanding quality which represent research that was conducted under the series' editor's supervision at the

Otto Suhr Institute for political science and in the master course Environmental Management at the Freie Universität Berlin.

May the series EEP contribute to a better understanding of the possibilities and constraints of the implementation of an ecological transformation process within the energy industry.

Prof. Dr. Danyel Reiche

The series' editor, Prof. Dr. Danyel Reiche, is Assistant Professor for Comparative Politics at the American University of Beirut (AUB), Lebanon.

Inhaltsverzeichnis

1	**Einleitung**	**15**
1.1	Ausgangslage	15
1.2	Der Forschungsstand	17
1.3	Die Fragestellung	19
1.4	Methodik und Vorgehensweise	21
2	**Policy-Analyse als Untersuchungszugang**	**25**
2.1	Grundbegriffe der Policy-Analyse	25
2.2	Der Policy-Cycle	26
2.3	Das Advocacy-Koalitionsmodell	31
3	**Das Politikfeld Erneuerbare Energien und seine Rahmenbedingungen**	**35**
3.1	Der Energiemarkt in Deutschland: ein Überblick	35
3.2	Erneuerbare Energien in Deutschland	38
3.3	Energiepolitische Rahmenbedingungen	43
4	**Akteure und Koalitionen im Politikfeld**	**47**
4.1	Die ökonomische Koalition	49
4.2	Akteure der ökonomischen Koalition und deren grundsätzliche Position	50
4.3	Die ökologische Koalition	57
4.4	Akteure der ökologischen Koalition und deren grundsätzliche Position	58
5	**Fallstudie: Die Novellierung des EEG**	**69**
5.1	Historischer Abriss und Darstellung der gesetzlichen Vorläuferregelungen	69
5.1.1	Das Stromeinspeisungsgesetz von 1991	69
5.1.2	Die Novellierung des Stromeinspeisungsgesetzes 1998	72
5.1.3	Das Erneuerbare-Energien-Gesetz von 2000	73
5.1.4	Das Photovoltaik-Vorschaltgesetz	77
5.1.5	Die Novellierung des Erneuerbare-Energien-Gesetzes 2004	78

5.2	Politische Rahmenbedingungen während der 16. Legislaturperiode	83
5.2.1	Internationale Ebene	84
5.2.1.1	Hintergrund	84
5.2.1.2	Stern-Report 2006	85
5.2.1.3	Klimabericht des IPCC 2007	86
5.2.1.4	G8-Gipfel in Heiligendamm	87
5.2.1.5	Weltklimakonferenz auf Bali 2007	88
5.2.2	EU-Ebene	90
5.2.2.1	Hintergrund	90
5.2.2.2	Der Ausbau Erneuerbarer Energien	91
5.2.2.3	Das Grünbuch der Kommission 2006	93
5.2.2.4	Das Energiepaket der Europäischen Kommission 2007	94
5.2.2.5	Die Beschlüsse des Europäischen Rates 2007	95
5.2.2.5.1	Ergebnisse	95
5.2.2.5.2	Motive und Strategien	96
5.2.2.6	Das Klimapaket - Gefährdung des EEG aus Brüssel?	97
5.2.3	Nationale Ebene	100
5.2.3.1	Hintergrund	100
5.2.3.2	Der Koalitionsvertrag von CDU, CSU und SPD	101
5.2.3.3	Diverse Positionspapiere	103
5.2.3.4	Die Kleine EEG-Novelle 2006	105
5.2.3.5	Der Energiegipfel der Bundesregierung	105
5.2.3.6	Die Regierungserklärung und der 8-Punkte-Plan von BM Gabriel	107
5.2.4	Zwischenfazit	108
5.3	Die wichtigsten Gutachten zur Novellierung des EEG	110
5.3.1	Das Gutachten im Auftrag des BMU	112
5.3.2	Das Gutachten im Auftrag des BMWi	118
5.3.3	Streit um Ressortzuständigkeit	121
5.4	Die Entwurfsphase der EEG-Novelle	122
5.4.1	BMU: EEG-EB vom 05.07.2007	123
5.4.1.1	Spartenübergreifende Vorschläge des BMU	124
5.4.1.1.1	Erhöhung des EE-Stromanteils bis 2020 und 2030	124
5.4.1.1.2	Volkswirtschaftlicher Nutzen des EEG	124
5.4.1.1.3	Einspeisemanagement und Härtefallregelung für Anlagenbetreiber	125
5.4.1.1.4	Datenerhebung zu EE durch BNetzA	126
5.4.1.1.5	Ausschließlichkeitsprinzip aufweichen	127
5.4.1.1.6	Speichertechnologien und Systemintegration fördern	128
5.4.1.1.7	Besondere Ausgleichsregelung: Detailanpassungen	129
5.4.1.2	Strom aus Wasserkraft	130
5.4.1.3	Strom aus Biomasse	131
5.4.1.4	Strom aus Geothermie	135
5.4.1.5	Strom aus Windenergie	136
5.4.1.6	Strom aus solarer Strahlungsenergie	138
5.4.2	Bundesregierung: Meseberger Eckpunkte für ein IEKP 23./24.08.2007	140
5.4.2.1	Verhandlungsposition des BMU	141
5.4.2.2	Verhandlungsposition des BMWi	142

5.4.2.3	Verhandlungsergebnis & Fazit	143
5.4.3	Bundesregierung: Ressortverhandlungen und BMU-RefE 09.10.2007	146
5.4.3.1.	Bangen um Einhaltung des Zeitplans	146
5.4.3.2.	Spartenübergreifendes	147
5.4.3.2.1	Grundsätzliche Kritik des BMWi	147
5.4.3.2.2	Volkswirtschaftlicher Nutzen: Unterschiedliche Positionen	147
5.4.3.2.3	Datenerhebung zu EE durch Bundesnetzagentur vereinbart	149
5.4.3.2.4	Zustimmung zur Aufweichung des Ausschließlichkeitsprinzips	150
5.4.3.2.5	Systemintegration durch Verordnungsermächtigung regeln	150
5.4.3.2.6	Besondere Ausgleichsregelung: Energiemanagementsystem	152
5.4.3.2.7	Einspeisemanagement: Relativierungswünsche	153
5.4.3.2.8	Konfrontation beim Thema Netzausbau	154
5.4.3.3	Strom aus Wasserkraft	155
5.4.3.4	Strom aus Biomasse: Neue Differenzierungstendenzen	157
5.4.3.4.1	BMELV will Güllebonus einführen	157
5.4.3.4.2	KWK-Bonus, Vergütung und Degression	160
5.4.3.5	Strom aus Geothermie	162
5.4.3.6	Strom aus Windenergie	163
5.4.3.6.1	Repowering-Anreize in Aussicht	163
5.4.3.6.2	Tauziehen um Degressionssenkung und Vergütungs-erhöhung	164
5.4.3.6.3	Stärkere Anreize für Offshore in Aussicht	166
5.4.3.7	Strom aus solarer Strahlungsenergie	167
5.4.3.7.1	BMWi erreicht Reduzierung des Vergütungssatzes	167
5.4.3.7.2	Verschonung von Freiflächenanlagen	167
5.4.4	Bundesregierung: EEG-EB 07.11.2007 und RegE 05.12.2007	169
5.4.4.1	Spartenübergreifendes	169
5.4.4.1.1	Zeit- und Ressourcenprobleme der Ministerien	169
5.4.4.1.2	BMWi streitet für Kompetenzerhalt	169
5.4.4.1.3	Keine Einigung bezüglich volkswirtschaftlichem Nutzen	170
5.4.4.1.4	Einspeisemanagement und Netzausbau	171
5.4.4.1.5	Speichertechnologien und Systemintegration	174
5.4.4.1.6	Bes. Ausgleichsregelung: BMWi wendet Energiemanagementsystem ab	176
5.4.4.2	Strom aus Wasserkraft	178
5.4.4.3	Strom aus Biomasse	179
5.4.4.3.1	NawaRo-Bonus	180
5.4.4.3.1	KWK-Bonus	181
5.4.4.3.2	Vergütung/Degression	182
5.4.4.4	Strom aus Geothermie	183
5.4.4.5	Strom aus Windenergie	183
5.4.4.5.1	Offshore: Frühstarterbonus & Degressionsverschiebung	183
5.4.4.5.2	Onshore-Vergütungserhöhung: BMU setzt sich durch	184
5.4.4.6	Strom aus solarer Strahlungsenergie	186
5.4.4.7	Zwischenfazit: Ressortverhandlungen bis zum RegE	188
5.4.5	Bundesrat: Stellungnahme 15.02. und Gegenäußerung Bundesregierung 05.03.2008	189
5.4.5.1	Spartenübergreifend	191
5.4.5.1.1	Allgemeines	191

5.4.5.1.2	Einspeisemanagement: Ausnahmen für Unternehmen	193
5.4.5.1.3	Speichertechnologien und Systemintegration stärker fördern	193
5.4.5.1.4	Bundesweite Ausgleichsregelung: Ausnahmen für Unternehmen	195
5.4.5.2	Strom aus Wasserkraft	196
5.4.5.3	Strom aus Biomasse	197
5.4.5.3.1	NawaRo-Bonus: Aufnahme weiterer Substrate	197
5.4.5.3.2	KWK-Bonus und Wärmenutzungs-Bonus erweitern	199
5.4.5.3.3	Übergreifende Themen	201
5.4.5.4	Strom aus Geothermie	203
5.4.5.5	Strom aus solarer Strahlungsenergie	204
5.4.5.6	Resümee Bundesratsstellungnahme	204
5.4.6	Bundestag: 1. Lesung am 21.02.2008	205
5.4.6.1	Grundsätzliche Standpunkte der Parlamentarier vor 1. Lesung	205
5.4.6.2	Strukturelle Ausgestaltung	208
5.4.6.3	Plenardebatte	211
5.4.6.4	Fazit	219
5.4.7	Bundestag: Gremienbefassung und Anhörung am 05.05.2008	220
5.4.7.1	Verhandlungsvorbereitungen der Fraktionen	220
5.4.7.2	Streit um Solarenergie-Förderung	222
5.4.7.3	Neue Diskussion um die Windenergie-Förderung	229
5.4.7.4	Anhörung am 05.05.2008	230
5.4.8	Bundestag: Koalitionsverhandlungen 29.05. und 02.06.2008	235
5.4.8.1	Strom aus solarer Strahlungsenergie	237
5.4.8.2	Spartenübergreifendes	242
5.4.8.3	Strom aus Wasserkraft	253
5.4.8.4	Strom aus Biomasse	257
5.4.8.4.1	Klarstellungen	257
5.4.8.4.2	Anträge	259
5.4.8.5	Strom aus Geothermie	270
5.4.8.6	Strom aus Windenergie	271
5.4.8.6.1	Paketlösung Onshore & Offshore-Vergütung	271
5.4.8.6.2	Weitere Anträge der SPD-Fraktion	273
5.4.9	Bundestag: Tagung der Fraktionsgremien und des Umweltausschusses	274
5.4.9.1	Nachverhandlung: Zugeständnis an die ökonomische Koalition	276
5.4.9.2	Fraktionssitzung: Kanzlerin protegiert EEG-Entwurf	277
5.4.9.3	Umweltausschuss: Verbesserung für Offshore-WEA	281
5.4.10	Bundestag: Plenum: 2./3. Lesung 06.06.2008	282
5.4.10.1	Spartenübergreifendes	282
5.4.10.1.1	Mäßige Kritik der Opposition	282
5.4.10.1.2	Koalition argumentiert mit Energiepreisen	286
5.4.10.1.3	Beschluss	288
5.4.11	Bundesrat: Plenum Verabschiedung 04.07.2008	289
5.4.12	Zusammenfassung: Das novellierte EEG	290

6	**Schlussfolgerungen und Wertung**	**305**
6.1	*Akteure*	*305*
6.2	*Koalitionen*	*307*
6.3	*Die Bedeutung von Policy-Lernen und externer Faktoren*	*310*
6.4	*Fazit*	*312*
7	**Anhang**	**317**
7.1	*Abbildungsverzeichnis*	*317*
7.2	*Tabellenverzeichnis*	*317*
7.3	*Verzeichnis der Abkürzungen*	*319*
7.4	*Literaturverzeichnis*	*325*

1 Einleitung
1.1 Ausgangslage

Die energiepolitische Agenda in Deutschland wird seit einiger Zeit von zwei Themen geprägt: der *Liberalisierung der Strom- und Gasmärkte* und der *Umweltverträglichkeit der Energieversorgung*. Mit der Realisierung des EU-Binnenmarktes ist auch die Liberalisierung der europäischen Energiemärkte verbunden. Impuls für diese Liberalisierung waren die EU-Richtlinien für Strom (96/92/EG) und Gas (98/30/EG).[1] In Deutschland wurden beispielsweise die staatlich geregelten, regionalen *Strommonopole* 1998 abgeschafft. Ziel der Liberalisierung war es, die Stromwirtschaft den Regeln des Wettbewerbs zu unterwerfen. Die Abnehmer haben inzwischen die Möglichkeit, ihren Stromanbieter frei zu wählen. Außerdem haben neue Anbieter Marktzutrittsmöglichkeiten erhalten.[2] Die Politik setzte mit diesem Umstrukturierungsprozess neue Rahmenbedingungen. Sie reichen von der Auflösung der Gebietsmonopole 1998 bis zur *Anreizregulierungsverordnung* und der *Kraftwerknetzanschlussverordnung*, die als Teil des Maßnahmenpakets zur Intensivierung des Wettbewerbs auf dem Strommarkt am 13.06.2007 vom Bundeskabinett verabschiedet wurden.[3]

Als zweites Thema hat das Ziel der *Umweltverträglichkeit der Energieversorung* in jüngster Zeit an Bedeutung gewonnen. Einen Schub erhielt es mit der Veröffentlichung des *Stern-Reports* Ende 2006 und des *IPCC-Berichtes* Anfang 2007 die die öffentliche Diskussion um den Klimawandel verstärkten.[4] Die Veröffentlichung der Studie des früheren Weltbankökonom *Sir Nicholas Stern* und seiner Forschungsgruppe im Auftrag der britischen Regierung verlieh dem Klimawandel erstmals ein Gesicht aus ökonomischen Zahlen. Ergebnis dieser Studie war, dass der Klimawandel eine ernste globale Bedrohung offenbart, die eine umgehende globale Reaktion erfordert. Der *IPCC-Bericht* von 2007 unterstrich die Bedeutung des Klimawandels. Er stellte fest,

---

[1] EG-RiLi 96/92/EG vom 19.12.1996; EG-RiLi 98/30/EG vom 22.06.1998.
[2] Vgl. Kegen 2005 und Suck 2008, S. 22ff.
[3] Vgl. Hirschl 2008, S. 200ff.; siehe auch Evert 17.05.2005 und verivox.de.
[4] Vgl. Kap. 5.2.1.2. und 5.2.1.3.

dass die massivsten Auswirkungen des Klimawandels noch vermieden werden können und zeigte Wege auf, wie den verstärkten Einsatz erneuerbarer Energien, mit denen die Erderwärmung auf maximal 2-3 Grad Celsius (globale Mitteltemperatur) gegenüber vorindustriellem Niveau begrenzt werden sollte.[5]

Während die Liberalisierung der Strom- und Gasmärkte langfristig einen *Rückzug des Staates* aus der direkten staatlichen Regulierung bedeutet, ist der Staat aufgrund der Ergebnisse zu den Folgen des Klimawandels aufgefordert, sich *verstärkt regulierend* zu engagieren, um negative Folgen des Klimawandels für die Menschen abzuwenden. Dabei ist der vermehrte Einsatz CO_2-neutraler *erneuerbarer Energien (EE)* eine wichtige Maßnahme zur Senkung des Ausstoßes klimaschädlicher Treibhausgase. So vereinbarte der *EU-Frühjahrsgipfel* vom März 2007 neben anderen Maßnahmen auch die Steigerung des Anteils erneuerbarer Energien am Gesamtenergieverbrauch bis zum Jahr 2020 auf 20 %.[6]

Bundesumweltminister Sigmar Gabriel legte für Deutschland in einer Regierungserklärung vom 26.04.2007 einen *8-Punkte-Plan* vor, in dem Maßnahmen zur Erreichung der Klimaschutzziele vorgestellt wurden. Ziel ist, den CO_2-Ausstoß bis 2020 um 270 Mio. t gegenüber dem Stand von heute zu reduzieren. Zur Erreichung dieses Ziels beschloss die Bundesregierung am 05.12.2007 ein *Integriertes Energie- und Klimapaket (IEKP)*, das ein Gesetzes- und Verordnungspaket zum Schutz des Klimas beinhaltet.[7] Regelungsgegenstand war auch das *Erneuerbare-Energien-Gesetz (EEG) 2009*, das als zentrales Instrument zur Förderung erneuerbarer Energien im Strombereich Untersuchungsgegenstand der vorliegenden Studie ist. Mit der Novellierung des EEG will die Bundesregierung den Anteil der Stromerzeugung durch erneuerbare Energien vom Jahr 2006 bis zum Jahr 2020 auf über 27 % sicherstellen. Damit sollen 55 Mio. t CO_2 eingespart werden.

---

[5] Vgl. Simonis 05/2007.
[6] Vgl. Kap. 5.2.2.5.
[7] BMU 2008b; Meßmer 05.12.2007.

Das EEG wurde im Jahr 2000 erstmals beschlossen und im Jahre 2004 novelliert. Es basiert in Form und Inhalt auf einem Vorläufergesetz, dem *Stromeinspeisungsgesetz (StrEG)* von 1990, das in der Regierungszeit von CDU/CSU und FDP entstanden war.[8] Im Jahr 2000 war das EEG als eines der wesentlichen politischen Vorhaben der damaligen Koalitionäre SPD und BÜNDNIS 90/ DIE GRÜNEN beschlossen worden. Ziel war es, „im Interesse des Klima- und Umweltschutzes eine nachhaltige Entwicklung der Energieversorgung zu ermöglichen und den Beitrag Erneuerbarer Energien an der Stromversorgung deutlich zu erhöhen, um entsprechend den Zielen der Europäischen Union und der Bundesrepublik Deutschland den Anteil Erneuerbarer Energien am gesamten Energieverbrauch bis zum Jahr 2010 mindestens zu verdoppeln."[9] Dazu regelte es die Abnahme und die Vergütung von Strom aus erneuerbaren Energien. Nach der vorgezogenen Bundestagswahl im Jahr 2005 vereinbarte die schwarz-rote Regierungskoalition im Koalitionsvertrag das EEG einer Novellierung zu unterziehen, es aber in seinen wesentlichen Grundzügen zu erhalten.[10] Am 06.06.2008 beschloss der Deutsche Bundestag in seiner 16. Legislaturperiode (LP) die jüngste Novelle des EEG, das zum 01.01.2009 in Kraft trat und dessen Analyse Gegenstand der vorliegenden Forschungsarbeit ist.

1.2   Der Forschungsstand

Wissenschaftliche Literatur und Quellen zu erneuerbaren Energien und zum EEG sind von naturwissenschaftlich-technischen Monographien wie die von *Martin Kaltschmitt* oder *Volker Quaschning* gekennzeichnet.[11] Auch gibt es Werke, die Fragen der praktischen Förderung der erneuerbaren Energien behandeln oder sich als Daten- und Faktenbücher verstehen.[12] Nicht zuletzt existieren juristische Aufsätze und Monographien, wie die von *Volker Oschmann* und *Thorsten Müller, Jan Reshöft* oder *Claudia Erk*, die sich dem Thema in Form von Gesetzessynopsen, Inhaltszusammenfassungen oder

---
[8] Hirschl 2008, S. 19.
[9] Vgl. EEG vom 29.03.2000, § 2.
[10] Vgl. CDU et al. 2005, S. 51f.
[11] Kaltschmitt et al. 2006; Quaschning 2008.

verfassungsrechtlich nähern.[13] Aufsätze von *Hanna Schumacher* und *Martin Altrock* zeigen hinsichtlich des novellierten EEG 2009 aus juristischer Sicht kurz die wichtigsten Änderungen auf.[14]

Schließlich existieren auch politikwissenschaftliche Aufsätze und Monographien, die sich mit der Thematik beschäftigen. Das Thema *erneuerbare Energien* ist politikwissenschaftlich in der Umweltpolitik verankert. Erneuerbare-Energien-Politik ist einerseits eine spezifische, eigenständige Policy, andererseits aber auch mit vielen anderen Politikfeldern, politischen Maßnahmen und Strategien verbunden.[15] Für die Untersuchung umweltpolitikwissenschaftlicher Probleme wird besonders häufig die *Politikfeldanalyse* angewandt. So gibt es mittlerweile zahlreiche Aufsätze und Monographien zu umweltpolitischen Themen. Prägenden Einfluss auf diese Entwicklung hatte *Martin Jänicke*, einer der Mitbegründer der wissenschaftlichen Erforschung umweltpolitischer Fragen in Deutschland.[16]

Eine konkrete politikwissenschaftliche Untersuchung des dem EEG vorausgegangenen StrEG führte erstmals *Udo Kords* im Jahr 1993 durch, der dessen Entstehungsgeschichte seit 1990 analysierte und das StrEG als Beispiel für die Mitwirkungsmöglichkeiten einzelner Abgeordneter an der Gesetzgebungsarbeit des Deutschen Bundestages herausstellte.[17] *Mischa Bechberger*

---

[12] Vgl. Staiß 2007.
[13] Vgl. Oschmann, Müller 2004; Oschmann, Müller 2000; Altrock et al. 2007; siehe auch Reshöft 2003 oder Erk 2008.
[14] Schumacher 2008; Altrock, Lehnert 2008.
[15] Hirschl identifiziert neben der allgemeinen Wirtschafts-, Technologie- und Forschungspolitik die Energiepolitik, die Umwelt- und Klimapolitik sowie die Entwicklungs- und Nachhaltigkeitspolitik, die als Rahmenbedingungen und Einflussfaktoren auf die spezifische EE-Politik einwirken. Vgl. Hirschl 2008, S. 77ff.
[16] Den Forschungsstand zur Politikfeldanalyse fasste Adrienne Héritier 1993 zusammen. Vgl. Héritier 1993b; Héritier 1993a; Windhoff-Héritier 1987. Zur Politikfeldanalyse in der Bundesrepublik vgl. auch von Beyme 1990. Héritiers Werk beinhaltet zudem einen Aufsatz Sabatiers zum Advocacy-Koalitions-Modell, das auch in dieser Arbeit als methodischer Rahmen angewandt wird. Vgl. Sabatier 1993. Einen ausführlichen und detailreichen Überblick bieten zudem Klaus Schubert und Nils Bandelow mit dem Lehrbuch der Politikfeldanalyse. Vgl. Schubert et al. 2003. Neueren Datums ist die von Volker Schneider und Frank Janning 2006 veröffentlichte Monographie, die ebenfalls sehr detailliert und ausführlich durch Beleuchtung der „Akteure, Diskurse und Netzwerke in der öffentlichen Politik" in die Politikfeldanalyse wie auch in das ACF einführt. Siehe Schneider, Janning 2006. Schließlich bieten konkrete Analysen wie die von Marcus Stadthaus Gelegenheit, die Anwendung des ACF zu studieren. Vgl. Stadthaus 2003.
[17] Kords 1993.

untersuchte im Jahr 2000 mittels einer Policy-Analyse den Politikformulierungsprozess des Erneuerbare-Energien-Gesetz 2000.[18] *Danyel Reiche* legte u.a. als Teil seiner Monographie „Rahmenbedingungen für erneuerbare Energien in Deutschland" 2004 eine kurze Analyse der Förderung erneuerbarer Energien im Strombereich vom StrEG 1990 bis zum EEG 2004 vor.[19] *Astrid Evert* konzentrierte sich 2004 auf die Novellierung des EEG 2004 und analysierte ebenfalls den dem Gesetz vorausgegangenen Politikformulierungsprozess mittels einer Policy-Analyse als Untersuchungsmethode. Dabei wählte sie das Advocacy-Koalitionsmodell nach Sabatier (vgl. Kap. 2.3).[20] *André Suck* untersuchte mit seiner 2008 veröffentlichten Analyse im britisch-deutschen Vergleich, wie sich seit den 1970er Jahren aufgrund divergierender staatlicher Organisationsstrukturen und geschichtlicher Entwicklungen eigene Regulierungsansätze zur Markteinführung EE und zur Liberalisierung der Elektrizitätswirtschaft ergeben haben. Schließlich legte *Bernd Hirschl* mit seinem 2008 erschienenen umfassenden Werk *Erneuerbare Energien-Politik* eine Multi-Level Policy-Analyse vor, die sich auf den deutschen Strommarkt konzentriert und neben einer Historie des EEG bis zur Bundestagswahl 2005 auch die Rahmenbedingungen, technologische Faktoren, Akteure und die Wechselwirkungen der EE-Politik mit der europäischen und internationalen Ebene beleuchtet.[21]

Sämtliche bisher vorgelegte politikwissenschaftliche Arbeiten beschränken sich auf einen Untersuchungszeitraum bis Mitte des Jahres 2007. Eine Analyse der Novellierung des aktuellen Erneuerbare-Energien-Gesetzes 2009 fehlt dagegen bisher.

1.3   Die Fragestellung

Mit der Ausgestaltung des 2008 novellierten EEG beschäftigten sich verschiedene Akteure im Politikfeld Energie. Darunter fallen beispielsweise die Bundesregierung und ihre Ministerien, das Parlament und seine Fraktionen,

---
[18] Bechberger 2000.
[19] Reiche 2004, S. 145ff.
[20] Evert 17.05.2005.
[21] Hirschl 2008. Zur deutschen EE-Politik im Mehrebenensystem siehe auch Hirschl 2007.

die Bundesländer, große Energieversorgungsunternehmen (EVU), Netzbetreiber, Stromverbraucher oder verschiedene Interessengruppen und Branchenverbände aus dem Bereich der erneuerbaren Energien. Jeder Akteur brachte spezifische Interessen bezüglich einer Novellierung des EEG 2009 vor, die er versuchte, im Novellierungsprozess einzubringen und durchzusetzen. Allerdings ist der Weg des Politikformulierungsprozesses zum novellierten Gesetz bislang nicht erforscht worden (vgl. Kap. 1.4). So bleibt bislang die Frage offen, wie das Ergebnis des novellierten EEG 2009 konkret zustande gekommen ist, wer daran mit welchen Zielen, Interessen und Vorschlägen mitgewirkt hat und was davon in konkrete Gesetzgebung mündete.

Deshalb ist es das Ziel der vorliegenden Studie, den Novellierungsprozess des EEG 2009 auf die Fragen hin zu untersuchen, *welche Akteure* am Politikformulierungsprozess maßgeblich beteiligt gewesen sind, *welche politische Position* sie dabei vertraten und *welchen Einfluss* diese auf das spätere Gesetz ausüben konnten. Neben dem Prozess der Entscheidungsfindung werden aber auch die Diskussionen und Handlungsmotive der an der Novellierung Beteiligten beleuchtet.

Die Untersuchung soll folgende Leitfragen beantworten:[22]

1) *Was* bewog die Große Koalition, das EEG nach 2004 zu novellieren und was bedingte diese Entscheidung?

2) Welche *Stationen und Einflussfaktoren* waren maßgeblich für den Gesetzestext des EEG 2009 relevant?

3) Welche *zentralen Akteure* beteiligten sich mit *welchen Motiven* maßgeblich an der Gestaltung der Novelle? Welche *Handlungsmotive* lagen ihnen zugrunde und welche *Ziele* verfolgten sie?

4) Wie ist der *Entscheidungsprozess abgelaufen* und welche *Standpunkte* haben die beteiligten Akteure tatsächlich vertreten?

Diese auf Akteure und Interessen zugeschnittenen Fragen dieser Studie verfolgen also die Absicht, das novellierte und am 01.01.2009 in Kraft getretene *EEG als konkretes politisches Ereignis zu erklären*.

1.4 Methodik und Vorgehensweise

Das Zustandekommen politischer Entscheidungen und ihre inhaltliche Ausgestaltung ist ein typisches Untersuchungsfeld der *Politikfeldanalyse*. Da ein konkretes politisches Problem untersucht wird, wurde die *Einzelfallstudie* als methodischer Bezugsrahmen der Analyse gewählt, die angesichts ihrer dichten Beschreibung nützlich für die Erkennung von Problemen innerhalb eines Politikfeldes ist. Mit der ausführlichen Behandlung des EEG-Politikformulierungsprozesses soll realisiert werden, Prozesse wie Entscheidungshandeln, Interaktionsformen und Beziehungsmuster zwischen den einzelnen Akteuren zu erkennen. Da die Untersuchung einer Fallstudie kaum Möglichkeiten zur Theoriebildung erlaubt, ist es nicht Ziel dieser Analyse, die Ergebnisse zu verallgemeinern, sondern vielmehr weitgehend *erklärende Aussagen* zu treffen.[23]

Aufgrund der hohen Aktualität des Untersuchungsthemas liegt bislang nur vereinzelt Sekundärliteratur bezüglich der aktuellen EEG-Novelle 2009 vor. Deshalb werden in der vorliegenden Untersuchung vor allem *Primärquellen* wie Verhandlungsprotokolle, Positions-, Strategie- und Ergebnispapiere genutzt. Darüber hinaus werden Vermerke, Pressemitteilungen, Zeitschriftenaufsätze, Zeitungsartikel, Agenturmeldungen, sowie Internetdokumente herangezogen. Ergänzend werden auch Gesetzestexte, Regierungs- und Referentenentwürfe, Anträge, Ausschuss- und Plenardokumente sowie stenographische Berichte von Verhandlungen eingearbeitet.

---

[22] Astrid Evert analysierte die Novellierung des EEG 2004. Die Leitfragen sind angelehnt an diese Untersuchung. Vgl. Evert 17.05.2005.
[23] Vgl. auch Evert 17.05.2005, S. 7f.

Nachdem in der Einleitung (1. Kapitel) dieser Studie auf das zu untersuchende Thema hingeführt wurde und die *Ziele und Vorgehensweise* dieser Studie vorgestellt werden, wird im 2. Kapitel der *Untersuchungsrahmen* der Arbeit dargestellt. Dazu werden zunächst die *Grundannahmen der Politikfeldanalyse* skizziert. Da es im Verlauf der weiteren Arbeit notwendig ist, die am Politikformulierungsprozess maßgeblich beteiligten Akteure sinnvoll analytisch zu typisieren, wird sodann das *Advocacy-Koalitionsmodell (ACF)* nach Paul H. Sabatier vorgestellt, das es ermöglicht, Interessenzusammenhänge zu vereinfachen und zu charakterisieren.[24] Schließlich waren die Entscheidung zur Novellierung des EEG und der Verhandlungsverlauf nicht nur von Ereignissen des engeren energiepolitischen Feldes, sondern auch von externen Ereignissen geprägt. Während die vorliegende Studie diese Ereignisse im weiteren Verlauf behandelt, werden ihre *theoretischen Grundlagen* in diesem 2. Kapitel vorgestellt.

Das 3. Kapitel beleuchtet das *Politikfeld erneuerbare Energien* und zeigt seine Rahmenbedingungen auf. Dazu wird zunächst der Energiemarkt in Deutschland skizziert, um im Anschluss die erneuerbaren Energien in Deutschland mithilfe aktueller Zahlen und Daten darzustellen. Danach werden die energiepolitischen Rahmenbedingungen anhand von Beispielen und Gesetzen dargelegt.

Im 4. Kapitel werden schließlich die *Akteure und Koalitionen im Politikfeld* dargestellt. Dazu werden die Akteure, die sich mit dem ‚Policy-Problem' beschäftigen benannt und ihre grundsätzlichen Positionen bestimmt. Aus den Ergebnissen werden zwei verschiedene Interessen-Koalitionen abgeleitet, die jeweils verschiedene Interessen verfolgen: Die *ökonomische Koalition* einerseits sowie die *ökologische Koalition* andererseits.

Im Anschluss daran beschäftigt sich das 5. Kapitel mit dem *Fallbeispiel der EEG-Novelle 2009*. Ausgehend vom Stromeinspeisungsgesetz 1990 informiert zunächst ein historischer Abriss über die gesetzlichen Vorläuferregelungen des 2008 beschlossenen EEG. Anschließend werden die *politischen Rahmenbedingungen des zu novellierenden EEG* auf internationaler, europä-

---

[24] Vgl. Sabatier 1993. Die Begriffe „Advocacy-Koalitionsmodell", „Advocacy-Coalition-

ischer, sowie auf nationaler Ebene skizziert. Hieran schließt sich der konkrete *politische Prozess der EEG-Novelle 2009* an. Dazu werden zunächst wichtige *Gutachten* von Forschungsinstituten im Auftrag der federführenden Bundesministerien zur Entwicklung erneuerbarer Energieträger dargestellt; sodann beginnt die Untersuchung der Entwurfsphase der EEG-Novelle mit der Vorstellung des *EEG-Erfahrungsberichtes (EEG-EB)* des *BMU* vom 05.07.2007, dessen regierungsabgestimmte Version als offizielle Grundlage für die Novellierung des EEG gilt.[25] Im Anschluss daran werden die Ereignisse der *Ressortverhandlungen zwischen den Ministerien* über das *parlamentarische Verfahren* bis hin zur Verabschiedung des Gesetzes durch den Bundestag vom 06.06.2008 und den Bundesrat vom 04.07.2008 weitestgehend chronologisch analysiert. In zeitlicher Hinsicht liegt der Schwerpunkt dieser Studie deshalb zwischen dem 05.07.2007 und dem 04.07.2008. Gleichzeitig umfassen diese 12 Monate die Phase der *Thematisierung (agenda setting)*, die Phase der *Politikformulierung (policy formulation)* und der *Entscheidung* des *Policyzyklus (policy cycle)*. Dabei liegt das Augenmerk dieser Studie insbesondere auf der Phase der *Politikformulierung*.[26]

Um die Studie inhaltlich sinnvoll einzugrenzen, wird auf eine Analyse von *Deponie- Klär- und Grubengas verzichtet*, bei denen im Rahmen der Novelle ohnehin nur sehr geringfügige Änderungen entstanden.[27] Aus dem selben Grund konzentriert sich die Studie vor allem auf die mit konkreter Politikge-

---

Frame" bzw. „ACF" werden im Folgenden synonym verwendet.
[25] Das BMU hat den EEG-EB laut Gesetz „im Einvernehmen" mit dem BMELV und dem BMWi bis zum 31.12.2007 und dann wieder alle 4 Jahre dem Deutschen Bundestag vorzulegen. Aufgabe des EEG-EB ist es, „über den Stand der Markteinführung von Anlagen zur Erzeugung von Strom aus Erneuerbaren Energien und aus Grubengas sowie die Entwicklung der Stromgestehungskosten in diesen Anlagen zu berichten sowie gegebenenfalls eine Anpassung der Höhe der Vergütungen nach den §§ 6 bis 12 und der Degressionssätze entsprechend der technologischen und Marktentwicklung für nach diesem Zeitpunkt in Betrieb genommene Anlagen vorzuschlagen. Gegenstand des EEG-EB sind auch Speichertechnologien sowie die ökologische Bewertung der von der Nutzung Erneuerbarer Energien ausgehenden Auswirkungen auf Natur und Landschaft. Inhalt des Berichts ist ferner die Tätigkeit der Bundesnetzagentur nach § 19a." EEG vom 21.07.2004, § 20 Abs. 1.
[26] Indem diese Arbeit den Politikformulierungsprozess des EEG 2009 in einzelne Kapitel zusammenfasst, entsteht zudem eine Gliederung dieser Phase.
[27] Dies wurde zudem deutlich durch nur wenige Änderungswünsche der beteiligten Akteure und zum anderen in geringem diesbezüglichen vorhandenen Quellen- bzw. Literaturmaterial.

staltung befassten *staatlichen und halbstaatlichen Akteure*. Die *Bundesländer* werden innerhalb der Position des Bundesrates berücksichtigt. Auf eine umfassende Analyse der Länderpositionen wird jedoch verzichtet, weil der Einfluss der einzelnen Länder auf das im Bundesrat nicht zustimmungspflichtige EEG als Bundesgesetz vergleichsweise gering war.[28]

Die *nationale Ebene* wird für die Politik der erneuerbaren Energien und das EEG als wichtigste und deutlich vorherrschende Ebene identifiziert.[29] Gleichwohl kann die Novelle des EEG 2009 nicht ohne die *europäische* bzw. *internationale Ebene* erklärt werden, da letztere wichtige Rahmenbedingungen für die nationale Ebene schaffen, was in Kap. 5.2.2 bzw. 5.2.1 detailliert aufgezeigt wird.

Das 6. und letzte Kapitel zieht die *Schlussfolgerungen aus der Einzelfallstudie* und beurteilt die gefundenen *Ergebnisse*. Dort werden die *Stationen und Ereignisse* des Entscheidungsprozesses und der *Einfluss der untersuchten Faktoren* dargelegt, bevor die Studie mit einem *Fazit* endet.

---

[28] Vgl. Mez, Reiche 2008.
[29] „Für die Politik zur Förderung Erneuerbarer Energien bleibt der Nationalstaat der Hauptstrang, um die Entwicklung voranzutreiben. Nur wenn auf dieser Ebene geeignete Rahmenbedingungen gesetzt werden, können Ziele [...] erreicht werden." Vgl. Mez, Reiche 2008, S. 1. Siehe auch Reiche 2007. Zur Bedeutung der europäischen Ebene für die Erneuerbare-Energien-Politik in Deutschland vgl. Suck 2008, S. 549.

2 Policy-Analyse als Untersuchungszugang
2.1 Grundbegriffe der Policy-Analyse   = Politikfeldanalyse

Gegenstand dieser Studie ist das *Politikfeld der Energiepolitik* bzw. der *Politik zur Förderung der erneuerbaren Energien*. Mit der *Politikfeldanalyse* wurde ein methodischer Ansatz für die Untersuchung gewählt, der die Analyse konkreter materieller Politikbereiche ermöglicht.[30]

Hauptaugenmerk der Politikfeldanalyse ist die inhaltliche Dimension von Politik, die durch den englischen Begriff *Policy* zum Ausdruck kommt. Sie geht aus einem mehrdimensionalen Verständnis von Politik hervor. So wird der deutsche Begriff *Politik* im englischen grundsätzlich in die Begriffe *Polity*, *Politics* sowie *Policy* unterteilt. Unter *Polity* werden die Institutionen verstanden, die politische Ideen, Ideologien und sowie formale Regeln und Normen eines politischen Systems erfassen. Dagegen verweist der Begriff *Politics* auf den zumeist konflikthaften politischen Prozess der Politikgestaltung, in dem Akteure mit verschiedenen Wertvorstellungen und Interessen versuchen, auf die Gestaltung öffentlicher Politik zu Einfluss zu nehmen. Schließlich bezeichnet *Policy* die Inhalte und Ziele der Politik, die sich in konkreten Gesetzen, Verordnungen oder Programmen finden.[31]

Ausgehend von diesen drei Dimensionen ist bei der Politikfeldanalyse die Frage kennzeichnend, wie politische Ereignisse zustande kommen. *Thomas Dye* benennt es folgendermaßen:

„*Policy analysis is finding out what governments do, why they do it, and what difference it makes.*"[32]

Die in dieser Studie zu erklärende, abhängige Variable ist das politische Resultat, der tatsächliche Politikinhalt (policy) bzw. konkret das EEG in seiner novellierten Fassung. Dagegen bilden Faktoren wie der politische Entscheidungsprozess (politics) oder das politische Institutionengefüge (polity), die Einfluss auf dieses Ergebnis bewirken, die abhängigen Variablen.

---

[30] Vgl. o.A. 2006; siehe auch Hirschl 2008, S. 36ff.
[31] Vgl. Schneider, Janning 2006, S. 48; siehe auch Héritier 1993a.
[32] Dye 1972, S. 2; zitiert nach Schneider, Janning 2006, S. 16f.

Der Policy-Begriff kann zum einen in prozessualer, zum anderen in struktureller Hinsicht ausdifferenziert werden. Während sich ein Policy-Prozess in prozessualer Hinsicht in unterschiedliche Phasen und Abschnitte teilen lässt, ist es möglich, Beziehungstypen und Komponenten auch strukturell zu unterscheiden, die einen konkreten Politikbereich bzw. ein Politikfeld darstellen.[33] In den folgenden beiden Kapiteln wird ein methodischer Untersuchungszugang für diese Studie entwickelt, der diese beiden Gesichtspunkte berücksichtigt.

2.2   Der Policy-Cycle

Öffentliche Politik ist zunächst ein Entscheidungs- und Produktionsprozess. Phasenmodelle der Policy-Forschung interpretieren Politik deshalb als *Policy-Making*, bzw. als Versuch der Bearbeitung und Verarbeitung gesellschaftlicher Probleme. *Fritz W. Scharpf* definiert dies klassisch „als den Prozess also, in dem lösungsbedürftige Probleme artikuliert, politische Ziele formuliert, alternative Handlungsmöglichkeiten entwickelt und schließlich als verbindliche Festlegung gewählt werden".[34] Danach wird *Politik als logische Abfolge von Schritten* gesehen, die mit der Artikulation und Definition von Problemstellungen beginnt und in einem verbindlichen Resultat eines politischen Programms münden.

Am bekanntesten ist die Erklärung von *Easton*, der ein in der Policy-Analyse genutztes Systemmodell entworfen hat. Danach werden Inputs wie politische Interessen, Unterstützung und Appelle im politischen System zu outputs bzw. politischen Handlungen und Entscheidungen verwendet. Das politische Resultat gelangt an das Umfeld des politischen Systems und führt mittels eines sog. Feedback-Loops zu einer Rückkopplung, welche erneuten Input für das politische System produziert. Eastons Modell wurde bereits von vielen Policy-Analytikern aufgenommen und weiterentwickelt.[35]

---
[33] Schneider, Janning 2006, S. 48.
[34] Siehe Scharpf 1973, S. 15; vgl. auch Jann, Wegrich 2003, S. 71.
[35] Vgl. Mayntz, Scharpf 1975; siehe auch Schubert et al. 2003.

Auch das Modell des *Policy-Cycle* unterstellt wie bei Easton, dass staatliche Politik, vom Beginn bis zur Umsetzung, eine Anzahl charakteristischer Phasen durchläuft. Zunächst wird das entsprechende politische *Problem* in der ersten Phase *definiert und thematisiert*. Darauf folgen die Phasen des *Agenda-Settings* und der *Programmformulierung*. Schließlich erfolgen die *Implementierung* sowie die *Umsetzung*, welche wiederum in einem nächsten Schritt *evaluiert* werden kann. Wenn ein politischer Problemlösungsprozess in Gestalt einer Rückkopplungsschleife wiederholt auftritt, stellt das Evaluationsstadium eine Art Scheideweg dar, an dem sich entscheidet, ob eine Policy endgültig *terminiert* ist oder erneut in die Thematisierungsphase zurückläuft.

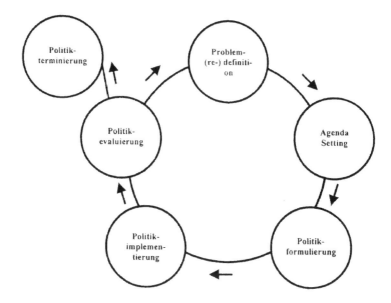

Abb. 1: Der idealtypische Policy-Cycle

Quelle: Jann, Wegrich 2003, S. 82.

In der Fachliteratur existieren ganz unterschiedliche Zyklusmodelle, sodass vielfältige terminologische Aufgliederungen existieren.[36] Gleichwohl gibt es einen gemeinsamen Kern, der die wichtigsten Policy-Phasen umfasst. Es sind: *Problemdefinition*, *Politikformulierung* und *Politikimplementierung* sowie darüber hinaus *Politikevaluation* und *Terminierung* als weitergehende Abschnitte. Die beiden letztgenannten Phasen werden dagegen vielfach eher als Rückkopplungsschleife angesehen.[37]

Problemdefinition (agenda setting)

Da der Policy-Prozess zumeist durch ein Problem angeregt wird, ist der erste Schritt des Policy Making die *Problemwahrnehmung* als Voraussetzung für politisches Handeln. Um vernommen zu werden, muss ein soziales Problem zuerst definiert und die Notwendigkeit eines steuernden Eingriffes öffentlicher Politik artikuliert werden. Danach muss das als wichtig erachtete Problem auf die politische *Tagesordnung* gesetzt werden. In dieser Phase der Problemdefinition werden bereits wichtige Vorentscheidungen bezüglich der Prioritätensetzung, der Selektion und der Strukturierung des Policy-Problems gefällt. Auch wird hier gefragt, welche Mechanismen des Agenda-Setting für ein Thema genutzt werden, um erfolgreich umgesetzt zu werden.

Politikformulierung (policy formulation)

Ist es interessierten Akteuren gelungen, ein Thema auf die Parlaments- oder Regierungsagenda zu setzen, so entsteht die Phase der *inhaltlichen Ausgestaltung eines politischen Programms*. Hierbei werden aus formulierten Vorschlägen, Problemen und Appellen staatliche Programme. Politische Ziele festzulegen und verschiedene Handlungsalternativen zu diskutieren sind dabei wichtige Gesichtspunkte. Jedenfalls in westlichen Demokratien findet diese Phase zunehmend in einem offenen gesellschaftlichen Prozess statt, bei dem staatlichen Akteuren eine wichtige, aber nicht zwangsläufig entscheidende Rolle zukommt.[38] Allerdings sind letztere zumindest noch bei der for-

---

[36] Vgl. Jann, Wegrich 2003; siehe auch Windhoff-Héritier 1987, S. 67f.
[37] Vgl. Schneider, Janning 2006, S. 50; siehe auch Jann, Wegrich 2003.
[38] Vgl. Windhoff-Héritier 1987, S. 74f.; siehe auch Jann, Wegrich 2003, S. 88.

mellen Festsetzung staatlicher Policies in Gesetzen und Programmen unverzichtbar.

Implementierung (policy implementation)

Implementierung nennt man die *Phase der Umsetzung bzw. Durchführung eines beschlossenen Programms durch die zuständigen Organisationen und Institutionen.* Da die Formulierung und Konkretisierung politischer Problemlösungsprogramme nicht von selbst deren Durchsetzung und Vollzug gewährleistet, hängt diese wiederum von Zielsetzungen aus Programmen ab, die allerdings nicht immer vom Staat und dessen Vollzugsorganen gesteuert werden können. Selbst in hierarchischen Strukturen verläuft eine Implementation nicht immer problemlos. Sind zum Beispiel sehr viele Ebenen involviert, wird eine effektive Kontrolle und somit das Durchsetzungspotential erschwert. Deshalb ist diese Phase ganz entscheidend durch die Instrumente geprägt, die bei der Anwendung des politischen Programms zur Anwendung kommen.[39]

Evaluierung und/oder Terminierung (policy evaluation and/or termination)

Ausgehend von dem Anspruch, dass Policies und staatliche Aktivitäten zur Lösung bzw. Verarbeitung gesellschaftlicher Angelegenheiten beitragen sollen, stehen in der Evaluationsphase die *angestrebten Wirkungen politischer Programme* im Vordergrund. Ergebnis eines Evaluationsprozesses kann auch die Beendigung bzw. Terminierung eines politischen Programms sein. Die Realisierung letzteres hängt dabei vor allem von den politischen Kräfteverhältnissen innerhalb des Policy-Netzwerkes ab, sodass es bisweilen nur zu einer teilweisen Terminierung kommt und eine neue Schleife des Policy-Cycle beginnt.

Dieses Modell des Policy-Cycles erlaubt es, den komplexen Politikprozess in einzelne, logische und übersichtliche Elemente zu unterteilen. Außerdem be-

---

[39] Ausführlicher: Jann, Wegrich 2003, S. 89ff.; siehe auch Schneider, Janning 2006, S. 58ff.

rücksichtigt diese phasenorientierte Betrachtung die zahlreichen an dem Prozess beteiligten Akteure, da sie eine institutionenübergreifende Sicht fördert und daneben die Analyse von Policy-Wirkungen ermöglicht. Allerdings ist bei diesem Aufteilungsschema kritisch anzumerken, dass es in der politischen Praxis nicht immer exakt in dieser Form vorfindbar ist. Die einzelnen Stadien sind häufig nicht deutlich voneinander getrennt, sondern überlappen und durchdringen sich gegenseitig oder verlaufen sogar parallel zueinander.[40] Auch wird der Phasenablauf theoretisch nicht begründet. So wird nicht klar, warum die skizzierten Phasen dem dargestellten Kreislauf folgen müssen.[41] Schließlich tendiert das Modell dazu, die Analyse auf das Zustandekommen von Policy-Entscheidungen und die Beurteilung der Wirkungen dieser Entscheidungen zu reduzieren. Es vernachlässigt damit aber möglicherweise lernende Akteure und Veränderungen im Policy-Prozess.

Kritiker wie Sabatier sprechen von einer „Phasen-Heuristik", von einem „'oversimplified' oder gar unrealistischen Weltbild. Policy-Making erscheint zu einfach, weil es nur darauf anzukommen scheint, Programme zu entwickeln und am Laufenden zu halten."[42] Verkannt werde, dass Policy-Making nicht die Entwicklung neuer Lösungen, sondern meist die Modifikation vorhandener Policies bedeute.

Eine Antwort auf diese Kritik waren alternative Ansätze wie *Policy-Netzwerk-Modelle*, *Policy-Community-Modelle* oder das *Advocacy-Coalition-Framework (ACF)* von Sabatier, welches auf dem Modell des Policy-Cycles aufbaut und eine Annahme über Ursache und Wirkung im politischen Prozess beinhaltet.

Da sich Politik immer unter spezifischen situativen Bedingungen vollzieht, die die Wahrnehmung und das Verhalten von Akteuren beeinflussen, bietet es sich an, Politik anhand mehrerer *situativer Variablen* zu modellieren. Sabatiers Modell sieht beispielsweise politischen Wandel als das Ergebnis eines *Wettstreits konkurrierender Akteure* an. Es bezieht sozioökonomische Rahmenbedingungen und Veränderungen des politischen Prozesses mit ein und berücksichtigt Kämpfe und Auseinandersetzungen zwischen Interessenkoali-

---

[40] Jann, Wegrich 2003, S. 95ff.; Evert 17.05.2005.
[41] Sabatier 1993, S. 18.
[42] Vgl. Sabatier 1993; siehe auch Schneider, Janning 2006.

tionen. Durch die Analyse der Akteure und deren Handeln ermöglicht es schließlich Kausalaussagen, die empirisch überprüfbar sind.

Diese Studie wählt das *Advocacy-Koalition-Framework* als methodisches Gerüst, da dieses Modell zugleich Aussagen über die grundsätzliche Rolle und die Wertvorstellungen der Akteure im politischen Prozess erlaubt und die verschiedenen Akteure, ihre Interessen sowie ihr Handeln stark in den Untersuchungsfokus rückt.[43] Aufbauend auf diesem Modell sollen aber auch Teilbereiche anderer bestehender Diskussionsstränge der Policy-Forschung nutzbar gemacht machen werden, um der Komplexität des Politikfeldes dieser empirisch geleiteten Arbeit Rechnung zu tragen.

2.3 Das Advocacy-Koalitionsmodell

Das *Advocacy-Koalitionsmodell* von *Paul Sabatier* beschreibt die Existenz von mehreren Programmkoalitionen in einem Politikfeld, ihre gegenseitige Beziehung und die Veränderungen in ihrem Stärkeverhältnis. Es wurde entwickelt, um in einem konkreten Bereich den Wandel von Politik zu erklären. Ferner und wurde bereits für diverse Politikfeldanalysen herangezogen.[44] Innerhalb des Politikfeldes werden diejenigen relevanten Akteure untersucht, die sich aktiv mit einem Policy-Problem beschäftigen.[45] Dies können Akteure aus Politik, Wissenschaft, Gesellschaft oder Verwaltung sein.

Die vorliegende Studie unterstellt, dass die Akteure handlungsleitende Orientierungen bzw. sog. *belief-systems* besitzen, welche auf Erkenntnis und Erfahrung beruhen. Die Akteure bringen ihre Interessen und Forderungen in den politischen Prozess ein, um diese *handlungsleitenden Orientierungen* (bzw. belief-systems) in konkrete Politik zu überführen. Dieses „Set von grundlegenden Wertvorstellungen, Kausalannahmen und Problemperzeptionen"[46] weist eine hierarchische Kategorie auf, die einen abnehmenden Wi-

---

[43] Vgl. auch Evert 17.05.2005, S. 14.
[44] Sabatier, Weible 2007, S. 189ff.; vgl. auch Hirschl 2008, S. 44ff. Dazu zählen etwa die deutsche Gentechnologiedebatte, die Krankenhauspolitik in Deutschland und andere. Vgl. Bandelow 1999; Schneider, Janning 2006, S. 194f.
[45] Sabatier 1993, S. 120.
[46] Sabatier 1993, S. 127.

derstand gegenüber Veränderungen ausdrückt; es besteht aus folgenden drei Teilen:[47]

1) Deep core *(Hauptkern)*

Den *Hauptkern* bildet die *grundlegende normative und ontologische Überzeugung* eines Akteurs auf der obersten Ebene. Da diese über verschiedene Policy-Systeme hinaus Bestand hat und für sämtliche Politikfelder gültig ist, ist der Hauptkern *nur schwierig zu ändern*.

2) Policy core *(Politikkern)*

Der *policy core* ist dagegen ein *Kern kausaler Zusammenhänge, Positionen und grundlegender Strategien*. Er ist auf der mittleren Ebene angesiedelt und nicht so umfassend und grundlegend wie der deep core. Zu beeinflussen ist dieser Politikkern nur *bei schweren Umbrüchen im Politikfeld*.

3) Secondary aspects (Sekundäraspekte)

Die *Sekundäraspekte* sind auf der untersten Ebene angesiedelt. Sie bestehen aus *instrumentellen Überlegungen oder Taktiken,* wie ein deep core realisierbar ist und sind entsprechend *relativ leicht zu ändern*.

Teilen nun innerhalb eines Politikfeldes Akteure über längere Zeit hinweg den Politikkern eines belief-systems, so bilden sie eine gemeinsame Advocacy-Koalition.[48] Diese versucht das Verhalten der anderen Akteure zu beeinflussen, dass der Politikkern ihres belief-systems in eine öffentliche Politik übertragen wird. Sie treten nicht nur für die gleichen Ziele ein, sondern koordinieren, wenn auch nur zu einem gewissen Grad, auch ihre Handlungen oder handeln gar gemeinsam.[49] Dieser Koalition können neben privaten und öffentlich-körperschaftlichen Akteuren auch Einzelpersonen wie Wissenschaftler, Politikberater oder Journalisten angehören. Innerhalb eines Politikfeldes geht man von 1 bis 4 Koalitionen aus. Dabei wird angenommen, dass das Konfliktpotential im Fall einer einzigen Koalition sehr gering ist.

---

[47] Schneider, Janning 2006, S. 195f.
[48] Vgl. Sabatier 1993.

Policy-Wandel tritt nach dem Advocacy-Koalitions-Ansatz grundsätzlich in zwei Fällen ein: zum einen, wenn *Umbrüche innerhalb des Subsystems* erfolgen, wie zum Beispiel Veränderungen der Wertvorstellungen der Koalitionsmitglieder oder das *Policy-orientierte-Lernen*, also Lernprozesse in einem Politikfeld. Letzteres betrifft die sekundären Aspekte des belief-systems und liegt vor, sofern eine „relativ stabile Veränderung des Denkens oder von Verhaltensintentionen" von Akteuren vor allem innerhalb einer Koalition vorliegt, „die aus Erfahrungen resultieren und die sich mit der Realisierung oder der Veränderung von Policy-Zielen"[50] befasst. Es ist somit ein instrumentelles Lernen bzw. eine Taktik, mittels der die Policy-Ziele erreicht werden sollen.

Zum anderen werden Veränderungen im Hauptkern einer Policy von Veränderungen getragen, die außerhalb des Politikfeldes liegen.[51]

Der Advocacy-Koalitions-Ansatz führt über das Politikfeld hinaus als externer, nicht-kognitiver Faktor zum einen die *relativ stabilen Parameter* mit Punkten wie der grundlegenden Rechtsstruktur oder der grundlegenden Verteilung natürlicher Ressourcen an, die nicht oder nur relativ schwer zu verändern sind. Zum anderen entstehen Veränderungen durch *externe Systemereignisse* wie beispielsweise ein Regierungswechsel oder der Wandel der öffentlichen Meinung, die typischerweise in einem Zeitraum von einigen Jahren vorkommen und sich dem Einflussbereich der Akteure des Subsystems in der Regel entziehen.

Das jeweilige belief-system gibt die Richtung vor, in die die Handlung gehen soll. Um allerdings auch seine Inhalte umsetzen zu können und dementsprechend Einfluss auszuüben bzw. Veränderungen in der Politik zu erreichen, bedarf es der Ressourcen, die wiederum vor allem von strukturellen Faktoren abhängen und außerhalb des Politikfeldes angesiedelt sind. Deshalb wird ein Policy-Wandel neben policy-orientiertem Lernen der Akteure gerade in den Kernaspekten einer Policy vor allem durch externe Systemereignisse hervorgerufen.[52]

---

[49] Vgl. Sabatier 1993, S. 119ff.
[50] Sabatier 1993, S. 121.
[51] Sabatier 1993, S. 123.
[52] Schneider, Janning 2006, S. 197ff.

In der vorliegenden Studie soll anhand dieses Modells untersucht werden, welche Koalitionen beim Politikfeld Erneuerbare Energien vorliegen, wie ihr jeweiliges belief-system zu identifizieren ist, um die Fortentwicklung des Politikfeldes verdeutlichen zu können. Dabei werden neben den Prozessen des internen Policy-Lernens auch externe Ereignisse einbezogen.

3 Das Politikfeld Erneuerbare Energien und seine Rahmenbedingungen

3.1 Der Energiemarkt in Deutschland: ein Überblick

Deutschland ist einer der größten Energiemärkte der Welt, der Anfang der 1970er Jahre einen deutlichen Strukturwandel zu Gunsten von Erdgas und Kernenergie und zu Lasten von Kohle und Mineralöl erfahren hat. Während der Primärenergieverbrauch bis Anfang der 1970er Jahre wuchs, brach das Wachstum nach der *ersten Ölkrise* von 1973/74 und vor allem nach der *zweiten Ölkrise* von 1979/1980 deutlich ein.[53] Vor allem aufgrund des Einbruchs der industriellen Produktion und des Braunkohlebergbaus in den neuen Bundesländern nahm der Primärenergieverbrauch seit 1989 in Deutschland sogar ab.[54] Fossile Energieträger (Mineralöl, Kohle, Erdgas) tragen heute zu mehr als 80 % zum Primärenergieverbrauch bei.[55] Den größten Anteil hatten 2007 Mineralöl, Erdgas, Steinkohle sowie Braunkohle. Schließlich lag der Anteil der Kernenergie zuletzt bei 11,0 %; die Erneuerbaren Energien verbuchten einen Wert von 6,7 % (siehe Tabelle 1).[56]

---

[53] Vgl. Runci 17.01.2005, S. 7.
[54] Brand, Reiche 2005, S. 71. Primärenergie wird verstanden als der „rechnerisch nutzbare Energiegehalt all jener Energieträger, die in der Natur vorkommen und noch keiner Umwandlung unterworfen sind (Stein- und Braunkohle, Erdöl, Erdgas und den erneuerbaren Energien Sonnenenergie, Windkraft, Wasserkraft, Erdwärme und Gezeitenenergie)". Dagegen ist Endenergie „derjenige Teil der Primärenergie, der den Verbraucher, nach Abzug von Transport- und Umwandlungsverlusten, erreicht." Vgl. BMWi 2008d.
[55] BMWi 2008e. Vgl. zur nationalen Situation Mihm 2008a und Schiffer 2007. Zur internationalen Lage vgl. auch Hennicke, Fischedick 2007, S. 20ff.
[56] Berechnet nach der Wirkungsgradmethode. Im Bereich der erneuerbaren Energien hatte Biomasse mit 4,9 % den größten Anteil am Primärenergieverbrauch; gefolgt von Wind mit 1,0 %; Wasser mit 0,5 % sowie den restlichen EE mit 0,3 %. BMU 06/2008, S. 3. Zur Rolle der Kohle siehe auch Kemfert 2007.

Tab. 1: Struktur des Primärenergieverbrauchs in Deutschland 2007

	%
Mineralöl	33,9
Erdgas	22,5
Steinkohle	14,3
Braunkohle	11,6
Kernenergie	11,0
Erneuerbare Energien	6,7

Quelle: BMU 06/2008, S. 3.

Da Deutschland nur über relativ geringe Vorkommen an Energierohstoffen verfügt, ist es besonders stark von Energieimporten abhängig. Zwar kann die Bundesrepublik auf größere Vorkommen von Stein- und Braunkohle zurückgreifen. Allerdings nimmt die Förderung seit Jahren ab. Insbesondere Rohöl wird zu fast 100 % aus ausländischen Quellen importiert, dabei zu mehr als 1/3 aus Russland.[57] Auch Erdgas muss zu fast 80 % importiert werden. Zunehmend betrifft dies auch Steinkohle. Braunkohle und die erneuerbaren Energien werden dagegen nahezu ausschließlich im Inland gewonnen (siehe Tabelle 2).[58]

Tab. 2: Nettoenergieimporte Deutschlands in Prozent

Jahr	1990	1991	1992	1993	1994	1995	1996	1997	1998	1999	2000	2001	2002	2003	2004	2005	2006
%	56,8	62,2	66,4	66.6	67,9	68,5	70,5	71,8	73,5	72,6	72,0	73,8	72,8	73,7	73,3	72,8	74,5

Quelle: nach Daten des BMWi 2008e.

Im Strombereich nimmt vor allem Kohle einen großen Anteil als Energieträger ein. So wurden im Jahr 2007 aus Steinkohle (22,8 %) und Braunkohle (24,5 %) mit zusammen 46,6 % fast die Hälfte des Stroms in Deutschland

---

[57] Im Jahr 2007 stammten 33,7 % des von Deutschland importierten Rohöls aus Russland. BMWi 2008e; Siehe auch Umbach 2008a, S. 25.
[58] Fossile Energieträger importierte Deutschland im Jahr 2006 zu fast 75 % (Nettoimportquote incl. Kernenergie). Vgl. BMWi 2008e. Nettoenergieimporte werden hier als „Anteil der Summe aus Einfuhr minus Ausfuhr minus Bunker am Primärenergieverbrauch" verstanden. Vgl. BMWi 2008e.

gewonnen. Der Anteil der Kernenergie betrug 22,1 %. Zunehmende Bedeutung gewinnen hier auch die erneuerbaren Energien mit fast 14 % (vgl. Kap. 3.2).[59]

Außerdem wird die Stromwirtschaft in den kommenden Jahren ihren *Kraftwerkspark modernisieren*. Etwa die Hälfte der deutschen Kraftwerkskapazität, also etwa 40.000 - 50.000 MW, müssen ersetzt werden.[60] Dies betrifft vor allem Kohlekraftwerke, aber gemäß Atomausstiegsbeschluss auch Kernkraftwerke.[61] Auf die Stromwirtschaft kommen durch den Ersatz des Kraftwerksparks erhebliche finanzielle Investitionen zu. Auch deshalb verlangen die EVU Planungssicherheit und eine beständige Energiepolitik.[62]

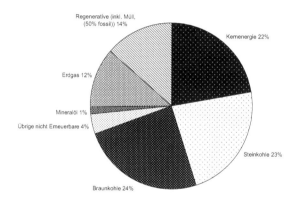

Abb. 2: Bruttostromerzeugung in Deutschland, gerundet (2007)

Quelle: nach Daten des BMWi 2008d.

---

[59] BMWi 2008d.
[60] Im Folgenden werden die Abkürzungen „MW" (Megawatt) sowie „kW" (Kilowatt) synonym für „MWel" (Megawatt elektrisch) bzw. „kWel" (Kilowatt elektrisch) gebraucht.
[61] Vgl. Bundesregierung et al. 14.06.2000.
[62] Brand, Reiche 2005, S. 37ff.

3.2 Erneuerbare Energien in Deutschland

Erneuerbare Energien sind in Deutschland in den vergangenen Jahren deutlich ausgebaut worden. Das Wachstum übertraf sogar die Erwartungen von Interessenvertretern aus der EE-Branche und zuständigen politischen Akteuren.[63] Im Jahr 2007 trugen sie bereits zu 6,6 % zum Primärenergieverbrauch bei (2000 noch 2,9 %) bzw. zu 8,5 % am Endenergieverbrauch (2000: 3,8 %).[64] Gemäß den ‚März-Beschlüssen' des Europäischen Rates im Jahr 2007 sollen bis zum Jahr 2020 20 % des gesamten Endenergieverbrauchs der Europäischen Union (EU) mit erneuerbaren Energien gedeckt werden.[65] Für Deutschland bedeutet dies einen Anteil von 18 %, also mindestens eine Verdopplung gegenüber dem Jahr 2007.[66]

Insbesondere im *Strombereich* ist der Anteil erneuerbarer Energien deutlich gestiegen, was maßgeblich auf die Einführung des Stromeinspeisungsgesetzes und vor allem des EEG zurückzuführen ist.[67] In diesem Bereich hat sich die installierte Gesamtleistung seit der Einführung des EEG im Jahr 2000 etwa verdreifacht und seit der Einführung des Stromeinspeisungsgesetzes im Jahre 1991 versiebenfacht.[68] Die Stromerzeugung mittels erneuerbarer Energien bezogen auf den gesamten Primärenergieverbrauch stieg von 0,8 % im Jahr 1998 auf 3,2 % im Jahr 2007.[69] Während die Bundesregierung im Koalitionsvertrag von 2005 noch das Ziel formulierte, bis zum Jahr 2010 12,5 % des Bruttostromverbrauchs mit erneuerbaren Energien zu decken, wurde dieses Ziel mit 14,2 % bereits im Jahr 2007 übertroffen (vgl. Kap. 5.2.3.2). Insgesamt wurden im Jahr 2007 rund 87,5 TWh Strom aus erneuerbaren Energien erzeugt (vgl. Tabelle 3).[70]

---

[63] Zu den Gründen für den Ausbau in Deutschland vgl. auch Lauber, Mez 2006. Zum technologischen Spektrum und zu Potentialen der EE vgl. Hirschl 2008, S. 59ff.; siehe auch Kohl 2007.
[64] BMWi 2008d. Das BMU veröffentlichte dagegen den geringfügig abweichenden Betrag von 6,7 % EE Anteil am Primärenergieverbrauch im Jahr 2007. Vgl. BMU 06/2008, S. 3.
[65] Vgl. Kap. 5.2.2.5.
[66] BMU 06.06.2008, S. 8ff.
[67] Hirschl 2008, S. 59; siehe auch Lauber, Mez 2006 und Staiß 2007.
[68] Siehe auch BMU 06.06.2008, S. 9 sowie Kap. 5.1.2.
[69] BMU 06.06.2008, S. 8ff.
[70] Vgl. BMU 06.06.2008, S. 14. Vgl. auch Pflüger 2007.

Tab. 3: Stromerzeugung aus EE in Deutschland 2007 (Endenergie; in GWh).

	Wasserkraft	Windenergie	Biomasse	biogener Anteil des Abfalls	PV	Geothermie	Summe Stromerzeugung
2007	20.700	39.500	19.500	4.250	3.500	0.4	87.450

Quelle: nach Daten des BMU 06.06.2008, S. 16.

Im Bereich der *Windenergie* erreichte Deutschland 2007 mit 22.247 MW installierter Leistung zum wiederholten Mal die Spitzenposition bei der weltweiten Windenergienutzung.[71] Die deutschen Windenergieanlagen (WEA) produzierten 2007 mit 39,5 TWh fast ein Drittel Strom mehr als im Vorjahr. Grund war nach dem ‚windschwachen' Jahr 2006 ein überdurchschnittlich gutes Windangebot im Folgejahr. Unter den EE liegt die Windenergie im Strombereich vorn. Hier erreichte sie 2007 einen Anteil von 6,4 % am *Bruttostromverbrauch* und sogar 45,2 % an der *Strombereitstellung aus erneuerbaren Energien*. Ihr Beitrag an der *Endenergiebereitstellung aus EE* betrug 2007 17,5 % (vgl. Abbildung 3 und Abbildung 4).[72] Windenergie ist besonders in norddeutschen Bundesländern stark vertreten. Die stärkste installierte Leistung und den stärksten Zubau an Strom aus Windenergie (nachfolgend in Klammern) erreichten im Jahr 2007 die Bundesländer Niedersachsen mit 5546,72 (bzw. 368,01) MW und Brandenburg mit 3358,91 (bzw. 230,75) MW.[73]

---

[71] BMU 06.06.2008, S. 8ff. und Tab. 4. Zur Entwicklung der EE-Politik in Deutschland vgl. auch Lauber, Mez 2006.
[72] BMU 06.06.2008, S. 8ff.
[73] Auch Schleswig Holstein und NRW gehören in beiden Kategorien zu den 5 stärksten Ländern. Vgl. BWE 31.12.2007.

Tab. 4: Installierte Leistung zur Stromerzeugung EE in Deutschland.

	Wasserkraft	Windenergie	Biomasse	Photovoltaik	Geothermie	Gesamte Leistung
	[MW]	[MW]	[MW]	[MW]	[MW]	[MW]
1990	4.403	56	190	2	0	4.651
2007	4.720	22.247	3.238	3.811	2,4	34.018

Quelle: nach Daten des BMU 06.06.2008, S. 17.

Der Gebrauch von *Biomasse* bei der Strom- und Wärmeerzeugung erfuhr vor allem seit den verbesserten Rahmenbedingungen des EEG von 2004 eine Stärkung. Dies führte z.B. in jüngerer Zeit aufgrund der gestiegenen Energiepreise zu einer höheren Nachfrage von Pelletheizungen. Biomasse hat unter den EE den Vorzug, dass sie als grundlastfähiger Energieträger rund um die Uhr zur Verfügung steht und deshalb bedarfsgerecht eingesetzt werden kann.

Die Stromerzeugung aus fester und flüssiger Biomasse sowie Biogas betrug im Jahr 2007 17,4 TWh. Sie nahm damit gegenüber dem Vorjahr (13,5 TWh) um fast ein Viertel zu. Gemeinsam mit Deponie- und Klärgas sowie dem biogenen Anteil der Abfälle wurde im Jahr 2007 mit 23,8 TWh erstmals mehr Strom aus Biomasse als aus Wasserkraft produziert (vgl. Tabelle 3). Während der Anteil am Bruttostromverbrauch 3,8 % betrug, trug Biomasse zur Wärmebereitstellung rund 84 TWh bei und machte damit 93 % des Beitrags der regenerativen Energien auf diesem Gebiet aus. Schließlich galt Deutschland als einer der größten Märkte für Biokraftstoffe, deren Anteil am Kraftstoffverbrauch von 2002 bis 2007 mehr als verachtfacht wurde.[74] So deckten Biokraftstoffe 2007 mit 4,6 Mio. t rund 7,6 % des gesamten Kraftstoffbedarfs.[75]

Etwas anderes gilt für den Bereich der *geothermischen* Quellen. Ihre Wärme dient der Beheizung von Gebäuden, der Speisung von Nahwärmenetzen oder der Stromerzeugung. Allerdings trägt Geothermie mit einer installierten Leistung von insgesamt 2,4 MW bislang kaum zur Stromerzeugung bei. Der

---

[74] Staiß 2007, S. I-3.
[75] BMU 06.06.2008, S. 8ff.

Beitrag der Geothermie zur Endenergiebereitstellung aus EE betrug zuletzt kaum mehr als 1 %.[76] 2007 konnte in Landau das zweite deutsche Geothermie-Kraftwerk zur Stromprodukion in Betrieb gehen. Eine andere Anlage in Unterhaching liefert seit Ende 2007 in Unterhaching bereits Wärme und nahm die Stromerzeugung 2008 auf. Weitere Anlagen sollten in den kommenden Jahren im süddeutschen Raum in Betrieb gehen.[77]

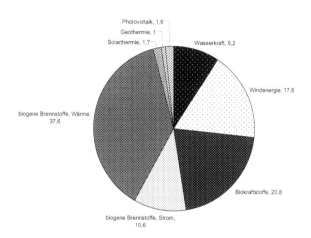

Abb. 3: Struktur der Energiebereitstellung aus EE in Deutschland 2007.

Quelle: nach Daten des BMU 06.06.2008, S. 14.

Anlagen zur Stromerzeugung aus *Wasserkraft* sind vor allem in den süddeutschen Ländern Bayern und Baden-Württemberg stark vertreten.[78] Im Vergleich zu anderen erneuerbaren Energieträgern stagniert der Ausbau der Wasserkraft seit Jahren. Während die installierte Leistung im Jahr 1990 noch 4.403 MW betrug, konnte sie bis zum Jahr 2007 nur auf 4.720 MW installierter Leistung ausgebaut werden. Im Jahr 2007 wurde mit 20,7 TWh nur etwas mehr Wasserkraftstrom als im Vorjahr produziert. Der Anteil von Wasserkraft

---

[76] Vgl. Abb. 3.
[77] BMU 06.06.2008, S. 8ff.
[78] Staiß 2007, S. I-7.

an der Endenergiebereitstellung aus EE machte zuletzt 9,2 % aus, während sein Anteil an der Strombereitstellung aus erneuerbaren Energien 23,7 % betrug.[79]

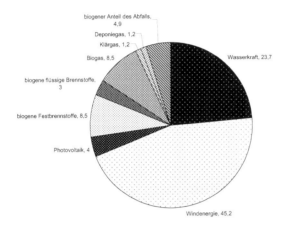

Abb. 4: Struktur der Strombereitstellung aus EE in Deutschland 2007

Quelle: nach Daten des BMU 06.06.2008, S. 14.[80]

Die Stromerzeugung durch *Photovoltaik (PV)-Anlagen* lag 2007 bei 3,5 TWh (vgl. Tabelle 3). Der Zubau betrug 2007 in Deutschland 1100 MW und erreichte damit zwar Weltspitze. Allerdings trug die PV mit 0,6 % nur wenig zum Bruttostromverbrauch bei. Einen ebenso geringen Beitrag steuerte sie 2007 mit 0,6 bzw. 4,0 % zur Energie- bzw. Strombereitstellung aus erneuerbaren Energien in Deutschland bei. Die meisten PV-Anlagen wurden in den sonnenintensiven Ländern Bayern und Baden-Württemberg installiert.[81]

---

[79] BMU 06.06.2008, S. 8ff.
[80] Angaben in Prozent. Geothermische Strommengen sind aufgrund geringer Strommengen nicht dargestellt.
[81] Staiß 2007, S. I-7.

Deutschland gilt außerdem als größter europäischer Markt für *Solarthermieanlagen*.[82] Zwar war der Zubau von Sonnenkollektoren zur Brauchwassererwärmung und Raumheizung im Jahr 2007 rückläufig, wenn auch mit rund 1 Mio. Quadratmeter neu installierter Fläche auf hohem Niveau. Ende des Jahres waren rund 9,6 Mio. Quadratmeter Kollektorfläche in Deutschland installiert. So machte 2007 die Solarthermie 1,7 % der Endenergiebereitstellung aus EE in Deutschland aus.[83]

Gemäß den Angaben des BMU waren der Branche der erneuerbaren Energien im Jahr 2007 fast 250.000 Arbeitsplätze zuzurechnen, was ein Plus von etwa 55 % gegenüber dem Jahr 2004 (160.000 Beschäftigte) bedeutet.[84] Das Ministerium prognostiziert einen weiteren Anstieg auf etwa 400.000 Beschäftigte im Jahr 2020.

3.3 Energiepolitische Rahmenbedingungen

Der Energiesektor Deutschlands wurde in den zurückliegenden Jahren vor allem von zwei Entwicklungen geprägt: die *Liberalisierung des Energiemarktes* sowie die *steigende Orientierung am Klima- und Umweltschutz* und die mit beiden Punkten einhergehenden politischen Schritte (vgl. Kap. 1.1).[85]
Bis Ende der 1990er Jahre des letzten Jahrhunderts war die deutsche Energiewirtschaft von einer Monopolstruktur im Feld der Strom- und Gasversorgung geprägt. Der deutsche Markt wurde auf insgesamt 8 Verbundunternehmen aufgeteilt, die jeweils ein für sich geltendes Gebietsmonopol genossen. Deshalb mussten Verbraucher ihren Strom bei ihrem jeweiligen regionalen Verbundunternehmen beziehen.[86] Während zuvor zahlreiche Versuche gescheitert waren, marktwirtschaftliche Elemente einzuführen, öffnete die Bundesregierung den deutschen Strommarkt erst im Jahr 1998. Hintergrund war-

---

[82] Staiß 2007, S. I-2.
[83] BMU 06.06.2008, S. 8ff.
[84] Zur Berechnung der o.g. Zahlen wurden Daten zu Investitionen in EE -Anlagen, deren Betrieb, die damit verbundenen Umsätze und entsprechende Vorleistungen wie die notwendige Biomassebereitstellung herangezogen. Vgl. BMU 06.06.2008, S. 31ff. Siehe auch BMU 06/2006 und Weber 2008, S. 72.
[85] Vgl. zur Liberalisierung in Deutschland: Hirschl 2008, S. 200ff.

en Bestrebungen der EU, die, u.a. mit der *Binnenmarkt-Richtlinie Strom*, den Wettbewerb im Energiesektor aufbauen wollte.[87] Daraufhin wurden in Deutschland die kartellrechtlichen Ausnahmen für Gebietsmonopole gestrichen. Gleichzeitig wurde allen Anbietern zuerkannt, die Übertragungs- und Verteilnetze zu nutzen. Folge des zunehmenden Wettbewerbs war zum einen eine erstmalige Preiskonkurrenz um deutsche Energiekunden. Zum anderen mussten die etablierten Unternehmen künftig Erzeugung, Übertragung und Stromhandel voneinander trennen, sodass deren Betriebe neu organisiert werden mussten. Fusionen wurden getätigt, aber auch neue Anbieter und neue Produkte wie beispielsweise *Ökostrom* traten auf den Markt. Der Stromhandel wurde weiter ausgebaut, indem beispielsweise die deutsche Strombörse EEX in Leipzig gegründet wurde.[88]

Das Thema *Klima- und Umweltschutz* hat seine Bedeutung in der Öffentlichkeit und als politisches Handlungsfeld vor allem seit Beginn der 1980er Jahre erlangt.[89] Die *Anti-Atomkraft-Bewegung* etablierte sich seit Mitte der 1970er Jahre in Deutschland und gewann nach dem Reaktorunfall in *Tschernobyl* an Gewicht. Zeichen eines neuen ‚Klima- und Umweltpolitischen Bewusstseins' war die sich Anfang der 1980er Jahre in der Gesellschaft etablierende ‚grüne Partei'.[90] Für die damalige Bundesregierung aus *CDU*, *CSU* und *FDP* stand der Ausstieg aus der Kernenergie nicht zur Debatte. Gleichwohl machte sie Klimaschutz zu einem politischen Ziel und beschloss 1990 erstmals, die CO_2-Emissionen um 25-30 % gegenüber 1987 zu senken.[91] In diesem Jahr wurden auch EE erstmals mit dem Stromeinspeisungsgesetz (StrEG) gezielt gefördert (vgl. Kap. 5.1.2). Der Regierungswechsel von 1998 stärkte die deutsche Umwelt- und Klimapolitik weiter. Die Förderung Erneuerbarer Energien wurde ausgebaut und ein nationales Klimaschutzziel wurde auf den Weg gebracht.[92] *SPD* und *BÜNDNIS 90/DIE GRÜNEN* setzten im Jahr 2001 den Ausstieg aus der Kernenergie durch, der die EVU vor die Aufgabe stellte, den

---

[86] Evert 17.05.2005, S. 21.
[87] EG-RiLi 96/92/EG vom 19.12.1996.
[88] Evert 17.05.2005, S. 22; Lauber, Mez 2006, S. 108f.
[89] Vgl. Hucke 1990.
[90] Evert 17.05.2005, S. 22.
[91] Hirschl 2008, S. 200ff.; siehe auch Evert 17.05.2005, S. 22.
[92] Lauber, Mez 2006, S. 109. Siehe auch Lauber, Mez 2004 und Mez 2003.

Strombedarf durch weitere Energiequellen zu decken. Zuvor trat im April 1999 die *ökologische Steuerreform* in Kraft, durch die der Umwelt- und Energieverbrauch verteuert wurde. Weiterhin trat das *Kraft-Wärme-Kopplungsgesetz (KWKG)* im April 2002 in Kraft. Es sollte Kraftwerke mit Hilfe einer Prämie fördern, sofern sie Strom erzeugen und dabei entstehende Abwärme nutzen. Schließlich brachte die rot-grüne Bundesregierung das *Erneuerbare-Energien-Gesetz* im Jahr 2000 sowie dessen Novellierung 2004 auf den Weg (vgl. Kap. 5.1.3. und 5.1.5). Es löste das Stromeinspeisungsgesetz von 1991 ab. Auch nach dem Regierungswechsel 2005 bestimmte der Klimaschutz in der 16. LP des Deutschen Bundestages die öffentliche und politische Debatte, die mit der Vorlage des *Stern-Reports* sowie des *IPCC-Berichtes* eingeläutet wurde. Die energiepolitischen Rahmenbedingungen innerhalb der 16. Legislaturperiode werden in Kapitel 5.2 analysiert.[93]

---

[93] Evert 17.05.2005, S. 24f.

4 Akteure und Koalitionen im Politikfeld

Dieses Kapitel verfolgt das Ziel, das deutsche *Politikfeld Erneuerbare Energien* zu beleuchten. Dazu werden die wichtigsten Akteure des Subsystems samt ihren grundlegenden Positionen bestimmt und anhand von Koalitionen in den Sytemkontext eingeordnet, um die Akteurslandschaft sinnvoll zu gliedern. Die Beschreibung der jeweiligen Koalitionen ist genereller Art. Abweichungen und Änderungen sind denkbar.

Wie in Kapitel 2 erläutert, teilen sich die Akteure einer Advocacy-Koalition ein gemeinsames belief-system, welches das Politikfeld mit den Koalitionsgruppen in schmalere Kategorien fasst.[94] Die einzelnen Akteure werden diesen Kategorien zugeordnet.

Festzustellen ist zunächst, dass grundsätzlich alle Akteure in Deutschland eine *positive Einstellung* zur Nutzung erneuerbarer Energien haben. Dies liegt vor allem daran, dass in der BRD die Nutzung erneuerbarer Energien bereits relativ weit fortgeschritten ist. Anders als beispielsweise in Polen sind in Deutschland grundsätzliche Diskussionen über den Sinn erneuerbarer Energien nur selten zu finden. Stattdessen wird hierzulande vor allem darüber diskutiert, welchen Rang EE an der Energieversorgung in Zukunft innehaben sollen oder welche erneuerbare Energieform zukünftig einer besonderen Förderung bedarf.[95]

Reiche identifizierte nach dem Modell Sabatiers speziell für das Subsystem der Erneuerbaren Energien zwei grundlegende Koalitionen von Akteuren: die *ökonomische* und die *ökologische Koalition*.[96] Sie sollen in der vorliegenden Forschungsarbeit übernommen werden. Dabei lassen sie sich durch ihre Position bezüglich Erneuerbaren Energien unterscheiden; sie sind gekennzeichnet durch jeweils einen *deep core Belief* mit jeweils einen *policy core*. Diese können durch *secondary aspects* weiter differenziert werden (vgl. Abbildung 5).

---

[94] Sabatier 1993, S. 127.
[95] Reiche 2004, S. 139f.; siehe auch Hirschl 2008, S. 177f.
[96] Vgl. Reiche 2004, S. 139ff.

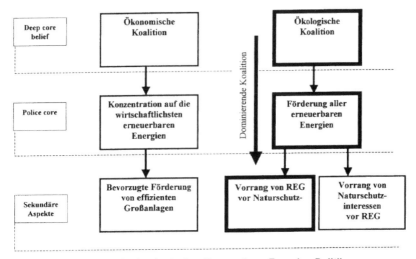

Abb. 5: Belief Systeme in der deutschen Erneuerbare-Energien-Politik

Quelle: Reiche 2004, S. 144.

Eine ganz ähnliche Einteilung nimmt auch Hirschl vor, der von einer *Befürworter-* sowie einer *Gegener- Advocacy-Koalition* spricht, d.h. von „Befürwortern" bzw. „Gegnern" eines „verstärkten, differenzierten Ausbaus erneuerbarer Energien im Strombereich". [97] Damit fokussiert sich Hirschl noch stärker auf den Teilbereich der erneuerbaren Energien im Strommarkt, weil „sich der Strommarkt hinsichtlich der Marktakteure und Lobbygruppen deutlich vom Wärme- und Kraftstoffmarkt" unterscheide.[98] Für die vorliegende Studie werden die weitgehend identischen Einteilungen Reiches und Hirschls übernommen und quantitativ um weitere Akteure ergänzt.[99]

---

[97] Hirschl 2008, S. 192ff.
[98] Hirschl 2008, S. 192ff.
[99] Hirschl beleuchtet ins seiner Mehrebenen-Untersuchung darüber hinaus Akteurskoalitionen auf europäischer und internationaler Ebene. Vgl. Hirschl 2008, S. 402 und 542. Diese Arbeit beschränkt sich aufgrund des nationalen Charakters des EEG als Bundesgesetz diesbezüglich auf die nationale Ebene.

4.1 Die ökonomische Koalition

Die sog. ökonomische Koalition zeichnet sich dadurch aus, dass sie Wert auf die *Wirtschaftlichkeit* regenerativer Energien legt. Erneuerbaren Energien steht sie grundsätzlich positiv gegenüber. Sie sollen sich allerdings auf einer *marktwirtschaftlichen Grundlage* beweisen. Die Zielvorgabe lautet, dass sich EE gegenüber anderen Energieformen im *freien Wettbewerb* behaupten können.

Nach dieser Sichtweise wird Energiepolitik vor allem als *Wirtschaftspolitik* verstanden. Arbeitsplätze, Wachstum und Wohlstand hängen vom Wettbewerbsgedanken ab, der von der ökonomischen Koalition besonders betont wird. Dementsprechend vertrauen die Vertreter dieser Seite auf die Kräfte der Marktwirtschaft.

Um das vorgenannte Ziel zu erreichen, sollen regenerative Energien zwar einerseits gefördert werden, die Förderung selbst soll aber die Wirtschaft möglichst wenig belasten. Sie soll sich deshalb auf solche erneuerbaren Energien konzentrieren, die auf absehbare Zeit selbst am Markt gegenüber fossilen Wettbewerbern und ohne eine Förderung bestehen können. Demgemäß wird die Förderung regenerativer Energien von den Akteuren der ökonomischen Koalition als ein „Heranführen an die Wettbewerbsfähigkeit" verstanden.[100]

Weiterhin sollen EE nicht pauschal gefördert werden. Statt vieler kleinerer, dezentraler Anlagen sollen *effizientere Großanlagen* stärker berücksichtigt werden. Um im liberalisierten Strommarkt Standortnachteile und Wettbewerbsverzerrungen gegenüber anderen Staaten zu vermeiden, werden dementsprechend auch ordnungspolitische Zielvorgaben im Hinblick auf den Anteil regenerativer Energien abgelehnt.

Schließlich beurteilt die ökonomische Koalition auch eine Umlage auf den Strompreis zugunsten regenerativer Energien, wie sie im EEG verankert ist, vor dem Hintergrund der Wettbewerbssituation deutscher Unternehmen als kritisch. Eine solche Finanzierung erhöhe nicht nur die Stromrechnung der Stromverbraucher, sondern auch diejenige von Unternehmen. Insofern erhö-

---
[100] Reiche 2004, S. 140; Hirschl 2008, S. 192ff.

he sich insbesondere für energieintensive Unternehmen der Kostenfaktor Strom, was zu verneinen sei.

Die ökonomische Koalition bevorzugt für diese Technologien einheitliche Quotenregelungen auf Zertifikatebasis.[101] Sollte sich eine Kostenumlage politisch nicht vermeiden lassen, spricht sich die Koalition für Härtefallregelungen, insbesondere zugunsten energieintensiver Betriebe wie beispielsweise die Zementindustrie aus, damit die Wirtschaft entlastet wird und Wettbewerbsfähigkeit gewahrt bleibt.[102]

4.2 Akteure der ökonomischen Koalition und deren grundsätzliche Position

Als Mitglieder dieser *ökonomischen Koalition* können die in Deutschland agierenden vier großen Energieversorgungsunternehmen (EVU) im Strombereich, *E.ON*, *RWE*, *Vattenfall* und *EnBW*, sowie die Branchenorganisation *Verband der Elektrizitätswirtschaft (VDEW)* gezählt werden, der im Juni 2007 durch Fusion in den *Bundesverband der Energie- und Wasserwirtschaft (BDEW)* aufgegangen ist. Auch gehören dieser Gruppe das *Bundesministerium für Wirtschaft und Technologie (BMWi)* sowie als Partei die *Freien Demokraten (FDP)* an. Reiche und Hirschl zählen zu dieser Koalition außerdem die Interessenvertretung *Industriegewerkschaft Bergbau, Chemie und Energie (IG BCE)*, da sie mit der Branche der erneuerbaren Energien um Fördergelder konkurriert.[103] Hirschl ergänzt die Reihe um den *Verband der industriellen Energie- und Kraftwirtschaft (VIK)* sowie den *Bundesverband der Deutschen Industrie (BDI)*.[104] Die drei Letztgenannten werden in den folgenden Ausführungen jedoch nicht vertiefend behandelt, um den Fokus auf die zentralen Akteure dieser Studie zu richten.

---

[101] Reiche 2004, S. 140; Hirschl 2008, S. 196.
[102] Hirschl 2008, S. 195f.; Reiche 2004, S. 141.
[103] Reiche 2004, S. 141.
[104] Evert 17.05.2005, S. 26f.

Die "vier Großen"

Während im Strommarkt deutschlandweit mehr als 1000 Unternehmen tätig sind, agieren die meisten Unternehmen nur auf lokaler bzw. allenfalls regionaler Stufe. Überregional arbeiten die „großen vier" Energieversorgungsunternehmen *E.ON AG, RWE AG, Vattenfall Europe AG* und *EnBW Energie Baden-Württemberg AG*. Sie sind durch Zusammenschlüsse und Übernahmen im Rahmen der Strommarktliberalisierung aus den ursprünglich 9 Verbundunternehmen entstanden. Zum einen erzeugen sie in eigenen Kraftwerken Strom, zum anderen sind sie Betreiber der deutschen Übertragungsnetze. Daneben sind sie regelmäßig Teilhaber regionaler Verteilerunternehmen und Stadtwerke. Schließlich sind alle vier Betriebe über den Strommarkt hinaus in weiteren Geschäftsfeldern wie Gas oder Chemie tätig. Die „großen Vier" produzieren insgesamt mehr als 80 % des Deutschen Stroms, was automatisch zu großem Einfluss auf dem Energiemarkt führt.

Sie sehen sich vor dem Hintergrund der Liberalisierung der europäischen Energiemärkte aber auch einem verschärften Wettbewerb ausgesetzt. Deshalb „erwarten [sie] von der Politik ein klares Bekenntnis zu Markt und Wettbewerb im Europäischen Binnenmarkt", die „beliebige staatliche Eingriffe in Preise und Marktstrukturen" verbieten.[105] Die Erfüllung der deutschen und europäischen Ziele des Kyoto-Protokolls zur CO_2-Minderung dürfe nicht dazu führen, dass nationale oder europäische Maßnahmen der Klimavorsorge die internationale Wettbewerbsfähigkeit von Industrie und Energiewirtschaft beeinträchtigen.[106]

<u>E.ON:</u>

Das Unternehmen *E.ON* ist mit einem Umsatz von knapp 68 Mrd. € und rund 81.000 Mitarbeitern „einer der weltweit größten privaten Energiedienstleister".[107] Der Konzern, der im Jahre 2000 aus dem Zusammenschluss von *Viag* und *Veba* entstanden ist, legt seinen Schwerpunkt auf das Strom- und Gasgeschäft und richtet neben Zentraleuropa seinen geographischen Fokus auf

---

[105] RWE 2007a.
[106] RWE 2007a.
[107] Vgl. E.ON 2007c.

Großbritannien, Nordeuropa und den Mittleren Westen der USA.[108] E.ON produziert Strom in Kraftwerken im In- und Ausland. In Deutschland spielen dabei vor allem Kern- und Kohlekraftwerke; aber auch Gas- und Ölkraftwerke eine Rolle. In Bezug auf die erneuerbaren Energien hat für E.ON die Wasserkraft die größte Bedeutung.[109]

Im Hinblick auf EE argumentiert das Unternehmen, dass diese sich nur „langfristig auch international auf dem Strommarkt behaupten und einen wichtigen Beitrag zu einem ökonomischen und ökologisch sinnvollen Energiemix leisten" können, sofern es gelinge, sie „effizient nutzbar und wettbewerbsfähig zu machen".[110]

RWE:

Anders als E.ON war die *RWE AG* bis Anfang November 2005 breiter aufgestellt und bot eine weite Produktpalette von Strom und Gas, aber auch Wasserversorgung und Müllentsorgung. Um sich zukünftig stärker auf das Kerngeschäft Strom und Gas in Europa zu konzentrieren und aufgrund mangelnder Synergieeffekte mit dem angloamerikanischen Wassergeschäft, lautet die Unternehmensstrategie seitdem, sich schrittweise zumindest aus dem Wassergeschäft in Großbritannien und den USA zurückzuziehen, während es in Kontinentaleuropa weitgehend bestehen bleibt. Die Kernmärkte für die Stromerzeugung, sowie den Energiehandel und -Vertrieb liegen dagegen weiterhin in Deutschland, Großbritannien und Mittel- und Osteuropa.[111] Die Stromproduktion von RWE erfolgt hauptsächlich mittels Kern- und Braunkohlekraftwerken.

RWE sieht die Erneuerbaren Energien als „Ergänzung" zu Braunkohle und Kernenergie für die Grundlast, Steinkohle und Gas dagegen für die Mittel- und Spitzenlast an. RWE möchte regenerative Energieträger, hier insbesondere die Wasserkraft, zwar „weiterentwickeln und in die Wirtschaftlichkeit" führen. Allerdings seien „dem Ausbau in Deutschland […] durch die geografi-

---

[108] Ausführlich: Brand, Corbach 2005, S. 262.
[109] Vgl. E.ON 2007b. Siehe auch Brand, Corbach 2005, S. 262 und Reiche 2004, S. 196ff.
[110] Vgl. E.ON 2007a.
[111] Vgl. RWE 2007c.

schen und klimatischen Bedingungen Grenzen gesetzt", sodass die Zukunft der erneuerbaren Energien wohl vor allem im Ausland liege.[112]

Vattenfall Europe:

Das Tochterunternehmen *Vattenfall Europe* der schwedischen Vattenfallgruppe ist größter Stromerzeuger in Ostdeutschland und nach eigenen Angaben das „fünftgrößte Energieunternehmen in Europa"[113]. Es ist 2002 aus dem Zusammenschluss der Betriebe *Vereinigte Energiewerke AG (Veag), Hamburgische Electricitätswerke (HEW)* und dem Bergbauunternehmen *LAUBAG* entstanden; im Jahre 2003 kam das Berliner Elektrizitätsversorgungsunternehmen *Bewag* hinzu. Für die Stromproduktion fördert und verheizt Vattenfall vor allem Braunkohle; aber auch Kernenergie, Steinkohle, Gas, Wasserkraftwerke werden genutzt.[114]

Zum Umweltschutz und zur Förderung erneuerbarer Energien beabsichtigt Vattenfall „im Konsens mit der Politik dazu beitragen, die nationalen und internationalen Gesetze und Empfehlungen umzusetzen und dabei Versorgungssicherheit zu gewährleisten." Diesbezüglich hält das Unternehmen vor allem die Offshore-Windenergie und aufgrund seiner zahlreichen Kohlekraftwerke das „CO_2-freie Kraftwerk" für förderungswürdig.[115]

Energie Baden-Württemberg (EnBW):

Die *EnBW* als das vierte große Energieversorgungsunternehmen Deutschlands ist Ende der 1990er Jahre ebenfalls aus einem Zusammenschluss von Energieversorgungsunternehmen hervorgegangen: Der staatlich dominierte französische Energiekonzern Électricité de France (EdF) hält eine Beteiligung von 45 % an EnBW. EnBW hat mit 14.000 Mitarbeitern im Jahr 2007 einen Jahresumsatz von ca. 14 Mrd. € erzielt. Zur Stromerzeugung nutzt sie vor allem die Kernenergie, aber auch Kohle- Wasser- und Gaskraftwerke. Neben

---

[112] Siehe RWE 2007b.
[113] Vgl. Vattenfall 2007b.
[114] Brand, Corbach 2005, S. 263.
[115] Siehe Vattenfall 2007a.

Strom unterhält EnBW Geschäftsbereiche wie Gas oder energienahe Dienstleistungen wie die Müllentsorgung.[116]

Bundesverband der Energie- und Wasserwirtschaft (BDEW):

gegründet im Herbst 2007

Im *BDEW* als wichtigstem deutschem Spitzenverband sind 1.800 Unternehmen unterschiedlicher Größenklassen und Organisationsformen der Energie- und Wasserwirtschaft organisiert. Das Spektrum der Mitgliedsunternehmen reicht von lokalen oder kommunalen Betrieben wie Stadtwerken, über regionale bis hin zu überregionalen Anbietern wie E.ON oder Vattenfall. Der BDEW wurde mit Beschluss vom 19.06.2007 gegründet. Er entstand zunächst durch den Zusammenschluss der vier energiewirtschaftlichen Verbände Bundesverband der Gas- und Wasserwirtschaft e.V. (BGW), Verband der Verbundunternehmen und Regionalen Energieversorger in Deutschland e.V. (VRE), Verband der Elektrizitätswirtschaft e.V. (VDEW), sowie dem Verband der Netzbetreiber VDN e.V. beim VDEW. Der BDEW sieht sich zuständig für Fragen zu Erdgas, Strom und Fernwärme sowie Wasser und Abwasser.[117] So spricht er sic unter anderem für die Nutzung effizienter Kohlekraftwerke und der Kernenergie, aber auch der EE aus.[118] Auffassung des BDEW ist es, dass erneuerbare Energien langfristig ohne finanzielle Förderung auskommen sollen. Die Förderinstrumente für EE und das EEG selbst sollen aufgrund der Kosten möglichst effizient und „marktwirtschaftlich gestaltet werden", um das EEG schrittweise in den Wettbewerbsmarkt zu integrieren. Zudem sollten „der Verbraucher und somit der Markt [...] vom Grundsatz her selbst über den Einsatz der unterschiedlichen Umwelt- und Effizienztechnologien entscheiden können".[119] Dazu gehöre auch, „dass der regenerativ erzeugte Strom direkt vermarktet werden kann, beispielsweise über Strombörsen".[120] Notwendig ist aus Sicht des BDEW außerdem die *Einführung eines europaweit harmonisierten Fördersystems*, dessen Ziel es ist, „die erneuerbaren Energien konkurrenzfähig zu machen, so dass sie in einem liberalisierten

---

[116] EnBW 2007.
[117] BDEW 2008b.
[118] BDEW 12.02.2008; BDEW 05.06.2008.
[119] Vgl. BDEW-Hauptgeschäftsführer Wolf Pluge, in: BDEW 05.12.2007.
[120] Vgl. BDEW-Hauptgeschäftsführer Eberhardt Meller, in: BDEW 05.06.2008. Siehe auch BDEW 05.12.2007 und BDEW 20.07.2007.

europäischen Binnenmarkt zu wettbewerbsfähigen Preisen Strom produzieren können".[121]

Freie Demokratische Partei (FDP):

Die *Freie Demokratische Partei (FDP)* hat Anfang 2009 knapp 65.000 Mitglieder.[122] Sie spricht sich für einen Energiemix aus, der auch die Kernenergie beinhaltet.[123] Wie alle im Bundestag vertretenen Parteien unterstützt sie die Förderung erneuerbarer Energien; sie sieht diese als „Zukunftstechnologien für eine nachhaltige Energieversorgung".[124]

Mit der ausdrücklichen Betonung des *Effizienzgedankens* legt die FDP dabei den Schwerpunkt auf den wirtschaftlichen Aspekt. „Liberale Energiepolitik setzt [...] konsequent auf die Kraft des Wettbewerbs im Rahmen funktionierender Märkte".[125] Die FDP spricht sich als einzige im Deutschen Bundestag vertretene Partei explizit gerade *gegen das Modell des Erneuerbare-Energien-Gesetzes* aus.[126] Das umlagebasierte EEG wird als regulierend sowie als staatlich bevormundend kritisiert. Die FDP strebt eine marktwirtschaftliche, dem Wettbewerbsgedanken verbundene „Öffnung und Deregulierung der Energiemärkte im Interesse von ökonomischen Effizienzgewinnen, von Kundenorientierung und Akteursvielfalt". Ferner beschränke sich das EEG nur auf die Förderung im Hinblick auf den Strombereich, während das Potential der Wärmeenergie und der Energieeffizienz vernachlässigt werde. Deshalb sei das EEG durch ein „Modell marktwirtschaftlicher Förderung durch Mengensteuerung" und Ausschreibungswettbewerbe zu ersetzen, bei denen derjenige zum Zug komme, der das günstigste Angebot vorlege.[127] Die FDP ist in der 16. LP des Deutschen Bundestages in der Opposition. Ihr Einfluss auf die Novellierung des EEG ist generell als relativ gering einzustufen.

---

[121] BDEW 05.06.2008.
[122] FDP 2008.
[123] Vgl. FDP 01.06.2008.
[124] FDP 2005.
[125] Kopp 2008.
[126] Vgl. Angelika Brunkhorst, in: Deutscher Bundestag 21.02.2008b, S. 15249; siehe auch Hans-Josef Fell, in: Deutscher Bundestag 21.02.2008b, S. 15246 sowie Reiche 2004, S. 94 und Brand, Corbach 2005, S. 260.
[127] FDP 2005. Siehe auch FDP 01.06.2008 und Reiche 2004, S. 94.

Bundesministerium für Wirtschaft und Technologie (BMWi):

Das *BMWi* ist als Teil der Bundesregierung der einflussreichste staatliche Akteur innerhalb der ökonomischen Koalition. An der Spitze steht seit der Bundestagswahl 2005 der CSU-Politiker Michael Glos, der damit seinen unter der rot-grünen Bundesregierung amtierenden Vorgänger Wolfgang Clement (SPD) ablöste. Bundesminister Glos setzt sich dafür ein, „die vereinbarten Ziele beim Klimaschutz oder die Ausbauziele für erneuerbare Energien effizient und wirtschaftlich" umzusetzen. Der Minister argumentiert: „Und das heißt dann ganz konkret für die Instrumente: Anreize und Wahlfreiheit statt Zwang; Technologieoffenheit statt Technologiesteuerung sowie Degression und Evaluierung von Förderinstrumenten. Mit planwirtschaftlichen Methoden, wie es manchen Umweltpolitikern vorschwebt, kommen wir hier nicht weiter."[128]

Zwar liegt die federführende Zuständigkeit innerhalb der Bundesregierung für das Thema erneuerbare Energien seit 2002 beim Bundesministerium für Umwelt, Naturschutz und Reaktorsicherheit. Dies war eine Folge des Wahlergebnisses der Bundestagswahl 2002, aus dem die Partei BÜNDNIS 90/DIE GRÜNEN im Vergleich zu ihrem Koalitionspartner relativ gestärkt hervorgingen.[129]

Gleichwohl ist das BMWi innerhalb der Bundesregierung traditionell und auch heute noch *federführend für Energiepolitik* zuständig, da alle anderen Bereiche der Energiepolitik beim BMWi angesiedelt sind. Das Ministerium bestimmt dementsprechend auch die Rahmenbedingungen für die erneuerbaren Energien mit. So beschäftigt sich von den insgesamt 9 Abteilungen des Ministeriums eine ganze Abteilung (III) mit 3 Unterabteilungen und 17 Referaten ausschließlich mit Energiepolitik, darunter ein Referat speziell für „Nachhaltige Energieversorgung, Erneuerbare Energien" (Referat III C 1), welches sich trotz der allgemeinen Zuständigkeit des BMU gezielt mit dem EEG beschäftigt. Schließlich fördert das BMWi mit der „Exportinitiative Erneuerbare Energien" den Export der Technologien zur Nutzung erneuerbarer Energien.

---

[128] Mihm 2008b.
[129] Vgl. dazu: Brand, Corbach 2005, S. 259.

Dies geschieht u.a. mit Hilfe von Seminaren, Workshops und Kontaktbörsen für deutsche Technik- und Anlagenhersteller.[130]

Das Bundeswirtschaftsministerium hat im Bereich der erneuerbaren Energien ähnliche Ziele wie die Stromwirtschaft: Man ist der Auffassung, dass sich eine effiziente bzw. wirtschaftliche Energiebereitstellung und -Nutzung vor allem durch *marktwirtschaftliche Strukturen und Wettbewerb* erreichen lasse. Aus Rücksicht auf die Wettbewerbsposition deutscher Unternehmen müssten Maßnahmen zur Emissionsminderung nicht nur national, sondern vor allem europäisch und international betrieben werden.[131] BMWi und BMU sehen sich im regierungsinternen Abstimmungs- und Aushandlungsprozess speziell im Energiebereich generell als Konkurrenten an.[132]

4.3 Die ökologische Koalition

Die *ökologische Koalition* tritt für eine *gleichberechtigte Förderung aller erneuerbarer Energien* ein. Ziel ist es, möglichst schnell fossile und atomare Energieträger durch EE - und nach Möglichkeit vollständig - zu ersetzen.

Dies wird unter anderem mit dem Ziel der *Versorgungssicherheit* begründet. Der Einsatz heimischer erneuerbarer Energien mache Deutschland unabhängiger von der Versorgung mit Energie aus dem Ausland. Daneben stelle die Weiterentwicklung der Anlagentechnik für erneuerbare Energien in Deutschland auch eine Chance für die Staaten dar, die noch über keinen Zugang zu Elektrizität verfügten. Dies würde einen Beitrag zur Lösung des weltweiten Energieproblems durch zu Neige gehende fossile Ressourcen darstellen. Ferner würde dies wiederum dem Ziel der *Wirtschaftlichkeit* dienen, dem durch den Export deutscher EE-Anlagentechnik Rechnung getragen werde und gleichzeitig Arbeitsplätze in Deutschland schaffen würde.[133]

---

[130] Vgl. BMWi 2008b.
131 Vgl. BMWi 2008a sowie BMWi 2008c.
[132] Vgl. auch Bundeswirtschaftminister Michael Glos zu Instrumenten des Klimaschutzes und des Ausbaus erneuerbarer Energien: „Mit planwirtschaftlichen Methoden, wie es manchen Umweltpolitikern vorschwebt, kommen wir hier nicht weiter" Mihm 2008b. Siehe auch: Reuters 11.05.2008.
[133] Reiche 2004, S. 141; siehe auch Evert 17.05.2005, S. 30.

Nicht zuletzt argumentieren Vertreter dieser Koalition aber auch mit dem Aspekt der *Umweltverträglichkeit*. Da erneuerbare Energien die Atmosphäre in der Gesamtbilanz durch keine schädlichen Klimagase gefährden, seien sie aus Klimaschutzgründen beispielsweise der Kohle überlegen. Auf Kernenergie als Beitrag zur Energie- und Stromversorgung solle dagegen langfristig verzichtet werden, da mit dieser Energievariante die Problematik der Endlagerung radioaktiver Abfälle einhergehe. Bedenken bestehen auch im Hinblick auf die möglichen Risiken der Freisetzung von Radioaktivität.

Um erneuerbare Energien möglichst wirksam fördern zu können, wird von der ökologischen Koalition weder eine ‚europäische Regelung', noch die Finanzierung des EEG über den Staatshaushalt befürwortet. Diese Varianten würden entweder von dem starken Einfluss von Interessengruppen oder von regelmäßigen Haushaltsverhandlungen abhängen. Vielmehr wird das *derzeitige nationale Finanzierungsmodell der EEG-Einspeisevergütung favorisiert*, das feste Vergütungssätze für die Betreiber von EE-Anlagen garantiert. Vergütet wird über eine gesetzlich fixierte Umlage, bei der die Kosten mittels eines komplexen Wälzungsmechanismus auf den Strompreis aufgeschlagen werden, sodass sie letztendlich von den Stromverbrauchern getragen werden.[134]

4.4 Akteure der ökologischen Koalition und deren grundsätzliche Position

Zur ökologischen Koalition werden in dieser Forschungsarbeit die Partei *BÜNDNIS 90/DIE GRÜNEN*, das *Bundesministerium für Umwelt, Naturschutz und Reaktorsicherheit (BMU)*, Branchenverbände der erneuerbaren Energien wie der *Bundesverband Erneuerbare Energien (BEE)*, der *Bundesverband Windenergie (BWE)* oder der *Bundesverband Solarwirtschaft (BSW-Solar)*, größere Umweltverbände, die traditionellen Wirtschaftsverbände der Landwirtschaft bzw. des Maschinen- und Anlagenbaus *Deutscher Bauernverband e.V. (DBV)* und der *Verband Deutscher Maschinen- und Anlagenbau e.V. (VDMA)*, das *Bundesministerium für Ernährung, Landwirtschaft und Verbrau-

---

[134] Vgl. Hirschl 2008, S. 193; Reiche 2004, S. 141.

cherschutz (BMELV), die Partei DIE LINKE sowie mehrheitlich die SPD sowie die CDU/CSU und deren Bundestagsfraktion gezählt. Dabei fällt die Zuordnung von CDU/CSU zur ökologischen Koalition allerdings nicht leicht, wie am Ende dieses Kapitels aufgezeigt wird.[135]

Bundesministerium für Umwelt, Naturschutz und Reaktorsicherheit (BMU):

Wichtigster staatlicher Akteur der ökologischen Koalition ist das *Bundesministerium für Umwelt, Naturschutz und Reaktorsicherheit*. Es wurde als Institution am 06.06.1986 gegründet und ist seitdem für die Umweltpolitik der Bundesregierung zuständig. Wie weiter oben erwähnt, bearbeitet zwar das BMWi innerhalb der Bundesregierung die Energiepolitik, doch ist das BMU seit der Bundestagswahl 2002 *federführend für den Themenbereich erneuerbare Energien* zuständig, unter den auch die EEG-Novelle fällt. Während das BMU unter der ‚rot-grünen Bundesregierung' in der 15. LP vom Grünen-Politiker Jürgen Trittin geleitet wurde, steht seit dem Regierungswechsel und dem Wechsel zur Großen Koalition in der 16. LP der SPD-Politiker Sigmar Gabriel an der Spitze.

Das BMU beschäftigt in 6 Abteilungen circa 814 Mitarbeiter. Für das EEG ist die Unterabteilung KI III „Erneuerbare Energien" zuständig, die der Abteilung KI Klimaschutz, Umwelt und Energie, Erneuerbare Energien, Internationale Zusammenarbeit" untergeordnet ist.[136] Das Ministerium verfügt ferner über 3 nachgeordnete Behörden mit insgesamt mehr als 2.100 Mitarbeitern: das Umweltbundesamt (UBA), das Bundesamt für Naturschutz (BfN) sowie das Bundesamt für Strahlenschutz (BfS). Dabei beschäftigen sich das UBA und das BfN mit erneuerbaren Energien. Abgesehen von der Zuständigkeit für erneuerbare Energien kennzeichnet das BMU energiepolitisch vor allem seine Zuständigkeit für die Sicherheit von Kernkraftwerken.[137] Ferner betreibt das BMU ein Internet-Forum zu erneuerbaren Energien und stellt zu diesem

---

[135] Vgl. Hirschl 2008, S. 193ff. Zur Entwicklung der Interessenlobby für erneuerbare Energien in Deutschland vgl. auch Suck 2008, S. 194ff.
[136] BMU 2008d.
[137] Vgl. BMU 2008a; siehe auch Brand, Corbach 2005, S. 259.

Thema zahlreiche Informationsmaterialien und Publikationen zur Verfügung.[138]

Das BMU sieht „entscheidende Impulse" der Energiepolitik von der Umweltpolitik ausgehen.[139] Es möchte die EE in Deutschland „kräftig ausbauen", da fossile Energieträger *nicht unendlich verfügbar* seien und *klimaschädliche Emissionen* bei ihrer Verbrennung erzeugten. „Dies unterstreicht die Notwendigkeit, das gesamte Energiesystem grundlegend zu modernisieren", heißt es.[140]

Außerdem werde der Ausbau erneuerbarer Energien zunehmend zu einem bedeutenden *Wirtschaftsfaktor* in Deutschland, mit dem wiederum zahlreiche neue *Arbeitsplätze* geschaffen würden. Das EEG hält das BMU für den richtigen Weg. Es sei zu einem sehr erfolgreichen Instrument geworden und gebe anderen Ländern ein Beispiel. Langfristiges Ziel des BMU ist es, bis Mitte dieses Jahrhunderts rund die Hälfte der deutschen Energieversorgung mit erneuerbaren Energien zu beschreiten.[141]

BÜNDNIS 90/DIE GRÜNEN:

Die Partei *BÜNDNIS 90/DIE GRÜNEN* steht für eine deutlich ökologisch geprägte Energiepolitik und sieht es als eines ihrer grundlegenden Ziele an, den Einsatz regenerativer Energien zu forcieren. Während andere Parteien stärker auf Wirtschaftlichkeit und Versorgungssicherheit abzielen, setzen die Grünen besonders auf *Klimaschutz und den Verzicht auf Kernenergie*.[142] Ziel ist eine *Wende in der Energiepolitik*, die neben der Abschaffung der Kernenergie und einer mehr dezentralisierten und liberalisierten Energiewirtschaft eine *100-prozentige Versorgung der Bevölkerung mit erneuerbaren Energien* beinhaltet.[143] Langfristig soll auch die industrielle Produktion von Gütern und Kraftstoffen umfassend auf eine breite regenerative Rohstoffbasis gestellt werden. So benennt der energiepolitische Sprecher der Bundestagsfraktion, *Hans-Josef Fell*, als wichtigstes energiepolitisches Ziel: „Alle Menschen ha-

---

[138] Vgl. www.erneuerbare-energien.de sowie BMU 2008a.
[139] BMU 2008c und BMU 2008a.
[140] BMU Referenten: BMU 05.07.2007, S. 8.
[141] BMU 2008c.
[142] Brand, Corbach 2005, S. 260; siehe auch Hans-Josef Fell, in: BNE 01/2007, S. 19.
[143] Reiche 2004, S. 141.

ben für ihren Wohlstand genügend Energie und diese wird vollständig aus allen erneuerbaren Energien bereitgestellt."[144]

Da bislang allerdings noch nicht auf fossile Energieträger verzichtet werden kann, setzt die Partei zunächst auf Kraft-Wärme-Kopplung (KWK) und auf die effizientere Verstromung von Erdgas und Kohle.[145] Daneben sollen bis zum Jahr 2020 aus regenerativen Energien und nachwachsenden Rohstoffen ein Viertel der Stromversorgung, ein Viertel der Wärmenutzung, ein Viertel des Kraftstoffverbrauchs und ein Viertel der heute noch chemisch produzierten Güter hergestellt werden.[146]

Die Grünen befürworten das derzeitige Modell des EEG, das bereits zu einem „Erneuerungsboom" geführt, die Wirtschaft vorangetrieben, neue Arbeitsplätze und Firmen geschaffen und den Export beflügelt habe.[147]

Ferner sprechen sich die Grünen für ein *EU-weites Einspeisesystem* aus. Schließlich machen sie sich teilweise gemeinsam mit CDU, CSU, SPD und DIE LINKE gegen die FDP bei der EU gegen die Untergrabung des EEG durch einen europäischen Zertifikatehandel für EE stark.[148]

DIE LINKE:

Die Partei *DIE LINKE* hält die Energieträger Kohle und Kernenergie zur Deckung des Deutschen Strombedarfs für ungeeignet. Sie bewirkten einerseits „verheerende Folgen für die Umwelt", andererseits könnten sie durch knapper werdende fossile Ressourcen „perspektivisch keine Energiesicherheit mehr garantieren."[149]

---

[144] Hans-Josef Fell, in: BNE 01/2007, S. 19.
[145] Eine mit Kraft-Wärme-Kopplung (KWK) betriebene Energiewandlungsanlage nutzt, neben der bei der chemischen oder physikalischen Umwandlung von Energiequellen entstehenden mechanischen oder elektrischen Arbeit, zu weiten Teilen auch die Abwärme.
[146] BÜNDNIS 90/DIE GRÜNEN Juli 2005; siehe auch BÜNDNIS 90/DIE GRÜNEN 03/2002, S. 32.
[147] „Wir haben mit dem Erneuerbare-Energien-Gesetz (EEG) die Stromerzeugung aus sauberen, erneuerbaren Quellen konsequent gefördert. Hunderttausende neuer Jobs und Firmen, die zur Weltspitze gehören und internationale Exportschlager produzieren, sind das Ergebnis dieses Erneuerungsbooms." Vgl. BÜNDNIS 90/DIE GRÜNEN Juli 2005, S. 52.
[148] Vgl. Hans-Josef Fell, in: Deutscher Bundestag 21.02.2008b, S. 152446; siehe auch Fell, Hans-Josef 2007.
[149] DIE LINKE 2008.

Zudem konzentriert sich die Partei auf die *steigenden Energiepreise*, die bei den Verbrauchern in den letzten Jahren „zu Recht für Unmut" gesorgt hätten. Für problematisch hält es DIE LINKE, dass vier große Konzerne den Energiemarkt beherrschten. Durch „völlig überhöhte Netzentgelte" verhinderten sie einen funktionierenden Wettbewerb und blockierten die Einspeisung klimafreundlicher erneuerbarer Energien durch unfaire Zugangsbedingungen.

DIE LINKE fordert deshalb u.a. die *Verstaatlichung der Energienetze*. Neben einem schnellen Ausstieg aus der Nutzung der Kernenergie sollen auch EE gefördert werden. So streitet sie für eine „solare Energiewende", nach der alle Energie bis zum Jahr 2050 vorrangig über erneuerbare Quellen wie Sonne oder Wind gedeckt werden sollen. Alternative Energien-Anbieter sollen auf den Markt kommen.[150] Energiepolitischer Sprecher der Fraktion DIE LINKE im Deutschen Bundestag ist seit 2005 *Hans Kurt Hill*.[151]

Sozialdemokratische Partei Deutschlands (SPD):
Die *SPD* spricht sich als Vertreter der ökologischen Koalition für den Ausbau der erneuerbaren Energien aus, die zu Arbeitsplatzsicherheit, wirtschaftlichem Wachstum und Technikexporten Deutschlands beitragen können.[152] Sie bekennt sich ferner zum *derzeitigen Modell des EEG* und hat dessen Novellierung im Deutschen Bundestag 2004 mit verabschiedet.[153] Das Gesetz ist für sie die Verbindung von „Arbeit und Umwelt", da es zum einen klimafreundliche Technologie fördere, und zum anderen bis zum Jahr 2010 etwa 20 Mrd. € an Investitionen in der Wirtschaft auslösen werde. Es sei weiterhin ein Instrument für die industrielle „Weltmarktführerschaft" von Solar- und Windenergietechnologie.[154] Deshalb tritt die Partei dafür ein, erneuerbare Energien weiterhin mit diesem Instrument zu fördern.

Besondere Unterstützung erfährt das EEG von federführenden Umweltpolitikern im Bundestag, wie dem Stellvertretenden Fraktionsvorsitzenden *Ulrich Kelber*, den Abgeordneten *Marco Bülow*, *Frank Schwabe*, *Marko Mühlstein*

---

[150] DIE LINKE 2008; siehe auch Fraktion DIE LINKE 2008.
[151] Vgl. Hill 2008.
[152] SPD 2005, S. 40ff.
[153] Vgl. SPD-Bundestagsfraktion 2003, S. 10ff.; siehe auch Reiche 2004, S. 94.
[154] SPD 2005, S. 40f.

oder vom zuständigen Berichterstatter (BE) der SPD im Umweltausschuss, *Dirk Becker*.

Grundsätzlich fordern die Sozialdemokraten einen Energiemix, der EE enthält und möglichst versorgungsunabhängig von bestimmten Energieträgern und anderen Ländern aufgestellt ist.[155] Die SPD ist überwiegend der Auffassung, dass Deutschland aus der Nutzung der Kernenergie aussteigen solle. Andererseits spricht sie sich stärker als andere Parteien für die *Nutzung der deutschen Stein- und Braunkohle* aus. Letzteres fordern vor allem Abgeordnete des SPD-Wirtschaftsflügels wie *Rolf Hempelmann*, die diesbezüglich in einem Interessenkonflikt mit den SPD-Umweltpolitikern stehen.[156]

Bundesverband Erneuerbare Energien (BEE):
Der *Bundesverband Erneuerbare Energien (BEE)* ist der Dachverband für Einzelverbände aus dem Bereich der erneuerbaren Energien. Er hat derzeit 20 Mitglieder aus den Bereichen Wasserkraft, Windenergie, Biomasse, Solarenergie und Geothermie mit insgesamt über 30.000 Mitgliedspersonen und Firmen.[157]

Ziel des 1991 gegründeten Verbandes ist die Stärkung der erneuerbaren Energien und ihrer Rahmenbedingungen, die Durchsetzung der Chancengleichheit dieser Energien gegenüber anderen Energiesparten und die Abstimmung der Interessen der Verbände gegenüber Politik und Öffentlichkeit. Langfristig strebt der BEE die vollständige Umstellung der Energienutzung auf erneuerbare Energien an. Atomare und fossile Energieträger werden hingegen als Konkurrenz zu den regenerativen Energien wahrgenommen und abgelehnt. So kritisiert der Verband Bestrebungen zum Bau CO_2-ärmerer Kohlekraftwerke als „unausgegorene Technologievisionen".[158]

---

[155] Brand, Corbach 2005, S. 260f.
[156] „Wir setzen auch in Zukunft auf hocheffiziente und klimaverträgliche Kohlekraftwerke…". Vgl. SPD 2005, S. 38. Rolf Hempelmann ist Vorsitzender der Arbeitsgruppe Energie der SPD-Bundestagsfraktion. Siehe auch Evert 17.05.2005, S. 32.
[157] Vgl. BEE 2008a.
[158] Vgl. BEE 2008b und Suck 2008, S. 194f.

Stattdessen möchte der BEE alle erneuerbaren Energien fördern und sie „parallel entwickeln". Dazu fordert er beispielsweise gemeinsam mit seinen Mitgliedsverbänden BWE und BSW-Solar konkrete Ausbauziele auf nationaler, europäischer und internationaler Ebene mittels festen Gesamt- und sektoralen Vorgaben für die Bereiche Strom, Wärme und Kraftstoffe.[159] Diese konkreten Ausbauziele ließen sich wiederum nur mittels des Umlageverfahrens des EEG verwirklichen.

Als weitere Argumente für das EEG werden genannt, dass es den Marktzutritt neuer Akteure in den Strommarkt erleichtere, was wiederum zu mehr Wettbewerb und letztlich verbraucherfreundlichen Preisen führe. Ferner wirke die Stromerzeugung aus erneuerbaren Energien preissenkend auf dem Strommarkt. Das EEG verringere den Bedarf an CO_2-Zertifikaten und reduziere Kosten für Umweltschäden durch Gas, Kohle und Kernenergie.[160]

Im Folgenden werden zwei politisch bedeutende Mitglieder des BEE aus den Branchen Photovoltaik sowie Windenergie vorgestellt.

Bundesverband Solarwirtschaft (BSW-Solar):

Ein bedeutsamer Mitgliedsverband des BEE ist der *BSW-Solar*. Dieser Verband ist am 01.01.2006 aus einer Fusion der Solarverbände *Bundesverband Solarindustrie e.V. (BSi)* und *Unternehmensvereinigung Solarwirtschaft e.V. (UVS)* hervorgegangen. Er vertritt die Interessen von rund 650 angeschlossenen Solarunternehmen und ist damit nach eigenen Angaben der an Mitgliedern stärkste Solarindustrie-Verband Europas.[161]

Der BSW-Solar nimmt Einfluss auf die Schaffung und Sicherung geeigneter politischer Rahmenbedingungen. Als oberstes Ziel versteht es der Verband, die Markteinführung solartechnischer Anlagen „abzusichern und zu beschleunigen".[162] Er tritt für die Energiewende ein und versteht sich als Vermittler und Informant für die Branche zwischen Politik, Wirtschaft und Verbrauchern zugleich.[163]

---

[159] BEE; BWE; BSW-Solar 10.01.2007; siehe auch BEE 05.06.2007.
[160] Siehe auch BEE 02.08.2007.
[161] BSW-Solar.
[162] BSW-Solar 2008.
[163] Vgl. Witt 2008g.

Bundesverband Windenergie (BWE):

Ein weiteres Mitglied des BEE ist der *Bundesverband Windenergie (BWE)*, der mit rund 20.000 Mitgliedern der (nach eigenen Angaben) weltweit größte Verband im Bereich der erneuerbaren Energien ist. Neben Windenergieanlagenherstellern und -betreibern finden sich unter den Mitgliedern auch Privatpersonen. Die seit gut 10 Jahren bestehende Organisation versteht sich seit Beginn der Windenergieerzeugung in Deutschland als „Begleiter, Mitgestalter, Berater und Informant von Politik und Wirtschaft", und setzt sich für eine „dezentrale regenerative Energieversorgung" durch Windenergie ein.[164]

Verband Deutscher Maschinen- und Anlagenbau e.V. (VDMA):

Der *Verband Deutscher Maschinen- und Anlagenbau* ist Interessenvertreter von 3.000 größtenteils mittelständischen Mitgliedsunternehmen der Investitionsgüterindustrie. Damit sieht er sich selbst als einer der mitgliederstärksten und bedeutendsten Industrieverbände in Europa.[165] Die Mitglieder des VDMA entstammen der Branche des Maschinen- und Anlagenbaus in Deutschland, darunter Hersteller von Maschinenteilen, aber auch ganzen Anlagen sowie Systemlieferanten und sonstigen Dienstleistern. Interessenschwerpunkte des VDMA sind neben dem Bereich Umwelt- und Energiepolitik die Bereiche Arbeitsmarkt-, Tarifpolitik und Deregulierung sowie Bildungspolitik und Nachwuchswerbung, Steuer-, Forschungs- und Technikpolitik, aber auch Unternehmensfinanzierung sowie Handels- und Messepolitik.

Als *Nutznießer des Verkaufs von erneuerbarer Energietechniken* wie Windenergie- oder Biogasanlagen zählt der VDMA zu den Befürwortern regenerativer Energien und setzt sich dementsprechend für ihre Förderung ein. Er unterstützt auch das derzeitige umlagefinanzierte Finanzierungsmodell des EEG, da es „stabile energiepolitische Rahmenbedingungen" auch für den Export biete.[166] Aus Sicht des VDMA hat das EEG eine dynamische Marktentwicklung in Deutschland initiiert, die Grundlage für die weltweit führende Marktstellung der deutschen Industrie im Bereich erneuerbarer Energien sei.

---

[164] Vgl. BWE 2008; siehe auch Euro am Sonntag 23.03.2008.
[165] Vgl. VDMA 2008a.
[166] VDMA 2008b.

„Die Unternehmen des Maschinen- und Anlagenbaus konnten auf Basis des EEGs den Weltmarkt erobern".[167] Bei einer Novellierung des EEG solle aus Sicht des VDMA statt einer Anpassung bzw. Senkung der Einspeisevergütung eher eine stetige Absenkung der EEG-Differenzkosten für die einzelnen erneuerbaren Energien vorgenommen werden.[168]

Deutscher Bauernverband (DBV):

Der *Deutsche Bauernverband* hat einen hohen Organisationsgrad und ist der bedeutendste landwirtschaftliche Spitzenverband Deutschlands. Er versteht sich als Interessenvertreter für die deutsche Land- und Forstwirtschaft, vertritt aber auch die Interessen von Menschen im ländlichen Raum. Seine Mitglieder sind vor allem die 18 Landesbauernverbände. Insgesamt zählt der DBV 46 Verbände und Institutionen als assoziierte Mitglieder, die indirekt an seiner Verbandsarbeit mitwirken.[169]

Der DBV versteht Bauern als „Arbeitgeber und Geschäftspartner für die mittelständische Wirtschaft".[170] Viele Landwirte betreiben Anlagen erneuerbarer Energien, darunter vor allem Biomasseanlagen, deren Betrieb für sie Synergieeffekte bringt, wie die Nutzung vorhandener Infrastrukturen zum Anbau von Energiepflanzen. Der Verband spricht sich deshalb für die derzeitige Förderung erneuerbarer Energien durch das Modell der umlagefinanzierten Einspeisevergütung im EEG aus.[171]

Bundesministerium für Ernährung, Landwirtschaft und Verbraucherschutz (BMELV):

Das *BMELV* wurde in der 16. LP zunächst vom CSU-Politiker Horst Seehofer geleitet; seit Ende Oktober 2008 übernahm Ilse Aigner (CSU) die Leitung. Das BMELV besteht mit seinen beiden Standorten Bonn und Berlin aus 7 Abteilungen mit insgesamt 13 Unterabteilungen und 84 Referaten.[172] Es steht

---

[167] VDMA 05.07.2007.
[168] "Dieser eingeschlagene Weg muss konsequent weiter verfolgt werden. Nur so kann der Ausbau der Erneuerbaren Energien mit einem wirtschaftlichen Wachstum Hand in Hand gehen und eine klassische Win-win-Situation erzeugen"; vgl. VDMA 05.07.2007.
[169] DBV 29.05.2007b. Siehe auch DBV 29.05.2007a und Born, Blöth 2004.
[170] DBV 29.05.2007a.
[171] Vgl. DBV 07.05.2008 und DBV 29.05.2007a.
[172] BMELV 2008a.

traditionell den Landwirten und dem DBV nahe. So ist es u.a. Ziel des BMELV, „den Agrarstandort Deutschland" zu stärken, indem die „Grundlagen für eine wettbewerbsfähige Agrar- und Ernährungswirtschaft" verbessert werden sollen. Es strebt für die Interessen einer „multifunktionale[n] und nachhaltige[n] Land-, Forst- und Fischereiwirtschaft". Dazu will es deren Rahmenbedingungen verbessern und „qualifizierte Arbeitsplätze" sichern und schaffen. Hinsichtlich regenerativer Energien fokussiert sich das BMELV vor allem auf die Förderung von Biomasse und Biogasanlagen, da diese von zahlreichen Landwirten genutzt werden.[173]

Christlich Demokratische Union (CDU)/ Christlich Soziale Union (CSU):

Die Einordnung der *Union* in die eine oder andere Koalition ist schwierig, wie auch Reiche (2004) aufgezeigt hat. Da in den beiden Volksparteien CDU und CSU ein breites Spektrum an unterschiedlichen Positionen zu finden ist, finden sich diese auch auf dem Gebiet der erneuerbaren Energien, beispielsweise im Wirtschafts- und Umweltflügel der gemeinsamen Fraktion.[174] So forderte die Union - wie auch die ökonomische Koalition - im Zuge der Novellierung des EEG 2004 die Förderung erneuerbarer Energien unter wirtschaftlichkeits- und Effizienzgesichtspunkten durchzuführen.[175] Deshalb hat sie der EEG-Novelle 2004 in der 3. Lesung nicht zugestimmt. Andererseits sollte bei einer Zuordnung der Union zu einer Koalition berücksichtigt werden, dass sie sich im Jahre 2004 in der Opposition zur rot-grünen Bundesregierung befand, die die Novelle in den Bundestag zur Abstimmung gebracht hatte. Ferner hat die Union das Stromeinspeisungsgesetz 1991 eingeführt und dem Photovoltaik-Vorschaltgesetz 2003 zugestimmt.

Weiterhin sprechen sich Bundeskanzlerin Angela Merkel und die Union ausdrücklich für den Ausbau erneuerbarer Energien aus, der neben anderen Maßnahmen national über ein EEG erfolgen soll.[176] Ferner wurde die Novellierung des EEG im Jahr 2007 in das Energie- und Klimapaket der Bundesregierung aufgenommen. Insofern dürfte die CDU/CSU-Fraktion erst recht in der 16. LP ein besonderes Interesse daran haben, sich gegenüber den ande-

---

[173] BMELV 2008b.
[174] Vgl. Reiche 2004, S. 142.
[175] CDU/CSU-Bundestagsfraktion 30.08.2008.
[176] Hirschl 2008, S. 191.

ren politischen Kräften im Bereich der erneuerbaren Energien zu profilieren (vgl. auch Kap. 5.2.3.3).

Dieser „Wandel" innerhalb der Unionsfraktion bleibt bei den anderen Akteuren nicht unbemerkt. So stellt der Grünen-Abgeordnete *Hans-Josef Fell* fest: „Es ist gut, dass inzwischen die Union wieder hinter den Grundprinzipien des EEG steht, wollte sie doch noch im Wahljahr 2005 die Einspeisevergütung abschaffen. Anders als die Liberalen hat die Union einen erfreulichen Wandel vollzogen und kämpft sogar mit uns Grünen und der SPD in Brüssel für das deutsche System der Einspeisevergütung."[177] Die Stellvertretende Fraktionsvorsitzende der CDU/CSU-Bundestagsfraktion, *Katherina Reiche* sagte: „...die Grabenkämpfe zwischen Ökologie und Ökonomie sind längst überwunden. Sie sollten nicht durch Scheingefechte und ein Vokabular von vorgestern wieder belebt werden. Fortschritte beim Klimaschutz werden so jedenfalls nicht erreicht."[178]

Innerhalb der Union dürfte neben Katherina Reiche auch *Maria Flachsbarth*, die zuständige Berichterstatterin für das EEG, sowie die weiteren Mitglieder der Arbeitsgruppe Umwelt *Georg Nüsslein* und *Josef Göppel* der ökologischen Koalition zuzurechnen sein.[179] Dagegen sind viele Vertreter der Arbeitsgruppe Wirtschaft und Technologie in die Gruppe der ökonomischen Koalition einzureihen. Dies sind u.a. der Vorsitzende *Laurenz Meyer*, der Koordinator in Energiefragen *Joachim Pfeiffer*, die Abgeordneten *Andreas Lämmel*, *Philip Missfelder* und *Heinz Riesenhuber* sowie der Stellvertretende Fraktionsvorsitzende für Wirtschaft und Technologie, *Michael Meister*.[180]

---

[177] Vgl. Hans-Josef Fell, in: Deutscher Bundestag 21.02.2008b, S. 15246.
[178] Reiche, Katherina 27.06.2007.
[179] Vgl. Georg Nüsslein, in: Deutscher Bundestag 21.02.2008b, S. 15250 und 15269 sowie Deutscher Bundestag 21.02.2008b, S. 15256; siehe auch focus.de 2008a sowie Maria Flachsbarth, in: Deutscher Bundestag 21.02.2008b, S. 15259ff. und Witt 2008f. Vgl. auch Positionspapier der Arbeitsgruppe Umwelt der CDU/CSU-Bundestagsfraktion zum Klimaschutz: CDU/CSU-Bundestagsfraktion 17.09.2007.
[180] Vgl. AG Wirtschaft und Technologie der CDU/CSU-Bundestagsfraktion 06.05.2008. So wünscht sich Pfeiffer für das energiepolitische Jahr 2006 vor allem, „die Weichen wieder in Richtung wettbewerbsfähige Energiepreise zu stellen"; BNE 01/2006. Vgl. auch Pfeiffer, Joachim 05.05.2008; May 2008a, S. 16; net-tribune.de 2008; Sattar 05.06.2008; vzbv 05.05.2008 sowie Lämmel 14.05.2008 und Hinkel 2007b.

5 Fallstudie: Die Novellierung des EEG

Die Kapitel 1 - 4 leiteten in das Thema ein, klärten die Grundlagen der Energiepolitik und der erneuerbaren Energien, stellten die Methodik dar und bereiteten damit den Weg für den eigentlichen Untersuchungsgegenstand, das EEG. Das vorliegende 5. Kapitel stellt den *Hauptteil* dieser Studie dar. Hier wird die EEG-Novelle 2009 historisch und inhaltlich umfassend analysiert.

5.1 Historischer Abriss und Darstellung der gesetzlichen Vorläuferregelungen

Um die aktuellen Regelungen, aber auch die Entstehung des EEG besser in den Gesamtzusammenhang der Gesetzesnovellierung einordnen zu können, stellt dieses Kapitel abrissartig die *Historie* des Erneuerbare-Energien-Gesetzes in Deutschland dar.

Das EEG verfolgt gemäß seinem vollen Namen *Gesetz für den Vorrang Erneuerbarer Energien (Erneuerbare-Energien-Gesetz - EEG)* das Ziel, den Anteil regenerativen Stroms an der Stromerzeugung zu erhöhen. Es fußt auf dem *Gesetz über die Einspeisung von Strom aus erneuerbaren Energien in das öffentliche Netz (Stromeinspeisungsgesetz, StrEG)* aus dem Jahr 1990, das im Jahr 1991 in Kraft getreten ist.[181]

5.1.1 Das Stromeinspeisungsgesetz von 1991

Entstehung

Das Stromeinspeisungsgesetz ist die Basis für das später beschlossene EEG. Ersteres ist das Ergebnis einer Initiative von Bundestagsabgeordneten der CDU und CSU, die bei diesem Vorhaben mit Abgeordneten der Grünen und dem Bundesverband der Deutschen Wasserkraftwerke zusammenarbeiteten.[182]

---

[181] Siehe EEG vom 29.03.2000 und StrEG.
[182] Vgl. dazu: Hirschl 2008, S. 54f.; Reiche 2004, S. 146 und Suck 2008, S. 170.

Ziel des StrEG war die Erhöhung der Chancen von Stromerzeugungstechnologien, die auf Basis erneuerbarer Primärenergieträger arbeiten. Vor seinem Inkrafttreten existierte in Deutschland keine explizite Regulierung der Stromeinspeisung. Da für die öffentliche Stromversorgung noch Gebietsmonopole bestanden, wurde Strom aus erneuerbaren Energien nur nach dem Grundsatz der vermiedenen Kosten des jeweiligen Verteilerunternehmens vergütet. Lediglich eine unverbindliche *privatwirtschaftliche Vereinbarung* regulierte in begrenztem Rahmen die Stromeinspeisung. Diese ‚Verbändevereinbarung' war im Jahr 1979 auf Druck des *Verbandes Industrieller Kraftwirtschaft (VIK)* sowie des *Bundesverbandes der Deutschen Industrie (BDI)* zustande gekommen, unter dessen Mitgliedern sich ebenfalls zahlreiche Stromerzeuger fanden. Beide Verbände stritten für eine möglichst hohe Vergütung, während der *Verband der Elektrizitätswirtschaft (VDEW)* sein Monopol bei der Stromerzeugung verteidigen wollte. Das Niveau der Einspeisevergütung lag allerdings so niedrig, dass es nicht ausreichte, dem ursprünglichen Ziel gerecht zu werden, Anreize für möglichst dezentrale und umweltschonende Energietechnologien zu geben.[183]

Während das Bundesministerium für Forschung und Technologie Ende der 80er Jahre sowohl die Photovoltaik als auch die Windenergie mit umfangreichen Haushaltsmitteln für Forschungs- bzw. Demonstrationsprogramme förderte, standen für Wasserkraft keine vergleichbaren Programme zur Verfügung. Zusätzlich hatte der VDEW nach einer geringen Erhöhung der Einspeisevergütung bereits 1987 signalisiert, dass eine weitere Aufstockung nicht in Frage käme.[184]

In dieser Situation hegten besonders Abgeordnete aus dem an Wasserkraft reichen Bayern Sympathien für die oben dargestellte Initiative zur Verabschiedung des StrEG.[185] Das Vorhaben wurde seinerzeit vor allem von *Matthias Engelsberger* (CSU) vorangetrieben, der gleichzeitig als Ehrenvorsitzender des Branchenverband *Bundesverband Deutscher Wasserkraftwerke*

---

[183] Vgl. Kords 1993, S. 47ff.; vgl. auch Reiche 2004, S. 146.
[184] Siehe Bechberger 2000, S. 4f.
[185] Eine erste Initiative für einen Gesetzesvorschlag ging zuvor von den CDU-Abgeordneten Erich Maaß und Peter Harry Carstensen aus und scheiterte. Sie hatte sich besonders für die stärkere Förderung von privat erzeugtem Strom aus Windenergie eingesetzt. Vgl. Kords 1993. Später war Engelsberger zudem Ehrenpräsident des BEE. Vgl. BDW 2008; siehe auch Ramsauer 04.11.2005.

(BDW) und als Betreiber eines eigenen Wasserkraftwerks tätig war. Außerdem konnte er sich besonders auf die Initiative konzentrieren, da er um sein bevorstehendes Ausscheiden aus dem Bundestag bei den nächsten Wahlen wusste.[186] Engelsberger arbeitete eng mit dem Grünen-Bundestagsabgeordneten *Wolfgang Daniels* zusammen. Die Initiative erlangte relativ geringe parlamentarische Beachtung bei der konventionellen Stromwirtschaft. Dies war möglicherweise auch darauf zurückzuführen, dass zur gleichen Zeit über den Vertrag zur Deutschen Einheit verhandelt wurde, in dem es auch um die bedeutende Frage der Übernahme der ostdeutschen Stromwirtschaft ging.[187] So führte die Initiative zum Stromeinspeisungsgesetz, das am 07.12.1990 im Deutschen Bundestag verabschiedet wurde, und Es trat am 01.01.1991 in Kraft trat.

Das StrEG förderte Technologien der Solarenergie, Wind- und Wasserkraft, aber auch Energieträger wie die Biomasse; Geothermie und Grubengas waren noch nicht Bestandteil der Förderung. Grundbaustein des Gesetzes war die *Abnahmepflicht* und die *Preisregulierung der Vergütungshöhe.* So mussten EVU den Strom abnehmen, den Dritte aus regenerativen Energieträgern bereitstellten. Außerdem war eine Vergütung für diesen Strom vorgeschrieben, die an den Durchschnittserlös gebunden war – dem durchschnittlichen Preis pro Kilowattstunde, den EVU von den Letztverbrauchern aus der Bereitstellung von Strom erhielten. Die daraus entstandenen Kosten durften die Versorger auf die Stromrechnungen der Verbraucher abwälzen.[188]

Stromeinspeisung aus Wind- und Sonnenenergie wurde mit 90 % des Durchschnittserlöses vergütet. Um Kleinanlagen zu fördern, wurde zum einen die Vergütung differenziert. So erhielten Anlagenbetreiber für den eingespeisten Strom aus Wasserkraft, Deponie- und Klärgas 80 % des Durchschnittserlöses für die Stromeinspeisung, die einer Anlagenleistung von maximal 500 Kilowatt entspricht. Darüber hinaus gehende Einspeisung wurde nur mit 65 % des Durchschnittserlöses vergütet.[189] Zum anderen wurden größere Wasserkraft-, Deponie- oder Klärgasanlagen ab einer Leistung von 5 MW von der Förderung ausgenommen. Dies galt auch für Anlagen, die zu mehr als 25 %

---

[186] Vgl. Kords 1993, S. 70.
[187] Kissel, Oeliger 2004.
[188] Vgl. Berchem 2006.
[189] Vgl. StrEG, § 3 Satz 2.

im Eigentum der öffentlichen Hand standen. Ziel war es, den Bau und Betrieb unabhängiger, kleinerer Anlagen zu begünstigen.[190]

5.1.2 Die Novellierung des Stromeinspeisungsgesetzes 1998

Die Einführung des StrEG wurde besonders von Vertretern der ökologischen Koalition wie Umweltverbänden begrüßt. Allerdings hatte es auch Defizite. So bestand ein Nachteil unter anderem darin, dass es für einige EVU zu Wettbewerbsnachteilen gegenüber ihren Konkurrenten führte.[191] Günstige Standorte für Windstromanlagen waren beispielsweise vor allem auf den norddeutschen Raum konzentriert. Infolge der Abnahmepflicht für Strom aus erneuerbaren Energien waren dort ansässige Energieversorger stärker durch Kosten belastet als andere und wurden damit ungleich behandelt.[192]

Zwar gab es bereits im Stromeinspeisungsgesetz von 1990 eine Klausel, die vor *unbilligen Härten* der EVU schützen sollte. Mit der Neufassung des StrEG von 1998 wurden diese ‚Härten' allerdings wesentlich konkreter als bisher gefasst. Ein sog. *doppelter 5 %-Deckel* sollte die Gleichbehandlung der Energieversorger nun gewährleisten. Diese Klausel begrenzte die Abnahme jedes EVU auf 5 % seines insgesamt verkauften Stroms. Überstieg die abzunehmende Strommenge diese Grenze, war der dem EVU vorgelagerte Netzbetreiber verpflichtet, die zusätzlichen Mehrkosten zu übernehmen. Sofern auch bei diesem die ‚5 %-Hürde (zweiter Deckel)' erreicht war, musste der darüber hinausgehende Strom bei dann neu erstellten Anlagen nach dem StrEG weder abgenommen noch vergütet werden.[193]

Weiterhin verpflichtete sich die Bundesregierung im StrEG von 1998 in § 4a, auf freiwillige Selbstverpflichtungen der EVU bezüglich der Erhöhung des Anteils von regenerativen Energien und KWK hinzuwirken. Schließlich wurde eine zweijährliche Berichtspflicht gegenüber dem Deutschen Bundestag über den Entwicklungsstand der erneuerbaren Energien im Strombereich einge-

---

[190] Vgl. Reiche 2004, S. 145.
[191] Vgl. Teske 1996, siehe auch Suck 2008, S. 191ff. und Grawe 1996.
[192] Vgl. Karstens 1999, S. 190 und Hirschl 2008, S. 136ff.
[193] Vgl. Bechberger 2000, S. 5f. Gemäß § 4 Abs. 4 StrEG hatte das BMWi den Deutschen Bundestag spätestens im Jahre 1999 zumindest aber so frühzeitig über die Auswirkungen

führt.[194] Die Novelle des StrEG wurde im November 1997 im Deutschen Bundestag beschlossen und trat am 24.04.1998 durch Änderung des Energiewirtschaftsgesetzes in Kraft.[195]

5.1.3 Das Erneuerbare-Energien-Gesetz von 2000

Die rot-grüne Bundesregierung führte das StrEG fort und ersetzte es im Jahr 2000 durch das neu geschaffene EEG. Dieses kennzeichnete sich vor allem durch eine *erweiterte Einspeiseordnung*.[196]

Die Regierungskoalition beabsichtigte mit dem EEG, eine dynamische Entwicklung im Ökostrombereich zu erreichen. Es sollte den Anteil erneuerbarer Energien an der Stromversorgung erhöhen und bis 2010 verdoppeln[197]; auch sollte die Vergütungshöhe für Anlagenbetreiber stärker als bisher abgesichert werden. Die Koalition bejahte einen Novellierungsbedarf für das StrEG, weil es bis zuletzt die Vergütung für Strom aus erneuerbaren Energiequellen an den allgemeinen Strompreis koppelte. Zwar hatten die Windenergieanlagenbetreiber zunächst vom Stromeinspeisungsgesetz durch steigendes Wachstum profitiert; die Liberalisierung der Strommärkte Ende 1999 führte jedoch zu einer Strompreissenkung, die sich negativ auf den Investitionsspielraum und das Wachstum der Branche auswirkte.[198] Mit dem neuen EEG wurden die Vergütungssätze für ins Netz eingespeisten regenerativen Strom festgeschrieben, und zwar auf einem höheren Niveau als zuvor im Stromeinspeisungsgesetz. Somit *entkoppelte das EEG die Vergütungssätze vom Strompreis* und legte *konkrete, feste Mindestpreise* fest.

Außerdem näherte sich die Erfüllung des sog. *zweiten 5 %-Deckels*.[199] Diese Härtefallregelung für EVU trug dem großen Anteil an Windkraftanlagen in den norddeutschen Bundesländern und den daraus resultierenden überproportional großen Abnahmepflichten für die dort ansässigen EVU mit einer begrenz-

---

der Härtefallregelung zu informieren, dass vor Eintritt des sog. zweiten 5 %-Deckels eine andere Ausgleichsregelung vereinbart wird. Vgl. Bechberger 2000, S. 6.
[194] Vgl. Karstens 1999, S. 189
[195] StrEG vom 24.04.1998.
[196] Vgl. dazu: Hirschl 2008, S. 188ff.
[197] Vgl. EEG vom 29.03.2000, § 1.
[198] Ziegler 2000b, S. 20.
[199] Vgl. Kap. 5.1.2.

ten Abnahmepflicht Rechnung. Mit der nahenden Erfüllung dieses „zweiten Deckels" stieg also die Gefahr, Investitionen in regenerative Energien zu mindern. Um die ungleichmäßig hohen Abnahme- und Vergütungsverpflichtungen regenerativen Stroms für Übertragungsnetzbetreiber aber gleichmäßig zu verteilen, verpflichtete sie das neue EEG mit einer *Ausgleichsregelung* (§ 11), die Mengen zu erfassen und gegenseitig auszugleichen.[200]

Das EEG beseitigte auch eine bisher bestehende Rechtsunsicherheit im Hinblick auf die Frage, ob die Abnahme- und Vergütungsregelungen des Stromeinspeisungsgesetzes eine *Beihilfe nach EU-Recht* darstellten oder nicht. Dieser bis dahin ungeklärte Punkt hatte besonders im Windenergiebereich zu Investitionszurückhaltung bei Investoren und Banken geführt.[201]

Für regenerativ erzeugten Strom gewährte das EEG in § 3 den Anlagenbetreibern erstmals für einen *Mindestzeitraum von 20 Jahren* (außer Wasserkraft) ab Inbetriebnahme eine Abnahme- und Vergütungspflicht. Fortan wurden Netzbetreiber dazu verpflichtet, diesen Strom abzunehmen und in ihr Netz einzuspeisen, und feste Mindestpreise dafür zu bezahlen.

Das EEG erfasste Strom, der allein aus Wasserkraft, Windkraft, solarer Strahlungsenergie und Biomasse bereitgestellt wurde. Erstmals wurden hier auch Energie aus *Offshore-Windenergie, Grubengas und Geothermie* gefördert.[202] Ausgenommen waren lediglich große Anlagen, wie beispielsweise Wasserkraftwerke und Anlagen solarer Strahlungsenergie, die mehr als 5 Megawatt installierter elektrischer Leistung produzierten. Photovotaik-Freianlagen waren auf 100 kWp beschränkt. Dagegen lag die Grenze für Biomasseanlagen bei 20 MW installierter Leistung. Schließlich galten Ausnahmen für Anlagen, die zu mehr als einem Viertel in Bundes- oder Landeseigentum standen.[203]

Für die jeweiligen Energieträger legte das Gesetz eigene Vergütungssätze fest; allerdings hingen die Sätze erstmals auch von der Anlagengröße oder der Ertragsqualität des Standortes bei (bei Windenergie) ab. Dabei erhielten Solarstromanlagen die weitaus höchste Vergütung, die jedoch durch einen

---

[200] Vgl. EEG vom 29.03.2000, § 11.
[201] Bechberger 2000, S. 51.
[202] Zur Definition der Biomasse ist ferner eine Biomasseverordnung am 28.06.2001 in Kraft getreten. Vgl. Reiche 2004, S. 148.

350 MW-Deckel begrenzt war. Dieser wurde allerdings von der rot-grünen Bundesregierung kurz vor den Bundestagswahlen im Juni 2002 auf 1000 MW erhöht. Zudem wurden aus wirtschaftlichen und EU-rechtlichen Gründen die Vergütungssätze für Biomasse (1 %), Windenergie (1,5 %) und Photovoltaik (5 %) für ab 2002 neu errichtete Anlagen erstmals degressiv ausgestaltet.

Um aber auch Strom aus Windenergieanlagen zu fördern, die an weniger ertragreichen Orten installiert waren, wurde ein sog. *Referenzertragsmodell* eingeführt, das eine für 5 Jahre anfängliche standortunabhängige erhöhte Vergütung garantierte. Danach wurde diese erhöhte Vergütung bei ertragsschwächeren Anlagen für eine bestimmte Zeit, abhängig von dem Referenzertrag, weiter gezahlt. Bei Offshore-Anlagen sollte diese erhöhte Anfangsvergütung für 9 Jahre gezahlt werden, unter der Bedingung, dass die Anlagen beispielsweise vor 2007 in Betrieb gingen.[204]

Schließlich war nach den Gesetzesvorgaben alle 2 Jahre vom federführenden Bundeswirtschaftministerium, im Einvernehmen mit dem Bundesumwelt- und Landwirtschaftsministerium, ein *EEG-EB* vorzulegen, der über den Stand der Markteinführung und der Kostenentwicklung erneuerbarer Energien informieren sollte. Auf der Basis dieses Berichtes sollte jeweils eine Anpassung der Vergütungs- und Degressionshöhe erfolgen.

Der Deutsche Bundestag verabschiedete das EEG am 25.02.2000; der Bundesrat stimmte am 17.03.2000 zu. So konnte das Gesetz am 01.04.2000 nach knapp 1 ½ Jahren rot-grüner Regierungszeit in Kraft treten. Während das StrEG weitgehend im Konsens zwischen allen beteiligten politischen Fraktionen beschlossen worden war, stimmte für das EEG hauptsächlich nur die Koalition aus SPD und BÜNDNIS 90/ DIE GRÜNEN.[205]

Die Entscheidungsprozesse sowohl des StrEG als auch des EEG wurden jeweils vom Parlament bestimmt, wie Bechberger in einer Untersuchung feststellte.[206] So bestanden zwischen dem federführend zuständigen BMWA einerseits und den Fraktionen der Grünen und Sozialdemokraten andererseits unterschiedliche Auffassungen bezüglich der Ausgestaltung dieses Geset-

---

[203] Vgl. EEG vom 29.03.2000, § 2.
[204] Ausführlich: Vgl. EEG vom 29.03.2000, § 7.
[205] Vgl. Ziegler 2000a, S. 3 und Reiche 2004, S. 147.
[206] Bechberger 2000, S. 50ff.

zes.[207] War das Ministerium eher an einer Quotenregelung interessiert, zeigten sich die Fraktionen enttäuscht von der aus ihrer Sicht eher destruktiven und blockierenden Zusammenarbeit mit dem Ministerium. SPD und Grüne lehnten deshalb auch die Referentenentwürfe für das EEG ab und präsentierten am 13.12.1999 einen eigenen Gesetzentwurf, der nur wenige Monate später als Gesetz in Kraft trat.[208] Im Ergebnis konnte das EEG somit in der Zeit vom Herbst 1999 bis zum 01.04.2000 realisiert worden.

Wesentlichen Anteil an dieser zügigen Umsetzung hatte, nach einem Ergebnis der Studie Bechbergers, die gute Zusammenarbeit zwischen den Akteuren der ökologischen Koalition, die sich durch weitgehend einheitliches Auftreten auszeichnete. Dies zeigte sich etwa an der frühzeitigen Positionierung der regenerativen Branchenverbände einerseits und der einheitlichen Position der Regierungsfraktionen, die die Gestaltungsmacht hatten, andererseits. Dies wurde auch an der offenen und pluralistischen Struktur ihres Netzwerkes deutlich.[209]

Zusammenfassend kann festgestellt werden, dass schon mit dem StrEG die Abnahme- und Vergütungspflicht für regenerativen Strom begründet wurde. Allerdings wurde das ehemalige StrEG durch Einführung des EEG im Jahr 2000 in einigen Punkten erweitert. Weitere erneuerbare Energieträger wurden in die Förderung mit aufgenommen. Zusätzlich wurde die Vergütungssätze erhöht, differenziert, ein Ausgleichsmechanismus für Übertragungsnetzbetreiber eingeführt und eine Degression der Vergütungssätze vorgeschrieben. Ein besonders wichtiger Beitrag für den Aufschwung der erneuerbaren Energien war die mit dem EEG geschaffene Planungs- und Vergütungssicherheit für 20 Jahre.[210]

---

[207] Während das BMWA in der 14. Legislaturperiode innerhalb der Bundesregierung für erneuerbare Energien zuständig war, wurde die Federführung Ende 2002 mit Beginn der 2. Legislaturperiode von Rot-Grün vom BMWA auf das BMU übertragen.
[208] Bechberger 2000, S. 51.
[209] Vgl. Bechberger 2000, S. 52 und Evert 17.05.2005, S. 38; siehe auch Ziegler 2000a, S. 3.
[210] Reiche 2004, S. 150f.

5.1.4 Das Photovoltaik-Vorschaltgesetz

Neben der Förderung durch das EEG profitierte die Solarbranche besonders vom sog. *100.000-Dächer-Programm* der Bundesregierung, das bundesweit den Bau von Solarstromanlagen förderte, aber zum 30.06.2003 vorzeitig auslief. Es sicherte der Solarbranche bis dahin gute Umsätze. Mit Erreichen des Programmziels und dem Wegfall der Kredite aus dem 100.000-Dächerprogramm wurde jedoch Investitionseinbrüche beim Bau neuer Solarstromanlagen befürchtet.[211]

Zudem hatte sich der Novellierungsprozess des EEG verzögert. Denn dieses trat nicht wie vorgesehen am 01.01.2004, sondern erst ein halbes Jahr später in Kraft. Deshalb konnten sich die Befürworter eines *Photovoltaik-Vorschaltgesetzes* im Deutschen Bundestag durchsetzen, das den neuen Gegebenheiten der Branche Rechnung trug.[212] Ziel dieser Regelung war es, gezielt die Photovoltaikbranche abzusichern. Das Vorschaltgesetz sah vor, die Vergütungssätze für Strom aus Photovoltaik mit Ausnahme von Freiflächenanlagen bereits mit Wirkung zum 01.01.2004 deutlich zu erhöhen. Damit sollten mögliche Verluste für die Photovoltaik-Branche vermieden werden. Freiflächenanlagen waren seitdem auch als Großanlagen förderungswürdig, da bei ihnen die maximale Förderungsgrenze von 100 kWp aufgehoben wurde. Weiterhin hing die Förderung erstmals von der Frage ab, ob die Anlage sich auf einem Gebäude, an einer Fassade oder auf einer Freifläche befand; auf einem Gebäude wiederum wurde noch einmal nach der Anlagengröße differenziert. Schließlich war wie im bestehenden EEG eine Degression der Vergütungssätze von 5 % vorgesehen, die ab dem 01.01.2005 wirksam wurde.[213]

Das PV-Vorschaltgesetz wurde am 27.11.2003 mit den Stimmen der SPD, CDU und BÜNDNIS 90/DIE GRÜNEN im Deutschen Bundestag beschlossen.[214]

---

[211] Reshöft 2004, S. 241; vgl. auch Oschmann, Müller 2004, S. 26.
[212] Vgl. Kap. 5.1.5; siehe auch Staiß 2007, S. 184; Suck 2008, S. 327ff. und KFW 2003.
[213] Reiche 2004, S. 152f.; siehe auch Müller 2004, S. 243 und Staiß 2007, S. 148ff.
[214] Die Union begründete ihre Zustimmung damit, dass es um Industriepolitik gehe und man die PV grundsätzlich befürworte. Zum anderen standen ein Großteil der Solaranlagen

5.1.5 Die Novellierung des Erneuerbare-Energien-Gesetzes 2004

Die Regelungen zur Vergütung von Strom aus solarer Strahlungsenergie traten bereits zum 01.04.2004 in Kraft, um nach Abschluss des 100.000-Dächer Solarstromprogramms zeitnah eine Anschlussregelung zu schaffen. Die Novellierung des Erneuerbare-Energien-Gesetzes, die auch die übrigen Energieträger betraf, trat erst im August 2004 in Kraft.[215]

Am 17.12.2003 legte die Bundesregierung einen Regierungsentwurf (RegE) zum EEG 2004 vor, dessen wesentliche Regelungsinhalte im Folgenden zunächst dargestellt werden. Anschließend werden die Änderungen im parlamentarischen Verfahren und im Vermittlungsausschuss von Bundestag und Bundesrat dargelegt. Anlass der Novellierung war zunächst die zwingende Umsetzung der EG-Richtlinie von 2001 zur Förderung der Stromerzeugung aus erneuerbaren Energien.[216]

Anlass für die Novellierung bot aber auch der EEG-EB aus dem Jahr 2002, der einen Nachbesserungsbedarf bei einigen Energieträgern bejahte.[217] So hatte es im bisherigen Gesetz Kontroversen um die Auslegung einiger Begrifflichkeiten gegeben. Der neue § 3 enthielt deshalb eine erweiterte Definition erneuerbarer Energien, die Unklarheiten und Konflikte vermeiden sollte.[218] Außerdem formulierte der Regierungsentwurf konkrete Ziele für die Energieerzeugung aus regenerativen Energien an der Stromversorgung bis zum Jahr 2010 (12,5 %) und bis zum Jahr 2020 (20 %).[219]

Eine sog. *Härtefallregelung* zur Entlastung besonders energieintensiver Betriebe war im Februar 2003 vom Bundeswirtschaftsministerium durchgesetzt und am 16.07.2003 in Form eines EEG-Änderungsgesetzes vom Deutschen

---

in den unionsgeführten Ländern Baden-Württemberg und Bayern. Sie wurden dort als wachsender Wirtschaftszweig betrachtet. Vgl. Evert 17.05.2005, S. 74.
[215] Vgl. Hirschl 2008, S. 190f. und Suck 2008, S. 327ff.
[216] In der Richtlinie wurden einige Vorhaben vereinbart, die verbindliche Standards innerhalb der EU garantieren sollten. Dazu gehörten beispielsweise eine Abnahme- und Vergütungsverpflichtung, wie sie bereits Bestandteil des EEG war. Anpassungsbedarf ergab sich aus der Verpflichtung für Mitgliedstaaten, Herkunftsnachweise für EE-Strom einzuführen sowie die Formulierung einer breiteren Definition erneuerbarer Energien. Vgl. EG-RiLi 2001/77/EG vom 27.09.2001.
[217] Bundesregierung 2002.
[218] Vgl. EEG vom 21.07.2004, § 3.

Bundestag verabschiedet worden. Diese Regelung wurde nun im Zuge der Novellierung des EEG im Jahr 2004 erweitert und auf ihre zeitliche Befristung verzichtet.[220] Bis Ende 2007 und dann regelmäßig alle 4 Jahre sollte ein EEG-EB veröffentlicht werden.

Herzstück des novellierten EEG für Anlagenbetreiber waren die Änderungen der Vergütungsregelung.[221] Im Bereich der Windenergie wurden die Mindestvergütungssätze von *Windenergieanlagen an Land (Onshore)* abgesenkt. Der allgemeine Vergütungssatz wurde von 5,9 auf 5,5 ct/kWh reduziert. Um Überförderungen in den windstarken Küstenregionen zu vermeiden, wurde der auf 5 Jahre begrenzte Anfangsvergütungssatz für besonders ertragreiche Anlagen von 8,8 ct/kWh im Jahr 2003 auf 8,7 ct/kWh für das Jahr 2004 ebenfalls abgesenkt. Um keine Anreize mehr für windschwache Regionen zu setzen, in Windenergie zu investieren, musste eine Anlage zukünftig 65 % des Referenzertrages erzielen, um überhaupt einen Vergütungsanspruch zu erlangen. Die Degression für dann neu in Betrieb gehende Anlagen wurde von 1,5 auf 2 % erhöht.[222]

Andererseits strebte die Koalition an, die Bedingungen für die Nutzung der *Windenergie auf See (Offshore)* zu verbessern. Deshalb sollte für bis zum Jahr 2010 in Betrieb gehende Anlagen die Vergütung für mindestens 12 statt bisher 9 Jahre auf 9,1 ct/kWh erhöht werden. Um unerwünschten Kostenfaktoren entgegenzutreten, wurde darüber hinaus der Anfangsvergütungssatz in Abhängigkeit von der Entfernung von der Küste und der Gründungstiefe verlängert. Bis 2008 sollten die Offshore-Anlagen von der Degression befreit werden. Schließlich sollte die Vergütung ganz verwehrt werden, wenn die Anlagen in Naturschutzgebieten standen und nach 2005 genehmigt worden waren.[223]

Im Bereich der *Biomasse* war es Ziel der Regierungskoalition, auch den rentablen Einsatz kleiner Biomasseanlagen zu erreichen. Deshalb wurde eine

---

[219] Reiche 2004, S. 152f..
[220] Als Gegenleistung zur Härtefallregelung stimmte Bundeswirtschaftsminister Wolfgang Clement dem Aufbau einer Regulierungsbehörde für den Strommarkt zu. Reiche 2004, S. 153.
[221] Vgl. Trittin 28.01.2003.
[222] Oschmann, Müller 2004, S. 25f.
[223] Vgl. Oschmann, Müller 2004, S. 26; Reiche 2004, S. 153; siehe auch Müller 2004, S. 242f.

neue Leistungsklasse bis 150 kW eingeführt, die mit 11,5 ct/kWh etwas höher als zuvor vergütet wurde.[224]

Schließlich sollten die durch den Anbau nachwachsender Rohstoffe auf Feldern zur energetischen Verwertung entstehenden höheren Kosten Berücksichtigung finden. Während Bioabfälle oder Altholz nicht für die energetische Nutzung extra produziert werden müssen, erfordert der Anbau von Energiepflanzen zusätzliche Aufwendungen. Diese sollten in § 8 Abs. 2 durch eine Prämie von 2,5 ct/kWh für Strom ausgeglichen werden, der nur für Strom aus ‚unbehandelten Pflanzenbestandteilen' bzw. Gülle gewonnen werden durfte (NawaRo-Bonus).

Ein zweiter Bonus, der sog. *Technologiebonus*, wurde eingeführt, um den Einsatz innovativer und effizienter Techniken wie z.B. Kraft-Wärme-Kopplung (KWK) oder Brennstoffzellen zu fördern. Eine Prämie von 1 ct/kWh gab es für Anlagen bis 5 MW Leistung. Schließlich wurde die *Degression* von einem auf zwei % angehoben; die Vergütung sollte fortan nur noch für 15 statt für 20 Jahre gelten.[225]

Bei der *Wasserkraft* sollten nun auch große Anlagen mit einer installierten Leistung von 5 - 150 MW vergütet werden, um das noch vorhandene Potential zu nutzen. Allerdings war dies an verschiedene Bedingungen geknüpft. Es galt einerseits nur für bestehende Anlagen, die bis zum 31.12.2012 erneuert oder erweitert wurden. Weiterhin sollte die Erneuerung oder Erweiterung zu einer Erhöhung des elektrischen Arbeitsvermögens um mindestens 15 % führen und kumulativ den ökologischen Zustand verbessern. Ferner wollte man nur den zusätzlichen, durch die Erneuerungsmaßnahme neu gewonnen Strom vergüten. Die Vergütung selbst sollte schließlich nur für 15 Jahre gezahlt werden.

Für kleine Wasserkraftanlagen wurde ab dem Jahr 2005 eine jährliche Degression von 5 % eingeführt. Anlagen bis 500 kW sollten hingegen nur noch dann einen Vergütungsanspruch erhalten, wenn sie bis zum 31.12.2005 genehmigt wurden und nicht an Staustufen oder Wehren betrieben wurden.

---

[224] Im Jahre 2003 war ein VS von 10 Cent für Anlagen bis 500 kW gültig.
[225] Oschmann, Müller 2004, S. 26.

Bei der Stromerzeugung aus *Geothermie* war nach dem bisherigen EEG nur eine Leistungsklasse bis 20 MW vorgesehen; erste in Bau befindliche Anlagen waren allerdings wesentlich kleiner. Um deren erhöhte Stromgestehungskosten angemessen zu berücksichtigen, sollten 2 neue Leistungsklassen eingeführt werden, die mit 15 ct/kWh bei einer Größe von 0-5 MW und 14ct/kWh bei einer Größe von 5-10 MW vergütet werden sollten. Bis 20 MW sollte 8,95 ct/kWh und über 20 MW 7,16 ct/kWh gezahlt werden. Die Vergütungssätze galten für Anlagen, die vor dem 01.01.2010 in Betrieb gehen. Da bislang aber nur wenige Geothermie-Anlagen überhaupt gebaut worden waren, sollte eine Degression erst ab dem Jahre 2010 einsetzen.[226]

Im *parlamentarischen Verfahren* wurde der Entwurf noch an einigen Stellen verändert. So wurden einige Vergütungssätze erhöht und Förderzeiträume verlängert. Die Förderungsdauer für Wasserkraftanlagen bis 5 MW wurde von 20 Jahren auf 30 Jahre ausgeweitet, während die Dauer bei Biomasse- sowie Deponiegas 20 statt 15 Jahre dauern sollte. Um die Ausbaupotentiale der Onshore-WEA nicht zu behindern, wurde die Formulierung gestrichen, nach der Anlagen nur zu fördern waren, wenn sie mindestens 65 % des Referenzertrages erlangten.

Die Koalitionsfraktionen erhöhten die Vergütung für *Wasserkraftanlagen* in der Leistungsklasse bis 500 kW um 2 Cent auf 9,67 ct/kWh. Der Stichtag der Bedingung, dass kleinere Anlagen bis 500 kW keinen Vergütungsanspruch erhalten, sofern sie nicht in Verbindung mit Wehren oder Stauseen betrieben werden, wurde um 2 Jahre auf den 31.02.2007 verschoben. Im Bereich der *Biomasse* sollte die Nutzung von Altholz der Kategorien AIII und AIV erschwert werden, um die Nutzung „sauberer" Biomasse stärker anzuregen. Sie lag mit 3,9 ct/kWh wesentlich unter den Vergütungssätzen anderer Biomassearten.[227]

Weiterhin wurden im parlamentarischen Verfahren einige Prämien nochmals erhöht: Der *NawaRo-Bonus* im Bereich der Biomasse wurde von 2,5 ct/kWh auf 4-6 Cent aufgestockt. Der *Technologiebonus* wurde auf 2 ct/kWh verdoppelt. Sofern der Strom ausschließlich aus Biomasse gewonnen wurde, konnte er um weitere 2 Cent aufgestockt werden. Im Bereich des *Deponie-Klär- und*

---
[226] BMU 2004a, S. 5.
[227] Reiche 2004, S. 156.

Grubengases wurde die Prämie für den Einsatz von Brennstoffzellen auf 2 Cent verdoppelt. Die Prämie wurde auch für andere innovative Technologien gewährt, z.B. die Aufbereitung auf Erdgasqualität (Upgrading) oder Verwendung von Stirling-Motoren. Ferner erhielten WEA künftig eine erhöhte Förderung, wenn eine *Repowering-Maßnahme* zu einer Verdreifachung der Anlagenleistung führte.[228]

Schließlich wurden die Regelungen bei der *Degression* verändert: Während sie bei der PV 6,5 % betragen sollte, wurde sie bei Biomasse sowie Deponiegas-, Klär- und Grubengas von vormals 2 auf nun 1,5 % abgesenkt.

Am 02.04.2004 wurde die Novelle des EEG im Deutschen Bundestag mit den Stimmen der rot-grünen Koalitionsfraktionen verabschiedet. Während die Ablehnung des Gesetzentwurfes durch die FDP bereits länger feststand, war dies bei der CDU/CSU-Fraktion im Vorhinein noch nicht absehbar. Am Ende lehnte die Fraktion den Entwurf allerdings doch ab, weil sie einige ihrer eigenen Forderungen nicht ausreichend berücksichtigt sah.[229] Auch der Bundesrat votierte am 14.05.2004 gegen das Gesetz, sodass das Verfahren im Vermittlungsausschuss eröffnet wurde. Dort wurde die Vergütungspflicht auf diejenigen Windenergieanlagen beschränkt, die vor ihrer Inbetriebnahme nachweisen konnten, dass sie mindestens 60 % des Referenzertrages erzielen würden.[230] Die Akteure einigten sich schließlich am 17.06.2004 auf ein Ergebnis, welches nur einen Tag später vom Deutschen Bundestag angenommen wurde. Nachdem der Bundesrat wiederum den Bundestagsbeschluss am 09.07.2004 bestätigt hatte, trat das novellierte EEG am 01.08.2004 in Kraft.[231]

---

[228] Repowering bezeichnet das Ersetzen alter Elektrizitätswerke (hier: EE-Anlagen) durch neue bzw. moderne, häufig leistungsfähigere und effizientere Anlagen.
[229] Der Unionsfraktion war u.a. daran gelegen, die Gültigkeit des EEG zu befristen. Vgl. Reiche 2004, S. 155ff. Nur der Bundestagsabgeordnete Josef Göppel stimmte für den vorgelegten Gesetzesentwurf.
[230] Während diese Bedingung bereits im Referentenentwurf des BMU enthalten war, gelang es dem BMWi, sie auf 65 % zu erhöhen. Bevor dann der Vermittlungsausschuss den 60-%-Wert festlegte, war dieser Schwellenwert auf Betreiben der Regierungsfraktionen aus dem Entwurf entfernt worden. Vgl. Evert 17.05.2005, S. 82f. und Reiche 2004, S. 157.
[231] IWR 02.08.2004.

Als Ergebnis lässt sich festhalten, dass die Grundstruktur des EEG bei der Novelle 2004 zwar erhalten blieb, einige deutliche Änderungen allerdings zu verzeichnen waren: Wesentliche Erneuerungen erfuhren die Vergütungsregelungen bei bei Wind-, Solar- und Bioenergie sowie bei Wasserkraft.[232] Während Biomasse, PV und Geothermie durch die Novelle deutlich besser gestellt wurden, brachte die Umgestaltung des Gesetzes vor allem WEA an Land und der *kleinen Wasserkraft* (bis 5 MW) etwas weniger Erfolg. Um weniger Anreize für die Weiterentwicklung der EE-Technologien und Kosten zu senken, wurde eine Degression für die Vergütungssätze in allen Sparten eingeführt. Schließlich zeigte sich das Gesetz durch eine Ausdifferenzierung der Vergütungssätze und zusätzliche Boni am Ende etwas komplexer als das bisherige EEG. Die Durchsetzung der *Härtefallregelung* war schließlich ein Erfolg für die energieintensive Industrie, deren Belastung mit dem EEG nun anerkannt und begrenzt wurde.[233] Gleichwohl verlief der Novellierungsprozess des EEG unter anderem wegen der Diskrepanzen mit der Unionsfraktion und wegen der Einschaltung des Vermittlungsausschusses insgesamt recht langwierig.[234]

5.2 Politische Rahmenbedingungen während der 16. Legislaturperiode

Die Entwicklung der erneuerbaren Energien wird auf absehbare Zeit von nationalen und internationalen politischen Entscheidungen abhängen.[235] Doch bleibt der Nationalstaat für die Politik der Förderung erneuerbarer Energien die wichtigste Ebene der Entscheidungen.[236] Gleichwohl bestehen zwischen nationaler, europäischer und globaler Ebene immer auch Austausch und Abhängigkeiten, die bei einer Erklärung der nationalen Politik berücksichtigt werden müssen. Das vorliegende Kapitel hat zum Ziel, Klarheit über die *politischen Rahmenbedingungen* zu erhalten, in denen sich die Novellierung des

---

[232] Oschmann, Müller 2004, S. 25.
[233] Evert 17.05.2005, S. 84f.
[234] Reiche 2004, S. 158; siehe auch Evert 17.05.2005, S. 83.
[235] Geden, Fischer 2008, S. 9; Staiß 2007, S. I-229; Reiche 2005, S. 26.
[236] Mez, Reiche 2008, S. 24; Reiche 2007.

EEG befindet, da auch diese Bedingungen grundsätzlich Einfluss auf die Politikformulierungsphase ausüben.[237]

Nachstehend werden die politischen Gegebenheiten dargestellt, unter denen die Novellierung des EEG stattfindet. Der Schwerpunkt liegt auf dem Zeitraum der 16. LP des Deutschen Bundestages. Nach kurzer Skizzierung des *internationalen* bzw. *europäischen* Hintergrundes wird jeweils das politische Umfeld des EEG in der 16. LP auf diesen Ebenen skizziert. Da das EEG ein Bundesgesetz ist, richtet sich der Fokus auf die politischen Rahmenbedingungen der *nationalen Ebene*, wie sie sich in der 16. LP darstellte.

5.2.1 Internationale Ebene

5.2.1.1 Hintergrund

Der globale Primärenergieverbrauch ist in den vergangenen Jahren kräftig angestiegen. Er betrug im Jahr 2005 rund 479.100 PJ und hatte sich damit innerhalb eines Zeitraums von 30 Jahren beinahe verdoppelt.[238] Die globale Bereitstellung erneuerbarer Primärenergie betrug im Jahr 2005 gut 60.000 PJ. Die Erneuerbaren konnten bis dahin seit 1995 jährlich um durchschnittlich 1,8 % zulegen. Dennoch lag ihr Anteil am globalen Primärenergieverbrauch bereits seit den 1980er Jahren in der Regel immer nur knapp unter 13 % (vgl. 2005: 12,7 %). Entsprechend sind Öl und Gas durch den weltweiten Verbrauch von über 80 % fossiler Energieträger noch immer entscheidende Faktoren internationaler Politik.[239] Aufgrund der weit verbreiteten traditionellen Nutzung machte die feste Biomasse mit 9,6 % den größten Anteil am globalen Primärenergieverbrauch aus. Ihr folgten an zweiter und dritter Stelle die Wasserkraft mit einem Anteil von 2,2 % und die Geothermie mit einem Anteil von 0,4 %. Dies entspricht innerhalb der erneuerbaren Primärenergiebereitstellung einem Anteil der Biomasse von 78,6 % (davon 75,6 % feste Biomasse) bzw. der Wasserkraft von 17,4 % und der Erdwärme von 3,2 %.[240]

---

[237] Staiß 2007, S. I-229.
[238] BMU 06.06.2008, S. 63; vgl. auch Hirschl 2008, S. 564f.
[239] Harks 2008.
[240] BMU 06.06.2008, S. 62f.

Den Hintergrund für die Umwelt- und Klimaschutzziele, aber auch konkrete energiepolitische Ziele wie Wirtschaftlichkeit und Versorgungssicherheit bilden auf internationaler Ebene vor allem Nachhaltigkeitsstrategien wie die *Klimarahmenkonvention von 1992*, die als wichtigstes Ergebnis der *Weltkonferenz über Umwelt und Entwicklung (United Nations Conference on Environment and Development - UNCED)* in Rio de Janeiro verabschiedet wurde. Sie bildet die *völkerrechtliche Grundlage für den Klimaschutz* und wurde von 189 Staaten unterzeichnet. Gleichzeitig markiert sie den Startpunkt für einen kontinuierlichen internationalen Verhandlungsprozess zum Schutz des globalen Klimas.[241] Ziel der Vereinbarung war es, die globale Erwärmung zu verlangsamen und auf einem Niveau zu halten, auf dem der Klimawandel noch keine extremen Störungen verursacht.[242] In dem 1997 auf der *Weltklimakonferenz von Kyoto* beschlossenem Protokoll (*Kyoto-Protokoll*) wurden schließlich erstmals rechtlich *verbindliche Emissionshöchstgrenzen* beschlossen. Es verpflichtet die westlichen Industrieländer und einige Transformationsländer wie Russland zur Senkung ihrer Treibhausgasemissionen bis zur Periode 2008 bis 2012 um durchschnittlich mindestens 5 % gegenüber 1990.[243] Die USA haben das Protokoll nicht ratifiziert. Nach Kyoto folgten weitere Konferenzen auf der ganzen Welt, die sich mit der konkreten Ausgestaltung der Klimaschutzregelungen beschäftigten.[244]

5.2.1.2 Stern-Report 2006

Am 30.10.2006 ist die weltweite Debatte über den Klimaschutz neu aufgeflammt. An diesem Tag wurde der *Stern Review on the Economics of Climate Change* (*Stern-Report*) des früheren Chefökonomen der Weltbank und des damaligen Wirtschaftsberaters der britischen Regierung, *Sir Nicolas Stern*, veröffentlicht. Der von der britischen Regierung in Auftrag gegebene Bericht analysierte die wirtschaftlichen Auswirkungen des Klimawandels. Stern stützte sich dabei auf vorhandene klimatologische Modelle, die eine durchschnittli-

---

[241] Der Beginn der internationalen Klimapolitik wird in der Regel auf die ersten internationalen Konferenzen, die Ende der 70er Jahre stattfanden, zurückgeführt. Vgl. dazu: Hirschl 2008, S. 444ff.
[242] Galetti 2007, S. 7.
[243] Ausführlich: Staiß 2007, S. I-231ff.; siehe auch Hirschl 2008, S. 445ff.
[244] Dazu: Galetti 2007, S. 8.

che Erwärmung der Erdatmosphäre um 2-5 Grad bis zum Jahr 2100 vorhersehen.[245]

Als Fazit stellt Stern fest, dass der Klimawandel eine Bedrohung für die Grundelemente des menschlichen Lebens wie den Zugang zu Trinkwasser, die Gesundheit oder die Lebensmittelproduktion darstellt. Sein Bericht warnt vor den hohen Gefahren von Dürren, Seuchen, Überschwemmungen, massenhafter Migration und Hungersnöten; diese Effekte seien mit hohen Kosten verbunden. Zwar könnten die schlimmsten Auswirkungen beispielsweise durch einen verstärkten Einsatz erneuerbarer Energien noch vermieden werden; allerdings nur, wenn die Menschheit rasch handele.[246]

5.2.1.3 Klimabericht des IPCC 2007

Die im Februar, April und Mai 2007 veröffentlichten Berichte des Internationalen Sachverständigenrates für Klimawandel, das *Intergovernmental Panel on Climate Change (IPCC)* reihten sich in das Aufsehen um die Ergebnisse des Stern-Report ein. Das IPCC war als zwischenstaatlicher Ausschuss zu Klimaänderungen bereits im Jahr 1988 von den *Vereinten Nationen* gemeinsam mit der *Weltorganisation für Meteorologie (WMO)* gegründet worden. Ziel des aus rund 450 Wissenschaftlern aus 35 Staaten bestehenden Gremiums ist es, das Phänomen des Klimawandels zu erforschen, seine Risiken zu beurteilen und Strategien zu seiner Bekämpfung zu entwickeln.[247] Die ersten 3 Berichte erschienen 1990, 1995 und 2001. In den letzten Jahren erarbeitete das Gremium außerdem 7 weitere Spezialberichte unter anderem zur Entwicklung der Ozonschicht sowie 5 technische Paper.[248]

Die 2007 veröffentlichten 3 Berichte gaben Aufschluss über den damaligen wissenschaftlichen Kenntnisstand, über die regionale und sektorale Verwundbarkeit sowie über wirtschaftliche und politische Handlungsmöglichkeiten. Die Ergebnisse und Messdaten der Berichte kamen zu dem Schluss, dass es keine Zweifel über die Existenz des Klimawandels gab. Danach war

---

[245] Vgl. Sauter, Grashof 2007, S. 264.
[246] Galetti 2007, S. 8.
[247] Galetti 2007, S. 7.
[248] Langkamp 19.01.2007.

eine Erderwärmung um durchschnittlich 0,2 Grad pro Dekade wahrscheinlich. Der Report vermutete bis zum Jahr 2050 sogar eine durchschnittliche Erderwärmung um 0,7 Grad und sah es als gesichert an, dass diese Veränderung vor allem durch den Verbrauch fossiler Brennmaterialien, die Intensivierung der Landwirtschaft sowie die veränderte Landnutzung bedingt war. Bemerkenswert erschien dem IPCC vor allem die Häufigkeit von Klimaveränderungen wie Stürmen, Überschwemmungen, Dürren und die Schnelligkeit der weltweiten Schneeschmelze.[249] Der IPCC-Bericht sollte bei der UN-Klimakonferenz Anfang Dezember 2007 auf Bali als Grundlage für Beratungen über eine Post-Kyoto-Vereinbarung dienen.[250]

5.2.1.4 G8-Gipfel in Heiligendamm

Im Jahr 2007 hielt Deutschland die *G8-Präsidentschaft* inne. Bei ihrem jährlichen Treffen einigte sich die Gruppe der 8 weltgrößten Wirtschaftsnationen der Welt am 07.06.2007 im deutschen Heiligendamm auf eine gemeinsame Sprachregelung zum Klimaschutz. In der Abschlusserklärung heißt es: „Wir sind entschlossen, energische und baldige Maßnahmen zur Bekämpfung des Klimawandels zu ergreifen, um die Treibhausgaskonzentration auf einem Niveau zu stabilisieren, das gefährliche vom Menschen verursachte Störungen des Klimasystems verhindern würde."[251] Damit herrscht erstmals in der Geschichte unter allen G8-Ländern Einigkeit darüber, dass der Klimawandel vom Menschen verursacht wird. Die G8 erkannten in ihrer Erklärung die Berichte des Weltklimarates IPCC an.[252] Zudem wurde vereinbart, die Halbierung der globalen Emissionen bis 2050 „ernsthaft [zu] prüfen". Schließlich wurde beschlossen, im Dezember 2007 auf Bali unter dem Dach der Vereinten Nationen internationale Verhandlungen über ein Folgeabkommen zum Kyoto-Protokoll zu starten.[253]

---

[249] Vgl. Galetti 2007, S. 8.
[250] Neue Energie 2007, S. 10.
[251] Vgl. Gievert 2007. Zur Rolle der EE in der G8 vgl. auch Hirschl 2008, S. 439ff.
[252] In der Erklärung hieß es: „Wir sind dem ultimativen Ziel verpflichtet, die Treibhausgaskonzentration in der Atmosphäre auf einem Niveau zu stabilisieren, das gefährliche Auswirkungen auf das Klimasystem verhindert, und wir erkennen die jüngste Arbeit des IPCC an.". Vgl. Erklärung, zitiert nach Nikionok-Ehrlich 2007, S. 15.
[253] Vgl. Gievert 2007.

Den Gipfel in Heiligendamm leitete aufgrund der G8-Präsidentschaft Deutschlands die Bundeskanzlerin *Angela Merkel* durchgeführt worden. Merkel legte besonderen Wert darauf, eine ehrgeizige Erklärung zu erreichen, die Grundlage für die UN-Klimakonferenz auf Bali im Dezember 2007 sein könnte.[254] Das aber gestaltete sich schwierig. Vor allem die USA und Russland hatten sich bereits im Vorfeld des Gipfels gegen bindende Vorgaben zum Klimaschutz ausgesprochen. Noch im September 2007 erklärte US-Außenministerin *Condoleeza Rice*, dass die Vereinigten Staaten freiwillige, individuelle und völkerrechtlich nicht bindende Vereinbarungen im Kampf gegen den Klimawandel favorisierten.[255] Auch Schwellenländer wie Indien, China, Mexiko, Brasilien und Südafrika waren gegen globale verbindliche Reduktionspflichten.[256] Dass sich die dann tatsächlich formulierte gemeinsame Klimastrategie der G8 für eine internationale Klimaschutzpolitik unter dem Dach der UN ausprach, wird von vielen Experten als ein Zugeständnis der USA gewertet, die bis dahin nicht einmal das Kyoto-Protokoll ratifiziert hatte.[257] Auch die Verhandlungsführung der deutschen G8-Präsidentschaft erntete diesbezüglich Lob. Andererseits kritisierten vor allem Umweltverbände, dass das *2-Grad-Ziel*, die Erderwärmung in diesem Jahrhundert auf 2 Grad zu begrenzen, im Abschlussdokument keine konkrete Erwähnung findet.[258]

5.2.1.5 Weltklimakonferenz auf Bali 2007

Die *Weltklimakonferenz der Vereinten Nationen* fand vom 3. - 15.12.2007 auf der indonesischen Insel *Bali* statt. Sie war die 13. Vertragsstaatenkonferenz der Klimarahmenkonvention und die 3. Vertragsstaatenkonferenz des Kyoto-Protokolls. Hier verständigten sich Vertreter von mehr als 180 Ländern auf

---

[254] So warnte Merkel vor Beginn der UN-Klimaschutzkonferenz im September 2007: „Der Klimawandel wird zu dramatischen Schäden führen, wenn wir jetzt nicht entschlossen handeln". Vgl. Galetti 2007, S. 8 und Bundesregierung 05.02.2007.
[255] Vgl. Galetti 2007, S. 8; siehe auch: Nikionok-Ehrlich 2007, S. 15 und Hennicke 20.03.2007.
[256] Vgl. Gievert 2007.
[257] „Die USA sind auf den Zug aufgesprungen"; vgl. Ottmar Edenhofer, Chefökonom am Potsdamer Klimainstitut und einer der leitenden Autoren des IPCC-Reports, in: Nikionok-Ehrlich 2007, S. 15.
[258] „Kanzlerin Merkel hat zweifellos gute Überzeugungsarbeit geleistet"; vgl. Regine Günter (WWF), in: Nikionok-Ehrlich 2007, S. 15.

das *Verhandlungsmandat für einen neuen Weltklimaschutzvertrag* nach Auslaufen des Kyoto-Protokolls im Jahre 2012.[259]

Die Verhandlungen, die mit dem gewünschten Fahrplan von Bali (*Bali roadmap* bzw. dem *Bali Action plan*) endeten, gestalteten sich zäh.[260] Gestritten wurde vor allem darum, ob bereits in dem Verhandlungsauftrag Emissionsziele zu nennen sind, oder diese erst in den eigentlichen Gesprächen ausgehandelt werden müssen. Einige Staaten wie Deutschland setzten sich vehement dafür ein, konkrete Zahlen für die Reduktion von Treibhausgasen bereits in diesem Papier festzuhalten.[261] Um überzeugend verhandeln zu können, hatte sich Bundeskanzlerin *Angela Merkel* mit Blick auf die bei der Weltklimakonferenz anstehenden Verhandlungen kurz zuvor den ersten Teil des nationalen *Energie- und Klimapaketes der Bundesregierung* vorlegen lassen. In diesem war u.a. auch der RegE des EEG enthalten (vgl. Kap. 5.4.4).[262] Allerdings kam es vor allem aufgrund der ablehnenden Haltung der USA lediglich in einer *Fußnote* zu einem Verweis auf die Untersuchungsergebnisse des Weltklimarates IPCC, der u.a. den Rückgang des Ausstoßes an CO_2 um 50 % bis 2020 gefordert hatte.[263]

Angestrengte Verhandlungen gab es um die tatsächliche Aufgabenverteilung zwischen den Industrie- und Entwicklungsländern. Letztere drängten auf konkretere Verpflichtungen der Industrieländer, diese wiederum forderten ein stärkeres Engagement der Entwicklungsländer. Die Entwicklungsländer setzten am Ende eine Abschwächung der sie betreffenden Textpassage durch; zugleich wurde die Forderung nach Hilfen durch die Industriestaaten etwas verschärft. Auch bekannte sich Australien zu einer neuen Umweltpolitik und verkündete die Ratifizierung des Kyoto-Protokolls. Schließlich wurde der weitere Schutz der Tropenwälder im Nachfolger-Protokoll vereinbart, um 20 %

---

[259] Die Klimakonferenz auf Bali war die 13. Vertragsstaatenkonferenz der Klimarahmenkonvention und die 3. Vertragsstaatenkonferenz des Kyoto-Protokolls. Vgl. auch Selke, Bardt 2008.
[260] Quellen: BMU 12/2007; UNFCCC 14.03.2008; BMU 17.01.2008.
[261] Vgl. Nikionok-Ehrlich 2008, S. 14.
[262] May 2007c, S. 18.
[263] Vgl. Kap. 5.2.1.3. Ablehnend zeigten sich auch Australien, Kanada sowie Russland und die Schwellenländer Indien und China. Nikionok-Ehrlich 2008, S. 14.

der Treibhausgas-Emissionen zu vermeiden.[264] Das Nachfolgeabkommen des Kyotoprotokolls sollte in den kommenden 2 Jahren ausgehandelt und auf der Klimaschutzkonferenz in Kopenhagen verabschiedet werden.

Während Klimaforscher und Vertreter der Politik in Deutschland überwiegend positiv auf die Verhandlungen reagierten, fiel die Bilanz bei den Umweltverbänden gemischt aus. Sie hatten sich überwiegend noch konkretere Formulierungen zum Klimaschutz erhofft.[265]

5.2.2 EU-Ebene

5.2.2.1 Hintergrund

Während eine *europäische Energie- und Klimapolitik* bis zum Anfang der 16. LP des Deutschen Bundestages erst in Ansätzen existierte, war danach eine wachsende Dynamik zu beobachten.[266] Dies galt infolge klimapolitischer Zielsetzungen besonders für die Förderung erneuerbarer Energien, die zu den markantesten Schnittpunkten zwischen europäischer Umwelt- und Energiepolitik zählten.[267] Dabei ist innerhalb der *Europäischen Union* ein politisches Steuerungsmuster entstanden, das nationales Pionierverhalten begünstigt. So hat sich inzwischen vor allem ein Mechanismus etabliert, der

---

[264] tagesschau.de 2007; HAZ.de 29.07.2008.
[265] Bundesumweltminister Gabriel begrüßte das Ergebnis der Konferenz als großen Fortschritt im Vergleich zu vorherigen festgefahrenen Klimakonferenzen (vgl. BMU 15.12.2007b). Bundeskanzlerin Angela Merkel lobte die Vereinbarung von Bali. Nun sei der Weg für die eigentlichen Verhandlungen frei. Der Bund für Umwelt und Naturschutz Deutschland (BUND) gab zu Bedenken, dass der Kompromiss nicht gegen die großen Bedrohungen durch den Klimawandel ausreiche. Greenpeace räumte ein, dass ein Scheitern zwar verhindert worden sei. Das Ergebnis habe aber zu wenig Substanz. Der World Wide Fund for Nature (WWF) erklärte, die Staatengemeinschaft "hatte bis zur letzten Minute die USA als Klotz am Bein, deshalb ist man leider nicht weitergekommen". Als erfreulich bewertete der WWF Deutschland, dass man sich mit 2009 auf ein konkretes Datum geeinigt habe. Vgl. mdr.de 15.12.2007; Nikionok-Ehrlich 2008, S. 16 und Dobelmann 2008.
[266] Umbach kritisiert, dass bis zur Tagung des Europäischen Rates vom März 2007, an dem u.a. ein „Energieaktionsplan" verabschiedet wurde, „weder in Deutschland noch der EU eine spezifische Energieaußenpolitik als notwendig erachtet" wurde. Vgl. Umbach 2008b.
[267] Geden, Fischer 2008, S. 9 und 95; siehe auch Staiß 2007, S. I-376 sowie Umbach 2004.

rechtlich nicht verbindliche Zielvorgaben, aber regelmäßige Berichterstattung und Evaluation vorsieht.[268]

Das europäische Leitbild zu den regenerativen Energien hat zahlreiche Facetten. Um die Kyotoziele zu erfüllen, hat die EU-Kommission im Jahr 2000 als Rahmen das *Europäische Programm gegen den Klimawandel* mit insgesamt 36 Maßnahmen auf den Weg gebracht. Eine der grundlegendsten Quellen zum Thema EE in Europa ist das Weißbuch der EU-Kommission *Energie für die Zukunft: Erneuerbare Energieträger* von 1997. Hier wurden im Gegensatz zu den bis dahin abgegebenen politischen Erklärungen erstmals *konkrete quantitative Ziele* gesetzt. So sollte der Anteil der erneuerbaren Energien am Bruttoenergieverbrauch von weniger als 6 % im Jahr 1995 auf 12 % bis zum Jahr 2010 gesteigert werden. Eine besonders wichtige Maßnahme zur Förderung von erneuerbaren Energien im Strommarkt ist die *Richtlinie zur Förderung der Stromerzeugung aus erneuerbaren Energien im Elektrizitätsbinnenmarkt* vom 27.09.2001. Sie sieht unter Bezug auf das Verdopplungsziel des Weißbuchs vor, den Anteil dieser Energien an der Stromerzeugung von 14 % im Jahr 1997 auf 22,1 % für die EU 15 zu erhöhen (bzw. von 13 % auf 21 % für die EU-25).[269]

5.2.2.2 Der Ausbau Erneuerbarer Energien

Die EU-Mitgliedstaaten sind in hohem Maße von *Energieimporten* abhängig. Im Jahr 2005 wurden mehr als 50 % des inländischen Bruttoenergieverbrauchs der EU durch Importe, oft aus politisch instabilen Ländern, gedeckt. Dabei wurden 79 % des Energieverbrauchs aus fossilen Ressourcen bereitgestellt.[270]

Dagegen ließen sich durch die *Nutzung heimischer regenerativer Energien* zum einen *Treibhausgase* reduzieren. Zum anderen erwiesen sich regenera-

---

[268] Beispiele für eine solche „offene Koordination" sind die beiden Richtlinien der Union zu Biokraftstoffen und zur Stromerzeugung aus erneuerbaren Energien, die indikative Zielmarken vorsehen. Vgl. Reiche 2008.
[269] Vgl. EG-RiLi 2001/77/EG vom 27.09.2001 und Kap. 5.1.5. Siehe auch Staiß 2007, S. I-251; Oschmann 2007, S. 3; Wirtenberger 2008 und BMU 06.06.2008, S. 47. Zur Situation vor 1997 vgl. Suck 2008, S. 206ff.
[270] BMU 06.06.2008, S. 47.

tive Energieträger infolge der Reduzierung der Importabhängigkeit bei Öl und Gas grundsätzlich auch als förderlich für die *Versorgungssicherheit* Europas. Als problematisch stellte sich nur die *Wettbewerbsfähigkeit* der Regenerativen in der EU heraus, da ihre Produktionskosten nach wie vor über denen fossiler Energieträger lagen.[271]

Im Jahr 2005 konnten 6,5 % des gesamten Energieverbrauchs der *EU-25* durch EE bereitgestellt werden. Innerhalb dieses Portfolios überwog die *Biomasse* deutlich mit einem Anteil von 67,8 %. Sie war sowohl im Hinblick auf den einsetzbaren biogenen Rohstoff (Holz/Holzabfälle, landwirtschaftliche Biomasse, biogene kommunale Abfälle, Energiepflanzen) als auch hinsichtlich der resultierenden Endenergie (Strom- und Wärmebereitstellung sowie Kraftstoffe) der vielseitigste erneuerbare Energieträger. Den zweitgrößten Beitrag lieferte mit 21,4 % die *Wasserkraft*, gefolgt von der *Windenergie* mit 5,4 %, der *Geothermie* mit 4,7 % und der *Solarenergie* mit 0,7 %.[272] Neben der Erzeugung von *erneuerbarer Wärme* mittels Solarthermie, Geothermie und der Verbrennung von Biomasse und Biogasen bietet beispielsweise der *Verkehrssektor* mit Biokraftstoffen Potential für den Einsatz regenerativer Energieträger. Im Zentrum der Energiegewinnung aus erneuerbaren Energien steht allerdings der *Stromsektor*, insbesondere mit der Energiegewinnung aus Wasserkraft, Windenergie, Solarenergie und Biomasse.[273]

Bei den bislang vorherrschenden Unterstützungssystemen für erneuerbare Energien lassen sich vor allem 2 Gruppen unterscheiden: Einerseits gelten in zahlreichen Staaten *Quotenregelungen*, die den Ausbau erneuerbarer Energien durch die Vorgabe eines zu erreichenden Mindestanteils steuern. So können die EVU Strom, Wärme oder Gas entweder selbst produzieren oder von unabhängigen Erzeugern erwerben. Ebenso ist der Handel mit Zertifikaten möglich. Großbritannien gilt als Vorreiter dieses Modells, das dort seit 2002 angewandt wird.[274]

---

[271] Gleichwohl wurde der relative Abstand kontinuierlich kleiner. Vgl. Geden, Fischer 2008, S. 95.
[272] BMU 06.06.2008, S. 47.
[273] Geden, Fischer 2008.
[274] Geden, Fischer 2008, S. 98.

Ein zweites weit verbreitetes Modell ist die *Einspeisevergütung* für Strom aus regenerativen Energiequellen. Dabei wird den Erzeugern ein gesetzlich bestimmter Preis für jede eingespeiste Kilowattstunde seitens der zur Abnahme verpflichteten EVU erstattet. Unterschiedliche Formen dieses Modells werden beispielsweise in Deutschland und Spanien angewandt. Inzwischen folgen 14 weitere Mitgliedstaaten dieser Fördersystematik.[275]

5.2.2.3 Das Grünbuch der Kommission 2006

Am 08.03.2006 veröffentlichte die *Europäische Kommission* ein *Grünbuch* mit dem Ziel, eine „nachhaltige, wettbewerbsfähige und sichere" Energieversorgung innerhalb der EU sicherzustellen.[276] Damit stieß die Kommission die Debatte über eine *gemeinsame EU-Energiepolitik* an. Sie schlug unter anderem vor, die europäischen Gas- und Strommärkte zu öffnen und engere Beziehungen zu den wichtigsten Energiezulieferern wie Russland und den OPEC-Ländern aufzubauen. Außerdem sollten die Entwicklung von Technologien zur Verbesserung der Energieeffizienz und Verringerung des CO_2-Ausstoßes sowie erneuerbare Energieträger stärker gefördert werden. Als einer von 6 Schwerpunktbereichen dieses Dokumentes wurde ein *Fahrplan für erneuerbare Energie* vorgeschlagen, welcher Zielvorgaben für das Jahr 2020 und danach beinhaltete. Damit sollte der globalen Erwärmung entgegengewirkt werden.[277]

Das Grünbuch basiert auf den Vorschlägen, welche die europäischen Staats- und Regierungschefs während des EU-Gipfels im Herbst 2005 in *Hampton Court* unter *britischer Ratspräsidentschaft* unterbreitet hatten. Hier hatte die britische Ratspräsidentschaft das Ziel einer gemeinsamen Energiepolitik erstmals formuliert und u.a. das Ziel einer Steigerung des Anteils der erneuerbaren Energien bis 2015 auf 15 % vereinbart. Dieses war beispielsweise notwendig, um die traditionell als Vorreiterin in internationalen Klimaschutzverhandlungen agierende EU nicht an Glaubwürdigkeit einbüßen zu lassen.[278]

---

[275] Geden, Fischer 2008, S. 98.
[276] Europäische Kommission 08.03.2006; vgl. auch Hirschl 2008, S. 393.
[277] Vgl. euractiv.com 09.02.2007.
[278] Sauter, Grashof 2007, S. 264.

Wenngleich die Staats- und Regierungschefs einiger wichtiger Mitgliedstaaten deutlich machten, dass sie die Wahl ihres Energiemixes auch weiterhin selbst bestimmen wollten, stimmten sie dem Vorschlag der Kommission auf dem *Frühjahrsgipfel des Europäischen Rates am 24.03.2006* prinzipiell zu.[279] Argumente zum Handeln boten ihnen damals erstens die globale Erwärmung. Zum anderen machten sich die Länder Sorgen um steigende Energiepreise sowie um die Versorgungssicherheit. Europa war zunehmend abhängig von Energieimporten einiger wenigen ausländischer Lieferanten, darunter vor allem OPEC-Staaten und Russland.

So forderte der *Europäische Rat (ER)* in seinen Schlussfolgerungen nunmehr eine Energiepolitik für Europa, die den 3 wesentlichen Zielen *Versorgungssicherheit, Wettbewerbsfähigkeit* sowie *Umweltverträglichkeit* gerecht wird. Er bat die Kommission auf dieser Grundlage, Maßnahmen auszuarbeiten, damit er auf seiner nächsten Tagung im Frühjahr 2007 einen nach Prioritäten gestaffelten *Aktionsplan* annehmen kann.[280] Die Vorschläge der Kommission sind Gegenstand des folgenden Kapitels.

5.2.2.4 Das Energiepaket der Europäischen Kommission 2007

Als Nachbereitung des Grünbuchs legte die *Kommission* am 10.01.2007 ein *Paket* von Vorschlägen zu Energie und Klimawandel vor, mit dem sie den „Weg für eine neue weltweite industrielle Revolution" einschlagen und die Widerstandsfähigkeit der EU gegenüber künftigen Ölpreis-Schocks stärken wollte.[281] So schlug die Kommission vor, die *Treibhausgasemissionen um mindestens 20 % gegenüber 1990 zu reduzieren.* Dies stellte einen Kompromiss dar. Während Umweltverbände und auch EU-Umweltkommissar Stavros Dimas zuvor eine Senkung von 30 % befürwortet hatten, hatte sich der Deutsche Industriekommissar Günther Verheugen dagegen für nur 15 % stark gemacht.[282] Weiterhin schlug die Kommission in ihrer neuen Energie-

---

[279] euractiv.com 09.02.2007; siehe auch Weilemann et al. 03/2006, S. 3.
[280] Weilemann et al. 03/2006, S. 2f.
[281] Europäische Kommission 10.01.2007; siehe auch euractiv.com 17.03.2008; Froning 2007 und Bundesregierung 2008b.
[282] Das neue Klimaschutz-Ziel der EU war ehrgeiziger als das bisherige, das eine Reduzierung der Treibhausgas-Emissionen um 8 % zwischen 2008 und 2012 vorgesehen hatte

strategie vor, dass die EU bis 2020 *20 % der Energie aus erneuerbaren Quellen* beziehen solle. Bislang war eine Quote von 12 % bis 2010 vorgesehen. Die Vorschläge sollten im März 2007 anlässlich des Frühjahrsgipfels von den Staats- und Regierungschefs der 27 EU-Staaten beraten werden.[283]

5.2.2.5 Die Beschlüsse des Europäischen Rates 2007

5.2.2.5.1 Ergebnisse

Der *Frühjahrsgipfel des Europäischen Rates* am 8. und 9.03.2007 markierte den erfolgreichen Abschluss der ersten Etappe der deutschen Ratspräsidentschaft, die ab dem 01.01.2007 ein halbes Jahr währte.[284] Hier billigten Ratspräsidentin Angela Merkel sowie die Staats- und Regierungschefs der EU das Energiepaket der Europäischen Kommission und einigten sich auf einen zweijährigen Europäischen Aktionsplan *„Eine Energiepolitik für Europa"* für die Jahre 2007 bis 2009, um eine gemeinsame Energiepolitik ins Leben zu rufen.

Das Vorhaben ist in mehrere Themenbereiche untergliedert.[285] In den Medien am stärksten wahrgenommen wurden 3 20 %-Ziele: Erstens wurde bindend vereinbart, den Anteil *erneuerbarer Energien am Gesamtenergieverbrauch* ausgehend von rund 6,6 % im Jahr 2005 auf *20 %* zu erhöhen.[286] Zweitens wurde vorgegeben, den für 2020 prognostizierten *Gesamtenergieverbrauch* durch Einsatz von Effizienzmaßnahmen um ebenfalls *20 %* zu reduzieren. Der ER sollte die im Aktionsplan beschlossenen Maßnahmen jährlich überprüfen. Drittens war vorgesehen, die *Treibhausgasemissionen* in der Europäischen Union bis zum Jahr 2020 um *20 %* im Vergleich zu 1990 abzusenken.

---

und von den 15 EU-Mitgliedern beschlossen worden war, ehe es 2004 zur Erweiterung der EU kam. Vgl. spiegel.de 2007; siehe auch EU-Nachrichten 2008.

[283] Schließlich schlug die Kommission den Ausbau von Biokraftstoffen bis zum Jahr 2020 auf 20 % vor. Vgl. May, Nikionok-Ehrlich 2008, S. 16; siehe auch spiegel.de 2007.

[284] Vgl. Staiß 2007, S. I-282.

[285] Neben Klimaschutzzielen wurden die Vollendung des Elektrizitätsbinnenmarktes sowie eine wirksame Trennung von Versorgung und Erzeugung angestrebt. Die Befugnisse der nationalen Regulierungsstellen sollten harmonisiert werden. Ferner wollte man mit einer „Diversifizierung der Energiequellen und Transportrouten" die Versorgungssicherheit erhöhen. Diesbezüglich wurde auch vorgeschlagen, ein gemeinsames Konzept für eine Energieaußenpolitik zu entwickeln. Sauter, Grashof 2007, S. 256.

[286] Auswärtiges Amt 12.03.2007.

Hinsichtlich der Verhandlungen über ein Folgeabkommen für das im Jahre 2012 auslaufende Kyoto-Protokoll stellte die EU in Aussicht, die 20 %-Zielmarke auf 30 % aufzustocken, sofern sich andere Industrieländer auch dazu bereiterklärten.[287]

5.2.2.5.2 Motive und Strategien

Der *Europäische Rat* wollte mit diesem als ehrgeizig eingestuften Ziel und der angestrebten engen Verzahnung der Energie- und Klimaschutzpolitik die *Vorreiterrolle Europas im Klimaschutz* unterstreichen, um auf die Entwicklungen des „immer deutlicher sichtbar werdende[n] Klimawandel[s] und der insbesondere auch in den aufstrebenden asiatischen Ländern steigende[n] Energieverbrauch[s]" zu reagieren.[288] Tatsächlich wurden die Gipfelbeschlüsse als deutliche Herausforderung an die USA, Indien und China erkannt.[289]

Als eine zentrale Motivation zum Handeln der Staats- und Regierungschefs im EU-Rahmen analysierte Bernd Hirschl neben Klimaschutzaspekten vor allem die stetig steigenden *Energiepreise*. So waren die Strompreise sowohl in der EU, als auch gerade in Deutschland seit 2004 kontinuierlich angestiegen.[290] Der Anstieg betrug für Haushaltskunden im Durchschnitt etwa 2 Eurocent pro Kilowattstunde in Deutschland wie in der EU. Dies entsprach einer Steigerung von 13 % für Deutschland bzw. 17 % für die EU-25 von 2004-2007. Damit wuchs die Bereitschaft der Länderchefs, nicht nur erneut über den Ausbau von Maßnahmen zur Wettbewerbsverbesserung auf dem Binnenmarkt nachzudenken, sondern auch hinsichtlich der Energieversorgungssicherheit aktiv zu werden.[291]

Daneben waren die Strategien und Interessen der Mitgliedsländer bezüglich der Förderung regenerativer Energien auf dem Gipfel besonders vom beste-

---

[287] Zudem wurde als Teil des Gesamtziels ein verbindlicher Anteil für jeden Mitgliedstaat festgelegt: Mindestens 10 % des Kraftstoffverbrauchs in jedem Mitgliedstaat sollten demnach aus Biokraftstoffen geschöpft werden. Der verbindliche Charakter dieses Ziels hing jedoch davon ab, ob die Erzeugung nachhaltig war und ob Biokraftstoffe der zweiten Generation kommerziell zur Verfügung stünden. Vgl. euractiv.com 30.09.2005.
[288] Vgl. Bundesregierung 07.11.2007, S. 9f.
[289] Sauter, Grashof 2007, S. 266.
[290] Hirschl 2008, S. 395.

henden, eigenen Energiemix und den erwarteten Kostenbelastungen geprägt. Frankreich akzeptierte den verbindlichen Anteil EE nur, sofern bei der Zielformulierung für die einzelnen Länder die Kernenergie als CO_2-arme Energiequelle anerkannt würde. Dieser Ansicht schloss sich auch Tschechien an.[292] Länder mit weniger installierter Leistung an Kernenergie oder Ausstiegsbeschlüssen lehnten dagegen ein solches Anliegen ab. Einige osteuropäische Länder befürchteten hohe Kostenbelastungen durch ehrgeizige Vereinbarungen. So befürwortete Polen vor allem die Nutzung günstiger heimischer Kohle. Dagegen setzten sich Deutschland, Spanien und Dänemark für ein festes Ziel ein, da sie zudem bereits gut entwickelte heimische EE-Industrien vorweisen konnten.[293]

5.2.2.6 Das Klimapaket - Gefährdung des EEG aus Brüssel?

Am 23.01.2008 legte die EU-Kommission ein Klimaschutz-Paket mit konkreten Vorschlägen vor, wie die politischen Vorgaben des Europäischen Rates vom März 2007 in konkrete EU-Gesetzgebung umgesetzt werden könnten. Das Paket umfasste vier Entwürfe für Rechtsakte. Neben der Reduzierung der Treibhausgase in den einzelnen Mitgliedsstaaten waren Regelungen zur Weiterentwicklung des Emissionshandels, zur CO_2-Abscheidung und Ablagerung sowie zur Förderung der erneuerbaren Energien enthalten.

Hinsichtlich regenerativer Energien wurde hier festgelegt, wie das im Frühjahr 2007 verabredete Ziel, den Anteil regenerativer Energien am Endenergieverbrauch in der EU bis 2020 auf insgesamt 20 % zu erhöhen, *national umgesetzt* werden sollte. Einerseits war die Frage, was die einzelnen Mitgliedstaaten zu diesem Ziel beitragen könnten, in den zurückliegenden Monaten intensiv verhandelt worden.[294] Zum anderen wurde auch über verschiedene Möglichkeiten diskutiert, wie die Fördermittel für erneuerbare Energien dorthin gelenkt werden können, wo sie die größte Wirkung entfalteten. Insbesondere war in der Kommission darüber nachgedacht worden, wie Staaten zu helfen ist, die nur über geringe Spielräume für die finanzielle För-

---

[291] Hirschl 2008, S. 395.
[292] Sauter, Grashof 2007, S. 273.
[293] Sauter, Grashof 2007, S. 273.
[294] BMU 06.06.2008, S. 47; May 2007a.

derung erneuerbarer Energien verfügten.[295] Während bislang jeder EU-Mitgliedstaat entsprechende Maßnahmen auf seinem Hoheitsgebiet vor allem mittels Quotenregelung oder Einspeisevergütung eigenverantwortlich getroffen hatte, dachte die Kommission als eine Möglichkeit auch über die *Einführung eines europaweiten Handelssystems mit Ökostrom-Zertifikaten* nach. Für diesen Vorschlag hatten vor allem Vertreter der *ökonomischen Koalition* wie die Stromkonzerne und der BDI massiv geworben.[296]

Gerade diese Tatsache stieß auf große Besorgnis von Ländern wie *Deutschland, Spanien*, die *Niederlande* und *Griechenland*, die das Modell der *Einspeisevergütung* für Strom aus erneuerbaren Energiequellen pflegten. Vor allem dortige Vertreter der *ökologischen Koalition* wie die Ökostrombranche waren in heller Aufregung.[297] Deutschland befürchtete, dass Länder mit einem geringen Anteil an EE dann besonders günstige Wind- oder Wasserkraftzertifikate aus Deutschland aufkaufen und für die Erreichung ihrer Ziele gutschreiben ließen. Durch den Abverkauf seines eigenen Stroms hätte Deutschland dagegen selbst seine eigenen Ziele beim Ausbau der regenerativen Energien verfehlen können und hätte dann auf besonders teure EE-Technologien zurückgreifen müssen.[298] Zwar wäre gewährleistet gewesen, dass Deutschland formal sein bewährtes Fördermodell fortführte; allerdings hätten EE-Stromproduzenten bei einem solchen Handelssystem faktisch ihre Energie dorthin verkaufen dürfen, wo sie höhere Preise erzielten als bei den EEG-Einspeisetarifen.

Das BMU rechnete in einer Modellrechnung für diesen Fall mit finanziellen Mehrkosten für Deutschland von 4 Mrd. Euro bis zum Jahr 2020.[299] Weiterhin hatte die Große Koalition im Koalitionsvertrag die Fortgestaltung des EEG beschlossen. Um die Ausbauziele des deutschen EEG nicht zu konterkarieren, hatte sich Deutschland deshalb auf EU-Ebene für einen *Genehmigungsvorbehalt* der Mitgliedsstaaten hinsichtlich des Handels von Öko-Zertifikaten

---

[295] Balsen 2007.
[296] Hauschild 14.01.2008; siehe auch May, Nikionok-Ehrlich 2008, S. 16f.; Dow Jones Newswires 2007 und Geden, Fischer 2008, S. 97f.
[297] Vgl. FAZ 17.01.2008 und Proissl 27.12.2007.
[298] Energie & Markt 2007b.
[299] Gaserow, Balsen 2007.

aus erneuerbaren Energien auf Unternehmensebene stark gemacht. Auch die Mehrheit der Bundestagsabgeordneten unterstützte dieses Anliegen.[300] So brachten CDU/CSU- und SPD-Fraktion des Deutschen Bundestages den *Antrag* „Das Erneuerbare-Energien-Gesetz darf nicht durch europäische Vorgaben für einen Zertifikatehandel unterlaufen werden" zur Abstimmung in den Deutschen Bundestag ein. Dieser forderte die Bundesregierung auf, sich bei der Kommission dafür einzusetzen, „dass im Sinne des Subsidiaritätsprinzips die Entscheidungsfreiheit der Mitgliedstaaten über geeignete Förderinstrumente zur Zielerfüllung nicht eingeschränkt wird; – dass kein europaweiter virtueller Zertifikathandels zur Förderung erneuerbarer Energien auf der Ebene der Unternehmen eingeführt wird, da dieser ein untaugliches und den Ausbau erneuerbarer Energien gefährdendes Instrument wäre; – dass den Staaten die Möglichkeit gegeben wird, Zielüberfüllungen von Staaten mit Defiziten anderer Staaten auszugleichen"[301]

Ferner sollte die Bundesregierung bei der EU-Kommission und den Mitgliedstaaten, insbesondere gegenüber der slowenischen und französischen Ratspräsidentschaft, für diese Positionen werben. Der Antrag wurde am 14.02.2008 bei Gegenstimmen der FDP mit den Stimmen des Rests des Hauses angenommen.[302] Auch einige Länderminister verurteilten den Plan der Kommission in Briefen an die Kommission als „inakzeptabel".[303] Schließlich konnte sich Deutschland am Ende der Verhandlungen mit seinem Wunsch eines Genehmigungsvorbehaltes durchsetzen, sodass das nationale System der EEG-Einspeisevergütung gesichert blieb. Der Genehmigungsvorbehalt sollte insbesondere dann gelten, wenn Transfers ins Ausland die Einhaltung der nationalen Ausbauziele gefährdeten.[304]

Ferner legte die Kommission am 23.01.2008 *nationale Quoten* für EE vor, bei denen jeweils der bisherige Anstieg zwischen 2001 und 2005 berücksichtigt worden war. Hinzu kamen 5,5 Prozentpunkte und ein Faktor aus Pro-Kopf-Bruttoinlandsprodukt sowie Einwohnerzahl. Für Deutschland bedeutete dies

---

[300] Vgl. Reiche, Katherina 22.01.2008.
[301] CDU/CSU-Bundestagsfraktion, SPD-Bundestagsfraktion 13.02.2008.
[302] Deutscher Bundestag 14.02.2008, S. 15018.
[303] Witt 2008b.

eine Steigerung von rund 6 auf 18 % EE bis zum Jahr 2020.[305] Am 12.12.2008 beschloss der Europäische Rat das EU-Klimapaket und die darin enthaltene Richtlinie für Erneuerbare Energien; das EU-Parlament stimmte am 17.12. zu. Hier wurden auch die nationalen Quoten für „in jedem Fall verbindlich" erklärt und das Recht der Mitgliedsländer garantiert, über ihre Fördersysteme bis zum Jahr 2020 allein entscheiden zu können.[306] Damit war das EEG vorerst gesichert - jedenfalls solange der nationale Gesetzgeber nichts anderes entscheidet. Den Hintergrund der deutschen, nationalen Ebene beleuchtet das folgende Kapitel näher.

5.2.3 Nationale Ebene

5.2.3.1 Hintergrund

Für eine EE-Politik bleibt der *Nationalstaat* die wichtigste Instanz.[307] Wie bereits im Kapitel 3.2 dargestellt wurde, gilt Deutschland im internationalen Vergleich als ein Vorreiterland im Bereich der erneuerbaren Energien.

Diese Erfolge der erneuerbaren Energien in Deutschland sind auch auf zahlreiche Förderungsmaßnahmen der Politik in Bund und Ländern zurückzuführen, an denen Regierungen verschiedener Couleur ihren Anteil hatten (vgl. oben Kap. 5.1.2). Dazu gehören neben dem *Erneuerbare-Energien-Gesetz* und dem *Stromeinspeisungsgesetz von 1991* zum Beispiel das *250-MW-Windprogramm von 1991*[308], das *100.000-Dächer-Solarstrom-Programm* oder das Marktanreizprogramm *zur Förderung der Nutzung Erneuerbarer Energien des Bundes (MAP)*, mit dem insbesondere EE im Wärmemarkt gefördert werden.[309] Im Verkehr wurden Biokraftstoffe aus erneuerbaren Ener-

---

[304] Vgl. FAZ 18.01.2008; BMU 23.01.2008.
[305] Bis spätestens Ende 2008 wollten sich das Europäische Parlament und der Ministerrat auf die Endfassung der entsprechenden Regelungstexte verständigen. Vgl. Bundesregierung 2008b und Rathaus & Umwelt 2008.
[306] Witt 2008c.
[307] Reiche 2007.
[308] Dieses Programm wurde 1989 zunächst als „100 MW-Breitentestprogramm Wind" aufgelegt und 1991 aufgestockt. Vgl. Staiß 2007, S. 263 und Reiche 2004, S. 161.
[309] Das „100.000-Dächer-Solarstrom-Programm" hatte eine Laufzeit von 1999-2003. Vorläufer war von 1991-1999 das „1.000-Dächer-Photovoltaik-Programm". Vgl. Staiß 2007, S. 263 und Reiche 2004, S. 161ff. Das MAP gibt es bereits seit 1994. Die Förderungssumme

gien steuerlich begünstigt. Ferner stellt beispielsweise die Kreditanstalt für Wiederaufbau (KfW) zinsverbilligte Darlehen für Maßnahmen zur Nutzung regenerativer Energien zur Verfügung. Schließlich wurden für Energieforschungsprogramme des Bundes zwischen 1990 und 2008 ca. 1,8 Mrd. € zur Verfügung gestellt.[310]

5.2.3.2 Der Koalitionsvertrag von CDU, CSU und SPD

Der Koalitionsvertrag vom 11.11.2005 ist die Grundlage der Politik der Bundesregierung zwischen CDU, CSU und SPD in der 16. LP, die durch die vorgezogene Bundestageswahl im Jahr 2005 entstand. Im Bereich der Energiepolitik entwickelten die Koalitionsparteien vor allem die bestehenden Ziele früherer Koalitionsverträge weiter. Während im Bereich der Kernenergie „unterschiedliche Auffassungen" zwischen CDU, CSU und SPD bestanden, waren sich die Koalitionäre einig, dass „der ökologisch und ökonomisch vernünftige Ausbau der Erneuerbaren Energien" ein „wichtiges Element" für die Klima- und Energiepolitik der Regierung war.[311] Konkret vereinbarten die Akteure als grundsätzliche Ziele bezüglich regenerativer Energien folgende Ziele:

Der Anteil erneuerbarer Energien an der Stromerzeugung sollte bis zum Jahr 2010 „auf mindestens 12,5 Prozent und bis 2020 auf mindestens 20 Prozent" steigen.[312] Weiterhin sollte der Anteil erneuerbarer Energien am Gesamtenergieverbrauch bis 2010 „auf 4,2 Prozent, bis 2020 auf 10 Prozent und danach kontinuierlich entsprechend der Nationalen Nachhaltigkeitsstrategie" gesteigert werden. Ferner wollten die Vertragspartner den Biomasseanteil am Primärenergieverbrauch „mittelfristig deutlich steigern".[313]

Neben diesen Rahmenzielen wurden im Koalitionsertrag u.a. konkrete Vereinbarungen getroffen, die sich auf eine Novellierung des EEG in der aktuellen Legislaturperiode bezogen. Die Große Koalition war sich bereits bei Antritt

---

wurde mehrmals erhöht; gefördert wird insbesondere erneuerbare Energie im Wärmemarkt. Vgl. Staiß 2007, S. 264.
[310] Staiß 2007, S. 264.
[311] CDU et al. 2005; vgl. dazu auch Staiß 2007, S. I-273f. und Hirschl 2008, S. 168f.
[312] Diese Position war zuvor innerhalb der Union zuvor lange strittig gewesen. Vgl. Hirschl 2008, S. 171.
[313] CDU et al. 2005, S. 51.

der LP einig, die *grundsätzliche Struktur des EEG nicht zu verändern*. Gleichwohl sollte das EEG novelliert werden und dabei die Förderungsbedingungen neuen Entwicklungsschritten der jeweiligen Energieträger angepasst werden. Bereits hier hatten CDU, CSU und SPD außerdem vereinbart, einen Schwerpunkt der EEG-Novelle auf das *Repowering alter WEA bzw. Offshore-WEA* zu legen. Schließlich kündigten die Koalitionspartner als Zugeständnisse an die stromintensive Industrie bereits erste kurzfristige Änderungen der *EEG-Härtefallregelung* an. So sollte der *10 %-Deckel* „unverzüglich" entfallen und die wirtschaftliche Belastung dieser Unternehmen auf 0,05 Cent/kWh beschränkt bleiben. Im Gegenzug dafür sollte die „Berechnungsmethode zur EEG-Umlage transparent und verbindlich" eingerichtet werden, damit die Energieverbraucher „nur mit den tatsächlichen Kosten der EEG-Stromeinspeisung belastet werden". Damit sollte die Berücksichtigung von vermiedenen Kosten nicht nur auf der Willkür der Netzbetreiber, sondern auf einer Berechnungsgrundlage und der Kontrolle der Netzregulierungsbehörde basieren.[314] In der Vereinbarung heißt es:

„Wir werden daher: [...]
- das EEG in seiner Grundstruktur fortführen, zugleich aber die wirtschaftliche Effizienz der einzelnen Vergütungen bis 2007 überprüfen. Dabei werden wir die Vergütungssätze, Degressionsschritte und Förderzeiträume an die Entwicklungsschritte der einzelnen erneuerbaren Energien anpassen und gegebenenfalls neue Schwerpunkte setzen;
- uns auf die Erneuerung alter Windanlagen (Repowering) und die Offshore-Windstromerzeugung konzentrieren und dafür die Rahmenbedingungen (zum Beispiel Ausbau der Stromnetze) verbessern; [...]
- die EEG-Härtefallregelung unverzüglich so umgestalten, dass die stromintensive Industrie eine verlässlich kalkulierbare Grundlage (Aufhebung des 10%-Deckels) erhält und ihre wirtschaftliche Belastung auf 0,05 Cent pro kWh begrenzt wird;
- die Berechnungsmethode zur EEG-Umlage transparent und verbindlich so gestalten, dass die Energieverbraucher nur mit den tatsächlichen Kosten der EEG-Stromeinspeisung belastet werden"[315]

---

[314] Vgl. CDU et al. 2005; siehe auch Hirschl 2008, S. 171.
[315] Schließlich sollten die „Marktpotenziale erneuerbarer Energien im Wärmebereich" durch die Fortführung des Marktanreizprogramms im bisherigen Umfang sowie durch „weitere Instrumente, wie zum Beispiel ein regeneratives Wärmenutzungsgesetz", besser erschlossen werden. Die „internationalen Aktivitäten zum Ausbau der erneuerbaren Energien" sollten fortgeführt werden, ferner wollte man die Gründung einer Internationalen Agentur für erneuerbare Energien (IRENA) initiieren. Die Koalition wollte zudem die Ex-

Die Branchenverbände der Erneuerbaren Energien begrüßten die Koalitionsvereinbarung, da sie einerseits eine *baldige Prüfung des EEG* ankündigte, aber andererseits den *Willen zur Fortführung* des EEG deutlich geäußert wurde.[316]

Neben dem fest vereinbarten Koalitionsvertrag von CDU, CSU und SPD formulierten die Partner der Großen Koalition in der 16. LP zudem jeweils eigene Positionspapiere auf verschiedenen Ebenen und zu unterschiedlichen Anlässen, in denen u.a. Haltungen zu den Themen erneuerbare Energien und Klimaschutz dargestellt wurden. Die wichtigsten Standpunkte werden im Folgenden Kapitel beispielhaft skizziert.

5.2.3.3 Diverse Positionspapiere

Als Reaktion auf den Stern-Report, die Berichte des IPCC und die von diesem Zeitpunkt an besonders intensiv geführte Debatte um den Klimaschutz fasste die CDU/CSU-Bundestagsfraktion am 24.04.2007 den Beschluss *Klimawandel entgegentreten – Konkrete Maßnahmen ergreifen*.[317] Dieser forderte als Maßnahmen zum Klimaschutz neben einer verbindlichen völkerrechtlichen Etablierung des *2-Grad-Ziels* durch ein Kyoto-Plus-Abkommen, einer verbessern Wettbewerbsfähigkeit für EE und verbesserter Energieeffizienz auch relativ *ambitionierte Ausbauziele* im Bereich der regenerativen Energien, deren Anteil am Gesamtenergieverbrauch von „mindestens 16 bis 20 Prozent" und im Strombereich auf „mindestens 30 Prozent" bis zum Jahr 2020 steigen sollte.[318] Damit forderte die Union eine Erhöhung des Ausbaus erneuerbarer Energien im Strombereich, die die Beschlüsse des Koalitionsvertrages deutlich überstieg. Diese Zahl war jedoch innerhalb der Union umstritten. Ebenso umstritten war vor allem auch eine Formulierung hinsichtlich der Treibhausgasemissionen. Sollte sich die EU im Rahmen der internationalen Klimaschutzverhandlungen verpflichten, ihre Treibhausgasemissionen um 30 % gegenüber 1990 zu reduzieren, so das Positionspapier, wollte

---

portinitiative für erneuerbare Energien intensivieren und vereinbarte schließlich, „Kraftstoffe und Rohstoffe aus Biomasse" stärker zu fördern. Vgl. CDU et al. 2005, S. 51f.
[316] Hirschl 2008, S. 171.
[317] Vgl. CDU/CSU-Bundestagsfraktion 24.04.2007; siehe auch CDU 19.03.2007.

„Deutschland eine darüber hinausgehende Reduktion seiner Emissionen anstreben". Die Formulierung war an einen Beschluss des Bundestages 29.11.2006 angelehnt, der auf Antrag von Union und SPD u.a. eine Reduktion von 40 % der Emissionen vorgesehen hatte.[319]

In einem weiteren Fraktionsbeschluss vom 09.10.2007 betonte die Union einerseits das Erfordernis des „wirtschaftlich optimale[n] Ausbau[s]" regenerativer Energien. Auf der anderen Seite leitete sie daraus die Notwendigkeit der Einspeisevergütung des EEG ab. Dort hieß es: „Ihr Ausbau macht ein Einspeisegesetz wie das Erneuerbare-Energien-Gesetz (EEG) erforderlich. Auf diese Weise werden Marktzugangsschranken überwunden, die auf Marktmacht des Versorgeroligopols und leitungsbedingte natürliche Monopole zurückgehen."[320] Gleichwohl sollte die Förderung insgesamt „in einem angemessenen Verhältnis zur Entwicklung der einzelnen Energieträger stehen". Auch sollte das bisherige Fördervolumen „aus Gründen der Wirtschaftlichkeit und Sozialverträglichkeit nicht unangemessen überschritten werden.[321]

Auch die SPD-Bundestags-Fraktion beschloss im Sommer 2007 ein Positionspapier *Klimaschutz und nachhaltige Energiepolitik*, in dem Eckpunkte „für die Umsetzung der europäischen Ziele in der Klimaschutz- und Energiepolitik in Deutschland" aufgeführt waren.[322] Ausgehend vom Ziel, die CO_2-Emissionen um 40 % zu reduzieren, wurde hier die Linie der SPD dargestellt. Diese enthielt u.a. Vorschläge wie ein „nationales Aktionsprogramm zum Klimaschutz", die Erhöhung der Energieeffizienz, die Stärkung des Emissionshandels sowie den Ausbau der erneuerbaren Energien, die etwa im Strombe-

---

[318] CDU/CSU-Bundestagsfraktion 24.04.2007, S. 9.
[319] CDU/CSU-Bundestagsfraktion, SPD-Bundestagsfraktion 08.11.2006; sehe auch CDU/CSU-Bundestagsfraktion 24.04.2007, S. 7. Die SPD kritisierte, dass die Union gerade dieses „40-Prozent-Ziel" nicht in ihrem Papier ausformuliert hatte. Schließlich hatte die Union dieses Ziel zur Grundlage der Meseberg-Beschlüsse gemacht. Vgl. Kelber, Ulrich 09.10.2007.
[320] CDU/CSU-Bundestagsfraktion 09.10.2007, S. 4f.
[321] CDU/CSU-Bundestagsfraktion 09.10.2007, S. 5f. In eine ähnliche Richtung gehen die Beschlüsse der CDU, die sie anlässlich ihres 21. Parteitages vom 3.-4.12.2007 in ihrem ihr Grundsatzprogramm beschloss. Vgl. CDU 04.12.2007, S. 76ff. Schließlich dürfte der Einfluss der Landtagswahl von Hamburg Einfluss auf die Haltung der CDU gehabt haben, die ein schwarz-grünes Bündnis auf Landesebene hervorgebracht hat. Vgl. CDU 19.06.2008.
[322] SPD-Bundestagsfraktion 06/2007, S. 10 sowie SPD-Bundestagsfraktion 18.06.2007.

reich durch das EEG „auf mindestens 29 Prozent im Jahr 2020" ausgebaut werden sollten.[323] Diese Zahl lag somit einen Prozentpunkt unter dem Wert, den die Unionsfraktion in ihrem Positionspapier beschlossen hatte. Schließlich führten beide Koalitionspartner mehrere öffentliche Veranstaltungen zum Thema Klimaschutz durch, in denen Sie jeweils Interessenvertreter und Wissenschaftler zu Wort kommen ließen.[324]

5.2.3.4 Die Kleine EEG-Novelle 2006

Die im Koalitionsvertrag angekündigte *kleine EEG-Novelle* zur erneuten Erweiterung der Härtefallregelung für energieintensive Unternehmen wurde Anfang der 16. LP als konkretes Gesetzgebungsvorhaben beschlossen. Am 28.09.2006 passierte die EEG-Novelle den Bundestag und einen Monat später den Bundesrat.[325] So konnte das Gesetz am 15.11.2006 verkündet werden und trat am 01.12.2006 in Kraft.[326] Diese kleine Novelle enthielt einerseits die angekündigte Änderung, nach der die energieintensive Industrie weiter zu Lasten der anderen, nicht-privilegierten, Verbraucher entlastet wurde; andererseits sollten auch die Stromverbraucher durch eine Änderung zur Beobachtung der Rückwälzungsprozesse durch die Bundesnetzagentur finanziell entlastet werden. Zuvor hatten Verbände wie der *Bundesverband neuer Energieanbieter (BNE)* kritisiert, die Netzbetreiber würden zu geringe Netzentgelte nach nicht nachvollziehbaren, unkonformen Praktiken veranschlagen.[327]

5.2.3.5 Der Energiegipfel der Bundesregierung

Bundeskanzlerin *Angela Merkel* wollte der Öffentlichkeit noch im Jahr 2007 ein *nationales Energiekonzept* vorlegen, um mit Regelungen auf aktuelle energiepolitische Entwicklungen reagieren zu können. Sie berief in den Jah-

---

[323] SPD-Bundestagsfraktion 06/2007, S. 10 sowie SPD-Bundestagsfraktion 18.06.2007.
[324] Vgl. SPD-Bundestagsfraktion 04.06.2008; SPD-Bundestagsfraktion 2007; CDU/CSU-Bundestagsfraktion 01/2008 sowie CDU/CSU-Bundestagsfraktion 04/2008.
[325] Vgl. stromtip.de 29.09.2006.
[326] Vgl. Deutscher Bundestag 27.09.2006 und EEG vom 07.11.2006; siehe auch BMU 14.06.2006.
[327] Mit dem Gesetz wurde der 10 %-Deckel gestrichen. Die Belastung der Betriebe wurde auf eine Höchstgrenze von 0,05 Cent/kWh abgesenkt. Die Regelungen dieser Kleinen

ren 2006 bis 2007 drei *nationale Energiegipfel* ein, um Ideen für die Erarbeitung dieses Vorhabens zu sammeln. Teilnehmer der Gesprächskreise waren vor allem Vertreter der Energiewirtschaft. Erstmalig mit dabei waren im Unterschied zu den Energiegipfeln der rot-grünen Bundesregierung auch Vertreter der Erneuerbare-Energien-Branche.[328]

Kontrovers diskutierten die Teilnehmer auf allen drei Gipfeln am Rande die Laufzeitverlängerungen bei der Kernenergie. Diese lehnte Merkel allerdings mit Blick auf den geltenden Koalitionsvertrag ab. Dagegen wurde die Diskussion um die Weiterentwicklung erneuerbarer Energien durch die Gipfel bestätigt, sodass ihr weiterer Ausbau gestärkt wurde.[329]

Die Energiegipfel der Bundesregierung selbst brachten zwar keine eigenständigen politischen Entscheidungen zutage. Allerdings hatte die Bundesregierung die primäre Zielsetzung, einen Prozess in Gang zu setzen, der am Ende des Jahres in ein *energiepolitisches Gesamtkonzept* münden sollte.[330] So hob die Bundesregierung als Ergebnis des *ersten Gipfels* vom 03.04.2006 vor allem die von den Energieunternehmen angekündigten Investitionen in die Energiewirtschaft hervor, die jedoch den ohnehin veranschlagten Beträgen entsprachen.[331] Der *zweite Gipfel* fand am 09.10.2006 statt; auf der Agenda standen vor allem internationale Fragen zur Energieeffizienz. In der weiteren Regierungsarbeit sollte ein Vorschlag für ein *Aktionsprogramm Energieeffizienz* Berücksichtigung finden, der durch eine nach dem ersten Gipfel gegründete Arbeitsgruppe vorgelegt werden sollte. Der *dritte Energiegipfel* fand am 03.07.2007, im Anschluss an die Klimaverhandlungen der EU und der G8-Präsidentschaft, statt. Danach kündigte Merkel ein *Integriertes Energie- und Klimaprogramm (IEKP)* der Bundesregierung an, mit dem die ehrgeizigen Beschlüsse des Frühjahrsgipfels des Europäischen Rates auf nationaler Ebene umgesetzt werden sollten. Zu berücksichtigen seien vor allem Energieeffizienz und KWK, der Ausbau erneuerbarer Energien, effiziente Kohlekraftwerke sowie CCS, das zukünftig mit weiteren finanziellen und rech-

---

EEG-Novelle galten bereits in Bezug auf das Abrechnungsjahr 2006, wodurch sich die zu privilegierende Strommenge nochmals erhöhte. Vgl. Hirschl 2008, S. 172.
[328] Vgl. May 2007c; Hirschl 2008, S. 174.
[329] Hirschl 2008, S. 174.
[330] Staiß 2007, S. I-277.
[331] Hirschl 2008, S. 174.

tlichen Mitteln gefördert werden sollte.[332] Ziel Merkels war es, mit einem vorbildlichen deutschen Programm in die Verhandlungen der UN Anfang Dezember auf *Bali* zu starten; damit wollte sie der Energie- und Klimadebatte mehr Gewicht verleihen (vgl. Kap. 5.2.1.5).[333] Die konkreten Inhalte des IEKP sollten auf der anstehenden *Klausurtagung der Bundesregierung auf Schloss Meseberg* im August 2008 beschlossen werden.[334]

5.2.3.6 Die Regierungserklärung und der 8-Punkte-Plan von BM Gabriel

Am 26.04.2007 erläuterte Bundesumweltminister *Sigmar Gabriel* in einer *Regierungserklärung* vor dem Deutschen Bundestag, mit welchen Maßnahmen die Bundesregierung die ehrgeizigen Ziele zur Einsparung von Klimaemissionen erreichen wollte. Der *EU-Frühjahrsgipfel* hatte beschlossen, den Kohlendioxid-Ausstoß bis 2020 um *20 %* zu reduzieren. Sofern andere Industrie- und Schwellenländer mitmachen würden, wollte man sogar *30 %* anstreben. Sollte die EU um 30 % reduzieren, sah man sich national in der Lage, wiederum eine darüber hinausgehende Reduzierung um *40 %* gegenüber 1990 zu erreichen. Dies sah ein Bundestagsbeschluss vom 09.11.2006 vor, der auf Antrag von CDU, CSU und SPD beschlossen worden war.[335] Gabriel präsentierte dementsprechend einen *8-Punkte-Plan*, in dessen Zentrum die Senkung des Energieverbrauchs, der Neubau effizienterer Kraftwerke und ein Ausbau erneuerbarer Energien stand.[336] Er legte eine sog. *Klimaagenda 2020* mit 8 Einzelmaßnahmen vor. Die Kosten wurden auf 3 Mrd. € bis zum Jahr 2010 beziffert. Damit sollte der CO_2-Ausstoß bis zum Jahr 2020 um 270 Mio. t gegenüber dem damaligen Stand reduziert werden.[337]

---

[332] Hirschl 2008, S. 175.
[333] May 2007c; Hirschl 2008, S. 174; Süddeutsche Zeitung 18.07.2007.
[334] Vgl. Kap. 5.4.2; siehe auch Reuters 30.06.2007.
[335] CDU/CSU-Bundestagsfraktion, SPD-Bundestagsfraktion 08.11.2006; siehe auch SPD-Bundestagsfraktion 12.05.2007, S. 9 und Gabriel 26.04.2007.
[336] Vgl. BMU 04/2007; siehe auch BMU 26.04.2007.
[337] Deutschland emittierte 1.007 Mio t Klimagase. Das 40 %-Ziel bedeutete eine Verminderung auf 737 Mio. t. Bis 2012 hatte sich Deutschland auf 21 % Verringerung verpflichtet. In den 8 Jahren danach müssten noch einmal 19 Prozentpunkte erreicht werden. Vgl. FAZ.net 2007.

So sollte der Stromverbrauch durch massive Steigerung der Energieeffizienz um 11 % gesenkt werden. Das entspräche einer Einsparung von 40 Mio. t CO_2. Alte Kraftwerke sollten durch neue ersetzt werden, was 30 Mio. t weniger Emissionen freisetzen sollte. Der Anteil von regenerativen Energien am Gesamtstrombedarf sollte von 12 auf mehr als 27 % wachsen – dies bedeutete umgerechnet 55 Mio. t weniger CO_2-Ausstoß (vgl. Tabelle 5) und eine weitere Stärkung des Ausbaus erneuerbarer Energien.[338]

Tab. 5: 8-Punkte-Plan des BMU zur Erreichung der Klimaziele

Nr.	Maßnahme	CO_2-Einsparungsziel
1.	Reduktion des Stromverbrauchs um 11 % durch massive Steigerung der Energieeffizienz	40 Mio. t
2.	Erneuerung des Kraftwerksparks durch effizientere Kraftwerke	30 Mio. t
3.	Steigerung des Anteils der erneuerbaren Energien an der Stromerzeugung auf über 27 %	55 Mio. t
4.	Verdopplung der effizienten Nutzung der Kraft-Wärme-Kopplung auf 25 %	20 Mio. t
5.	Reduktion des Energieverbrauchs durch Gebäudesanierung, effiziente Heizungsanlagen und in Produktionsprozessen	41 Mio. t
6.	Steigerung des Anteils der erneuerbaren Energien im Wärmesektor auf 14 %	14 Mio. t
7.	Steigerung der Effizenz im Verkehr und Steigerung des Anteils der Biokraftstoffe auf 17 %	30 Mio. t
8.	Reduktion der Emissionen von anderen Treibhausgasen wie zum Beispiel Methan	40 Mio. t

Quelle: nach Daten des BMU 04/2007.

5.2.4 Zwischenfazit

Als Zwischenergebnis lässt sich feststellen, dass es während der 16. LP auf *internationaler, europäischer* und *nationaler Ebene* Entwicklungen gab, die sich indirekt bzw. direkt auf die Novellierung des EEG auswirkten. So gab es

---
[338] BMU 04/2007; FAZ.net 2007.

auf allen drei Ebenen grundsätzlich zunehmende *Bestrebungen, eine ehrgeizigere Ausbaupolitik zu Gunsten regenerativer Energien zu gestalten.* Motor auf internationaler Ebene waren dabei vor allem die Europäische Union und Deutschland. Mit ehrgeizigen Beschlüssen wie denen des Europäischen Rates vom März 2007 wollte die EU u.a. ‚in Vorleistung gehen', um auf internationaler Ebene den Weg für ein Kyoto-Nachfolgeabkommen zu ebnen.[339]

Dabei spielte Deutschland mit Kanzlerin Angela Merkel eine wesentliche Rolle. *Merkel verstärkte diese Politik nachdrücklich auf internationaler, europäischer und nationaler Ebene.* In ihre Amtszeit fielen die *März-Beschlüsse des Europäischen Rates*, die sie als EU-Ratspräsidentin federführend verhandelte. Außerdem setzte sie sich auf internationaler Ebene als G8-Präsidentin für ein ehrgeiziges *Abschlussprotokoll des G8-Gipels* ein. Schließlich brachte sie als Folge der Ratsbeschlüsse vom März 2007 auf nationaler Ebene das *Integrierte Energie- und Klimaprogramm* der Bundesregierung auf den Weg, das u.a. auch das EEG enthält.[340]

Mit all diesen Maßnahmen verfolgte die Bundeskanzlerin vor allem zwei grundlegende Motive. Erstens ließen sich die *Interessen Deutschlands* nach einer langfristig versorgungssicheren, wirtschaftlichen und umweltgerechten Energieversorgung mittels Klimaschutz und erneuerbare Energien verbinden. Außerdem verfügt gerade Deutschland im Gegensatz zu anderen Ländern bereits über besonders gut entwickelte heimische Erneuerbare-Energien-Industrien, die zusätzliche Chancen für den Arbeitsmarkt und Technologieexporte bieten.[341] Zweitens wurden der Weltgemeinschaft die Dringlichkeit und die Folgeprobleme des Klimawandels Ende 2006 eindringlich durch den Stern-Report und den Bericht der IPCC vor Augen geführt. So gab es vor allem in Deutschland und Europa sowohl in der Bevölkerung als auch in der Politik zunehmende Unterstützung für eine ehrgeizige Energie- und Klimaschutzpolitik.[342] Dieser Umstand bot für Merkel Gelegenheit, ein politisches *Thema gewinnbringend zu besetzen und politisch erfolgreich zu nutzen*, so-

---

[339] Energie & Markt 2007a.
[340] „Im März beim EU-Gipfel in Brüssel, im Juli beim G8-Gipfel in Heiligendamm [...] – keine Konferenz von Rang, auf der Bundeskanzlerin Angela Merkel in diesem Jahr nicht die Notwendigkeit des Klimaschutzes und internationaler Vereinbarungen betont." May 2007a, S. 16.
[341] Vgl. Staiß 2007, S. I-3.
[342] Vgl. dazu: Hirschl 2008, S. 177ff.

dass sie als „Klimakanzlerin" für ihr Engagement geachtet wurde.[343] Bei der politischen Durchsetzung dieser Interessen auf verschiedenen politischen Ebenen kamen ihr die Erfahrungen zugute, das sie bereits durch ihre Funktion als ehemalige Bundesumweltministerin erworben hatte.

Insofern war das EEG 2009 bereits vor Beginn seines tatsächlichen Politikformulierungsprozesses *in die Strategie der Bundeskanzlerin nach einer ehrgeizigen Energie- und Klimaschutzpolitik eingebettet.* Zudem verpfichteten die im Europäischen Rat beschlossenen Ziele zum nationalen Ausbau erneuerbarer Energien auch im Strombereich. Wie im Verlauf dieser Studie deutlich werden wird, kamen diese Umstände vor allem der ökologischen Koalition bei der Durchsetzung ihrer Interessen zugute.

5.3 Die wichtigsten Gutachten zur Novellierung des EEG

Vor Beginn der konkreten Novellierung des EEG wurden u.a. von den zuständigen Bundesministerien BMU und BMWi einige Studien in Auftrag gegeben. Ziel war es, Informationen über erneuerbare Energien und die Entwicklung des EEG zu erhalten.[344] Dazu gehörte vor allem die *Leitstudie 2007 - Ausbaustrategie Erneuerbare Energien*, die das *Deutsche Zentrum für Luft- und Raumfahrt (DLR)* im Auftrag des *BMU* anfertigte und im Februar 2007 vorlegte. Nach dieser Untersuchung könnten EE im Jahre 2020 bei einem Wegfall der Kenenergie rund 27 % Anteil an der Strombereitstellung erlangen. Über das Jahr 2020 hinaus zeigt die Studie, dass bis zum Jahr 2030 der Anteil der erneuerbaren Energien an der Strombereitstellung bereits auf 45 %, bis 2050 auf 77 % steigen könnte. Insgesamt kämen die erneuerbaren Energien im Szenario bis zum Jahr 2050 auf etwa 50 % Anteil an der Primärenergie in Deutschland. Zusammen mit besserer Energieeffizienz konnten sie bis 2050 demnach eine CO_2-Minderung um 80 %, bezogen auf das Basisjahr 1990, erreichen.[345]

---

[343] May 2007a, S. 16. Siehe auch Griffin 20.06.2008 und Uken 2007.
[344] Vgl. Pehnt 03/2006; Bode, Groscurth 08/2006; Fraunhofer Institut System- und Innovationsforschung, Energy Economics Group; Frondel et al. 25.04.2007; Sensfuß, Ragwitz 18.06.2007; siehe auch Langniß et al. 08.06.2007.
[345] Vgl. BMU 27.02.2007; Nitsch 02/2007.

Zum Jahreswechsel 2006/2007 gaben das federführende BMU und das mitberatende BMWi je eine wichtige wissenschaftliche Studie in Auftrag, von denen sie sich Handlungsvorschläge erwarteten, die sie in die Verhandlungen des Politikformulierungsprozesses zur bevorstehenden EEG-Novelle einbringen konnten.[346] Besondere Bedeutung hatten diese Informationen zunächst für den EEG-EB, den die Ressorts dem Deutschen Bundestag gemäß § 20 EEG bis Ende 2007 vorzulegen hatten.[347]

Das *BMWi* hatte das *Institut für Energetik und Umwelt* aus Leipzig *(IEU Leipzig)* und die *Prognos AG* aus Basel beauftragt, die „Auswirkungen der Änderungen des Erneuerbare-Energien-Gesetzes (2004) hinsichtlich des Gesamtvolumens der Förderung, der Belastung der Stromverbraucher sowie der Lenkungswirkung der Fördersätze für die einzelnen Energiearten" zu untersuchen. Eine Kurzfassung der Studie wurde bereits im November 2006 veröffentlicht; die Endfassung präsentierte das BMWi allerdings erst am 12.04.2007 sowie am 22.05.2007 öffentlich vor Vertretern aus Politik und Verwaltung in Berlin.[348]

Das federführende *BMU* hatte dagegen ein *Konsortium* von insgesamt 8 Instituten unter Leitung des *Zentrums für Sonnenenergie- und Wasserstoff-Forschung Baden-Württemberg (ZSW)* in Stuttgart beauftragt, ein Forschungsvorhaben zur „Vorbereitung und Begleitung der Erstellung des EEG-EB 2007 gemäß § 20 EEG" durchzuführen.[349] Der zweite Zwischenbericht dieses Gutachtens vom Sommer 2007 lag dem BMU zwar bereits vor Erstellung des EEG-EB intern vor; der Endbericht wurde allerdings erst im November 2007 zusammen mit dem ressortabgestimmten EEG-EB veröffentlicht. Schließlich wurden die Empfehlungen für den Bereich des Stroms aus Windenergie endgültig erst im März 2008 der Öffentlichkeit vorgestellt.[350]

---

[346] Bundesregierung 07.11.2007, S. 48; siehe auch BMU 2007.
[347] EEG vom 21.07.2004, § 20.
[348] Vgl. BMWi 08.05.2007; siehe auch solarserver.de 2007; IEU - Institut für Energetik und Umwelt 14.11.2006a sowie IEU - Institut für Energetik und Umwelt 14.11.2006b.
[349] Mitwirkende waren die Fichtner AG (Stuttgart), Deutsche WindGuard GmbH (Varel), Institut für ZukunftsEnergieSysteme (Saarbrücken), GtV-Service GmbH (Geeste), Internationales Wirtschaftsforum Regenerative Energien (Münster), Wuppertal Institut für Klima, Umwelt, Energie GmbH (Wuppertal) sowie Bosch und Partner GmbH (Hannover). Vgl. ZSW (et.al.) 11/2007b.
[350] ZSW (et.al.) 03/2008.

5.3.1 Das Gutachten im Auftrag des BMU

Die am Forschungsvorhaben des federführenden BMU beteiligten Experten hatten das Ziel, eine „inhaltlich belastbare, in Aufbau und Form vom Auftraggeber direkt verwertbare Grundlage für die Erstellung des EEG-Erfahrungsberichtes" zu schaffen.[351] Dies galt laut Gutachtern für den objektivierbaren ebenso wie für den von „relevanten Akteuren subjektiv formulierten Anpassungsbedarf" einzelner Vorschriften des EEG oder des Gesetzes insgesamt. Dazu sollten unterschiedliche Positionen zu einzelnen Fragestellungen ausgewertet und berücksichtigt werden.[352] Zum Projektschluss sollte der EEG-EB 2007 von allen Partnern fachlich begleitet werden. Im Folgenden werden die wichtigsten Handlungsempfehlungen der Studie skizziert.

Spartenübergreifendes

Die Wissenschaftler stellten in ihrem Gutachten fest, dass die EEG-Sparten hinsichtlich ihrer Marktentwicklung und Integration noch durch einige Aspekte gehemmt werden. So schlugen sie vor, ein *einheitliches Anlagenregister* einzuführen, das statistische Daten zu Anlagen beinhalte.[353] Weiterhin sollten *Markt- und Systemintegratoren* gefördert werden. Dazu gehören etwa *Boni für bedarfsgerechte Einspeisung* oder die *Kombination etwa von WEA mit grundlastfähigen Anlagen oder Speichern*.[354] Schließlich hielten die Forscher die *Besondere Ausgleichsregelung* gemäß § 16 EEG (Härtefallregelung für energieintensive Unternehmen) für zu starr, da sie Wettbewerbsverzerrungen zugunsten nationaler Großunternehmen förderte.[355] Als Lösung schlugen sie u.a. vor, die Regelung auf Unternehmen zu beschränken, die „nachweislich durch das EEG im internationalen Wettbewerb in ihrer Existenz gefährdet" seien."[356]

---

[351] Wuppertal Institut für Klima, Umwelt, Energie 2008.
[352] Wuppertal Institut für Klima, Umwelt, Energie 2008.
[353] ZSW (et.al.) 11/2007a, S. 388.
[354] ZSW (et.al.) 11/2007a, S. 398ff.
[355] Dies betraf vor allem die Mindeststromabnahmemenge sowie die Regelung des Selbstbehalts. Vgl. ZSW (et.al.) 11/2007a, S. 421.
[356] Siehe ZSW (et.al.) 11/2007a, S. 423; vgl. auch ZSW (et.al.) 11/2007a, S. 453 und ZSW (et.al.) 11/2007a, S. 480ff.

Wasserkraft

Die Experten empfahlen, die Vergütungsregelungen für *Wasserkraft* im Wesentlichen beizubehalten.[357] Im Übrigen soll die *Kleine Wasserkraft* besonders gestärkt werden. Da sich der Bau von Neuanlagen der Kleinen Wasserkraft bis 5 MW einschließlich einer neuen Stauhaltung in der Regel wirtschaftlich nicht lohnte und mit weiteren Kostensteigerungen zu rechnen war, hielten die Gutachter eine Absenkung der *Degression* von damals 1 % auf 0,25 – 0,7 % für angemessen.[358] Um einen höheren Anreiz für Anlagen Anlagenmodernisierungen zu schaffen, sollte der *Vergütungszeitraum* für modernisierte Anlagen auf 30–40 Jahre gegenüber Altanlagen (20–30 Jahre) verlängert werden.[359] Als Alternative zu dieser Verlängerung der Laufzeiten konnten die Laufzeiten bei gleichzeitig steigenden *Vergütungssätzen* aber gekürzt werden (vgl. Tabelle 6).

Tab. 6: Wasserkraftfördersätze für Neubau, Modernisierung und Wiederinbetriebnahme

	Neubau, Modernisierung und Wiederinbetriebnahme	
	Laufzeit 30 Jahre	Laufzeit 20 Jahre
	[ct/kWh]	[ct/kWh]
Bis 500 kW	9,67	10,57
500 bis 2000 kW	6,65	7,45
2000 bis 5000 kW	6,65	7,35

Quelle: nach Daten des ZSW (et.al.) 11/2007b, S. 78.

Ferner rechne sich der bisherige Zuschlag in Höhe von 2 ct/kWh für die ausschließliche Durchführung *ökologischer Verbesserungsmaßnahmen* nur für Großanlagen, sodass dieser für kleinere Anlagen relativ gesehen stärker zu erhöhen war. Entsprechend wurde vorgeschlagen, den Bonus bis zu einer Leistung von 100 bzw. 500 kW um 4 bzw. 2 ct/kWh zu erhöhen; bis zu einer

---

[357] ZSW (et.al.) 11/2007b, S. 76.
[358] ZSW (et.al.) 11/2007b, S. 76ff.
[359] Die Begriffe „Altanlage" bzw. „Bestandsanlage" werden im Folgenden synonym verwendet. Sie bezeichnen Anlagen zur Erzeugung von Strom aus EE, die bereits vor Inkrafttreten einer gesetzlichen Regelung in Betrieb gegangen sind.

maximalen Leistung von 2000 kW dagegen nur um 1 ct/kWh (vgl. Tabelle 7).[360]

Tab. 7: Wasserkraftfördersätze für Altanlagen mit Maßnahmen zur ausschließlichen Verbesserung des ökologischen Zustands

	Altanlagen mit Maßnahmen zur ausschließlichen Verbesserung des ökologischen Zustands	
	Laufzeit 30 Jahre	Laufzeit 20 Jahre
	[ct/kWh]	[ct/kWh]
Bis 500 kW	10,67	10,95
500 bis 2000 kW	8,65	8,75

Quelle: nach Daten des ZSW (et.al.) 11/2007b, S. 79.

Schließlich empfahl die Studie im Sinne einer einheitlichen Regelung die *Laufzeit* von Anlagen der sog. *Großen Wasserkraft* (ab 5 MW) von 15 auf 20 Jahre anzuheben und als Ausgleich dafür die *Fördersätze* um etwa 0,4 ct/kWh abzusenken (vgl. Tabelle 8).[361]

Tab. 8: Wasserkraftfördersätze für Anlagen größer 5 MW

	Leistungserhöhung bei Anlagen größer 5 MW	
	Laufzeit 15 Jahre	Laufzeit 20 Jahre
	[ct/kWh]	[ct/kWh]
Leistungsanteil bis 500 kW	7,67	7,17
Leistungsanteil bis einschl. 10 MW	6,65	6,2
Leistungsanteil bis einschl. 20 MW	6,1	5,7
Leistungsanteil bis einschl. 50 MW	4,56	4,21
Leistungsanteil von mehr als 50 MW	3,7	3,4

Quelle: nach Daten des ZSW (et.al.) 11/2007b, S. 79.

---

[360] Vgl. ZSW (et.al.) 11/2007b, S. 78.
[361] ZSW (et.al.) 11/2007b, S. 79.

Biomasse

Im *Biomassebereich* stellten die Gutachter in den vergangenen Jahren eine dynamische Entwicklung fest. Hier wurde die gesamte installierte Leistung in der Zeit von 2000 bis 2006 versiebenfacht. Die Wissenschaftler empfahlen, die *Regeln weitgehend unverändert zu lassen* und stattdessen „ausschließlich Detailanpassungen" vorzunehmen.[362] Sie regten beispielsweise an, die *Vergütungsdegression für Neuanlagen* gemäß § 8 Abs. 5 aufgrund gestiegener Kosten zu senken. Weiterhin wurde vorgeschlagen, die Allgemeindefinition in § 8 Abs. 2 in Analogie zur Biomasseverordnung durch eine weitere *Positiv- und Negativliste der „NawaRo-bonusfähigen" Biomassen* zu ergänzen. Gegebenenfalls wollten die Gutachter nicht genutztes *Waldrestholz in den NawaRo-Bonus* aufnehmen. Es wurde empfohlen, den *KWK-Bonus* auch für Altanlagen zu gewähren, die vor dem 31.12.2003 in Betrieb genommen worden waren. Schließlich wurde angeregt, den *Technologiebonus* zukünftig an die Erfüllung von Effizienzkriterien zu binden und den Einsatz von Biomasse aus nicht nachhaltiger Bewirtschaftung zur Stromerzeugung zu vermeiden.[363]

Geothermie

In der *Geothermie* sahen die Forscher für die kommenden Jahre ein *großes Potential*. Allerdings waren die Kosten für entsprechende Bohrungen in den vergangenen Jahren deutlich gestiegen. Weiterhin hatte die Branche bisher mit Bohrgerätemängeln, Personalmangel und geologischen Erschließungsrisiken zu kämpfen. Schließlich waren keine ausreichenden Technologien zur Erschließung trocken-heißer Ressourcen (HDR) vorhanden.[364]
Deshalb schlugen die Forscher einen *KWK-Bonus* als Anreiz zur Nutzung der entstehenden geothermischen Abwärme vor. Ein *Petrogeothermiebonus* sollte Anreize dafür setzen, Techniken wie das sog. *Hot Dry Rock (HDR)– Verfahren* zu nutzen, das kurz vor der Marktreife stand. Damit erhofften sich

---

[362] Dazu gehörten etwa die Dauer der Vergütungsverpflichtung von 20 Jahren oder die Beibehaltung des NawaRo-, KWK- und Technologiebonus. Vgl. ZSW (et.al.) 11/2007b, S. 108.
[363] ZSW (et.al.) 11/2007b, S. 108f.
[364] ZSW (et.al.) 11/2007c, S. 199.

die Gutachter die in den trockenen, heißen Tiefengesteinen liegende Wärme erschließen zu können.[365]

Windenergie

Im Bereich der Windenergie stellte die Studie für *Onshore-WEA* fest, dass die damaligen realen Degressionssätze der Vergütung durch Kostensenkungsmaßnahmen der Anlagenbetreiber zukünftig nicht mehr erfüllt werden konnten. Vor diesem Hintergrund empfahlen die Wissenschaftler erstens, *Technologieboni* einzuführen. Diese sollten gewährt werden, um Anreize für die technische Entwicklung der WEA zu setzen, die den zunehmenden Anforderungen sowohl an die Netzqualität als auch an die Vorhersage der einzuspeisenden Energie entsprechen mussten.[366] Zweitens wollte man die Vergütung an einen *Preisindex* gekoppelt wissen, durch den die allgemeine Preissteigerung bei der Vergütung für Strom aus Windenergie zu berücksichtigen sei. Zudem sollte die *Degression* von 2 auf 1 % reduziert werden. Drittens wollten die Gutachter das Vergütungssystem mittelfristig um ein *marktorientiertes, zeitabhängiges Vergütungssystem* im Rahmen des EEG erweitern, sodass die Vermarktung von Windstrom durch börsenstrompreisorientierte Vergütungssätze erfolgen könne, die nach Tages- und Jahreszeit differieren.[367]

Die Entwicklung des *Repowering* war nach Aussage der Experten in den vergangenen Jahren „deutlich langsamer als dies erwartet und gewünscht ist", verlaufen. So hatte es trotz der 2004 im EEG eingeführten Repowering-Regelung in diesem Bereich *keine Fortschritte* gegeben. Deshalb schlugen die Gutachter vor, die zeitliche Bedingung gleitend zu gestalten, nach der nur Anlagen unter die Repowering-Regelung fallen, die vor 1996 errichtet wurden. Die Bedingung, nach der nur Anlagen gefördert werden, die ihre Anlagenleistung mittels des Repowerings auf das 3-fache erhöhen, sollte *auf das*

---

[365] Schließlich empfahlen die Gutachter noch weitere ‚flankierende Maßnahmen' zur Geothermie, die sich auf Regelungen außerhalb des EEG-Gesetzestextes beziehen. Vgl. ZSW (et.al.) 11/2007c, S. 199ff.
[366] ZSW (et.al.) 11/2007c, S. 238ff.
[367] ZSW (et.al.) 11/2007c, S. 241f.

2-fache reduziert werden.[368] Anstelle einer Laufzeitverlängerung als Anreiz-Regelung für das Repowering (bisherige Repowering-Regelung) schlugen die Wissenschaftler eine *Übertragung der restlichen Laufzeit der erhöhten Vergütung* vom Altprojekt auf das Repowering-Projekt vor. Damit wollte man auch für windschwächere Regionen Repowering-Anreize schaffen. Schließlich empfahlen die Autoren für Repowering-Anlagen die Einführung eines *Anlagenregisters*, da die aktuelle Datenlage auf Befragungen der Herstellerfirmen beruhte und deshalb „große Unsicherheiten" aufwies.[369]

Bis zum damaligen Zeitpunkt war noch kein *Offshore-Projekt* in Deutschland realisiert worden. Dies lag laut der Studie daran, dass in Deutschland in der Vergangenheit versucht wurde, die Kostenstrukturen der Onshore-WEA auf die der Offshore-Technologie zu übertragen. Da Offshore, anders als in anderen Ländern, nicht als völlig neue Technologie betrachtet worden war, hätten WEA auf See keine Chance gehabt, wirtschaftlich umgesetzt zu werden.[370] Als Lösung schlug man u.a. im Gutachten vor, den Zeitpunkt für die erste *Degressionsstufe* (01.01.2008) aufzuheben. Zudem sollte der zeitlich begrenzte Anfangsvergütungssatz aufgrund hoher Kosten auf etwa 13,3 ct/kWh angehoben werden. Am Ende wurde empfohlen, *Technologieboni* gemäß den Vorschlägen für Onshore-WEA einzuführen.[371]

Solare Strahlungsenergie

Die Gutachter hielten die *Vergütungssätze* innerhalb der vergangenen Jahre für *leicht überhöht*. Die Praxis hatte gezeigt, so die Analyse, „...dass die im PV-Vorschaltgesetz festgelegten und in das neue EEG 2004 übernommenen Vergütungssätze für die Photovoltaik zunächst zu hoch angesetzt waren. Anlagen konnten trotz einsetzender Degression weiter wirtschaftlich betrieben werden, ohne dass Preissenkungen [für PV-Module] nötig waren. Im Gegenteil, es bestand noch Spielraum für Preissteigerungen, so dass die Modul-

---

[368] Grund für diesen Vorschlag war die Feststellung der Gutachter, dass die geforderte 3-fache Leistungserhöhung „unter den heutigen baurechtlichen Randbedingungen" nicht eingehalten werden kann. Vgl. ZSW (et.al.) 11/2007c, S. 243f.
[369] ZSW (et.al.) 11/2007c, S. 245.
[370] ZSW (et.al.) 11/2007c, S. 245.
[371] ZSW (et.al.) 11/2007c, S. 247ff.

preise ungeachtet der Degression Steigerungen von ca. 10 % p.a. unterlagen."[372]

Deshalb hielten es die Forscher für angebracht, die *Degression etwas zu verschärfen*. So sollten die Vergütungssätze beginnend mit dem 01.01.2009 um 7 % p.a. für gebäudemontierte Anlagen reduziert werden. Anlagen auf Freiflächen sollten mit 8,5 % relativ noch etwas stärker belastet werden.[373]

Weiterhin wurde in der Studie vorgeschlagen, die Einteilung der Anlagen in verschiedene *Leistungsklassen* gemäß § 11 neu zuzuschneiden. Die Neueinteilung mit geänderten Obergrenzen sollte eine „marktorientierte Vergütung" gewährleisten und Mitnahmeeffekte vermeiden.[374] Schließlich wollten die Wissenschaftler den *Eigenverbrauch von selbst erzeugtem Solarstrom* zukünftig fördern. Da die Stromgestehungskosten für Strom aus Photovoltaik zu diesem Zeitpunkt noch nicht auf das Niveau der Endkundenpreise abgesenkt werden konnte, sollte die Differenz zwischen Stromgestehungskosten und dem Wert des Solarstroms/ Strompreis für den Endverbraucher weiterhin mittels EEG-Umlage getragen werden. Um zusätzlich Anreize zur Eigennutzung zu setzen, schlugen die Gutachter zusätzlich einen *Bonus für die Eigennutzung* jeder selbst erzeugten und selbst verbrauchten Kilowattstunde vor.[375]

5.3.2 Das Gutachten im Auftrag des BMWi

Die vom *BMWi* beauftragten Wissenschaftler des *IEU Leipzig* und der schweizerischen *Prognos AG* hatten über Branchenbefragungen und statistische Modelle zu berechnen versucht, welchen Einfluss das EEG seit 2004 auf die Entwicklung des Erneuerbare-Energien-Sektors genommen hat. Daraus schlossen sie Rückschlüsse auf die Angemessenheit der Förderungen. Die unterschiedliche Struktur der Branchen sowie der unterschiedliche Abstand der Einspeisevergütung vom Börsenpreis für Strom führten laut Studie

---

[372] ZSW (et.al.) 11/2007c, S. 274f.
[373] Alternativ diskutierten die Forscher eine einmalige Absenkung der Vergütungssätze unter Beibehaltung der damals gültigen Degression. Diese Lösung sei allerdings problematisch, da die Marktteilnehmer nicht die Chance einer allmählichen Anpassung an die neuen Gegebenheiten hätten. Vgl. ZSW (et.al.) 11/2007c, S. 276.
[374] Vgl. dazu: ZSW (et.al.) 11/2007c, S. 277f.
[375] ZSW (et.al.) 11/2007c, S. 278f.

dazu, dass einige Wertschöpfungsketten, die sich zur Gewinnung von EE-Strom gebildet hatten, stärker von den EEG-Vergütungssätzen abhingen (z.B. Solarzellenherstellung) als andere (z. B. Wasserbau). Das Gutachten kam für die einzelnen Energiequellen, die vom EEG gefördert werden, zu unterschiedlichen Ergebnissen.

Bei Strom aus *Biomasse* empfahlen die Experten die Einführung eines gesetzlich geregelten *Zuschusses zu den Investitionskosten* einer Anlage, da bei den bisherigen Vergütungssätzen kaum ein wirtschaftlicher Betrieb möglich war. Außerdem sollten kleinere Anlagen grundsätzlich eine bessere Vergütung erhalten als große, da sie in der Regel relativ höhere Kosten zu tragen hatten. Letzteres galt für *Geothermieanlagen*, bei denen außerdem die *Vergütungsdauer auf 30 Jahre angehoben* und die *Vergütungshöhe entsprechend gesenkt* werden sollte, so dass über die Lebensdauer von 30 Jahren der gleiche Gesamterlös erzielt werde wie heute. Sowohl bei Biomasse als auch bei Geothermie sollten ferner die *VS stärker gespreizt* werden, um „Skaleneffekte stärker zu berücksichtigen".[376]

Mit dem Ziel, den *Photovoltaik-Freiflächenanlagen* als ‚preisgünstigste Form' der Solarstromerzeugung größere Marktanteile zu verschaffen, empfahl man, die Grundvergütung für *Solarstrom-Dachanlagen* nach § 11 Abs. 2 Satz 1 um ca. 4 ct/kWh zu senken. Dagegen sollte die *Vergütung von Kleinwasserkraftwerken*, die an neuen Standorten errichtet werden, um etwa 3 bis 4 ct/kWh angehoben werden. Ziel war es, der *Wasserkraft* als grundlastfähiger Energiequelle eine gewichtigere Rolle zu verschaffen.[377]

Außerdem schlugen die Experten vor, die *Degression* der Vergütungssätze in denjenigen Bereichen zu vermindern, in denen nur noch geringe Kostenreduktionen zu erwarten waren. Wie die Gutachter des BMU hielten die Wissenschaftler des *BMWi* dies bei *Windenergie Onshore* und *Wasserkraftanla-*

---

[376] IEU - Institut für Energetik und Umwelt 14.11.2006b, S. 259ff.; IEU - Institut für Energetik und Umwelt 14.11.2006a, S. 13.
[377] stromtip.de 2007; solarserver.de 2007.

gen für angebracht.[378] Bislang waren die Vergütungen in diesen Bereichen jährlich gesunken, da der Gesetzgeber angenommen hatte, die Kosten würden mit fortschreitender Nutzung der Anlagen ebenfalls sinken.

Ebenfalls einig waren sich die Forscher der BMWi-Studie mit denen des BMU-Gutachtens, dass im Bereich der *Offshore-Windenergie* auf die *Degression ganz verzichtet* werden sollte, bis mehrjährige Betriebserfahrungen mit mehreren Anlagen vorlägen. Dies sollte laut BMW-Gutachten aber gleichfalls für den Bereich der *Geothermie* gelten.

Einig waren sie sich auch in der grundsätzlichen Bewertung der *Photovoltaik*. Diese erfur seit 2004 einen „starken Aufschwung". Eine erhöhte Nachfrage nach Anlagen habe 2004 und 2005 zu einer Verknappung und Verteuerung der Ausgangsstoffe geführt. In der *BMWi-Studie* forderte man deshalb eine *Absenkung der Grundvergütung* um 4 ct/kWh. Um künftig Anreize zu einer effizienteren Preisgestaltung bei Anlagen solarer Strahlung zu setzen, sollte die Degression bei der Vergütung von Strom aus Photovoltaik-Dachanlagen laut BMWi-Gutachten auf einheitlich 6,5 % festgelegt werden.[379]

Bei der *Besonderen Ausgleichsregelung* für die energieintensive Industrie stellten die Gutachter im Auftrag des Wirtschaftsministeriums ähnlich wie die Studie des BMU *Mängel* fest. Besonders beim Übergang des letzten nicht von dieser Regelung profitierenden Verbrauchers zum ersten teilprivilegierten Verbraucher entstünden hohe negative Grenzkosten. Die Experten sahen in diesem Bereich gleichwohl noch Forschungsbedarf und forderten mehr Transparenz, einheitliche Berechnungsvorschriften, sowie eine Minderung der Belastung von Letztverbrauchern.[380]

Im Unterschied zu früheren Gutachten des *BMWi* enthielt die Studie von Prognos und IEU überwiegend *moderate Modifikationsvorschläge*, die sich

---

[378] Vgl. Kap. 5.3.1. Die Gutachter im Auftrag des BMWi wollten die Degression im Bereich der Wasserkraft vor allem für Kleinwasserkraftwerke senken. Vgl. IEU - Institut für Energetik und Umwelt 14.11.2006a, S. 13.
[379] IEU - Institut für Energetik und Umwelt 14.11.2006a, S. 13.
[380] IEU - Institut für Energetik und Umwelt 14.11.2006b, S. 259ff.; IEU - Institut für Energetik und Umwelt 14.11.2006a, S. 14f.

überwiegend aus der bisherigen Marktentwicklung ableiten ließen.[381] So ähnelten sich die Ergebnisse beider Studien im Grundsatz: In beiden Papieren wurde vorgeschlagen, das *EEG in seiner Grundstruktur fortzuführen*. Zahlreiche *Detailanpassungen* wurden empfohlen, die zum Teil sogar identisch waren. Diese Anpassungen hatten allgemein zum Ziel, *allen EE-Energieträgern grundsätzlich eine verbesserte Förderung* zukommen zu lassen. Lediglich die Vergütungen der Photovoltaik in den vergangenen Jahren wurden in beiden Gutachten für etwas überhöht angesehen.

Somit empfahlen die beiden Dokumente Positionen, die am ehesten der *Auffassung der ökologischen Koalition* entsprechen.

5.3.3 Streit um Ressortzuständigkeit

Obgleich die BMWi-Studie moderat ausgefallen war, zeichnete sich zwischen BMU und BMWi schon kurz nach Veröffentlichung der Ergebnisse eine *Konkurrenz um die Ressortzuständigkeit* für das EEG ab. Nachdem Bundeswirtschaftsminister *Michael Glos* die Studie seines Hauses im April 2007 als „eine gute Grundlage für eine differenzierte Diskussion" bezeichnet hat, die über die Zukunft der Erneuerbare-Energien-Förderung zu führen war, kritisierte das BMU prompt, der Wirtschaftsminister habe damit seine Ressortgrenzen überschritten.[382] BMU-Staatssekretär *Michael Müller* erklärte, das BMWi sei für das EEG gar nicht zuständig. Im Bundesumweltministerium werde „längst an einem Erfahrungsbericht gearbeitet, der Grundlage für eine Novelle des EEG sein wird. Diese Novelle wird auch schon vorbereitet." Gleichwohl beabsichtigte das BMU, die Ergebnisse der BMWi-Studie bei der Entwurfsphase der Novelle des EEG zu berücksichtigen.[383] Die Beleuchtung dieser Entwurfsphase ist Aufgabe des folgenden Kapitels.

---

[381] Hirschl 2008, S. 172.
[382] stromtip.de 2007.
[383] stromtip.de 2007.

5.4 Die Entwurfsphase der EEG-Novelle

Im Mittelpunkt der folgenden Untersuchung des Politikformulierungsprozesses der EEG-Novelle stehen vor allem der *EEG-EB* des BMU und der EEG-EB des Kabinetts, aber auch der *RefE- und der RegE* des EEG und dessen *Veränderungen* durch den Deutschen Bundestag. Es werden im Folgenden die ökonomische und die ökologische *Advocacy-Koalition* und ihr Einfluss auf den Gesetzestext des novellierten EEG untersucht.

In Kapitel 5.2.3.5 wurde aufgezeigt, das die Bundeskanzlerin das BMU und das BMWi beauftragt hat, ein *Integriertes Energie- und Klimaprogramm* als Ergebnis des dritten Energiegipfels vorzubereiten. Grundlage dieses Gesetzespaketes bilden 3 Säulen: Erstens die Steigerung der Energieeffizienz, zweitens die Modernisierung des Kraftwerksparks und drittens der Ausbau der erneuerbaren Energien. Die Novelle des EEG ist damit ein Teil dieses Gesetzespaketes.[384]

Wie oben bereits erwähnt, war das *Bundesumweltministerium* in der 16. LP innerhalb der Bundesregierung federführend zuständig für den politischen Aufgabenbereich *Erneuerbare Energien* und damit für die Novellierung des EEG. Die Zuständigkeit des BMWi erstreckte sich auf die übrigen Bereiche der Energiepolitik. So war es Aufgabe des federführenden BMU, gemäß § 20 EEG dem Deutschen Bundestag bis zum 31.12.2007 im Einvernehmen mit BMELV und BMWi einen *EEG-EB* vorzulegen, der über den Stand der Markteinführung von Erneuerbare-Energien-Anlagen und die Entwicklung der Stromgestehungskosten berichtet. Der Bericht sollte gegebenenfalls auch eine Anpassung der Vergütungshöhe nach §§ 6 bis 12 und der Degressionssätze entsprechend der technologischen und Marktentwicklung für nach diesem Zeitpunkt in Betrieb genommene Anlagen empfehlen.[385] Da dieser Bericht zugleich die Arbeitsgrundlage der Bundesregierung für die Novellierung

---

[384] Vgl. Bundesregierung 2007.
[385] „Gegenstand des Erfahrungsberichts sind auch Speichertechnologien sowie die ökologische Bewertung der von der Nutzung Erneuerbarer Energien ausgehenden Auswirkungen auf Natur und Landschaft. Inhalt des Berichts ist ferner die Tätigkeit der Bundesnetzagentur nach § 19a."; vgl. EEG vom 21.07.2004, § 20 Abs. 1.

des EEG war, eröffnete das BMU mit der Erstellung des Papiers zugleich die Politikformulierungsphase des EEG.

Am 24.08.2007 wurde bei der Klausurtagung des Bundeskabinetts in *Meseberg* offiziell beschlossen, den RegE des EEG als Bestandteil des *IEKP* zur *Klimakonferenz auf Bali* am Anfang Dezember 2007 fertig zu stellen. Dies bedeutete für das BMU, dem Bundestag noch im selben Jahr einen ressortabgestimmten *RegE* für das novellierte Gesetz vorzulegen. Die Veröffentlichung des *RefE* des BMU war zu diesem Zeitpunkt für Ende September 2007 vorgesehen, die *Kabinettsbefassung* für Anfang Oktober. Um das ehrgeizige Projekt möglichst zeitsparend und zügig verwirklichen zu können, entschied sich das BMU dafür, bereits so früh wie möglich sowohl einen EEG-EB als auch einen eigenen RefE für den EEG-Gesetzestext zu erstellen. Es wollte der Öffentlichkeit bereits im Juli 2007 zunächst einen EEG-EB als ressortunabgestimmte Version vorlegen, um eine Diskussionsgrundlage für die politischen Verhandlungen zu schaffen. So arbeitete dass das Ministerium bereits vor der offiziellen Veröffentlichung des EEG-EB am späteren Gesetzestext.

5.4.1 BMU: EEG-EB vom 05.07.2007

Die Kernphase der Politikformulierung der EEG-Novelle läutete das BMU am 05.07.2007 durch die Vorlage seines 43 Seiten starken Papiers *Erfahrungsbericht 2007 zum Erneuerbaren-Energien-Gesetz (EEG)* ein.[386] Aufgrund der Bedeutung dieses Berichtes als offizielle Grundlage für den weiteren Diskussionsprozess wurden dessen „Handlungsempfehlungen zur Fortschreibung des EEG" bereits Wochen und Monate vor der Veröffentlichung von den Akteuren beider Advocacy-Koalitionen gespannt erwartet. Vor allem die Aussagen und Empfehlungen zur künftigen Vergütungshöhe und die Ausgestaltung der Degressionssätze für die jeweiligen Fördertatbestände standen bei vielen Interessenvertretern der Erneuerbaren-Branche im Mittelpunkt des Interesses.

---

[386] Vgl. BMU 03.07.2007; siehe auch BMU 03.07.2007. Der EEG-EB unterscheidet seine Handlungsempfehlungen in „Regelungen innerhalb des EEG" und „flankierende Maßnahmen" außerhalb des EEG, deren Umsetzung die Lenkungswirkung des EEG zusätzlich unterstützen soll. Im Folgenden konzentriert sich diese Arbeit aufgrund der Komplexität des Themas vor allem auf die Regelungen innerhalb des EEG.

5.4.1.1 Spartenübergreifende Vorschläge des BMU

5.4.1.1.1 Erhöhung des EE-Stromanteils bis 2020 und 2030

Aus Sicht Bundesminister Gabriels hatte sich das von der rot-grünen Bundesregierung im Jahr 2004 verabschiedete EEG bewährt. Deshalb sah er keinen Anlass, es in den Grundzügen zu verändern. Allerdings wollte das BMU die erneuerbaren Energien stärken, indem die in § 1 Abs. 2 EEG festgelegten Zielwerte erhöht werden sollten. So gab Bundesumweltminister Sigmar Gabriel bei der Vorstellung des EEG-EB des BMU in den Räumen der Bundespressekonferenz bekannt, dass aus Sicht des BMU der zu erreichende Anteil an der Stromversorgung im Jahr 2020 von bislang mindestens 20 % auf *mindestens 27 %* angehoben werden solle; für das Jahr 2030 war sogar ein Anteil von *mindestens 45 %* vorgesehen. Beide Ziele hatte das BMU aus seiner Leitstudie 2007 übernommen, die das BMU im Februar 2007 vorgestellt hatte (vgl. Kap. 5.3).[387]

5.4.1.1.2 Volkswirtschaftlicher Nutzen des EEG

Das BMU war der Auffassung, dass sich das EEG grundsätzlich *volkswirtschaftlich rechnete*. Es erklärte in seinem EEG-EB, dass das EEG bislang einen stärkeren volkswirtschaftlichen Nutzen stiftete, als dass es Kosten verursachte. Zwar entstünden sog. *Differenzkosten* in Höhe von 3,2 Mrd. €. Diese setzten sich zusammen aus dem Vergleich der Summe der durch das EEG verursachten Vergütungszahlungen sowie dem anlegbaren Wert der Strommengen einerseits, und der Bereitstellung von alternativer Regelenergie andererseits.[388] Allerdings stand diesen Differenzkosten ein „geldwerter Nutzen" gegenüber: Hier führte das BMU den sog. *Merit-Order-Effekt* an. Die vorrangige Abnahme von Strom aus regenerativen Energien hatte auch eine Senkung auf die Großhandelspreise zur Folge, da der Strompreis an der Börse durch die Kosten der Strombereitstellung des jeweils teuersten fossilen Kraftwerkes erfolgte. Deren Einsatz wurde laut BMU allerdings durch die eingespeisten EEG-Strommengen vermindert. So hatte der Merit-Order-Effekt

---

[387] Bundesregierung 07.11.2007, S. 48; siehe auch BMU 27.02.2007 und Nitsch 02/2007.
[388] Zahlen gelten laut BMU-EEG-EB für das Jahr 2006. Vgl. BMU 03.07.2007, S. 29 und S. 21.

gemäß Aussagen des Umweltministeriums im Jahr 2006 zu Einsparungen von rund 5 Mrd. € geführt und glich demnach allein bereits die Differenzkosten des EEG aus. Daneben reduzierte das EEG einerseits teure Brennstoffimporte aus dem Ausland und andererseits Umweltschäden durch Luftschadstoffe und insbesondere des Klimawandels, die ebenfalls volkswirtschaftliche Schäden anrichten.[389]

5.4.1.1.3 Einspeisemanagement und Härtefallregelung für Anlagenbetreiber

In Zeiten einer hohen Stromeinspeisung aus EE-Anlagen waren vor allem bei Starkwindzeiten in Deutschland zunehmend Netzengpässe aufgetreten. Bislang hatten Netzbetreiber in Engpasssituationen das *Erzeugungsmanagement* angewandt, indem sie die entsprechenden (Wind-)Anlagen vom Netz nahmen.[390] Das BMU wollte dieses Erzeugungsmanagement durch ein *Einspeisemanagement* ersetzen, bei dem die Einspeisung von EE-Strom auch tatsächlich in den Zeiten stattfinden kann, wenn dieser als Angebot bereit steht.

Zur weiteren Integration der erneuerbaren Energien, insbesondere der fluktuierend einspeisenden Anlagen zur Stromerzeugung aus Wind- und solarer Strahlungsenergie in die Netzstruktur sollte dem Netzbetreiber aus BMU-Sicht eine kurzfristige und begrenzte *Abregelung* bzw. *Fernsteuerung* der Anlagen möglich sein, falls die Netzstabilität ohne diese Maßnahme gefährdet wäre. Allerdings sollte sie auf das geringst mögliche Maß begrenzt sein, da die Nutzung dieser Option seitens des Netzbetreibers direkte Auswirkungen auf den Energieertrag und damit auf die Wirtschaftlichkeit einer Anlage hat. Ferner sollte diese Fernsteuerung an eine Verpflichtung des Netzbetreibers zur Ausschöpfung „aller zumutbaren technischen Netzoptimierungsmöglichkeiten" und – in Fällen, in denen dies wirtschaftlich zumutbar ist – an eine Verpflichtung zum zügigen *Netzausbau* geknüpft werden.[391] Damit die betroffenen Anlagenbetreiber nicht die Kosten für die durch die Abregelung ent-

---

[389] Zur umfassenden Position des BMU vgl. auch BMU 03/2007.
[390] Das Erzeugungsmanagement wurde mit der EEG-Novelle im Jahre 2004 eingeführt. Vgl. EEG vom 21.07.2004, § 4.
[391] BMU 05.07.2007.

gangene Einspeisung bzw. die entgangene Vergütung tragen müssen, wollte das BMU für diese als *Härtefallregelung* eine sog. *besondere Ausgleichsregelung* einführen. Diese sah vor, dass Netzbetreiber die betroffenen Anlagenbetreiber entsprechend entschädigen. Diese Maßnahmen sollten eine größtmögliche Einspeisung von Strom aus EE- und KWK- Anlagen in das Netz bewirken.

Die Erneuerbare-Energien- und KWK-Anlagenbetreiber sollten hingegen auch verpflichtet werden, sicherzustellen, dass ihre Anlagen im Falle eines Netzengpasses vom Netzbetreiber auch tatsächlich ferngesteuert geregelt werden können. Allerdings sah das BMU vor, Anlagen unterhalb einer bestimmten Leistungsschwelle (*Bagatellgrenze*) von den Regelungen zur Abregelung ausnehmen.[392]

5.4.1.1.4 Datenerhebung zu EE durch BNetzA

Das BMU hielt die verfügbare *Datenbasis* für ein effizientes Monitoring der Entwicklung der erneuerbaren Energien in praktisch allen Sparten für unzureichend. Dies galt z.B. hinsichtlich der Zahl der Anlagen, ihrer installierten Leistung, der eingesetzten Biomassearten und ökologischer Daten. Auch die Möglichkeit, Stromgestehungskosten nach § 20 Abs. 2 EEG stichprobenartig zu ermitteln, hatte sich in der Praxis als nicht tragfähig erwiesen. So mussten die entsprechenden Informationen laut Umweltministerium mit hohem Aufwand anderweitig beschafft oder geschätzt werden.[393]

Die Bundesnetzagentur hatte bereits durch das erste Änderungsgesetz zum EEG vom 01.12.2006 den Auftrag zur Erfassung, Dokumentation und Veröffentlichung von Anlagendaten mit dem Ziel erhalten, die Transparenz des Wälzungsmechanismus (§§ 14a, 15 i.V.m. § 19a EEG) zu steigern.[394] Allerdings lagen dazu noch keine Ergebnisse vor. Das BMU machte in seinem EEG-EB nun den Vorschlag, unabhängig davon die zu erhebende Datenbasis auf der Grundlage von § 15 EEG erstens zu erweitern und zweitens dem Bundesumweltministerium für wissenschaftliche Zwecke und „für die Erfül-

---
[392] Vgl. BMU 05.07.2007, S. 27; siehe auch BMU 03.07.2007, S. 80.
[393] Vgl. BMU 05.07.2007, S. 27; siehe auch BMU 03.07.2007, S. 80.

lung der nationalen, europäischen und internationalen Berichtspflichten der Bundesregierung zu Erneuerbaren Energien, Energie und Klimaschutz" zugänglich zu machen.[395] Zur Sammlung der Daten sollte die Bundesnetzagentur beauftragt werden. Schließlich wollte das BMU nicht nur die bereits vorhandenen Strukturen zur Erhebung von ökonomisch relevanten Daten nutzen und erweitern, sondern forderte zudem, dass die Bundesnetzagentur verstärkt „ökologisch relevante Daten" erhebt.[396]

5.4.1.1.5 Ausschließlichkeitsprinzip aufweichen

Das *Ausschließlichkeitsprinzip* nach § 5 EEG des 2004 in Kraft getretenen EEG hatte sicherstellen sollen, dass nur Anlagen nach dem EEG eine Vergütung erhalten, wenn Strom *ausschließlich aus Erneuerbaren Energiequellen oder Grubengas* erzeugt wird. Anlagen, die sowohl fossile als auch EE nutzen, wurde demnach der Anspruch auf EEG-Vergütung verwehrt.[397]

Das Bundesumweltministerium war grundsätzlich der Auffassung, dass diese Regelung beibehalten werden sollte, um weiterhin eine klare Abgrenzung zu schaffen und um eine „Hybridisierung" erneuerbarer Energien mit fossilen Brennstoffen zu vermeiden.[398] Allerdings wollte es künftig die Vergütung von Strom aus einem *Mix verschiedener erneuerbarer Energien* generell zulassen, da diese oft effizienter betrieben werden konnten als bei einseitiger Nutzung erneuerbarer Energien. Vor allem für die Nutzung von Biomasse in § 8 EEG sah das BMU Möglichkeiten, das Ausschließlichkeitsprinzip zu modifizieren. So wollte es auch zukünftig sicherstellen, dass nur die Biomasse nach § 8 EEG vergütet wird, die unter die Biomasseverordnung fällt. Allerdings sah man eine Ausnahme dahingehend vor, diese Biomasse auch mit anderen erneuerbaren Energieträgern zu kombinieren – wie beispielsweise auch mit Biomasse, die nicht unter die Biomasseverordnung fällt.[399]

---

[394] Siehe BMU 2004b, § 14a.
[395] Siehe BMU 05.07.2007, S. 27; siehe auch BMU 03.07.2007, S. 80.
[396] Vgl. BMU 05.07.2007, S. 27;
[397] Siehe EEG vom 21.07.2004, § 5.
[398] Vgl. BMU 03.07.2007, S. 88.
[399] Vgl. BMU 03.07.2007, S. 88f. und BMU 05.07.2007, S. 28.

5.4.1.1.6 Speichertechnologien und Systemintegration fördern

Strom wurde in Deutschland bislang überwiegend durch zentrale Großkraftwerke bereitgestellt, während er mittels erneuerbarer Energien auch in dezentralen Anlagen produziert werden konnte. Diese dezentralen Anlagen stellten allerdings besondere Anforderungen an die Übertragungsnetze, die daran bislang wiederum nicht in ausreichendem Maße angepasst waren. Vor allem die wetterbedingte unstetige Einspeisung von Wind- und Solarstrom musste organisiert und durch Regelenergie aus fossilen Kraftwerken ausgeglichen werden.[400]

Um das elektrische Versorgungssystem langfristig grundlegend an die neuen Gegebenheiten anzupassen und die Erneuerbaren Energien darin besser zu integrieren, wollte das BMU eine stärkere Zusammenarbeit zwischen erneuerbaren und nicht-erneuerbaren Energien erreichen. Die Stromeinspeisung sollte sich beispielsweise stärker nach dem tatsächlichen *Strombedarf* richten. Es wurde ferner propagiert, durch den Einsatz von *Speichertechnologien* eine kontinuierliche Einspeisung zu ermöglichen. Schließlich sollten die Anlagen besser miteinander vernetzt werden, sodass *virtuelle Kraftwerke* entstehen, die aus mehreren dezentralen Anlagen an unterschiedlichen Orten bestehen. Allerdings befand sich das BMU in diesem Stadium selbst noch in einer Phase, in der es überlegte, wie diese Ideen ausgestaltet werden könnten, sodass es noch keinen konkreten Vorschlag dazu vorlegte. Allerdings kündigte es an, bis zum Frühjahr 2008 geeignete Handlungsempfehlungen vorzuschlagen und dem Bundestag darüber zu berichten.[401]

Weiterhin wollte das BMU Anlagenbetreibern künftig gestatten, mit ihren Anlagen zeitweise aus dem Vergütungssystem des EEG auszusteigen, um den produzierten Strom direkt auf dem Markt zu verkaufen. Mit dieser optionalen *Direktvermarktung* sollten Mitnahmeeffekte auf Seiten der Anlagenbetreiber

---

[400] Vgl. zur Problematik auch Hennicke, Fischedick 2007, S. 79ff.
[401] BMU 05.07.2007, S. 28.

und Probleme bei Stromhändlern und Netzbetreibern durch die Wälzung EEG-Stromes vermieden werden.[402]

5.4.1.1.7 Besondere Ausgleichsregelung: Detailanpassungen

Die *besondere Ausgleichsregelung* befreite, als *Härtefallregelung,* bestimmte, im EEG näher definierte Unternehmen von der Abnahme des nach EEG vergüteten Stroms und der entsprechenden EEG-Umlage. Sie wurde als § 11a in das 2004 in Kraft getretene EEG aufgenommen und seitdem zweimal ausgeweitet bzw. neu gefasst, damit der zunehmende Ausbau erneuerbarer Energien nicht zu unangemessenen Härten bei besonders *stromintensiven Unternehmen* führte (vgl. Kap. 5.1.5).[403]

Da die besondere Ausgleichsregelung bereits zweimal - zuletzt in der ‚kleinen EEG-Novelle' - verändert worden war, plädierte das BMU dafür, keine grundlegenden Änderungen dieser Regelung in Angriff zu nehmen, sondern zunächst die weitere Entwicklung zu beobachten.[404] Gleichwohl machte es einige konkrete Vorschläge zur besseren Handhabung des Antrags- und Berechnungswesens. So wollte das Ministerium neu gegründeten Unternehmen in Ausnahmefällen eine *zweite Antragsfrist* gewähren. Weiterhin sollten alle begünstigten Firmen künftig zweckgebunden *Auskunft* für die Erstellung des EEG-EB geben müssen. Schließlich wollte man das Berechnungsverfahren durch den Rückgriff auf einen *einheitlichen Differenzkosten-Referenzwert* vereinfachen. Diese Neuerung sollte schließlich die bislang verpflichtende

---

[402] Unter „Direktvermarktung" bzw. „Eigenvermarktung" wird die Vermarktung von Strom aus erneuerbaren Energien etwa durch Anlagenbetreibende oder Händler an der Strombörse oder an OTC-Märkten (außerbörsliche Märke) verstanden. Die Direktvermarktung ist zu unterscheiden von der Einspeisung und Vergütung nach dem EEG. Vgl. BMU 09.05.2008, S. 20.Vgl. auch BMU 05.07.2007, S. 34 und BMU 03.07.2007, S. 184 sowie Fraunhofer Institut System- und Innovationsforschung et al. 09/2007. Zur Problematik des Wälzungsmechanismus vgl. auch Stratmann 19.10.2007. Das BMU lud noch im März 2008 Interessenvertreter zu Veranstaltungen zur Direktvermarktung und zur Ausgestaltung einer möglichen Reform des Wälzungsmechanismus ein, bei der zunächst grundsätzliche Vorschläge der Lobbyisten gesammelt wurden. Siehe auch BMU 05.07.2007, S. 24. Vgl. zum Thema Direktvermarktung von Windstrom: Lange 2007.
[403] Seitdem regelte § 16 die besondere Ausgleichsregelung. Vgl. EEG vom 21.07.2004, § 16; siehe auch Kap. 5.2.3.4. Ausführlich: BMU 03.07.2007, S. 185.
[404] BMU 03.07.2007, S. 194.

Vorlage unternehmensindividueller Werte mittels EVU-Bescheinigungen überflüssig machen.[405]

5.4.1.2 Strom aus Wasserkraft

Der Ausbau der Erzeugung von Strom aus Wasserkraft blieb seit Jahren hinter den Erwartungen des BMU zurück.[406] Um kleine Wasserkraftanlagen dennoch stärker zu fördern, schlug es im Entwurf vor, die Vergütungssätze für Anlagen der sog. *Kleinen Wasserkraft* (bis 5 MW Leistung) um 1-3 Cent anzuheben und eine zusätzliche Leistungsklasse über 0,5 MW bis einschließlich 2 MW einzuführen. Damit würden sich die Investitionen der Anlagenbetreiber schneller rechnen. Den Vergütungssatz von Anlagen bis 0,5 MW wollte man um 3 Cent von 9,67 auf 12,67 ct/kWh anheben. Durch die zusätzliche Leistungsklasse würden Anlagen von 0,5 MW bis 2 MW künftig 8,65 ct/kWh und damit 2 Cent mehr Vergütung erhalten als bisher. Anlagen mit einem Leistungsanteil über 2 MW bis 5 MW erhielten nach diesem Vorschlag mit 7,65 ct/kWh einen Cent mehr. Als Ausgleich für die Anhebung sollte für Anlagen der Kleinen Wasserkraft der *Vergütungszeitraum* von bisher 30 Jahren auf 20 Jahre befristet werden (vgl. Tabelle 9).

Tab. 9: Vergütungssatzanpassung für Strom aus modernisierten oder neu errichteten Wasserkraftanlagen bis 5 MW Leistung

Leistungsanteil	Bisheriger Vergütungssatz	Neuer Vergütungssatz
bis 0,5 MW	9,67 ct/kWh	12,67 ct/kWh
über 0,5 MW bis 2 MW	6,65 ct/kWh	8,65 ct/kWh
über 2 MW bis 5 MW	6,65 ct/kWh	7,65 ct/kWh
Vergütungszeitraum	Inbetriebnahme vor 1.8.2004: unbefristet Inbetriebnahme ab 1.8.2004: 30 Jahre	20 Jahre

Quelle: nach Daten des BMU 05.07.2007, S. 28.

---

[405] BMU 05.07.2007, S. 34; siehe auch BMU 03.07.2007, S. 194ff.
[406] Zur Entwicklung des Stroms aus Wasserkraft vgl. Kap. 3.2.

Um die Regelungen des EEG hinsichtlich des Vergütungszeitraums zu vereinfachen, wollte das Ministerium den Vergütungszeitraum für Anlagen der *Großen Wasserkraft* (über 5 MW) von bisher 15 Jahren ebenfalls auf 20 Jahre festsetzen.[407]

Für Anlagen ab 5 MW sollte aufgrund der langen Realisierungszeiträume von Projekten die bestehende *Stichtagsregelung* gestrichen werden, nach der Anlagen bis zum 31.12.2012 in Betrieb genommen werden müssen, um eine Vergütung zu erlangen. Vorgeschlagen wurde auch, die Anlagen-*Leistungsobergrenze für die Vergütungsfähigkeit von 150 MW* abzuschaffen, da ohnehin in absehbarer Zeit keine derart großen Kraftwerke in Deutschland realisiert werden konnten. Da die Möglichkeiten begrenzt waren, die Anlagenleistung zu erhöhen, sollte künftig auch dann eine Vergütung gewährt werden, sofern das elektrische Arbeitsvermögen einer Anlage um weniger als die bislang geforderten 15 % erhöht wird.

Ferner empfahl das BMU, die *ökologischen Anforderungen* für die Vergütung neuer, reaktivierter und modernisierter Anlagen auch auf den Leistungsbereich 500 kW bis 5 MW auszudehnen.[408] Die Einhaltung dieser ökologischen Anforderungen sollte entweder durch die wasserrechtliche Zulassung, oder auf andere geeignete Nachweise nachgewiesen werden, „sofern diese eine verbindliche Bestätigung enthalten".[409]

5.4.1.3 Strom aus Biomasse

Besonders viele Vorschläge machte das BMU zu Energie aus Biomasse. In diesem Bereich war die Stromerzeugung seit der EEG-Novelle 2004 deutlich angewachsen. Sie erreichte im Jahr 2006 einen Anteil am Bruttostromverbrauch von rund 2,7 % und reduzierte dabei die CO_2-Emissionen in Deutschland um rund 11 Mio. t.[410] Zwar führte der technologische Fortschritt zu einer

---

[407] Vgl. BMU 05.07.2007, S. 28.
[408] „Dabei sollten die gewässerökologischen Anforderungen im EEG und im WHG konkretisiert und später in die im UGB zu schaffenden wasserrechtlichen Zulassungsvoraussetzungen des Bundes für die Mindestwassermenge und die Gewässerdurchgängigkeit bei Wasserkraftanlagen aufgenommen werden"; vgl. BMU 03.07.2007, S. 29.
[409] Vgl. BMU 05.07.2007, S. 29; siehe auch BMU 03.07.2007, S. 101.
[410] Büsgen, Dürrschmidt 2008, S. 12.

Senkung der Anlagenkosten, doch erkannte das BMU, dass diese Entwicklung durch den weltweiten *Anstieg der Rohstoffpreise* gebremst werden würde. So machten der Branche zum einen vor allem gestiegene Metallkosten zu schaffen, die einen Kostenfaktor für den Anlagenbau darstellen. Zum anderen erhöhten sich die Preise für Bioenergie proportional zu den fossilen Energieträgern.[411]

Das BMU sah „auf absehbare Zeit" keine Verbesserung dieser Lage, sodass es den Anlagenbetreibern finanzielle Erleichterungen durch eine *Absenkung der jährlichen Vergütungsdegression für Neuanlagen* gemäß § 8 Abs. 5 gewähren wollte. Um dennoch technische Weiterentwicklungen nicht zu unterbinden und „Rationalisierungspotentiale" auszuschöpfen, sollte die Absenkung mit einem halben Prozentpunkt nur gering ausfallen, d.h. von bislang 1,5 auf künftig 1,0 % pro Jahr.

Potential sah das BMU auch bei der Energieeffizienz der Biomassenutzung. Denn nur ein kleiner Teil des aus Biomasse erzeugten Stroms wurde bisher auch in Anlagen mit effizienter Kraft-Wärme-Kopplung produziert.[412] Um KWK attraktiver für Anlagenbetreiber zu gestalten, schlug das Ministerium deshalb vor, den *KWK-Bonus* nach § 8 Abs. 3 von bisher 2 ct/kWh auf 3 ct/kWh zu erhöhen. Als Ausgleich für den erhöhten Bonus und zur Stärkung der „Lenkungswirkung" der Kraft-Wärme-Kopplung sollte andererseits die *Grundvergütung* nach § 8 Abs. 1 gesenkt werden. Während kleinere Anlagen bis 5 MW Leistung künftig einen halben Cent weniger erhalten sollten, sah der Vorschlag bei großen Biomasseanlagen eine stärkere Kürzug von 2 ct/kWh vor (vgl. Tabelle 10). Allerdings wollte das BMU auch eine nachträgliche Umstellung von Biomasse-Stromerzeugungsanlagen auf KWK-Betrieb nicht behindern und empfahl deshalb, den KWK-Bonus auch auf Altanlagen zu übertragen, wenn sie vor dem 01.01.2004 in Betrieb genommen worden waren.[413]

---

[411] Vgl. BMU 03.07.2007, S. 29f.; siehe auch Troje 2007, S. 51.
[412] Vgl. BMU 03.07.2007, S. 30.
[413] Vgl. Gabriel 2007, S. 126.

Tab. 10: Grundvergütungssatzanpassung für Strom aus Biomasse

Empfehlung zur Anpassung der Grundvergütung für Strom aus Biomasse (Inbetriebnahmejahr 2009)		
Leistungsanteil	Bisheriger Vergütungssatz	Neuer Vergütungssatz
bis 150 kW	10,67 ct/kWh	10,17 ct/kWh
über 150 kW bis 500 kW	9,18 ct/kWh	8,68 ct/kWh
über 500 kW bis 5 MW	8,25 ct/kWh	7,75 ct/kWh
über 5 MW	7,79 ct/kWh	5,79 ct/kWh

Quelle: nach Daten des BMU 05.07.2007, S. 30.

Als weiteren Beitrag zur Vermeidung ineffizienter Wärmenutzung schlug das BMU vor, den Begriff *„Nutzwärme"* in der Biomasseverordnung zu präzisieren. Die aktuelle, relativ unkonkrete Regelung zur Annerkennung des KWK-Bonus bot Anlagenbetreibern die Versuchung, auch Wärmenutzungen nachzuweisen, die tatsächlich nicht zum Ersatz fossiler Energieträger beitrugen. Statt die anfallende Wärme verpuffen zu lassen, führten manche Anlagenbetreiber diese beispielsweise ihren Hühnerställen zu, nur um die gesetzliche Vorgabe einer ‚Wärmenutzung' zu erfüllen, die finanzielle Förderung bedeutete.[414]

Weiterhin wollte das BMU die *Anforderungen an die Wirkungsgrade* der Anlagen im Rahmen der Biomasseverordnung generell erhöhen. Sofern dies umgesetzt würde, könne man auch auf die bisherige *Leistungsobergrenze von 20 MW* für den Vergütungsanspruch nach § 8 Abs. 1 EEG verzichten. Schließlich sollte die Vergütung für Anlagen über 5 MW um 2 ct/kWh gesenkt werden. Das Ministerium betonte, dass man alle diesbezüglichen Boni und deren Bindung an entsprechende Leistungsklassen unverändert erhalten wolle.

Aus Sicht des Ministeriums hatte sich die Einführung des Bonus für den Einsatz nachwachsender Rohstoffe (*NawaRo-Bonus*) nach § 8 Abs. 2 grundsätzlich bewährt. Allerdings führte die Prämie zu einer Reihe von Unklarheiten und Zweifelsfällen über die Frage, welche Einsatzstoffe zu verwenden waren.[415] Deshalb sah man im EEG-EB vor, eine sog. *Positiv/Negativliste einzuführen*, die die zulässigen und nicht zulässigen Einsatzstoffe konkret benennen sollte, um damit die Voraussetzung für die Gewährung dieser Zusatzvergütung deutlich zu machen.[416] Das BMU forderte ferner, eine *Verordnungsermächtigung* im EEG zu schaffen, die *stärkere Nachhaltigkeitsanforderungen* an nachwachsende Rohstoffe regelt. Ein Beispiel dafür ist das besonders günstige Substrat Palmöl, das in der Kritik stand, nicht aus nicht nachhaltigen Quellen zu stammen. Deshalb wollte das BMU für Palmöl solange keinen Anspruch auf den NawaRo-Bonus gewähren, bis ein wirksames Zertifizierungssystem zur Sicherung eines nachhaltigen Anbaus existierte.[417]

Eine weitere Zusatzprämie ist der *Technologie-Bonus*, der nach § 8 Abs. 4 „innovativen und energieeffzienten Systemen" den Markteintritt erleichtern sollte.[418] Diese Lenkungswirkung erfüllte der bisher gewährte Bonus und sollte deshalb grundsätzlich beibehalten werden. Allerdings sollte er künftig auch *Biogasmikronetze* mit einer Mindestlänge von 500 m in Verbindung mit Biogasanlagen einbeziehen.

Diese Prämie sollte außerdem Verfahren zur *Trockenfermentation* nicht mehr begünstigen, da diese Systeme aus BMU-Sicht „inzwischen als markteingeführt" galten. Die Abschaffung des Trockenfermentationsbonus wurde auch von Umweltpolitikern der Union gefordert. Diese hatten Bundesumweltminister Sigmar Gabriel in einem Schreiben vom 27.02.2007 aufgefordert, die Förderung der Trockenfermentation aus Klimaschutzgründen zu streichen, da der Bonus den Einsatz flüssiger Gülle benachteilige, die die Bauern als Folge vermehrt auf den Äckern ausbrächten, wo sie dann mehr Treibhausgasemis-

---

[414] Vgl. BMU 03.07.2007, S. 30.
[415] Gabriel 2007, S. 126. Vgl. auch BMU 03.07.2007, S. 30.
[416] Diese Liste soll dem Bedarf zeitnah angepasst werden können, weshalb eine Verordnungsermächtigung im Gesetz notwendig erschien.
[417] Vgl. BMU 03.07.2007, S. 30. Die Verwendung von Palmöl in Deutschland wurde im Gegensatz zur Nutzung von heimischer Biomasse kritisiert, da Palmöl importiert werden musste und damit zusätzliche Energie verbrauchte bzw. zusätzliche Emission von Treibhausgasen verursachte. Daneben stand Palmöl in der Kritik, auf asiatischen Plantagen angebaut zu werden, die zum Zweck des Anbaus zuvor gerodet worden waren. Vgl. Odenwald 2008.

sionen ausstoßen würde, als wenn man sie in einer Biogasanlage energetisch nutzen würde.[419]

Klimaschädliche Methanemissionen wollte das BMU auch bei der *Biogasaufbereitung* so gering wie möglich halten. Deshalb schlug es vor, den Bonus für die Einspeisung von aufbereitetem Biogas in das Erdgasnetz an die Einhaltung von Obergrenzen für Methanemissionen zu koppeln.[420]

5.4.1.4 Strom aus Geothermie

Während sich die Nutzung der Biomasse technologisch bereits längst etabliert hatte, befand sich die Stromerzeugung aus *Geothermie* noch am Anfang. Aufgrund langer Bau- und Planungszeiten geothermischer Tiefenanlagen war bis zur Verabschiedung des EEG-EB nur eine einzige Tiefenanlage in Neustadt-Glewe bei Schwerin in Betrieb gegangen. Eine zweite sollte Ende 2007 in Landau und eine dritte wenig später in Unterhaching in Betrieb gehen. Etwa ein Dutzend weiterer Anlagen waren in unterschiedlich konkreten Phasen in der Vorbereitung.[421] Aufgrund der Kosten für Bohrungen, die unter anderem aufgrund gestiegener Stahlweltmarktpreise stark angewachsen waren, wollte das BMU die *Grundvergütung* abhängig von der jeweiligen Anlagengröße um etwa 2-5 Cent erhöhen (vgl. Tabelle 11). Weiterhin sollte die Zahl der *Leistungsklassen* aus Gründen der Vereinfachung von 4 auf 2 reduziert werden. Zu dieser Zeit entstanden vor allem Anlagen in der Leistungsklasse bis 5 MW; Anlagen bis 10 MW waren dagegen erst in der Planung. Da das BMU ein schnelles Größenwachstum der Anlagen über 10 MW auf absehbare Zeit nicht erwartete, hielt es je eine Leistungsklasse „bis 10" MW bzw. „größer als 10" MW für ausreichend.[422]

Demzufolge sollte die Vergütung für Anlagen bis 5 MW um 2 Cent auf 17 ct/kWh steigen. Ebenfalls 17 ct/kWh und damit 3 Cent mehr als bisher erhielten danach Anlagen von 5 MW bis 10 MW durch die Zusammenfassung

---

[418] Vgl. EEG vom 21.07.2004, § 8 Abs. 4.
[419] Siehe Flachsbarth 27.02.2007 und Gabriel 27.03.2008.
[420] Vgl. Gabriel 2007, S. 128; siehe auch BMU 03.07.2007, S. 31.
[421] Vgl. Büsgen, Dürrschmidt 2008, S. 13.

der Leistungsklassen. Mit der Fusion der Leistungsklassen 10 MW bis 20 MW und ab 20 MW wollte das BMU ferner den Vergütungssatz um etwa 3 bis fast 5 Cent auf jeweils 12 ct/kWh erhöhen (siehe Tabelle 11).

Tab. 11: Grundvergütungsanpassung für Strom aus Geothermie

Empfehlung des BMU-EEG-EB vom 5.7.2007 zur Anpassung der Grundvergütung für Strom aus Geothermie (Inbetriebnahmejahr 2009).			
Bisheriger Leistungsanteil	Neuer Leistungsanteil	Bisherige Vergütung	Neue Vergütung
bis 5 MW	bis 10 MW	15,0 ct/kWh	17,0 ct/kWh
von 5 MW bis 10 MW		14,0 ct/kWh	
von 10 MW bis 20 MW	ab 10 MW	8,95 ct/kWh	12,0 ct/kWh
Ab 20 MW		7,16 ct/kWh	

Quelle: nach Daten des BMU 05.07.2007, S. 31.

Letztlich schlug das BMU die Einführung einer *Prämie für die Nutzung geothermischer Wärme* vor. Dieser war analog zum *Kraft-Wärme-Kopplungs-Bonus* für die Stromerzeugung aus Biomasse in Höhe von 3 ct/kWh vorgesehen. Ziel war die möglichst effiziente Nutzung der Energie der Geothermiequelle.

5.4.1.5 Strom aus Windenergie

Das BMU nahm einerseits eine seit Jahren gestiegene Strommenge und andererseits die erhöhte installierte Anlagenleistung der *Windenergie* in Deutschland zur Kenntnis. So hatte die Windenergie im Jahr 2006 innerhalb der erneuerbaren Energien mit rund 5,6 % den größten Anteil am deutschen Bruttostromverbrauch. Allein damit wurde die Reduktion von rund 20 Mio. t CO_2 erreicht. Dagegen hielt das Ministerium die *Onshore-Technologie* mittlerweile für relativ ausgereift. Deshalb würde es künftig länger dauern, weitere Möglichkeiten zur Senkung der Kosten zu erschließen. Zudem wäre die Branche von gestiegenen Rohstoffpreisen betroffen, die zu steigenden Anlagenkosten führten. Um der Branche diesbezüglich entgegenzukommen, emp-

---

[422] Vgl. BMU 05.07.2007, S. 31; vgl. auch Bundesregierung 07.11.2007, S. 104 und BMU 04/2006, S. 11.

fahl das BMU deshalb, den Degressionssatz von neuen Onshore-Anlagen von jährlich 2 % auf 1 % zu senken.[423]

Weiterhin sollten aus Sicht des Umweltministeriums Windenergieanlagen besser in den Kraftwerkspark integriert werden. Die Anlagen speisten vor allem dann Strom in das Netz ein, wenn starker Wind weht. Die dementsprechend fluktuierende Einspeisung führte allerdings zu Belastungen für das Stromnetz, die aus Sicht des Umweltministeriums minimiert werden sollten. Deshalb wollte man neue Windenergieanlagen künftig nur dann fördern erhalten, sofern diese bestimmte technische Anforderungen zum Verhalten im Netzfehlerfall und zur Spannungs- und Frequenzstützung erfüllten.
Die dadurch entstehenden Kosten hätten allerdings nicht die Anlagenbetreiber zu tragen, sondern seien indirekt auf die EEG-Umlage abzuwälzen. So empfahl das BMU für Bestandsanlagen einen auf 5 Jahre befristeten Bonus von 0,7 ct/kWh für die technische Nachrüstung von Anlagen, die seit dem 01.01.2002 in Betrieb genommen wurden. Auch für Neuanlagen wollte das BMU die finanziellen Zuwendungen um 0,7 ct/kWh erhöhen.

Das BMU forderte auch stärkere Anreize für das *Repowering*, damit Betreiber die installierte Leistung ihrer Anlagen erhöhen konnten. § 10 Abs. 2 EEG sollte dahingehend geändert werden, dass die zeitliche Bedingung, nach der Anlagen bis zum 31.12.1995 in Betrieb genommen worden sein mussten, durch eine gleitende Regelung (ab 10 Betriebsjahren für Altanlagen) ersetzt werden sollte. Die im EEG durch Repowering notwendige Erhöhung der installierten Anlagenleistung sollte nicht mehr das 3-fache, sondern nur noch das 2-fache betragen müssen. Gleichzeitig war eine Obergrenze der Leistungserhöhung auf den 5-fachen Wert vorgesehen, um Mitnahmeeffekte auszuschließen. Schließlich sollten Anlagenbetreiber die günstigen Vergütungssätze für ihre Altanlagen künftig auch auf Repowering-Anlagen übertragen können.

Die *Offshore-Windenergienutzung* gemäß § 10 Abs. 3 hatte sich laut BMU-EB nicht wie gewünscht entwickelt. Obwohl viele Genehmigungsverfahren abgeschlossen werden konnten, war der tatsächliche Bau ins Stocken gera-

---

[423] Vgl. BMU 05.07.2007, S. 32.

ten. So wurden bis Mitte 2007 für die Nordsee Genehmigungen für 1.100 Anlagen mit einer Leistung von etwa 5.000 MW, für die Ostsee für 240 Anlagen mit 1.200 MW erteilt.[424] Den Grund für das langsame Vorankommen sah man unter anderem darin, dass diese Anlagen wegen Kostensteigerungen noch nicht wirtschaftlich betrieben werden konnten.[425] Das BMU schlug deshalb vor, die Anfangsvergütung für die ersten 12 Jahre auf etwa 11-14 ct/kWh anzuheben – eine „Bandbreite", die das Ministerium später noch anhand von Wirtschaftlichkeitsberechnungen konkretisieren wollte.[426] Im Gegenzug wollte es den niedrigeren Vergütungssatz von 5,95 ct/kWh ab dem 13. Lebensjahr auf 3,5 ct/kWh absenken. Schließlich sollte der Termin für den Beginn der jährlichen Degression des Vergütungssatzes bei Offshore-Neuanlagen von 2008 auf 2013 verschoben werden. Als Ausgleich für dieses Entgegenkommen sollte die einsetzende Degression dann allerdings auf eine Bandbreite zwischen 5-7 % erhöht werden.[427]

5.4.1.6 Strom aus solarer Strahlungsenergie

Bereits in diesem frühen Stadium des Politikformulierungsprozesses zeichnete sich ab, dass das BMU die *Photovoltaik* mittlerweile für „*leicht überfördert*" hielt.[428] So stellte es in seinem EEG-EB eine seit 2003 sehr positive Entwicklung im Bereich der Photovoltaik in Deutschland fest. Die Branche war mittlerweile international wettbewerbsfähig und hatte enorme Produktionsfortschritte erreicht.[429] So war es in 2006 in diesem Bereich mit insgesamt rund 2800 MWp zu einer Versiebenfachung der installierten Leistung gegenüber 2003 gekommen.[430] Andererseits hielt das Umweltressort die Stromgestehungskosten bezüglich PV noch für zu hoch. Das EEG sollte die Stromerzeugung durch Photovoltaik in „ertragreichere Regionen mit mehr Sonneneinstrahlung" lenken, wie zum Beispiel in Südeuropa oder im Süden der USA. Um diesen Beobachtungen Rechnung zu tragen, wollte das BMU die finan-

---

[424] Büsgen, Dürrschmidt 2008, S. 12
[425] Vgl. dazu auch Hirschhausen, Jeske 2005.
[426] BMU 05.07.2007, S. 26 und 32.
[427] Vgl. BMU 05.07.2007, S. 26 und 32.
[428] Die Parlamentarische Staatssekretärin des BMU, Astrid Klug, sagte: „Hier haben wir eine leichte Überförderung." Vgl. May 2007b, S. 26.
[429] Vgl. BMU 05.07.2007, S. 33.
[430] Vgl. auch Büsgen, Dürrschmidt 2008, S. 14.

zielle Förderung vor allem für große Anlagen der solaren Strahlung mit folgenden 2 Vorschlägen zukünftig etwas reduzieren:

Erstens schlug es vor, die *Degressionssätze* der Vergütung für Dachanlagen nach § 11 Abs. 5 zu erhöhen. Die Sätze sollten um 2 Prozentpunkte (Inbetriebnahme ab 2009) bis 3 Prozentpunkte (Inbetriebnahme ab 2011) jährlich steigen. Dies hieß für Dachanlagen eine Steigerung von 5 auf 7 % (Inbetriebnahme 2009 und 2010) und 8 % (Inbetriebnahme ab 2011). Für Freiflächenanlagen hieß dies entsprechend eine Steigerung von 6,5 auf 8,5 % (Inbetriebnahme 2009 und 2010) und 9,5 % (Inbetriebnahme ab 2011) (vgl. Tabelle 12).

Tab. 12: Empfehlung zur Anpassung der Vergütungsdegression für PV

EEG 2004	BMU-EEG-EB 05.07.2007
auf Grundvergütung: 5,0%; Freiflächenanlagen: 6,5%	auf Grundvergütung: ab 2009: 7,0% ab 2011: 8,0% Freiflächenanlagen: ab 2009: 8,5% ab 2011: 9,5%

Quelle: nach Daten des BMU 05.07.2007.

Zweitens wollte man den *Vergütungssatz für große Dachanlagen senken*. Deshalb sollte eine neue EEG-Vergütungsklasse für große Dachanlagen ab 1000 kWp installierter Leistung eingeführt werden, deren Vergütungssatz gesenkt werden sollte. Konkret sollte der Wert von 41,79 ct/kWh auf 35,48 ct/kWh ab Inbetriebnahmejahr 2009 fallen.

Während der BMU-EEG-EB lediglich die Position des federführenden BMU wiedergab, bezogen die weiteren Verhandlungen zum EEG vor allem auch die Position des BMWi mit ein. Ein erstes Zusammentreffen beider Häuser fand anlässlich der Klausurtagung des Bundeskabinetts in Meseberg statt, auf die das folgende Kapitel eingeht.

5.4.2 Bundesregierung: Meseberger Eckpunkte für ein IEKP 23./24.08.2007

Auf die Veröffentlichung des EEG-EB folgte am 23. und 24.08.2007 die *Klausurtagung des Bundeskabinetts in Meseberg*, die sich vor allem dem Thema Klimaschutz und Energie widmete.[431] Dieses politische Feld bot Bundeskanzlerin Angela Merkel eine Gelegenheit, die unter deutscher Führung getroffenen Richtungsentscheidungen des Europäischen Rates vom März 2007 nun auch auf nationaler Ebene durch ein *konkretes Gesetzgebungs- und Maßnahmenprogramm* umzusetzen (vgl. Kap. 5.2.2.5). Deshalb hatte sie die für Klimaschutz und Energie zuständigen Bundesminister aus dem Wirtschafts- und Umweltressort, Michael Glos und Sigmar Gabriel, beauftragt, zwischen beiden Häusern ein *Eckpunktepapier für ein Energie- und Klimaprogramm* abzustimmen. Dies sollte bei der Klausurtagung als *inhaltlicher Fahrplan* für zahlreiche Gesetzgebungsvorhaben im Klimaschutz- und Energiebereich beschlossen werden. Die ehrgeizige Vorgabe aus dem Bundeskanzleramt lautete, aus diesen Eckpunkten ressortabgestimmte Gesetzesentwürfe und Verordnungen zu erstellen, die noch im gleichen Jahr vom Kabinett beschlossen werden sollten. Ein wichtiger Grund für den stikten Zeitplan der Kanzlerin war, dass sie mit Blick auf die im Dezember 2007 stattfindende internationale Klimakonferenz auf Bali gute deutsche Vorleistungen im Bereich Klimaschutz aufweisen wollte (vgl. Kap. 5.2.1.5).[432]

Das Eckpunktepapier sollte neben anderen Gesetzgebungsvorhaben auch ein Kapitel mit Vereinbarungen zur anstehenden Novellierung des EEG beinhalten. Der damalige Zeitplan sah vor, dass die jeweils zuständigen Ressorts bis zum 30.09.2007 die notwendigen Referentenentwürfe erarbeiten. Bis zum 30.10.2007 sollte dann ein „Gesamtentwurf" vorgelegt werden, der diese zusammenfasst.

Im weiteren Text wird die jeweilige inhaltliche Ausgangsposition der beiden Ressorts für das Energie- und Klimaprogramm zum Thema EEG-Novelle erläutert, um anschließend das abgestimmte und von der Bundesregierung be-

---

[431] Reuters 30.06.2007.
[432] Wenngleich dieser Zeitplan letztlich nicht eingehalten werden konnte, gelang es der Bundesregierung am Ende gleichwohl, noch bis zum Dezember 2007 einen Kabinettsbe-

schlossene Eckpunktepapier bezüglich der Regelungen zum EEG vergleichend vorzustellen.

5.4.2.1 Verhandlungsposition des BMU

Das BMU nahm einige grundsätzliche Kernforderungen in die Verhandlungen zum EEG mit nach Meseberg, die es im Wesentlichen bereits ausführlich in seinem kurz zuvor veröffentlichten EEG-EB vorgeschlagen hatte.[433] Dazu gehörte etwa das grundsätzliche Ziel, mittels einer EEG-Novelle den Anteil erneuerbarer Energien an der Stromproduktion auf *„mindestens 27 Prozent bis 2020"* zu erhöhen.[434] Weiterhin regte es in den Verhandlungen an, die *Vergütungssätze für PV zu senken*. Im Gegensatz dazu sollten aber andere Bereiche, vor allem *Wind Offshore, stärker unterstützt* werden. Vorwiegend bei Windanlagen auf See war vorgesehen, die Vergütung zu erhöhen bzw. die Frist zur Gewährung des sog. Frühstarterbonus zu verlängern. Bei bestehenden Windparks wollte das Ministerium das Repowering von Anlagen optimieren. Auch die „Rahmenbedingungen" für *Geothermie* sollten verbessert werden. Der Vorschlag für Einspeiseregelungen bezüglich Strom sah vor, diese mittels Einspeisemanagement zu optimieren. Letztlich sollten bei Strom aus *Biomasse* nachteilige Umweltauswirkungen, die beispielsweise die Verwendung von Palmöl verursachen kann, vermindert werden (vgl. Abbildung 6).[435]

---

schluss vorzulegen. Vgl. Kap. 5.4.4; siehe auch Energie & Markt 2007a und May 2007a, S. 17.
[433] Vgl. Kap. 5.4.1; siehe auch BMU 05.07.2007.
[434] BMU 10.07.2007, S. 11f. Vgl. auch Köttker 18.07.2007.
[435] Vgl. auch BMU 23.07.2007, S. 10f. und BMU 14.08.2007, S. 9f.

- Senkung des Vergütungssatzes für Photovoltaik
- Verschiebung der Fristen bei Wind Offshore und Erhöhung der Vergütungssätze,
- Optimierung Repowering von bestehenden Windparks
- Verbesserung der Einspeiseregelungen für EE-Strom (Einspeisemanagement)
- Verbesserungen der Rahmenbedingungen für Geothermie
- Minderung von nachteiligen Umweltauswirkungen insbesondere im Biomassebereich (z.B. Palmöl)

Abb. 6: BMU-Verhandlungsposition zum Eckpunktepapier von Meseberg

Quelle: BMU 10.07.2007, S. 11f..

5.4.2.2 Verhandlungsposition des BMWi

Das BMWi reagierte auf die Verhandlungsvorschläge des BMU mit der Betonung des *Wirtschaftlichkeits- und Kostenaspektes* für erneuerbare Energien.[436] Zwar könnten EE grundsätzlich weiter ausgebaut werden, die Vergütungssätze sollten sich allerdings noch stärker an den Bedingungen des Marktes und der Wirtschaftlichkeit orientieren. Schließlich wurde betont, das Einspeise- und Erzeugungsmanagement deutlich verbessern zu müssen.

Das Ministerium hielt sich jedoch mit konkreten Vorschlägen zum Ausbau erneuerbarer Energien deutlich zurück. Es machte lediglich deutlich, dass zum einen in bestimmten Bereichen *Überförderungen abzubauen* seien. Dies hielt das BMWi ebenso wie das BMU bei der PV für notwendig. Zum anderen dürfe der Ausbau erneuerbarer Energien die Stromverbraucher nicht belasten, sondern müsse „durch gezielte Finanzinstrumente" *ohne zusätzliche Belastung der Verbraucher* erreicht werden - für den Bereich der Geothermie zum Beispiel .mittels eines „revolvierenden Fonds" zur Absicherung des Bohrungsrisikos. Die Entlastung der Verbraucher hielt das Wirtschaftsministerium auch im Bereich der Offshore Windenergie für notwendig. Sofern hier Vergütungssätze erhöht würden, könnten diese Gelder deshalb durch Mittel aus der

---

[436] Vgl. BMWi 17.07.2007a; siehe auch Ehrlich 11.08.2007.

CO_2-Auktionierung im Umlageverfahren ausgeglichen werden.[437] Am Ende wollte sich das BMWi im Eckpunktepapier nicht auf konkrete Ausbauziele für EE festlegen. Dies sollte zumindest solange gelten, bis die Europäische Kommission ihre Vorstellungen zum Burden-Sharing des EU-Ziels vorlegt.[438]

5.4.2.3 Verhandlungsergebnis & Fazit

Die Bundesregierung stellte als Ergebnis der Klausurtagung die zwischen den Ressorts ausgehandelten *Eckpunkte für ein Integriertes Energie- und Klimapaket* vor.[439]

Dem Ausbau der erneuerbaren Energien im Strombereich wurde im Eckpunktepapier ein eigenes Kapitel gewidmet, das mit 1 ½ Seiten Umfang jedoch nicht mehr als eine ‚grobe Leitplanke' der Novellierung des EEG 2009 darstellte und insofern keine Integrationsleistung zeigte.[440] Die Ressorts waren grundsätzlich darin übereingekommen, mit dem EEG den Ausbau von erneuerbaren Energien an der Stromproduktion zu fördern. Auf Drängen des BMWi hatte man sich aber darauf verständigt, die anzustrebende *Steigerung des Anteils erneuerbarer Energien* bis zum Jahr 2020 nicht mit den vom BMU vorgeschlagenen ehrgeizigen „mindestens 27 Prozent" zu beziffern. Da das BMWi für 25 % warb, einigten sich die Verhandlungspartner auf einen breiteren Rahmen von „25-30 Prozent bis 2020", der mehr Spielraum bot. Bezogen auf das Jahr 2030 hatte Bundesminister Gabriel bereits mit Vorlage des BMU-EEG-EB eine Erhöhung auf 45 % gefordert (vgl. Kap. 5.4.1.1.1). Hier konnten sich die Ressorts nicht auf eine Zahl einigen, sodass als Ziel lediglich ein „weiterer Ausbau" erneuerbarer Energien bis zum Jahr 2030 formuliert wurde.[441]

Das Eckpunktepapier sah vor, die *Elektrizitätsnetze zur Integration der erneuerbaren Energien auszubauen* und Wirtschaftlichkeit, Versorgungssicherheit und Umweltverträglichkeit dabei zu berücksichtigen. Vorgeschlagen wur-

---

[437] BMWi 17.07.2007b, S. 1; vgl. auch BMWi 02.08.2007, S. 5.
[438] Associated Press 22.07.2007; spiegel.de 21.07.2007.
[439] Vgl. Reuters 20.08.2007.
[440] BMU, BMWi 22.08.2007, S. 11f.; siehe auch Mrusek 22.08.2007.
[441] BMU, BMWi 22.08.2007, S. 11.

de auch, „*Anreize für bedarfsgerechte Einspeisung* des EE- Stroms im EEG" zu schaffen."[442]

Einig wurden sich die Ministerien bei der vormals unstrittigen *Absenkung des Vergütungssatzes für PV*, die man durch die Formulierung „Erhöhung der Degression" in das Papier aufnahm. Auch der Vorschlag des BMU zur Anpassung der *Vergütungssätze von Offshore WEA* an die gestiegenen Kosten fand sich dort ebenso wieder, wie der Vorschlag zur *Optimierung des Repowerings* von bestehenden Windparks, sowie die *Wahrung ökologischer Standards* zur Minderung von Umweltauswirkungen insbesondere im Biomassebereich (z.B. Palmöl). Die vom BMU vorgeschlagene *Verbesserung der Einspeiseregelungen* wurde im Eckpunktepapier als „Verbesserung des Einspeise-, Erzeugungs- und Netzmanagements für EE-Strom und Anreize für bedarfsgerechte Einspeisung des EE-Stroms ins Elektrizitätsnetz" ausgedehnt. Die Verbesserung der Rahmenbedingungen für *Geothermie* wurde konkretisiert und sollte seitdem insbesondere für die effiziente Wärmenutzung gelten. Zudem wurde eine Verbesserung der Rahmenbedingungen für *Wasserkraft* sowie eine Anpassung der Rahmenbedingungen für *Biomasse* im Hinblick auf Regelungen zur effizienten KWK in das Papier aufgenommen.

Um die Integration der erneuerbaren Energien in das Elektrizitätsnetz unter beibehaltung der Versorgungssicherheit zu verbessern, wurde vereinbart, darüber hinaus gehende Netzkapazitäten besser zu nutzen. So sollten *Speicher für fluktuierende Stromeinspeisungen* geschaffen werden, wirtschaftlich zumutbare Optimierungsmöglichkeiten im Netz wie zum Beispiel ein *Temperaturmonitoring* installiert werden, sowie Hemmnisse für den Einsatz von Windenergieanlagen mit netzoptimiertem Einspeiseverhalten beseitigt werden. Außerdem sollte die Regierung Maßnahmen zum notwendigen *Netzausbau* prüfen (vgl. Abbildung 7).[443]

---

[442] BMU, BMWi 22.08.2007, S. 11.
[443] Die Eckpunkte enthalten darüber hinaus flankierende Maßnahmen des EEG, die die Offshore-Windenergie, deren Netzanbindung sowie Repoweringmaßnahmen betreffen. Vgl. Bundesregierung: Eckpunkte für ein integriertes Energie- und Klimaprogramm vom 24.08.2007, S. 11f.

Das BMU als Vertreter der ökologischen Koalition konnte seine Vorstellungen zur Formulierung der Eckpunkte überwiegend umsetzen. Damit bahnte es mit den aus seinem eigenen EEG-EB abgeleiteten Vorschlägen zur EEG-Novelle die Grundlage für die Ressortvereinbarungen von Meseberg. Das BMWi als Vertreter der ökonomischen Koalition akzeptierte diese Vorschläge weitgehend, ergänzte sie aber auch um einige ihm wichtige Anliegen, wie dem Wunsch nach mehr Anreizen für eine bedarfsgerechte Einspeisung des Stroms aus erneuerbaren Energien ins Elektrizitätsnetz.

Novelle des Erneuerbare-Energien-Gesetzes auf Basis des EEG-Erfahrungsberichts, mit folgenden Eckpunkten:

- Erhöhung der Degression für Photovoltaik
- Verschiebung der Fristen bei Wind Offshore sowie Anpassung der Vergütungssätze an die gestiegenen Kosten.
- Optimierung des Repowerings von bestehenden Windparks
- Verbesserung des Einspeise-, Erzeugungs- und Netzmanagements für EE-Strom und Anreize für bedarfsgerechte Einspeisung des EE-Stroms ins Elektrizitätsnetz
- Anpassung der Rahmenbedingungen für Biomasse (insbesondere KWK)
- Verbesserung der Rahmenbedingungen für Wasserkraft und Geothermie (insbes. für die effiziente Wärmenutzung)
- Wahrung ökologischer Standards zur Minderung von Umweltauswirkungen insbesondere im Biomassebereich (z. B. Palmöl)

Abb. 7: Verhandlungsergebnis zum Eckpunktepapier von Meseberg

Quelle: BMU, BMWi 22.08.2007, S. 11.

Bei der Gesamtzielvorgabe für EE einigten sich die Ressorts nach einigem Tauziehen auf die unverbindliche Formulierung „25-30 Prozent bis zum Jahr 2020" und einen ‚weiteren Ausbau' bis 2030.[444]

---

[444] BMU, BMWi 22.08.2007, S. 11.

5.4.3 Bundesregierung: Ressortverhandlungen und BMU-RefE 09.10.2007

5.4.3.1. Bangen um Einhaltung des Zeitplans

Nach den Vereinbarungen von Meseberg war die weitere Phase der Politikformulierung geprägt von der bangen Frage, ob der RegE innerhalb der knappen Zeitvorgabe bis Dezember fertig gestellt werden konnte.[445] Einigen Ministerialbeamten erschien das Vorhaben zu ambitioniert - schließlich hatten die Ressorts die Vorgabe aus dem Kanzleramt bekommen, noch vor Beginn des Klimagipfels in Bali im Dezember einen innerhalb der Bundesregierung abgestimmten RegE im Rahmen des IEKP vorzulegen. Auch die SPD machte nun Druck. So forderte *Ulrich Kelber* das Bundeskabinett auf, noch im November die meisten Gesetze und Verordnungen zur Umsetzung des IEKP zu beschließen und dem Parlament vorzulegen.[446] Entsprechend hatte das BMU nach der Klausurtagung der Bundesregierung das vorrangige Ziel, zunächst einmal einen RefE aus eigenem Hause vorzulegen, der an die Bundesländer und Verbände zur Stellungnahme geschickt werden konnte. Außerdem musste das BMU dem Deutschen Bundestag bis Ende des Jahres den abgestimmten EEG-EB der Bundesregierung gemäß § 20 EEG 2004 vorlegen, der Grundlage der Novellierung sein sollte.[447]

Dementsprechend starteten die Ressorts die weiteren Ressortverhandlungen zur Novellierung des EEG zunächst einmal auf Grundlage der in Meseberg getroffenen Vereinbarungen, vor allem aber auch auf Basis des sehr viel ausführlicheren und bereits vom BMU vorgelegten Entwurfs für den EEG-EB vom 05.07.2007.[448] Dazu trafen sich die Ressortvertreter auf unterschiedlichen Ebenen zu Verhandlungsgesprächen – etwa am 21.09.2007 auf Abteilungsleiterebene oder am 04.10., 06.10. sowie 29.11.2007 auf Staatssekretärsebene.[449]

---

[445] Siehe Hinkel 2007b.
[446] Vgl. Bundesregierung 24.09.2007, S. 11; siehe auch net-tribune.de 2007.
[447] Siehe EEG vom 21.07.2004, § 20.
[448] Vgl. BMU 05.07.2007; siehe auch Kap. 5.4.1.
[449] Vgl. Bundesregierung 24.09.2007 und Bundesregierung 08.10.2007; siehe auch Hinkel 2007b.

Im Folgenden werden die Inhalte dieser Ressortverhandlungen beleuchtet; fast alle Verhandlungsbeschlüsse übernahm das BMU anschließend in seinen RefE vom 09.10.2007.[450]

5.4.3.2. Spartenübergreifendes

5.4.3.2.1 Grundsätzliche Kritik des BMWi

Das BMWi monierte generell den *strukturellen Aufbau* des BMU-Entwurfes für den *EEG-EB*, der aus seiner Sicht unübersichtlich gestaltet war. Da der Bericht die zentralen Aussagen aber auch gesondert zusammenfasste, wollte das Wirtschaftsressort den abgestimmten EEG-EB in gekürzter Fassung vorlegen.

Auch Weiterhin gab es noch immer wesentliche Meinungsverschiedenheiten in Bezug auf die Formulierung der *Ziele des EEG für den Anteil erneuerbarer Energien an der Stromproduktion.* Zum Verdruss einiger Ressorts beharrte das BMU auch nach Verabschiedung des Meseberger Papiers noch immer auf die in seinem EEG-EB aufgestellten Ziele. Das BMWi plädierte dagegen für eine Erhöhung der Ziele bis 2020 nicht auf 27, sondern auf 25 %. Ausdrücklich lehnten BMWi und BMF das 45 %-Ziel des BMU bis 2030 mit der Begründung ab, dass dieses in Meseberg gerade nicht ausdrücklich beschlossen worden war. Das Wirtschaftsressort kritisierte zudem, dass die zu Grunde liegenden Berechnungen des BMU die Nutzung der Kernenergie ausschlossen.[451]

5.4.3.2.2 Volkswirtschaftlicher Nutzen: Unterschiedliche Positionen

Unterschiedlicher Ansicht waren die Vertreter von BMWi und BMU bis dato noch darüber, ob das EEG überhaupt einen *volkswirtschaftlichen Nutzen* bringe. Das BMU hatte in seinem EEG-EB vom 05.07.2007 die *Differenzkosten* für 2006 auf 3,2 Mrd. € beziffert, denen durch das EEG ausgelöste sinkende Großhandelspreise an der Strombörse in Höhe von 5 Mrd. € gegenü-

---

[450] Wo dies nicht der Fall ist, weist diese Arbeit jeweils auf die wichtigsten Stellen hin. Vgl. auch BMU 09.10.2007a.
[451] Vgl. Bundesregierung 24.09.2007 und Bundesregierung 08.10.2007.

ber standen (vgl. Kap. 5.4.1.1.2).[452] Während das Umweltministerium diese Diagnose auch im ressortabgestimmten EEG-EB genannt wissen wollte, bezweifelte das BMWi dagegen eine solche Angabe und Bewertung des volkswirtschaftlichen Nutzens. Es kritisierte, dass das BMU zwar darauf hinwies, dass man die Kosten des EEG nicht mit seinem Nutzen verrechnen könne. Allerdings hielt es sich am Ende nicht an diese Feststellung und stütze seine Argumentation gerade auf eine solche Verrechnung. Deshalb hatte das BMWi zum Ziel, die diesbezüglichen Formulierungen für den ressortabgestimmten EEG-EB zu ‚entschärfen'.[453]

In dieser Frage hielt das BMWi auch den Bezug des BMU auf den *Merit-Order-Effekt* für unzulässig. Das Umweltministerium legte bei seinen Berechnungen eine *Studie des Fraunhofer-Institutes vom 18.06.2007* zu Grunde, die den Effekt auf Basis eines Strommarktmodells (PowerACE) quantifizierte.[454] Diesen Bezug auf die Börsenpreise hielt das BMWi für falsch. In dieser Frage wurde es von einem *Working-Paper* des *Energiewissenschaftlichen Institutes der Universität zu Köln* unterstützt, dessen Autoren die in der Fraunhofer-Studie angewandte Methodik zur Beantwortung der relevanten Fragestellung für ungeeignet hielten. Von kurzfristigen Preiseffekten der Erneuerbaren Energien könnten keine generellen Rückschlüsse auf die Wirkung der erneuerbaren Energien im Allgemeinen gezogen werden, hieß es dort.[455] Weiterhin seien andere Begleiteffekte des EEG vom BMU bei der Berechnung des volkswirtschaftlichen Nutzens nicht berücksichtigt worden. So habe das Gesetz durch den Vorrang des EEG-Stroms gemäß § 4 EEG (2004) zwangsweise die Abschaltung von großen Kraftwerken zur Folge, deren Strom günstiger als der Strom aus erneuerbaren Energien ist. Schließlich war der

---

[452] So sah das BMU „in der Regel keine betriebswirtschaftlichen Kosten, während der volkswirtschaftliche Nutzen des EEG deutlich positiv ist. Vgl. BMU 05.07.2007, S. 21 sowie BMU 03.07.2007, S. 5 und 21.
[453] BMWi 02.08.2007.
[454] Danach wird der Preis für Strom auf dem Spotmarkt durch das jeweils teuerste Kraftwerk bestimmt, das noch benötigt wird, um die Stromnachfrage zu befriedigen (Merit-Order). Die vorrangige EEG-Einspeisung gemäß § 4 EEG (2004) reduziert die Nachfrage nach konventionellem Strom. Entsprechend der Merit-Order werden daher die teuersten Kraftwerke zur Nachfragedeckung nicht mehr benötigt; der Preis auf dem Spotmarkt sinkt entsprechend. Da die Spotmarktpreise gleichzeitig der wichtigste Preisindikator für den gesamten Strommarkt waren, führte das EEG demnach nicht nur zu erheblichen Preisreduktionen am Spotmarkt, sondern sollte damit auch zu Einsparungen für alle Kunden (Hebeleffekt) führen. Sensfuß, Ragwitz 18.06.2007, S. 2.

Merit-Order-Effekt für das Wirtschaftsressort ein Effekt, der nur unter Bedingungen eines freien Marktes greifen würde. Man könne ihn in diesem Zusammenhang nicht einbeziehen, da der angebotsvergrößernde EEG-Strom nicht das Ergebnis eines marktwirtschaftlichen Prozesses, sondern das Ergebnis einer durch ein Gesetz, nämlich das EEG, ausgelösten Marktstörung sei.[456]

Wenngleich beide Ministerien in diesem Punkt unterschiedlicher Auffassung waren, beabsichtigte das BMWi nicht, eine eigene Untersuchung oder ein Gegengutachten anzustrengen. Abschließend vereinbarten die Ressorts, im gemeinsamen EEG-EB der Bundesregierung die konträren Auffassungen jeweils nebeneinander darzustellen.[457]

5.4.3.2.3 Datenerhebung zu EE durch Bundesnetzagentur vereinbart

Um den Ausbau von EEG-Anlagen voran zu treiben, wollte das BMU *Daten von der Bundesnetzagentur* erheben und auswerten lassen, damit diese anschließend ausgewertet und in anonymisierter Form für wissenschaftliche und statistische Zwecke zur Verfügung stehen würden (vgl. Kap. 5.4.1.1). Dieser Punkt war allerdings strittig. Das BMWi sah keine Notwendigkeit darin, dieses von der ihm unterstellten Bundesnetzagentur durchführen zu lassen, die hierdurch zusätzliche Personalkosten entstanden wären; auch hätte es nicht dem Aufgabenbereich der Bundesnetzagentur entsprochen. Deshalb schlug das BMWi als Alternative die Einrichtung eines Anlagenregisters vor, das vom Umweltbundesamt zu betreiben sei – einer dem BMU unterstellten Behörde.

Schließlich einigten sich die Ressorts Anfang Oktober darauf, dass die Bundesnetzagentur die notwendigen Daten zwar erhebt und aufbereitet. Einschränkend sollten diese Daten allerdings „für die Einspeisevergütung not-

---

[455] Vgl. Wissen, Nicolosi 09/2007.
[456] Vgl. zu dieser Diskussion: Wissen, Nicolosi 09/2007; Bode, Groscurth 08/2006 und Sensfuß, Ragwitz 18.06.2007; siehe auch Morthorst 2006 und Wissen, Nicolosi.
[457] Diese Vereinbarung wurde auch im EEG-EB umgesetzt. Vgl. Kap. 5.4.4.1.3 sowie Bundesregierung 07.11.2007, S. 42.

wendig" sein und im EEG konkretisiert werden.[458] Das BMU setzte diese Forderung schließlich auch in § 55 seines RefE vom 09.10.2007 um.[459]

5.4.3.2.4 Zustimmung zur Aufweichung des Ausschließlichkeitsprinzips

Im September 2007 nahmen die Ressorts den mit dem EEG-EB vorgelegten Vorschlag des BMU zum *Ausschließlichkeitsprinzip* an und ergänzten ihn um einige Nebenaspekte (vgl. Kap. 5.4.1.1.5). So sollten beispielsweise künftig auch die Verwendung von Betriebshilfemitteln sowie die Beimischung von fossilem Gas zu Biogas unschädlich für die EEG-Vergütung sein, sofern dies erforderlich sei zur Steigerung der Anlageneffizienz bzw. für die Qualitätsanforderung in Bezug auf die Einspeisung von Biogas in das Erdgasnetz.[460] Die Ministerien wollten auch stärkere Anreize dafür schaffen, „bisher ungenutzte Biomassepotentiale" zu verstromen. Dazu sollte das Ausschließlichkeitsprinzip mittels einer im Gesetz verankerten Positivliste „flexibilisiert" werden. Damit durften Anlagenbetreiber künftig zusätzliche Substrate nutzen, ohne den Anlagenstatus grundsätzlich in Frage zu stellen.[461]

5.4.3.2.5 Systemintegration durch Verordnungsermächtigung regeln

Wie beim Ausschließlichkeitsprinzip waren sich die Vertreter beider Ressorts im September 2007 auch über alle Vorschläge zum Bereich der *Speichertechnologie-Förderung* und der *Systemintegration* einig, die das BMU im Rahmen der Verhandlungen zum EEG-EB gemacht hatte

---

[458] Vgl. Bundesregierung 08.10.2007, S. 5.
[459] Dort heißt es u.a.: „Netzbetreiber sind verpflichtet, die Angaben, die sie nach § 50 von den Anlagenbetreiberinnen und Anlagenbetreibern erhalten, die Angaben nach § 51 Abs. 2 Nr. 1 und die Endabrechnungen nach § 51 Abs. 1 Nr. 2sowie § 52 Abs. 2 Nr. 2 einschließlich der zu ihrer Überprüfung erforderlichen Daten zum Ablauf der jeweiligen Fristen der Bundesnetzagentur in elektronischer Form vorzulegen; für Elektrizitätsversorgungsunternehmen gilt dies hinsichtlich der Angaben nach § 53 und, soweit sie Differenzkosten nach Maßgabe des § 58 Abs. 1 abrechnen, ihrer durchschnittlichen Strombezugskosten pro Kilowattstunde entsprechend."; vgl. BMU 09.10.2007a, §§ 55 und 64.
[460] Vgl. Bundesregierung 24.09.2007, S. 6.
[461] Vgl. dazu: Bundesregierung 24.09.2007, S. 6 und Bundesregierung 08.10.2007, S. 6; siehe auch BMU 09.10.2007a, S. 14f.

(vgl. Kap. 5.4.1.1.6). Das BMU setzte auch eine Regelung in seinem EEG-RegE vom 09.10.2007 um, die Anlagenbetreibern eine zeitweise Direktvermarktung außerhalb der Einspeisevergütung ermöglichen sollte.[462] Darüber hinaus räumte es sich durch Formulierung im Entwurf eine Ermächtigung für den Erlass einer Verordnung ein, um diese *Direktvermarktung* weiter auszugestalten und ggf. Modalitäten für einen *Bonus* zu regeln.[463] Im BMWi war man zwar der Auffassung, dass das EEG „stärker um markt- und wettbewerbsbezogene Elemenete erweitert werden" müsste. Geeignet erschien insofern eine Direktvermarktung. So hieß es in einem Brief des BMWi an die CDU/CSU-Bundestagsfraktion „...eine Dauersubvention der Erneuerbaren Energien durch Weiterführung des EEG im Sinne des ‚Business as Usual' mit weiter steigenden Kosten zu Lasten der Verbraucher und der Industrie ist auf jeden Fall der falsche Weg."[464] Allerdings lehnte man einen entsprechenden Bonus zu diesem Zeitpunkt mit der Begründung ab, dass erstens jede zusätzliche Prämie das EEG verkomplizieren und zweitens die Nachfrage den Preis für Strom ohnehin steuern würde. Da dies genug Anreiz zur bedarfsgerechten Einspeisung sei, bedurfte es aus Sicht des BMWi „daher keines Bonus".[465]

Letztendlich wollten alle beteiligten Ministerien auch gezielt Anreize für den Betrieb *virtueller Kraftwerke und bedarfsgerechte Einspeisung* setzen. Allerdings waren sie der Auffassung, dass die Zeitvorgabe für eine Umsetzung im RegE zu knapp bemessen sei. Deshalb vereinbarten sie zunächst nur zu prüfen, ob diese Punkte in Form einer weiteren Verordnungsermächtigung Eingang in den den Gesetzesentwurf finden könnte.Darüber hinaus wurde vereinbart, bis zum Frühjahr 2008 auf die vom BMU angekündigten Handlungsempfehlungen zu warten. Die Folge war, dass der Vorschlag letztlich im RegE fehlte, da er schon bis zum Jahresende fertig gestellt werden sollte.[466]

---

[462] Vgl. BMU 09.10.2007a.
[463] Vgl. BMU 09.10.2007a, §§ 20 und 67; siehe auch Bundesregierung 24.09.2007, S. 21 und Bundesregierung 08.10.2007, S. 19.
[464] Vgl. BMWi 05.12.2007.
[465] Vgl. BMWi 05.12.2007.
[466] Vgl. Bundesregierung 24.09.2007, S. 20; siehe auch BMWi 05.12.2007; Bundesregierung 08.10.2007, S. 18 und Kap. 5.4.1.1.6.

5.4.3.2.6 Besondere Ausgleichsregelung: Energiemanagementsystem

Innerhalb der Bundesregierung war man sich im Herbst 2007grundsätzlich über die Vorschläge des BMU zur *Besonderen Ausgleichsregelung für energieintensive Unternehmen* einig (vgl. Kap. 5.4.1.1.7). Dementsprechend setzte auch das BMU in seinem RefE vom 09.10. die von den Ressorts beschlossene Einführung einer zweiten Antragsfrist für neu gegründete Unternehmen und die Aufnahme einer Auskunftspflicht für begünstigte Unternehmen in den §§ 47 bis 48 um.[467] Zusätzlich ersetzte das Umweltressort den bisherigen Differenzkostenbegriff durch eine neue Regelung in § 45 des Entwurfes, um weitere Bürokratie für Unternehmen zu vermeiden. Der Nachweis, dass ein Unternehmen Differenzkosten entrichtete, sollte wie vereinbart nun nicht mehr Anspruchsvoraussetzung für den Begrenzungsanspruch sein.

Allerdings wollte das BMU die Bewilligung des Begrenzungsanspruches nun von einer neuen Voraussetzung, nämlich dem von einem Umweltgutachter zertifizierten *Energiemanagementsystem*, abhängig machen, dessen Existenz die Unternehmen nachweisen sollten. Mit dieser Verpflichtung kam ein neuer Punkt in die Diskussion und damit in den RefE. Das BMU wollte damit erreichen, dass Unternehmen, die von der besonderen Ausgleichsregelung begünstigt würden, „ebenfalls einen Beitrag zur Erreichung der Ziele dieses Gesetzes leisten" und durch Energieeinsparung ihre Energiebilanz kontinuierlich verbesserten. Das BMWi lehnte diesen Vorschlag mit der Begründung ab, dass er die Wirtschaft unnötig belaste. Es wurde dabei von der Unionsfraktion im Bundestag unterstützt, die sich ebenfalls aus dem gleichen Grund dagegen aussprach.[468]

---

[467] BMU 09.10.2007a, S. 21f.
[468] „Ein Unternehmen besitzt eine Energiemanagementsystem nach Satz 1, wenn es nach Artikel 6 in Verbindung mit Artikel 7 Abs. 2 Satz 1 der Verordnung (EG) Nr. 761/2001 des Europäischen Parlaments und des Europäischen Rates vom 19.03.2001 über die freiwillige Beteiligung von Organisationen an einem Gemeinschaftssystem für das Umweltmanagement und die Umweltbetriebsprüfung (EMAS) (ABl. EG Nr. L 114 S. 1, zuletzt geändert durch Verordnung (EG) Nr. 1791/2006, ABl. EG Nr. L 363 S. 1), eine EMAS-registrierte Organisation ist oder ein vergleichbares System anwendet, das die Energiebilanz kontinuierlich verbessert", siehe BMU 09.10.2007a, § 45; vgl. auch BMU 10.10.2007, S. 55ff.; Bundesregierung 24.09.2007, S. 21 und Bundesregierung 08.10.2007, S. 18.

5.4.3.2.7 Einspeisemanagement: Relativierungswünsche

Das BMU hatte im Rahmen der Ressortverhandlungen vorgeschlagen, dass Netzbetreiber im Rahmen des *Einspeisemanagements* im Netzengpassfalle Erneuerbare-Energien-Anlagen ferngesteuert abregeln dürfen. Auf der anderen Seite sollten sie ein Einspeisemanagement „unter Ausschöpfung aller technischen Netzoptimierungsmöglichkeiten" betreiben.[469] Als Ausgleich für den nicht abgenommenen Strom sollten die betroffenen Anlagenbetreiber nach diesem Vorschlag künftig eine Entschädigung vom Netzbetreiber erhalten (Härtefallregelung; vgl. Kap. 5.4.1.1.3).[470]

Das BMWi hielt diesen Vorschlag grundsätzlich für sinnvoll, da er auch dazu führte, dass die wirtschaftlich günstigste Lösung zu den betriebs- und volkswirtschaftlich geringsten Kosten gewählt wurde. Einigkeit herrschte in den Verhandlungen bezüglich des BMU-Vorschlages darüber, Anlagenbetreiber dazu zu verpflichten, dass ihre Anlagen im Falle eines Netzengpasses vom Netzbetreiber *ferngesteuert* geregelt werden könnten.[471] Auch die diesbezügliche *Bagatellgrenze* für kleine Anlagen stieß ebenso auf Zustimmung wie die Absicht, das Einspeisemanagement transparenter zu gestalten.[472] Offen war zu diesem Zeitpunkt nur der Vorschlag, ob den betroffenen Anlagenbetreibern als Ausgleich für den Fall einer Abregelung der Anlage eine *Härtefallregelung* zu gewähren sei. Während sich BMU und BMELV für diesen Vorschlag stark machten, hielt das BMWi eine Entschädigung „für nicht eingespeisten Strom" für überzogen. Schließlich vereinbarte man in den Ressorts die „Prüfung" dieser Härtefallregelung.[473]

---

[469] Vgl. BMU 05.07.2007, S. 24 und 27.
[470] Vgl. BMU 05.07.2007, S. 24 und 27.
[471] Dieser Punkt stieß allerdings bereits bei einer Ressortbesprechung am 21.09.2007 auf Kritik des BMELV, das insbesondere erhöhte Kosten auf die Betreiber kleiner Biomasseanlagen zukommen sah. Deshalb behielt es sich vor, die Höhe und Aufteilung der anfallenden Kosten auf Anlagen- und Netzbetreiber prüfen zu lassen. Am 04.10.2007 einigten sich die Ressorts dann darauf, zu „prüfen", ob kleine Biomasse-KWK-Bestandsanlagen aus Wirtschaftlichkeitsgründen von dieser Regelung ausgenommen werden können. Vgl. Bundesregierung 24.09.2007, S. 4 und Bundesregierung 08.10.2007, S. 4.
[472] Vgl. Bundesregierung 24.09.2007, S. 4.
[473] Das BMU nahm diesen Vorschlag allerdings bereits in seinen RefE vom 09.10.2007 gemäß seinem eigenen Vorschlag auf. Vgl. BMU 09.10.2007a, § 15; siehe auch Bundesregierung 24.09.2007, S. 4 und Bundesregierung 08.10.2007, S. 4.

Das BMU nahm auch alle weiteren Vereinbarungen mit Ausnahme der Prüfaufträge in seinen RefE vom 09.10.2007 auf. Die dortige Ausgestaltung der Härtefallregelung sah vor, dass Netzbetreiber Anlagenbetreibern jeden Vergütungsausfall und die entgangenen Wärmeerlöse ersetzten, sofern sie infolge des Gesetzes im Abrechnungsjahr 0,5 % weniger Strom aus den Anlagen entnehmen würden. Allerdings sollten die Netzbetreiber die Kosten unter gewissen Bedingungen auf die Netzentgelte, und somit auf die Verbraucherstrompreise abwälzen können.[474]

5.4.3.2.8 Konfrontation beim Thema Netzausbau

Bevor der BMU-RefE vom 09.10.2007 an die Interessengruppen und Länder zur Stellungnahme übermittelt wurde, nahm das BMWi Einsicht in das Dokument. Das Wirtschaftsressort war in einigen Punkten nämlich weiterhin anderer Auffassung; dies galt insbesondere für die *Formulierungen zum Netzausbau* im 2. Abschnitt des 2. Teils (Kapazitätserweiterung).[475] Das BMU hatte dort in den §§ 9 bis 13 „Erweiterung der Netzkapazität" (§ 9), „Zumutbarkeit des Netzausbaus" (§ 10), „Konzept zur Kapazitätserweiterung" (§ 11) „Inhalt und Form des Konzepts" (§ 12) und „Schadenersatz" (§ 13) geregelt.[476] Der Entwurf sah vor, Netzbetreiber ohne Aufforderung eines Anlagenbetreibers zu verpflichten, „unverzüglich die Kapazität ihrer Netze zu erweitern". Zwar musste der Netzausbau nicht erfolgen, „soweit er wirtschaftlich unzumutbar ist." Allerdings hatte das BMU in § 11 ein strenges *„Konzept zur Kapazitätserweiterung"* formuliert, indem es Netzbetreiber verbindlich aufforderte, der Bundesnetzagentur bei Netzengpässen unverzüglich einen Plan zur Kapazitätserweiterung vorzulegen und halbjährlich die planmäßige Umsetzung der Maßnahmen nachzuweisen. Bei Verstoß gegen diese Verpflichtungen sollte der Netzbetreiber *Schadenersatz* an den Anlagenbetreiber zahlen.[477] Diese Vorgaben hielt das BMWi für zu strikt. Vor allem aber gehörten Maßnamen des Netzausbaus aus seiner Sicht nicht in das EEG, sondern vielmehr in den *eigenen Zuständigkeitsbereich*, da das BMWi bis auf die erneuerbaren Ener-

---

[474] Vgl. BMU 09.10.2007a, § 15.
[475] Vgl. dazu: Ressortverhandlungen in Kap. 5.4.2.
[476] Vgl. BMU 09.10.2007a, §§ 9–13.
[477] Vgl. BMU 09.10.2007a, §§ 9–13.

gien die Federführung für die gesamte Energiepolitik der Bundesregierung innehielt.

Aufgrund des Zeitdruckes zur Fertigstellung des RegE musste das BMU den Entwurf allerdings zügig an Länder und Verbände versenden. Deshalb ließ es zwar die Überschriften der betreffenden §§ 9-13 im Entwurf stehen, löschte aber deren Textinhalte, sodass am 25.10.2007 ein Entwurf versandt wurde, der im Zweiten Abschnitt leere, weiße Platzhalter vorsah.[478] Die Platzhalter sorgten wiederum bei diversen Akteuren in Parlament und Interessengruppen für Verwirrung.[479]

5.4.3.3 Strom aus Wasserkraft

Die Vorschläge des BMU zum Bereich der *Wasserkraft* fanden in den Ressorts bereits im September 2007 Anklang. Das BMWi stimmte beispielsweise den Empfehlungen zu, eine neue Leistungsklasse einzuführen und die Vergütungszeiträume auf 20 Jahre zu vereinheitlichen. Andererseits war das BMWi daran interessiert, als Ausgleich für die Verlängerung der Vergütungsdauer bei der *Großen Wasserkraft* die Vergütungssätze für diese Anlagen zu senken. Es setzte deshalb in den Verhandlungen die Formulierung „Angemessene Senkung des Vergütungssatzes für große Wasserkraftanlagen wegen Verlängerung der Vergütungsdauer von 15 auf 20 Jahren" durch.[480] Auf konkrete Zahlen einigten sich die Akteure hier aber trotzdem nicht.[481] Im RefE vom 09.10.2007 formulierte das BMU dann einen Vorschlag, der eine Absenkung pro Leistungserhöhungsklasse lediglich um maximal einen halben Cent pro kWh gegenüber dem geltenden EEG 2004 vorsah (vgl. Tabelle 13).

Den Vorschlägen des BMU zur Höhe der Vergütungssätze der *Kleinen Wasserkraft* stimmten die anderen Ressorts der Regierung nur teilweise zu. Da die Stromgestehungskosten bei der Modernisierung oder Reaktivierung klei-

---

[478] Vgl. Bröer 2007d; siehe auch BMU 09.10.2007b, §§ 9–13.
[479] Da auch der RefE ohne die gelöschten Textstellen im Deutschen Bundestag und bei Verbänden bekannt wurde, kritisierten einige Abgeordnete die Arbeit der Ministerien als ‚irreführend'. Dagger 29.01.2008.
[480] Bundesregierung 24.09.2007, S. 8 und Bundesregierung 08.10.2007, S. 8.
[481] Bundesregierung 24.09.2007, S. 8.

ner Wasserkraftanlagen geringer waren als beim Anlagenneubau, vereinbarten sie auf Vorschlag des BMWi, die Vergütung revitalisierter bzw. modernisierter Anlagen nur relativ moderat, um jeweils 1 Cent pro Vergütungsklasse, zu erhöhen (vgl. Tabelle 14). Das BMU hatte zuvor für eine deutlich stärkere Erhöhung plädiert.[482] Die Vergütung neuer, kleiner Wasserkraftanlagen blieb dagegen unverändert.[483]

Tab. 13: RefE: Vergütung für Erneuerung von Wasserkraftanlagen ab 5 MW

Vergütung für die Erneuerung von Wasserkraftanlagen ab 5 MW		
Leistungserhöhung	EEG 2004	BMU-RefE vom 09.10.2007
Bis 500 kW	7,29 ct/kWh	6,79 ct/kWh
Bis 10 MW	6,23 ct/kWh	5,87 ct/kWh
Bis 20 MW	5,80 ct/kWh	5,40 ct/kWh
Bis 50 MW	4,34 ct/kWh	3,99 ct/kWh
ab 50 MW	3,50 ct/kWh	3,20 ct/kWh

Quellen: nach Daten des BMU 09.10.2007a, §§ 27 Abs. 2) und des BMU 15.12.2007a.

Tab. 14: Vergütung für neue, revitalisierte und modernisierte Anlagen.

Einführung einer neuen Vergütungsklasse und Erhöhung der Vergütung für neue Anlagen, die ab 1.7.2008 in Betrieb gehen:	
Leistungsanteil bis 0,5 MW	12,67ct/kWh (bislang 9,67 ct/kWh)
Leistungsanteil von 0,5 bis 2 MW	8,65 ct/kWh (bislang 6,65 ct/kWh)
Leistungsanteil von 2 bis 5 MW	7,65 ct/kWh (bislang 6,65 ct/kWh)

Einführung einer neuen Vergütungsklasse und Erhöhung der Vergütung für revitalisierte bzw. modernisierte Anlagen, die ab 1.7.2008 in Betrieb gehen:	
Leistungsanteil bis 0,5 MW	10,67 ct/kWh (bislang 9,67 ct/kWh)
Leistungsanteil von 0,5 bis 2 MW	7,65 ct/kWh (bislang 6,65 ct/kWh)
Leistungsanteil von 2 bis 5 MW	7,65 ct/kWh (bislang 6,65 ct/kWh)

Quelle: nach Daten der Bundesregierung 24.09.2007, S. 8.

---

[482] Siehe auch BMU 03.07.2007, S. 103 und Kap. 5.4.1.2.

5.4.3.4 Strom aus Biomasse: Neue Differenzierungstendenzen

Bei den Verhandlungen zum Bereich *Strom aus Biomasse* stimmten die Ressorts zwar den meisten Vorschlägen des BMU zu. Aber es gab auch zahlreiche neue Vorschläge, die in dieser Politikformulierungsphase von den übrigen Ressorts ausgehandelt wurden. Anlass neuer Anregungen war vor allem das umfangreiche Regelungssystem der Stromvergütung aus Biomasse im bisherigen EEG. Vor allem das zuständige Bundeslandwirtschaftsministerium setzte sich für das Aufgabengebiet der Landwirtschaft und die Interessen der Landwirte ein.[484]

5.4.3.4.1 BMELV will Güllebonus einführen

Das BMELV wollte die Interessen der Landwirte stärken, indem es für sie eine stärkere Differenzierung der Vergütungssätze zugunsten von Abfallprodukten in Biomasseanlagen warb. Um die Nutzungskonkurrenz von Gärsubstraten zu verringern, wollte es den Einsatz der ohnehin in der Landwirtschaft anfallenden Gülle in Biogasanlagen stärker finanziell fördern. In enger Abstimmung mit dem DBV empfahl es deshalb, einen neuen *Bonus für die Verwendung von mindestens 30 % Gülle für Strom aus kleinen Biogasanlagen* einzuführen.[485] Dieser sollte 3 ct/kWh für den Leistungsbereich bis 150 kWh und 1 ct/kWh für den Leistungsbereich von 150 kW bis 500 kW betragen. Jedoch lehnten BMWi und BMU diesen Vorschlag ab.[486] Zwar waren auch sie

---

[483] Allerdings nahm das BMU die hier beschlossenen Änderungen zur Vergütungsregelung zunächst nicht in seinen anschließend veröffentlichten EEG-RefE vom 09.10.2007 auf. Siehe BMU 09.10.2007a, § 27.

[484] Vgl. BMWi 09/2007; siehe auch Land & Forst 2007 und Bundesregierung 24.09.2007.

[485] Vgl. Land & Forst 2007. DBV und BMELV konzentrierten sich bei der EEG-Novelle fast ausschließlich auf die Bioenergie. So sollte vor allem „der Einsatz von Gülle und landwirtschaftlichen Nebenprodukten verstärkt in den Fokus gerückt werden, um vorhandene Energiepotenziale zu erschließen." DBV 07.05.2008.

[486] Da neben diesem zusätzlichen Güllebonus in den Ressortverhandlungen gleichzeitig eine Erhöhung des NawaRo-Bonus angedacht war, waren diese beiden Maßnahmen gemäß dieser Sichtweise kontraproduktiv in dem Bemühen, den verstärkten Einsatz von Gülle in Biogasanlagen zu fördern. Als Grund wurde gesehen, dass der NawaRo-Bonus an sich Anreize gegen den Einsatz von Gülle setzte, da er neben Gülle gleichrangig andere Rohstoffe förderte, die einen höheren Energieertrag als Gülle lieferten und damit eine höhere Vergütung für die Anlagenbetreiber abwarf. Vgl. Deutscher Bundestag 16.11.2007, S. 4 und Dagger 29.01.2008.

an einer erhöhten Gülle-Nutzung in Biogasanlagen interessiert, weil dieses Substrat die Rohstoffbasis für Biogasanlagen verbreitert und der Flächenkonkurrenz in der Landwirtschaft entgegentritt. Allerdings beurteilte etwa das Wirtschaftsressort Gülle als einen kostenlosen Rohstoff für die Bauern, der auf diese Weise eine ungerechtfertigte Subvention erhalten würde. Das BMWi berief sich dabei auch auf das Umweltbundesamt (UBA), das den NawaRo-Bonus ohnehin für eine Fehlentwicklung hielt.[487]

Das BMU machte im September einen Alternativvorschlag. Dieser sah vor, erstens die Leistungsklassen auf 0 - 75 kW und 75 bis 500 kW zu ändern. Danach wäre die unterste Leistungsklasse von 150 kW auf 75 kW reduziert worden. Gleichzeitig sollte die Vergütung für den Leistungsbereich bis 75 kW auf 11,67 ct/kWh bis 13,67 ct/kWh erhöht werden. Die Vertreter des BMU argumentierten, dass dieser Vorschlag einer Vergütungsanhebung um 1-3 ct/kWh für kleine Anlagen entspräche und den Gülleeinsatz in kleinen Biogasanlagen erhöhe.[488] Zweitens war man in den Ministerien ohnehin darüber einig, den Technologiebonus für die Trockenfermentation abzuschaffen, da diese Prämie indirekt den Einsatz von Gülle behindere und damit zudem die Emission klimaschädlicher Gase auf den Feldern begünstige.[489] Drittens konnte sich auch das BMU wie schon das BMELV eine Anhebung des NawaRo-Bonus für gasförmige Biomasse vorstellen. So wollte man die Prämie im Leistungsbereich bis 500 kW von 6 ct/kWh auf 7 ct/kWh und im Leistungsbereich von 500 kW bis 5 MW von 4 ct/kWh auf 5 ct/kWh für Alt- und Neuanlagen erhöhen. Das BMWi unterstützte diesen Vorschlag des BMU nach kurzem Prüfvorbehalt; allerdings sollte die Erhöhung des NawaRo-Bonus aus seiner Sicht nur für Altanlagen, nicht aber auch für Neuanlagen gelten.

---

[487] Vgl. Deutscher Bundestag 16.11.2007, S. 4.
[488] Vgl. Bundesregierung 24.09.2007, S. 11.
[489] Da der Trockenfermentationsbonus in der Praxis die Nutzung von nasser Gülle benachteiligt, wird sie deshalb weniger als andere Rohstoffe in Biogasanlagen eingesetzt und somit vermehrt auf den Feldern ausgebracht. Dort emittiert sie wiederum mehr klimaschädliche Treibhausgasemissionen, als es bei der Verwertung in einer Biogasanlage der Fall wäre. Aus diesem Grund stand dieser Bonus zuletzt in der Kritik, da er als kontraproduktiv in Bezug auf die Klimaschutzziele der Bundesregierung galt. Neben der Vorsitzenden der Arbeitsgruppe Umwelt der CDU/CSU-Fraktion, Marie-Luise Dött MdB, hat sich die zuständige Berichterstatterin der CDU/CSU-Fraktion im Umweltausschuss des Deutschen Bundestages, Maria Flachsbarth MdB, an Bundesminister Sigmar Gabriel gewandt. Vgl. Flachsbarth 27.02.2007; siehe auch Antwort des Bundesministers: Gabriel 2007.

Schließlich einigten sich die Ressorts Anfang Oktober auf einen Kompromiss. Dieser basierte auf Teilen des BMU-Vorschlags und teilweise auf den Wünschen des BMELV. Zwar war erstens nicht mehr vorgesehen, die Leistungsklassen zu ändern, allerdings sollte die *Grundvergütung* für die Leistungsklasse bis 150 kW um einen Cent auf 11,67 Cent erhöht werden. Zweitens sollte neben der Abschaffung des Trockenfermentationsbonus der *NawaRo-Bonus* für gasförmige Biomasse erhöht werden. BMU und BMELV konnten sich gegenüber dem BMWi durchsetzen, dass dies sowohl für Alt- als auch für Neuanlagen gelten sollte. Der Bonus für kleine Anlagen bis 500 kW sollte sogar um 7,5 statt, wie ursprünglich geplant, um 7,0 Cent steigen. Demgegenüber einigten sich die Regierungshäuser darauf, die Regelung nicht wie bislang vorgeschlagen auch für große Anlagen von 500 kW bis 5 MW gelten zu lassen. Das BMELV konnte schließlich seinen Wunsch nach einem *Güllebonus* durchsetzen, wenngleich nur für kleine Anlagen und nur mit einer geringen Prämienhöhe. So wurde beschlossen, den NawaRo-Bonus zusätzlich um 1 ct/kWh für kleine Anlagen bis 150 kW zu erhöhen, sofern in einer Anlage mindestens 30 % Wirtschaftsdünger eingesetzt werde.[490]

Bezüglich des NawaRo-Bonus erzielte man weiterhin schnelle Verständigung zwischen den verschiedenen Ministerien hinsichtlich des Vorschlages, diese Prämie auch für den Einsatz von *Holz aus Kurzumtriebsplantagen und Landschaftspflegematerial* in großen Anlagen zu erhöhen - für den Leistungsbereich 500 kW bis 5 MW von 2,5 ct/kWh auf 4 ct/kWh. Durch den Einsatz dieser Rohstoffe erhofften sich die Verantwortlichen einen Beitrag zur Entspannung der Nutzungskonkurrenz von Biomasse. Für *Schlempe*, d.h. den Destillationsrückständen aus der Herstellung von Bioethanol landwirtschaftlicher Brennereien, sollte der Anspruch auf die Zusatzprämie in neuen Anlagen allerdings gestrichen werden. Bei diesem Punkt behielt sich das BMELV noch eine Prüfung vor, zeigte aber Bereitschaft zur Akzeptanz „im Rahmen einer Gesamtlösung".[491]

---

[490] Vgl. BMU 09.10.2007a, S. 33. Siehe auch Bundesregierung 24.09.2007, S. 11 und Bundesregierung 08.10.2007, S. 10.
[491] Vgl. BMU: Internes Dokument: EEG-EB, Stand: 24.9.2007, S. 11.

5.4.3.4.2 KWK-Bonus, Vergütung und Degression

Das BMWi hatte Vorbehalte gegen den Plan des BMU, den *KWK-Bonus* von 2 auf 3 ct/kWh zu erhöhen.[492] Es behielt sich hier zunächst eine Prüfung vor, war aber bereit, diesem Punkt wiederum im Rahmen einer „Gesamtlösung" zuzustimmen. In den Verhandlungen von Meseberg war lediglich die „Anpassung der Rahmenbedingungen für Biomasse (insbesondere KWK)" vereinbart worden.[493] Da das BMWi aber die effiziente KWK-Technologie grundsätzlich fördern wollte, hatte es keine Einwände gegen den Plan des BMU, den Geltungsbereich des KWK-Bonus auch auf Altanlagen zu erweitern, sofern die Umrüstung der Anlage nach Inkrafttreten der EEG-Novelle auf Grundlage des neuen EEG-EB erfolgt.

Auch gegen die vom BMU empfohlene *Degressionsregelung* der Vergütung bei Biomasse hatte das BMWi Einwände. Der EEG-EB enthielt den Vorschlag, die Degression für Neuanlagen gemäß § 8 Abs. 5 von 1,5 % auf 1 % p.a. zu senken.[494] Das BMWi behielt sich eine Prüfung vor, da aus seiner Sicht nicht genügend Anreize zu Effizienzoptimierungen der Anlagen gesetzt wurden.

Eine Prüfung behielt sich auch das Bundesverkehrsministerium in einem anderen Punkt vor. Um auch sehr großen effizienten Biomasse-Anlagen die Möglichkeit einer Vergütung nach dem EEG zu gewähren, hatte das BMU zwar im EEG-EB angeregt, die *20 Megawatt-Obergrenze für den Vergütungsanspruch* nach § 8 Abs. 1 EEG in Verbindung mit KWK für Neuanlagen abzuschaffen; dieser Vorschlag stieß auch auf Zustimmung aus allen Ressorts.[495] Allerdings sollten hiernach Anlagen mit einer installierten Leistung über 20 MW auch künftig nur für den Anteil des eingespeisten Stroms eine Vergütung erhalten, der dem Leistungsanteil bis 20 MW entsprach.[496] Dies wurde vom BMVBS kritisiert. Die 20 MW-Obergrenze sollte auch für Be-

---
[492] Vgl. Bundesregierung 24.09.2007, S. 11; siehe auch Land & Forst 2007.
[493] Vgl. Kap. 5.4.2.3.
[494] Vgl. Kap. 5.4.1.3.
[495] So sprach sich auch das BMWi für diesen Vorschlag aus: vgl. BMWi 2007, S. 2.
[496] Vgl. BMU 03.07.2007, S. 30 und BMU 10.10.2007, S. 40f.; siehe auch Bundesregierung 24.09.2007, S. 11.

standsanlagen abgeschafft werden, was aber zu diesem Zeitpunkt noch nicht durchsetzbar war. Bundesverkehrsminister *Wolfgang Tiefensee*, der zugleich *Beauftragter der Bundesregierung für die neuen Bundesländer* war, wollte mit der Unterstützung dieses Vorschlags dem Anliegen einer betroffenen ostdeutschen Zellstofffabrik aus Stendal Nachdruck verleihen - dem nach eigenen Angaben „größten Hersteller von Marktzellstoff in Zentraleuropa."[497]

Das von Bundesminister Horst Seehofer geleitete *BMELV* wandte sich zunächst auch gegen die Empfehlung des Umweltministeriums, eine Ermächtigungsgrundlage zum Erlass einer *Verordnung über Nachhaltigkeitsanforderungen für die Erzeugung von nachwachsenden Rohstoffen* in das EEG aufzunehmen. Während das BMU mit dieser Regelung negativen Auswirkungen auf Naturhaushalt und Landschaftsbild hatte vorbeugen wollen, forderte das den Interessen der Landwirtschaft nahe stehende BMELV eine völlige Streichung dieser Regelung, da es darin einen *Eingriff in seine Ressortzuständigkeit* betrachtete.[498] In den Ressortverhandlungen Anfang Oktober kamen sich die Vertreter beider Häuser aber näher und verständigten sich schließlich darauf, diese Verordnung „im Einvernehmen zwischen BMU und BMELV" zu erlassen. Zudem beschlossen sie, dass sich die Bundesregierung künftig auch auf europäischer Ebene für die Festlegung von Nachhaltigkeitsanforderungen für nachwachsende Rohstoffe einsetzen solle.[499]

Als erstes Ergebnis der Ressortverhandlungen zur Biomasse zeichnete sich ab, dass dieser Bereich u.a. mit der Erhöhung diverser Prämien eine insgesamt starke Unterstützung aus den Ministerien erfuhr. Das BMELV präsentierte sich in dieser Phase als durchsetzungsstark, da es u.a. den Güllebonus

---

[497] Diese Firma produziert über eine eigene Groß-Biomasseanlage durch Kraft-Wärme-Kopplung 90 MW Energie, von denen sie 55 MW selbst verbraucht und etwa 35 MW in das öffentliche Stromnetz einspeist. Vgl. Zellstoff Stendal 2008; siehe auch Bundesregierung 24.09.2007, S. 12.

[498] Vgl. Bundesregierung 24.09.2007, S. 11; siehe auch BMU 03.07.2007, S. 127 und Kap. 5.4.1 dieser Arbeit.

[499] Schließlich wurde bereits früh die Aufnahme von Biogasmikronetzen beim Technologiebonus beschlossen. Die im EEG-EB genannte Mindestlänge von 500 Metern wurde bereits im September 2007 ersetzt durch „400 Meter und einer Höchstlänge von 10.000 Meter pro Biogasanlage, sofern das durch das Gasnetz transportierte Biogas vollständig in Kraft-Wärme-Kopplung genutzt wird." Vgl. Bundesregierung 24.09.2007 sowie Bundesregierung 08.10.2007.

durchsetzte. Auch das BMU konnte fast alle Positionen aus seinem EEG-EB verwirklichen. Dagegen konnte sich das BMWi etwa mit der geforderten Beschränkung des NawaRo-Bonus für Altanlagen nicht durchsetzen.

5.4.3.5 Strom aus Geothermie

Bereits Ende September 2007 einigten sich die Verhandlungsteilnehmer über die neuen Regelungen zur *Geothermie*. Die BMU-Vorschläge, die *Leistungsklassen für Neuanlagen von 4 auf 2 zu reduzieren* und die *Vergütungssätze zu erhöhen*, wurden allgemein begrüßt. Das BMWi konnte die anderen Verhandlungspartner außerdem davon überzeugen, die Vergütungssätze etwas weniger stark zu erhöhen, als es der EEG-EB des BMU vorgesehen hatte. So wurde vorgeschlagen, in der neuen Leistungsklasse 1 von bislang 15 bzw. 14 ct/kWh nur auf 16 statt auf 17 ct/kWh (BMU-Vorschlag) zu erhöhen; in der neuen Leistungsklasse 2 von bislang 8,95 bzw. 7,16 ct/kWh auf nur 10,5 statt auf 12 ct/kWh (vgl. Tabelle 15; siehe auch Kap. 5.4.1.4).

Tab. 15: Neuzuschnitt der Leistungsklassen für Geothermie.

Klasse 1: Leistungsanteil bis 5 MW	16 ct/kWh (bislang 15 ct/kWh)
Klasse 1: Leistungsanteil 5 bis 10 MW	16 ct/kWh (bislang 14 ct/kWh)
Klasse 2: Leistungsanteil 10 bis 20 MW	10,5 ct/kWh (bislang 8,95 ct/kWh)
Klasse 2: Leistungsanteil ab 20 MW	10,5 ct/kWh (bislang 7,16 ct/kWh)

Gültig für Inbetriebnahme ab 01.01.2009. Quelle: nach Daten der Bundesregierung 24.09.2007, S. 14.

Weiterhin stimmte das BMWi dem BMU-Vorschlag zu, einen *Wärmenutzungsbonus* einzuführen; doch einigte man sich bei der Prämienhöhe nicht auf die vom BMU geforderten 3 ct/kWh, sondern nur auf 2 ct/kWh. Zugleich machte sich das Wirtschaftsressort dafür stark, einen *Technologiebonus für „nicht-hydrothermale Techniken"* in gleicher Höhe einzuführen. Damit nahm es Bezug auf den Vorschlag der EEG-Studie des Konsortiums von insgesamt 8 Instituten unter Leitung des ZSW im Auftrag des BMU (vgl. Kap. 5.3). Das Umweltministerium konkretisierte diesen Vorschlag im seinem EEG-RefE vom 09.10.2007 als Bonus für „Strom, der auch durch Nutzung petrothermaler Techniken erzeugt wird".[500]

Das BMWi hatte in diesem Zusammenhang erfolgreich angeregt, außerhalb des EEG als sog. „flankierende Maßnahme" die hohen Bohrungsrisiken für Geothermie stärker zu berücksichtigen. Da bei geothermisch betriebenen Anlagen das finanzielle Risiko bestand, bei Bohrungen auf keine geeigneten Geothermiequellen zu stoßen, hatte es vorgeschlagen, einen *Risikofonds und Investitionszuschüsse für Bohrungsrisiken* einzuführen. Diese Vorschläge waren zu diesem Zeitpunkt auch bereits mit dem Bundesministerium für Finanzen abgestimmt.

5.4.3.6 Strom aus Windenergie

5.4.3.6.1 Repowering-Anreize in Aussicht

Das BMWi befürwortete den Vorschlag künftig *stärkere Anreize zum Repowering* für Anlagenbetreiber ein. Auf dem Feld der Windenergie hatten die Ressorts schon in den Verhandlungen zum Eckpunktepapier für das IEKP der Bundesregierung vom 23./24.08.2007 vereinbart, die Vergütungssätze an die gestiegenen Kosten anzupassen und das Repowering von bestehenden Windparks voranzutreiben.[501] Deshalb nahm das BMWi die BMU-Vorschläge aus dem EEG-EB zur Verbesserung des Repowering-Anreizes gemäß § 10 Abs. 2 unverändert an.[502]

Um das Repowering und auch die Direktvermarktung von Windstrom weiter anzuregen, dachte man in den Verhandlungen auch über Möglichkeiten einer

---

[500] Dieses Verfahren gewinnt die im Gestein gespeicherte Energie wie ein Wärmetauscher und ist damit unabhängig von Wasser führenden Strukturen. Während das System bislang deutlich teurer als die Erschließung von Thermalwasser war, sahen die Ressorts in diesem Bereich ein „erhebliches zukünftiges Nutzungspotential". Vgl. BMU 09.10.2007a, S. 15. Beispiele für dieses Verfahren sind Hot-Dry-Rock-Systeme (HDR) oder Deep Heat Mining (DHM). Der umfassende Begriff ist: „Enhanced Geothermal Systems (EGS)". Vgl. BMU 10.10.2007, S. 42; siehe auch Bundesregierung 07.11.2007, S. 104.
[501] Vgl. Bundesregierung 24.09.2007, S. 11 und Kap. 5.4.2.3.
[502] Die Vorschläge waren der Ersatz der zeitlichen Bedingung durch eine gleitende Regelung, die Reduzierung der geforderten Leistungserhöhung vom 3-fachen auf das 2-fache; die Einführung einer Oberbegrenzung der Leistungserhöhung des 5-fachen Wertes und schließlich die Einführung einer Regelung zur Übertragung des Vergütungssatzes von Alt- auf Repowering-Anlagen. Vgl. BMU 05.07.2007, S. 32; Bundesregierung 24.09.2007, S. 15; siehe auch Kap. 5.4.1.5.

Änderung des Vergütungssystems nach. Im September vereinbarten die Ministerien eine Prüfung, ob das Vergütungssystem optimiert werden kann".[503] Auch Anreizmöglichkeiten für eine direkte Vermarktung des Windstroms durch den Anlagenbetreiber (Direktvermarktung) sollten überprüft werden. Zur Diskussion stand eine höhere Anfangsvergütung für einen maximalen Zeitraum, bei gleichzeitiger Absenkung der Endvergütung. Beschlüsse wurden zu diesem Punkt allerdings nicht gefasst, sodass die bloßen Prüfaufträge auch nicht im kurz darauf veröffentlichten BMU-RefE vom 09.10. erwähnt wurden.[504]

5.4.3.6.2 Tauziehen um Degressionssenkung und Vergütungserhöhung

Neben diesen gemeinsamen Ansichten gab es allerdings auch noch offene bzw. strittige Punkte. Einerseits teilte das BMWi die Einschätzung des BMU, dass die Windenergiebranche gestiegenen Rohstoffkosten für Kupfer und Stahl ausgesetzt war und dass man der Branche in diesem Punkt entgegenkommen sollte.[505] Allerdings war die Positionsfindung des BMWi zu diesem Zeitpunkt noch nicht abgeschlossen, sodass offen war, inwiefern dieses „Entgegenkommen" aussehen könnte. So zeigte sich das Wirtschaftsressort eher skeptisch gegenüber einer generellen *Erhöhung des Vergütungssatzes* oder einer durchgängigen *Senkung der Degression*. Auch waren zu diesem Zeitpunkt „aufgrund der engen Zeitvorgaben" für die Erstellung des RegE bislang noch keinerlei Ansätze mit dem BMU diskutiert worden.[506]

Letztlich lehnte das BMWi deshalb den Vorschlag des BMU ab, die Degression für die Vergütung von neuen Onshore-WEA ab 2009 von 2 auf 1 % zu verringern. Da das Umweltministerium aber an der Durchsetzung dieses Punktes festhielt, formulierten die Ressorts in den Verhandlungspapieren eine „Festlegung" auf „1 % bis 2 % p.a.", um die Entscheidung zu einem späteren

---

[503] Vgl. Bundesregierung 24.09.2007, S. 15.
[504] Vgl. BMU 09.10.2007a.
[505] BMWi 2007, S. 2.
[506] BMWi 2007, S. 2.

Zeitpunkt zu klären.[507] Dessen ungeachtet setzte das BMU in seinem RefE vom 09.10.2007 seinen Vorschlag der Degressionssenkung auf 1 % um.[508]

Ähnlich zögerlich begegnete das BMWi dem Wunsch nach *Vergütungserhöhungen für neue Onshore-WEA.* Um die Netzstabilität zu verbessern, hatte das BMU empfohlen, von neuen Onshore-Windenergieanlagen an die Erfüllung bestimmter *technischer Anforderungen zur Unterstützung der Netzstabilität* zu binden. Dies fand soweit auch große Zustimmung beim BMWi. Allerdings wollte das BMU den Anlagenbetreibern als Ausgleich für die Mehrkosten dieser Regelung eine *erhöhte Anfangsvergütung von 0,7 ct/kWh* zahlen, was das BMWi ablehnte. Teilweise wurde dem BMU vorgeworfen, mit der Erhöhung nur auf indirektem Wege die lautstarken Forderungen der Windenergie-Branche nach einer Vergütungserhöhung durchsetzen zu wollen. Quasi zum Beweis zitierte man später den Präsidenten des BWE, Hermann Albers, der festgestellt hatte: „Anders hätten wir eine Vergütungsanhebung nicht durchsetzen können".[509] Schließlich warb das BMU hinter vorgehaltener Hand mit gestiegenen Material- und Rohstoffpreisen für eine Vergütungserhöhung.

Dabei hatten Anlagenbetreiber aus der Sicht des BMWi bereits nach geltenden Anschlussbedingungen die Pflicht, Neuanlagen mit der entsprechenden Technik für Systemdienstleistungen zu versehen, wie das Wirtschaftsressort befand. Dieser Argumentation nach wäre eine Finanzierung eine verdeckte Zusatzförderung: „Es handelt sich hierbei um eine versteckte Vergütungserhöhung für neue Windkraftanlagen um 0,7 ct/kWh [...] Angeführt werden dafür gestiegene Material- und Rohstoffpreise. Jedoch war es bereits nach den geltenden, mit den Anlagenbetreibern und Herstellern abgestimmten Anschlussbedingungen der Netzbetreiber Pflicht der Anlagenbetreiber, Neuanlagen schon jetzt mit den technischen Vorrichtungen für Systemdienstleistungen auszustatten. Die Investitionskosten dafür sind also schon berücksichtigt."[510]

---

[507] Bundesregierung 08.10.2007.
[508] BMU 09.10.2007a, S. 12.
[509] Vgl. BMWi 01/2008.
[510] Vgl. BMWi 01/2008.

Das Wirtschaftsministerium favorisierte eine Regelung, nach der Systemdienstleistungen der WEA zwischen den Netzbetreibern und den Anlagenbetreibern direkt auszuhandeln waren; dies wurde auch Kompromissvorschlag in den Besprechungen. Indessen einigten sich die Vertreter der Ministerien auf die Prüfung einer Bindung der Vergütung an die Netzstabilitätskriterien und eine dafür vorgesehene Vergütungserhöhung. Beides blieb allerdings im BMU-RefE vom 09.10.2007 unerwähnt.[511]

Anders sah man die Situation im BMWi bei *Onshore-Altanlagen*. Hier stimmte man der Empfehlung zu, einen zeitlich befristeten *Bonus von 0,7 ct/kWh für die technische Nachrüstung zur Spannungs- und Frequenzstützung* im Sinne der Netzstabilität zu gewähren. Allerdings fand auch dieser Punkt noch keinen Eingang in den RefE vom 9. Oktober.

5.4.3.6.3 Stärkere Anreize für Offshore in Aussicht

Im *Offshore-Bereich* sah das BMWi weitere Handlungsmöglichkeiten für eine stärkere Förderung. Schließlich war ohnehin schon eine „Anpassung der Vergütungssätze an die gestiegenen Kosten" im Eckpunktepapier von Meseberg am 23./24.08.2007 beschlossen worden.[512] Dementsprechend stimmte das BMWi im Grundsatz einer Erhöhung der *Anfangsvergütung* für 12 Jahre bei gleichzeitiger Absenkung des niedrigeren *Vergütungssatzes* zu; offen war nur noch die konkrete Höhe des Vergütungssatzes, den die Beteiligten noch prüfen wollten. Hatte das BMU zunächst noch 11-14 ct/kWh vorgeschlagen, einigten sich die Ressorts im Verhandlungsverlauf schließlich auf 11-15 Cent, was im RefE in eckigen Klammern festgehalten wurde.[513] Auch die Verschiebung des Termins für den *Beginn der Degression* von 2008 auf 2013 wurde vom Wirtschaftsministerium befürwortet; ebenso die *Erhöhung der Degressi-*

---

[511] Davon abgesehen waren sich beide Seiten auf Abteilungsleiterebene einig, dass eine Erhöhung der Vergütung nur dort vorgenommen werden könnte, wo nicht bereits eine Pflicht zur Erfüllung der entsprechenden technischen Eigenschaften bestehe. Nach den Anschlussbedingungen der Netzbetreiber von August 2004 besteht eine solche Pflicht für den Anschluss von WEA an das Höchstspannungsnetz (380 KV und 220 KV) und für das Hochspannungsnetz (110 KV). Vgl. Bundesregierung 24.09.2007, S. 15 und Bundesregierung 08.10.2007, S. 14.
[512] Hier war von einer „Anpassung der Vergütungssätze an die gestiegenen Kosten" die Rede. Vgl. BMU, BMWi 22.08.2007, S. 11.
[513] Vgl. BMU 09.10.2007a, S. 16.

on. Es behielt sich allerdings vor, die konkrete Höhe noch zu prüfen. Das Umweltministerium formulierte indessen nur 5 % Degression in seinem Entwurf vom 09.10.2007 – den niedrigsten Wert aus dem EEG-EB.[514]

5.4.3.7 Strom aus solarer Strahlungsenergie

5.4.3.7.1 BMWi erreicht Reduzierung des Vergütungssatzses

BMU und BMWi hielten *Strom aus Photovoltaik* für überfördert und beabsichtigten, die finanzielle Förderung zu reduzieren. Deshalb stimmte das Wirtschaftsministerium im September 2007 dem Vorschlag zu, die *Vergütung für große Dachanlagen* ab 1 MWp um mehr als 6 Cent zu kürzen.[515]

Allerdings forderte das Wirtschaftsressort noch eine weitergehende Reduzierung der Förderung. Da es die PV gegenwärtig für stark überfordert hielt, schlug es vor, auch die *Basisvergütung für Dach- und Freiflächenanlagen* in 2 Stufen abzusenken: um 1 ct/kWh ab 2009 und um einen weiteren Cent ab 2010.[516] Das aber wurde zunächst vom BMU und vom BMVBS abgelehnt.[517] Als Kompromiss verständigte man sich Anfang Oktober auf einen Mittelweg, wonach die Basisvergütung in nur einer Stufe um 1 ct/kWh direkt ab dem Inbetriebnahmejahr 2009 herabgesetzt werden sollte.[518] Damit hatte das BMWi eine etwas stärkere Vergütungssenkung durchgesetzt, als es das BMU zuvor empfohlen hatte.

5.4.3.7.2 Verschonung von Freiflächenanlagen

Freiflächenanlagen wurden in dieser Phase des Politikformulierungsprozesses von starken Degressionserhöhungen verschont. Das BMU hatte noch in seinem EEG-EB vom 05.07.2007 vorgeschlagen, die Degression von Dach-

---

[514] BMU 09.10.2007a, S. 16; vgl. auch BMU 05.07.2007, S. 26; vgl. auch Gersmann 2007.#146}.
[515] Das BMU hatte vorgeschlagen, deren Vergütungssatz für ab 2009 in Betrieb gehende Anlagen um mehr als 6 Cent von 41,79 auf 35,48 zu reduzieren. Anmerkung des Verfassers: Wie im Folgenden erläutert wird, wurde auch eine Absenkung der Basisvergütung für Dach- und Freiflächenanlagen um 1 ct/kWh beschlossen. Berücksichtigt man dies, beträgt der neue Vergütungssatz 34,48 ct/kWh statt 35,48 ct/kWh.
[516] Bundesregierung 24.09.2007, S. 19.
[517] Vgl. BMVBS 2008.
[518] Bundesregierung 08.10.2007, S. 17.

und Freiflächenanlagen ab 2009 bzw. 2011 um 2 bzw. 3 Prozentpunkte zu erhöhen. Dieser Vorschlag war im Kern bereits Gegenstand des Meseberg-Verhandlungsergebnisses und damit prinzipiell unstrittig.[519] Deshalb nahmen alle Ressorts den BMU-Vorschlag für Dachanlagen an. Allerdings vereinbarten sie für Freiflächenanlagen eine weniger starke Erhöhung, als dies zunächst vorgeschlagen worden war. Demzufolge sollte die Degression nun nur noch um 0,5 Prozentpunkte (von 6,5 auf 7 % im Inbetriebnahmejahr ab 2009) bzw. 1,5 Prozentpunkte (6,5 auf 8 % für eine Inbetriebnahme ab 2011) steigen. Begründet wurde dies mit dem Wunsch nach einer Vereinheitlichung der Degressionssätze auf einheitlich 7 % (ab 2009) und 8 % (ab 2011).[520] Der anschließend veröffentlichte BMU-RefE vom 09.10.2007 trug diesen Vereinbarungen allerdings noch nicht Rechnung. Hier führte das Umweltressort zwar die neue Leistungsklasse für große Dachanlagen mit gekürztem Vergütungssatz ein. Trotzdem setzte das BMU pauschal für Strom aus „solarer Strahlungsenergie" eine Degression von 8 % ab 2009 fest (vgl. Tabelle 16).

Tab. 16: RefE: Degression Solare Strahlungsenergie

EEG 2004	BMU-EEG-EB vom 05.07.2007	BMU-RefE Vom 09.10.2007
Auf Grundvergütung: 5,0%; Freiflächenanlagen: 6,5%	Auf Grundvergütung: ab 2009: 7,0% ab 2011: 8,0% Freiflächenanlagen: ab 2009: 8,5% ab 2011: 9,5%	Auf Grundvergütung: ab 2009: 8%

Quelle: nach Daten des BMU 15.12.2007a.

Diese Angabe wurde allerdings in den später angefertigten Verhandlungsdokumenten wieder korrigiert.[521] Sie sorgte zwischenzeitlich aber für eine Dis-

---

[519] Dort hies es „Erhöhung der Degression für Photovoltaik". Vgl. Kap. 5.4.3.2.
[520] Bundesregierung 08.10.2007, S. 17.
[521] Vgl. BMU 09.10.2007a; siehe auch Kap. 5.4.4.

kussion in der Presse, wonach 8 % Degression ausgehend von einem Artikel in der Frankfurter Rundschau rege diskutiert wurden.[522]

Nach diesem ersten RefE des Bundesumweltministeriums vom 09.10.2007 nahm die Auseinandersetzung über die künftige Förderung erneuerbarer Energien in der Regierungskoalition langsam Fahrt auf. Die anschließenden Verhandlungen mündeten am 07.11.2007 in einem gemeinsamen EEG-EB der Bundesregierung zum EEG und schließlich im RegE des EEG 2009 vom 05.12.2007. Beides ist Gegensstand des folgenden Kapitels.[523]

5.4.4 Bundesregierung: EEG-EB 07.11.2007 und RegE 05.12.2007

5.4.4.1 Spartenübergreifendes

5.4.4.1.1 Zeit- und Ressourcenprobleme der Ministerien

Die Ressorts arbeiteten auch in diesem Abschnitt des Politikformulierungsprozesses weiterhin intensiv am RegE. Das Wirtschaftsministerium hatte allerdings auch mit *Personalproblemen* zu kämpfen. Zum einen gab es im BMWi anders als im federführenden BMU für die Novellierung des EEG nur ein zuständiges Referat, das „III C 1". Zum anderen galt es, dem hohen Zeitdruck stand zu halten, der für die Vorlage des ressortabgestimmten RegE gesetzt worden war.[524] Ein Hoffnungsschimmer zeichnete sich am 07.11.2007 ab, als absehbar wurde, dass der EEG-RegE zum 05.12. fristgerecht vorgelegt werden konnte.[525]

5.4.4.1.2 BMWi streitet für Kompetenzerhalt

Nachdem das BMU am 09.10.2007 seinen EEG-RefE veröffentlicht hatte, legte das BMWi nun besonderes Augenmerk darauf, durch die Novelle nicht

---

[522] Vgl. dazu: Wille 2007b; siehe auch Wille 2007a und Hinkel 2007a.
Hinkel 2007a; Energie & Markt 2007a und Gersmann 2007.
[523] n-tv.de 05.12.2007; spiegel.de 04.12.2007.
[524] Vgl. Michaeli 2007.
[525] „Es gab einen straffen Fahrplan und ein umfangreiches Programm. Wir haben allen Unkenrufen zum Trotz den Fahrplan halten können. Das hat manchem im Ministerium einiges abverlangt.", so der SPD-Abgeordnete Dirk Becker in der anschließenden 1. Lesung des EEG im Bundestag. Vgl. Deutscher Bundestag 21.02.2008b, S. 15245; siehe auch Dagger 08.11.2007 und Hinkel 2007b.

unnötig *Kompetenzen* an das BMU abgeben zu müssen. Dies machte der zuständige Wirtschafts-Staatssekretär Joachim Würmeling am 14.11.2007 gegenüber Energiepolitikern der CDU/CSU-Bundestagsfraktion deutlich.[526] Aus diesem Grund hatte das BMWi durchgesetzt, dass in § 67 eine wichtige *Verordnungsermächtigung* nicht nur für das BMU, sondern für „die Bundesregierung" gelten sollte.[527] Daneben kritisierte das Wirtschaftsressort die Formulierung des § 66 zur Fachaufsicht. Das BMU hatte in seinem RefE bestimmt, dass Bundesbehörden, die „Aufgaben nach diesem Gesetz wahrnehmen", seiner *Fachaufsicht* unterliegen. Einen solchen Kompetenzverlust versuchte das BMWi zu verhindern. Es forderte, die Fachaufsicht nur auf die dem BMU ohnehin unterstehenden Behörden zu erstrecken. Am Ende einigten sich beide Seiten darauf, dass die Formulierung des BMU umgesetzt wurde und lediglich eine Ausnahme für die dem BMWi unterstehende Bundesnetzagenturgelten sollte. Somit bekam das BMU eine umfassende Fachaufsicht für Behörden, das BMWi sicherte sich aber seinen Einfluss auf die Bundesnetzagentur.

5.4.4.1.3 Keine Einigung bezüglich volkswirtschaftlichem Nutzen

Uneinigkeit herrschte über die Frage des *volkswirtschaftlichen Nutzens* des EEG. Noch vor Veröffentlichung des BMU-RefE vom 09.10. hatten sie deshalb beschlossen, die *unterschiedliche Auffassung* im gemeinsamen EEG-EB vom 07.11.2007 darzustellen. Daraufhin formulierte man diplomatisch: „BMU ist der Auffassung, dass das EEG aufgrund der speziellen Preisbildungsmechanismen auf dem Strommarkt in den letzten Jahren durch das gesteigerte Stromangebot außerdem einen deutlichen Preis dämpfenden Einfluss auf die Stromhandelspreise in Deutschland ausgeübt hat (sog. Merit-Order-Effekt). BMWi hält es dagegen für unzulässig, den Merit- Order-Effekt als Einsparung für den Verbraucher darzustellen, da aus kurzfristigen Preiseffekten am Spotmarkt aufgrund der vorrangigen Einspeisung nicht nachgefragten EEG-Stroms nicht generell ein Rückschluss auf die Wirkung der Erneuerbaren Energien im Allgemeinen gezogen werden kann."[528]

---

[526] Dagger 14.11.2007
[527] Vgl. BMU 09.10.2007a, § 67 und Bundesregierung 05.12.2007, § 64; siehe auch Deutscher Bundestag 16.11.2007, S. 3.
[528] Vgl. Bundesregierung 07.11.2007, S. 42.

Dem ungeachtet hatte das BMU in seinen RefE lediglich *seine eigene Auffassung* vom volkswirtschaftlichen Nutzen vertreten. Nach dieser Positionierung hatte es sogar EVU gesetzlich vorschreiben wollen, diese Haltung bei der Anzeige von Differenzkosten *schriftlich gegenüber Letztverbrauchern abzudrucken.* Danach wären EVU gemäß § 57 Abs. 2 Nr. 2 des RefE verpflichtet gewesen, den folgenden Text aus Anlage 6 Nr. III wörtlich wiederzugeben: „Strom aus erneuerbaren Energien schützt die Umwelt und nützt damit auch der gesamten Volkswirtschaft erheblich. Denn Erneuerbare Energien führen anders als sonstige Energiequellen kaum zu Umweltschäden (sog. negative Externe Effekte). Im Jahr 2006 hat Strom aus Erneuerbaren Energien so etwa 3,4 Mrd. Euro eingespart. Gleichzeitig sind knapp 1 Mrd. Euro weniger für den Import fossiler Brennstoffe ausgegeben worden.

Strom aus Erneuerbaren Energien ist heute im Schnitt zwar noch etwas teurer als konventionell erzeugter Strom. Im Jahr 2006 mussten die Energieversorgungsunternehmen etwa 3,3 Mrd. Euro mehr hierfür ausgeben. Gleichzeitig hat das Angebot von Strom aus Erneuerbaren Energien aber die Großhandelspreise für den anderen Strom um insgesamt bis zu 3 bis 5 Mrd. Euro oder 0,6 bis 0,8 Cent pro Kilowattstunde gesenkt (sog. Merit-Order-Effekt). Der Nutzen von Erneuerbaren Energien überwiegt also die Kosten deutlich."[529]

Der Vorschlag stieß erwartungsgemäß auf den Widerstand des BMWi, das sich schließlich durchsetzte und dessen Abschaffung im RegE vom 05.12.2007 erwirkte.[530]

5.4.4.1.4 Einspeisemanagement und Netzausbau

Im EEG-EB der Bundesregierung vom 07.11.2007 und im gemeinsamen EEG-RegE der Ressorts übernehmen die Verhandlungspartner fast alle Beschlüsse der bisherigen Verhandlungen.

Bis kurz vor der Veröffentlichung des EEG-RegE Anfang Dezember 2007 gab es aber noch Streit bezüglich des von BMU und BMELV favorisierten Vor-

---

[529] BMU 09.10.2007a; vgl. auch Bröer 2007b, S. 9.

schlags, eine *besondere Ausgleichs- bzw. Härtefallregelung* für Anlagenbetreiber zu vereinbaren, die in ihrem Energieertrag besonders stark von den Regelungen des Einspeisemanagements betroffen seien.[531] Das BMWi als Gegner der Härtefallregelung schlug Anfang November *als Kompromiss einen verpflichtenden Vertrag zwischen Netz- und Anlagenbetreiber* vor, der eine eventuelle Entschädigung regeln sollte; weitere Fragen sollte eine *EEG-Clearingstelle* klären.[532] Am Ende scheiterte das Wirtschaftsressort jedoch mit diesem Kompromissangebot. Das Bundesministerium der Justiz (BMJ) hatte dem BMWi nach Prüfung des Sachverhaltes am 28.11.2007 eröffnet, dass die Clearingstelle in dieser Frage rechtlich nicht zuständig sei.[533] Das BMWi sympathisierte mit diesem Vorschlag, hielt dessen Umsetzung gegen den Willen des BMU allerdings für politisch nicht durchsetzbar.

Ende November machte das BMU einen neuen Formulierungsvorschlag. Hatte das Umweltministerium in seinem RefE vom 09.10.2007 noch konkret vorgeschrieben, dass Anlagenbetreiber den „Vergütungsausfall und die dadurch entstandenen Wärmeerlöse zu ersetzen [haben], soweit sie in der Folge der Anwendung dieser Vorschriften im Abrechnungsjahr mindestens 0,5 % weniger Strom aus den betroffenen Anlagen abgenommen haben"[534], lautete die Formulierung nun, dass Netzbetreiber Anlagenbetreiber „*in einem vereinbarten Umfang zu entschädigen*" hätten. Allerdings mussten die Netzbetreiber auch bei dieser Formulierung konkret „die entgangenen Vergütungen und Wärmeerlöse abzüglich der ersparten Aufwendungen" zu leisten, sofern *keine* Vereinbarung getroffen würde.[535]

Die Folge war, dass nicht nur keine vertragliche Regelung im RegE vorgesehen war, sondern Anlagenbetreiber überhaupt keine vertragliche Regelung benötigten, um in den Genuss einer Entschädigung vom Netzbetreiber zu kommen. Das Wirtschaftsministerium lehnte diesen Vorschlag bis zur eigentlichen Schlussabstimmung auf Staatssekretärsebene am 29.11.2007 ab; das

---

[530] Vgl. Bundesregierung 05.12.2007.
[531] Vgl. Bundesregierung 07.11.2007, S. 50.
[532] Vgl. Deutscher Bundestag 16.11.2007, S. 2; siehe auch BMWi 10.01.2007.
[533] Siehe Dagger 30.11.2007.
[534] BMU 09.10.2007a, § 15 Abs. 1.
[535] Bundesregierung 05.12.2007, § 12 Abs. 1; siehe auch BMWi 30.11.2007.

BMU setzte sich allerdings am Ende durch und nahm die Formulierung in den RegE vom 05.12.2007 auf.[536]

Ein weiterer Punkt, der aus dem BMWi kritisiert wurde, war die *Schlechterstellung von ‚KWK-Strom' gegenüber ‚EEG-Strom' im Falle von Netzengpässen*. Der RefE vom 09.10. sah in § 14 Abs. 1 Nr. 3 vor, dass Strom aus solarer Strahlungsenergie und Windenergie im Verhältnis von Strom aus unterschiedlichen erneuerbaren Energien zueinander und zu Strom aus Kraftwärme-Kopplung „nachrangig zu regeln" sei. Gegen eine ‚Diskriminierung' von effizienter KWK hatten sich Ende Oktober auch Akteure der *CDU/CSU-Bundestagsfraktion* eingesetzt. Sowohl die Arbeitsgruppe Umwelt als auch die Arbeitsgruppe Wirtschaft wandten sich schriftlich an BMWi-Staatssekretär Joachim Würmeling, der das Anliegen der Parlamentarier teilte und es in den Ressortverhandlungen Anfang November schließlich für sich entscheiden konnte.[537]

Schließlich einigten sich die Ressorts auf das weitere Vorgehen beim *Netzausbau*. Dieses Thema hatte das BMWi sehr beschäftigt, da es erstens die strengen Vorgaben des BMU zur Kapazitätserweiterung für Netzbetreiber nicht hat mittragen wollen. Zweitens war der Netzausbau aus BMWi-Sicht vor allem keine Frage des EEG, sondern des allgemeinen Energie-Wirtschaftsrechts. Danach bargen „sektorspezifische Regelungen" die Gefahr einer Überregulierung und unnötiger Bürokratie, „wenn nicht sogar eines „Gegeneinander-Regierens", wie es in einer Stellungnahme des BMWi hieß.[538] Demzufolge fielen die Fragen des Netzausbaus in den *Zuständigkeitsbereich des BMWi* und nicht in ein Gesetz wie das EEG, das unter Federführung des BMU stand. In diesem Punkt war das BMWi auch von der *Arbeitsgruppe Wirtschaft der CDU/CSU-Bundestagsfraktion* bestärkt worden, die das EEG nicht zu einem „umfassenden Umwelt- und Energiegesetz" ausweiten wollte.[539] Das Wirtschaftsministerium sah nach Aussage des zuständigen Abteilungsleiters in den Formulierungen des BMU den „Versuch

---

[536] Vgl. Dagger 30.11.2007 und BMWi 30.11.2007; siehe auch Bundesregierung 05.12.2007, § 12.
[537] Flachsbarth 19.10.2007, S. 5 und CDU/CSU-Bundestagsfraktion 12.11.2007; siehe auch Deutscher Bundestag 16.11.2007, S. 2; Dagger 14.11.2007 und BMU 09.10.2007a, § 14 Abs. 1 Nr. 3; ferner Bundesregierung 05.12.2007, § 11.
[538] Siehe BMWi 2007.
[539] Vgl. Bröer 2007d; siehe auch CDU/CSU-Bundestagsfraktion 12.11.2007, S. 4.

eines Grundsatzstreites".[540] Das BMU hatte seinen Entwurf nach dieser Kritik ohne die inhaltliche Ausgestaltung des entsprechenden Zweiten Abschnitts im zweiten Teil („Kapazitätserweiterung") an die Länder und Verbände zur Stellungnahme gesandt (vgl. Kap. 5.4.3.2.8). Während der BMU-Entwurf noch die Punkte „Erweiterung der Netzkapazität" (§ 9), „Zumutbarkeit des Netzausbaus (§ 10), Konzept zur Kapazitätserweiterung (§ 11) „Inhalt und Form des Konzepts" (§ 12) und „Schadenersatz" (§ 13) beinhaltet hatte, strafften die Ressorts auf Druck des BMWi den Zweiten Teil deutlich, sodass die Paragraphen *„Konzept zur Kapazitätserweiterung"* sowie *„Inhalt und Form des Konzeptes"* im gemeinsamen RegE vom 05.12.2007 *entfielen*.[541] Statt einer Verpflichtung der Netzbetreiber, der Bundesnetzagentur bei Netzengpässen unverzüglich ein Konzept zur Kapazitätserweiterung vorzulegen und halbjährlich nachzuweisen, dass sie die Maßnahmen planmäßig umsetzten, sollten Anlagenbetreiber künftig aktiv werden müssen, um eine Auskunft bei Netzbetreibern zum Netzausbau zu erhalten. Die *Schadenersatzregelung* nach § 13 wurde im neuen § 10 größtenteils übernommen.[542] Damit überließ Umweltminister Gabriel das Feld teilweise seinem Wirtschaftskollegen und entschärfte diesen Grundsatzstreit. Die §§ 11 und 12 sollten stattdessen zu einem späteren Zeitpunkt im Energie-Wirtschaftsgesetz geregelt werden.[543]

5.4.4.1.5 Speichertechnologien und Systemintegration

Die Suche nach einer konkreten Ausgestaltung der optionalen *Direktvermarktung* steckte Anfang November 2007 noch in den Kinderschuhen. Das BMU hatte diesen Punkt in § 20 seines RefE vom 09.10.2007 neu aufgenommen.[544] § 20 RefE sah für die Direktvermarktungsphase den *Zeitraum eines Kalenderjahres* vor. Ab 2009 hätte demnach jeder Anlagenbetreiber, der sei-

---

[540] Vgl. Dagger 08.11.2007.
[541] Der § 10 wurde zwar gestrichen, sein Inhalt wurde in Teilen allerdings in einem anderen Paragrafen überführt. Vgl. BMU 09.10.2007a, §§ 9–13 und Bundesregierung 05.12.2007, §§ 9 und 10; siehe auch Dagger 14.11.2007.
[542] Netzbetreiber können demnach allerdings in begründeten Fällen das Auskunftsrecht ablehnen. Vgl. Bundesregierung 05.12.2007, §§ 9–10 siehe auch BMU 09.10.2007a, §§ 9–13.
[543] Vgl. Bröer 2007d; siehe auch Dagger 13.11.2007 und Deutscher Bundestag 16.11.2007, S. 5.
[544] BMU 09.10.2007a, § 20.

nen Strom direkt vermarkten wollte, dies schon im September für das gesamte darauf folgende Kalenderjahr bekannt geben müssen. Das BMU begründete dies damit, dass mit der langen Frist ein *„Rosinenpicken"* der Anlagenbetreiber vermieden werden sollte. Ökostromanlagen sollten sich nicht immer dann kurzfristig aus dem System der garantierten Mindestvergütung verabschieden, wenn an der *Strombörse EEX* höhere Preise zu erzielen wären.[545]

Das BMWi drängte dagegen darauf, die *zeitlichen Fristen für die Direktvermarktung zu flexibilisieren* bzw. kürzer zu fassen. Am Ende verständigten sich die Ressorts für den gemeinsamen RegE in § 17 Abs. 2 darauf, die Dauer der Direktvermarktungsmöglichkeit auf ein *halbes Kalenderjahr* zu verkürzen.[546]

Damit würden Anlagenbetreiber die Möglichkeit erhalten, in kürzeren Abständen vom EEG-Vergütungsmodus zur Direktvermarktung und zurück zu wechseln – eine Forderung, die auch von vielen Bundestagsabgeordneten fraktionsübergreifend mitgetragen wurde.[547] Die Befürworter versprachen sich davon eine stärkere Heranführung der Anlagenbetreiber an den Markt. Ziel einiger Akteure der *ökonomischen Koalition* war es auch, dass künftig weniger Anlagenbetreiber das umlagefinanzierte EEG nutzen.[548] Der Vorsitzende des Energiekoordinationskreises der Union, *Joachim Pfeiffer*, machte in einem Interview deutlich: „Es ist eine große Chance, das EEG jetzt mit dieser Novelle in Richtung Wettbewerb zu öffnen. Aber wie das bislang im Entwurf des Umweltministeriums formuliert ist, ist es mir viel zu wenig."[549]

Die Umweltpolitiker der CDU/CSU-Fraktion als Vertreter der *ökologischen Koalition* wollten mit einer Verkürzung der Fristen zudem Betreibern von kleineren Anlagen die Möglichkeit geben, von der Direktvermarktung zu profitieren. Weiterhin schlugen die Umweltpolitiker vor, zu prüfen, ob auch nur ein Teil des in einer Anlage produzierten Stroms selbst vermarktet werden könn-

---

[545] BMU 10.10.2007, S. 31; siehe auch Bröer 2007c.
[546] Bundesregierung 05.12.2007, § 17 Abs. 2; siehe auch Deutscher Bundestag 16.11.2007, S. 2.
[547] Vgl. CDU/CSU-Bundestagsfraktion 12.11.2007, S. 3; Flachsbarth 19.10.2007 sowie Deutscher Bundestag 16.11.2007; siehe auch BMU 09.10.2007a, S. 11; und Bundesregierung 05.12.2007, S. 10; ausführlich: Bröer 2007c.
[548] Vgl. Flachsbarth 19.10.2007, S. 5f.

te. Darüber hinaus regten die Mitglieder der AG Wirtschaft und der AG Umwelt die Einführung eines *Bonus für die Direktvermarktung* von EEG-Strom an, um für Anlagenbetreiber Anreize zu schaffen, ihn außerhalb des EEG zu verkaufen. Vorgeschlagen wurde, zusätzlich zum jeweiligen Börsenpreis einen finanziellen Aufschlag zu zahlen.[550] Doch nach wie vor sprach sich das BMWi dagegen aus.[551] Das BMU befürwortete zwar einen Bonus, doch hielt es die Zeit für einen ausformulierten Vorschlag für zu knapp bemessen. Gleichwohl wollte Bundesminister Gabriel die Entscheidung mittels einer *Verordnungsermächtigung* offen halten, die deshalb auch im RefE verankert worden war.[552] Davon versprach sich das Ministerium den Vorteil, die Direktvermarktung und ggf. einen Bonus nach eigenem Geschmack ausgestalten zu können. Am Ende konnte sich diese Verordnungsermächtigung dann auch im RegE vom 05.12. halten. Allerdings setzte das BMWi sich damit durch, dass nicht nur das BMU allein, sondern die „Bundesregierung" mit der Erstellung der Verordnung im RegE beauftragt wurde.[553]

Im Hinblick auf eine Förderung virtueller Kraftwerke unterbreitete die Union weitere Vorschläge aus den Reihen der *Union*, die vor allem einen *Bonus für virtuelle Kraftwerke* beinhalteten.[554] Das BMWi stand weiteren Prämien im Technologiebonus aber eher kritisch gegenüber, da es weitere Kostenbelastungen für Verbraucherbefürchtete.[555] Das BMU wartete dagegen vorerst auf das Ergebnis eines in Auftrag gegebenen Gutachtens (vgl. Kap. 5.4.3.2.5). Letztlich einigten sich die Ressorts darauf, eine Entscheidung über das ‚ob' und ggf. ‚wie' mindestens bis zum Frühjahr 2008 auszusetzen.[556]

5.4.4.1.6 Bes. Ausgleichsregelung: BMWi wendet Energiemanagementsystem ab

Die Debatte zur *Besonderen Ausgleichsregelung für energieintensive Unternehmen* gestaltete sich unerwartet schwierig. Einerseits waren die diesbe-

---

[549] Siehe Bröer 2007c, S. S. 9; vgl. auch Pfeiffer 13.11.2007.
[550] Vgl. Pfeiffer 13.11.2007.
[551] Es begründete dies u.a. mit Mitnahmeeffekten. Vgl. Kap. 5.4.3.2.5. Siehe auch Dagger 14.11.2007; BMWi 2007 und BMWi 05.12.2007.
[552] Vgl. Bröer 2007c.
[553] Vgl. Bundesregierung 05.12.2007, § 64.
[554] Vgl. Flachsbarth 19.10.2007.
[555] Siehe BMWi 2007.
[556] Vgl. Deutscher Bundestag 16.11.2007, S. 3.

züglichen Verhandlungen bereits abgeschlossen, andererseits war das BMWi unzufrieden mit der konkreten Ausgestaltung und der Umsetzung dieser Vereinbarungen im BMU-RefE vom 9. Oktober. Dies galt vor allem für den neuen Vorschlag, die Härtefallregelung für Unternehmen an ein *Energiemanagementsystem* gemäß § 45 zu binden.[557] BMWi und Unionsfraktion hielten die daraus resultierenden Belastungen für Unternehmen für zu hoch.[558] Am Ende erreichte es das BMWi, das so vorgesehene Energiemanagement aus § 45 Abs. 1 Nr. 4 zu streichen.[559] Alle anderen Formulierungen des BMU zur besonderen Ausgleichsregelung wurden dagegen in den RegE vom 05.12. übernommen.

Dass die *KWK-Eigenerzeugung* nicht mehr Bestandteil des EEG-Belastungsausgleiches gemäß § 41 Abs. 6 sein sollte, war eine weitere Forderung des BMWi und der Union. Sie wurde auch von den *Industriellen Kraftwerksbetreibern (VIK)* geteilt, die ihren Strom mittels eigenen KWK-Anlagen bezogen und zusätzliche Kosten beklagten.[560] Am Ende konnte sich das BMWi in den Ressortverhandlungen mit einer Streichung der KWK-Eigenerzeugung durchsetzen.[561]

---

[557] Vgl. Kap. 5.4.3.2.6.
[558] Vgl. CDU/CSU-Bundestagsfraktion 12.11.2007; vgl. auch Deutscher Bundestag 16.11.2007, S. 2.
[559] Siehe Bundesregierung 05.12.2007, S. 20f.; vgl. auch Deutscher Bundestag 16.11.2007.
[560] Vgl. CDU/CSU-Bundestagsfraktion 12.11.2007.
[561] Flachsbarth 19.10.2007, S. 7 und Deutscher Bundestag 16.11.2007; siehe auch BMU 09.10.2007a, § 41 Abs. 6 und Bundesregierung 05.12.2007, § 37 Abs. 6. Weiterhin hatten Wirtschaftspolitiker der SPD gefordert, Areal- und Objektnetze per se von der EEG-Umlage zu befreien. Mit diesem Vorschlag tat sich das BMWi allerdings schwer. Zwar sprachen „industriepolitische Gründe" für eine Herausnahme. Andererseits vermutete das Wirtschaftsressort, dass es in Deutschland zahlreiche Objektnetze gab, für die die Voraussetzungen für eine Herausnahme vorliegen (konkrete Zahlen lagen dem BMWi nicht vor). Da auch große Objektnetze von großen, stromintensiven Unternehmen mit hohen Strommengen unter diese Regelung fallen könnten, würde dieser Vorschlag aus BMWi-Sicht letztlich eine „Belastung [...] auf die übrigen Stromverbraucher – mittelständische Unternehmen, Gewerbe, Private Haushalte - bedeuten. Davon wären insbesondere mittelständische Unternehmen, die zwar viel Strom verbrauchen, aber noch nicht unter die besondere Ausgleichsregelung für stromintensive Unternehmen fallen, betroffen." Darum lehnte das BMWi den Vorschlag der SPD-Fraktion ab. Vgl. BMWi 01/2008. Schließlich forderten Wirtschafts- und Umweltpolitiker von SPD und Union, die Härtefallregelung für stromintensive Unternehmen in § 45 so zu optimieren, dass die starren Grenzen für die Ausnahmeregelung aufgeweicht oder progressiv gestaltet werden können. Vgl. BMWi 01/2008; siehe auch CDU/CSU-Bundestagsfraktion 12.11.2007 und Flachsbarth

5.4.4.2 Strom aus Wasserkraft

Im Bereich *Wasserkraft* hatten die Ressorts nur wenige Änderungen im Vergleich zum EEG 2004 ausgehandelt. Entsprechend wurden die zuletzt Anfang Oktober beschlossenen Verhandlungsergebnisse im gemeinsamen EEG-EB vom 07.11.2007 übernommen. Demgegenüber hatte der BMU-RefE vom 09.10.2007 bereits konkret ausformulierte Änderungen enthalten, aber nicht dem Verhandlungsstand vom November 2007 entsprochen. Er konnte deshalb nicht in den RegE vom 05.12. übertragen werden. Dies galt beispielsweise für die Vergütungsregelungen bei der Kleinen Wasserkraft, die sich erst im RegE fanden. Bei der noch offenen Frage einer „angemessenen Senkung" des *Vergütungssatzes für große Wasserkraftanlagen* wegen der Verlängerung der Vergütungsdauer von 15 auf 20 Jahre übernahmen die Ministerien weitgehend die vom BMU vorgeschlagenen Zahlen (vgl. Kap. 5.4.3.3).[562]

Der BMU-RefE stieß aber im Bereich der Wasserkraft bei den Vertretern des an Wasserkraft reichen *Bayerns* auf Kritik. CSU-Bundestagsabgeordnete, wie *Georg Nüsslein,* kritisierten gegenüber den Ministerien, dass das BMU mit diesem Papier in § 27 Abs. 3 die *ökologischen Anforderungen von Wasserkraftanlagen* erhöhe, indem es nicht nur deren Nachweise an Bestimmungen im Wasserhaushaltsgesetz koppele, sondern darüber hinaus auch das Wasserhaushaltsgesetz mittels Artikel 5 des EEG „verschärfte" („Änderung des Wasserhaushaltsgesetzes").[563] Die Messlatte der ökologischen Anforderungen für Anlagenbetreiber war aus bayerischer Sicht zu hoch gelegt. Das BMU hielt es demgegenüber für wichtig, höhere ökologische Standards bei Was-

---

19.10.2007. Dies hielt das BMWi zwar für berechtigt, doch würde auch dies zu erhöhtem Verwaltungsaufwand und einer Erhöhung der Verbraucherpreise führen. BMU und BMWi beschlossen zunächst, zusammen mit dem Bundesamt für Wirtschaft und Ausfuhrkontrolle (BAFA) an diesem Thema zu arbeiten, um Ungerechtigkeiten zwischen Unternehmen, die gerade schon von der Ausgleichsregelung erfasst sind und solchen, die kurz darunter bleiben, zu beheben. Allerdings wollten sich die Ressorts ausreichend Zeit lassen, da ein „Schnellschuss" aus ihrer Sicht nicht hilfreich wäre. Vgl. BMWi 01/2008.
[562] Lediglich im Leistungsbereich „ab 50 MW" wurde der Vergütungssatz von 3,20 ct/kWh auf 3,10 ct/kWh gesenkt. Vgl. BMU 09.10.2007a, § 27 Abs. 2 und Bundesregierung 05.12.2007, § 23 Abs. 3; siehe auch Kap. 7.1.
[563] Vgl. BMU 09.10.2007a, § 27 Abs. 3 und Art. 5; siehe auch CDU/CSU-Bundestagsfraktion 12.11.2007, S. 8.

serkraftanlagen zu erreichen. Der zuständige Staatssekretär *Michael Machnig* betonte am 13.11.2007 gegenüber verschiedenen Bundestagsabgeordneten, dass das Umweltressort diesbezüglich vor allem die Mindestwasserführung und die Durchgängigkeit des Gewässers gewährleisten wolle; ferner sollten Fische keinen Schaden durch die Anlagen erleiden.[564] Dem BMWi erschien die Kritik begründet; es prüfte jedoch noch im Oktober die tatsächlichen Auswirkungen dieser Regelung. Letztlich konnte sich die bayerische Auffassung durchsetzen, sodass im RegE die Anforderungen des Wasserhaushaltsrechtes aus dem EEG-Entwurf gestrichen wurden.[565]

Weiterhin kritisierten vor allem bayerische Akteure auch die Formulierung des BMU-Entwurfes, wonach der *Vergütungssatz für Wasserkraft-Bestandsanlagen* gemäß § 69 Abs. 1 Satz 2 und 3 sinken sollte. Anfang November konnten sie sich auch hier durchsetzen, sodass die zuvor ausgehandelten Vergütungssätze für Wasserkraftbestandsanlagen mit Veröffentlichung des EEG-RegE vom 05.12.2007 zurückgenommen wurden.[566]
Vergeblich forderten einige CSU-Vertreter schließlich, die Vergütungsdauer für Anlagen der Kleinen Wasserkraft von 20 Jahren wieder auf 30 Jahre zu verlängern und eine „inflationsausgleichende Anhebung" des Vergütungssatzes für alle Anlagen einzuführen.[567]

5.4.4.3 Strom aus Biomasse

Im Bereich des *Stroms aus Biomasse* standen die letzten Wochen unmittelbar vor Veröffentlichung des EEG-EB und des RegE unter dem Eindruck steigender Rohstoffpreise im Agrarbereich.[568] Deshalb, und wegen zunehmender Nutzungskonkurrenz, stieg der Druck, Biomasse künftig effizienter zu nutzen.[569]

---

[564] Dagger 13.11.2007.
[565] Bundesregierung 05.12.2007.
[566] Vgl. BMU 09.10.2007a, § 27 Abs. 3 und Art. 5 und Bundesregierung 05.12.2007; siehe auch Deutscher Bundestag 16.11.2007.
[567] Vgl. CDU/CSU-Bundestagsfraktion 12.11.2007, S. 8; siehe auch Bundesregierung 05.12.2007.
[568] Vgl. Büsgen, Dürrschmidt 2008, S. 12.
[569] Vgl. Büsgen, Dürrschmidt 2008, S. 12.

5.4.4.3.1 NawaRo-Bonus

Um die Rohstoffbasis bei Biogasanlagen zu verbreitern und der Flächenkonkurrenz zwischen dem Anbau von Gärsubstraten wie Mais und Nahrungs- bzw. Futtermitteln entgegenzuwirken, war bereits früh vereinbart worden, das strenge *Ausschließlichkeitsprinzip* des NawaRo-Bonus aufzuweichen bzw. zu „flexibilisieren" (vgl. Kap. 5.4.3.2.4).[570] Auch modifizierten die Ministerien die *Höhe des NawaRo-Bonus*. Zuletzt hatten die Ressorts im Oktober 2007 beschlossen, den NawaRo-Bonus für gasförmige Biomasse für Alt- und Neuanlagen bis 500 kW von 6 ct/kWh auf 7,5 ct/kWh zu erhöhen.[571] Nun vereinbarten sie zunächst, die Prämie nicht nur für gasförmige, sondern für alle Anlagen dieser Leistungsklassen zu erhöhen, jedoch nicht auf 7,5 - sondern nur auf 7 ct/kWh. Dies wurde am 07.11. auch im EEG-EB der Bundesregierung festgehalten.[572] Allerdings hatte dieser Beschluss nur kurze Zeit Bestand. Wenige Tage später kehrten die Verhandlungspartner wieder zu der Regelung zurück, den Bonus für Anlagen bis 500 kW nur für gasförmige Biomasse zu erhöhen – nun allerdings nicht mehr nur auf 7, sondern sogar auf 8 ct/kWh.[573]

Während die Verwendung gasförmiger Biomasse mit Anreizen versehen wurde, wollte man die Verwendung *flüssiger Biomasse* in großen Anlagen nicht mehr mit dieser Prämie belohnen; der Bonus sollte für alle Biomasseanlagen ab 150 kW gestrichen werden, die flüssige Biomasse verwenden.[574] Ferner einigten sich die Ministerien kurz nach Veröffentlichung des gemeinsamen EEG-EB darauf, den neuen *Güllebonus für kleine Anlagen* noch stärker zu erhöhen. Man wollte ihn für kleine Biogasanlagen bis 150 kW Leistung

---

[570] Dies bedeute, dass Biogasanlagen künftig bestimmte pflanzliche Nebenprodukte, für die kein NawaRo-Bonus gezahlt wurde, zusammen mit NawaRo-Biomasse einsetzen dürften, ohne dass die Vergütung für den NawaRo-Anteil der Biomasse entfällt (vgl. Bundesregierung 07.11.2007, S. 98). Dieser Vorschlag sollte mittels einer Positiv- /Negativliste umgesetzt werden, die entsprechende Gärsubstrate vorgibt. Insbesondere landwirtschaftsnahe Parlamentarier der AG Landwirtschaft der Union wie Johannes Röring MdB unterstützten diesen Vorschlag in dieser Phase. Hinsichtlich fester und flüssiger Biomasse sollte es allerdings bei den bestehenden Regelungen bleiben. Vgl. CDU/CSU-Bundestagsfraktion 12.11.2007 und Deutscher Bundestag 16.11.2007.
[571] Siehe BMU 09.10.2007a, S. 33; siehe auch Bundesregierung 08.10.2007, S. 10.
[572] Vgl. Bundesregierung 07.11.2007, S. 98.
[573] Vgl. Bundesregierung 05.12.2007, S. 33; siehe auch Deutscher Bundestag 16.11.2007, S. 3.
[574] Bundesregierung 05.12.2007, S. 31.

bei Verwendung von 30 % Wirtschaftsdünger auf 2 statt auf 1 ct/kWh angehoben wissen.[575] Diese Änderung war auch im Sinne der Umwelt- und Landwirtschaftspolitiker der Union, die sich dem BMWi gegenüber für eine „verstärkte Berücksichtigung" von Gülle und des Güllebonus in kleinen Anlagen eingesetzt hatten.[576]

5.4.4.3.1 KWK-Bonus

Das Wirtschaftsministerium stimmte in dieser Politikformulierungsphase dem Vorschlag des BMU zu, den KWK-Bonus von 2 auf 3 ct/kWh zu erhöhen.[577] Noch im Oktober hatte es sich eine weitere „Prüfung" vorbehalten. Dabei erhielt es Bestätigung von den Wirtschaftspolitikern der Unionsfraktion, die forderten, die KWK-Nutzung „in den Fokus der Förderung" zu stellen; auch die Umweltpolitiker unterstützten das Vorhaben.[578] Das BMWi wollte die Gewährung des Bonus allerdings davon abhängig machen, dass der Betrieb der Anlage in ,sinnvollen' KWK-Konzepten erfolge.[579] Was darunter zu verstehen ist, war zunächst noch offen. Besonders das BMF forderte vom BMU eine klare Definition, was unter einer ,sinnvollen Wärmenutzung' zu verstehen sei. Es befürchtete unerwünschte Mitnahmeeffekte seitens der Anlagenbetreiber, die energetisch unsinnige Wärmenutzungen wie die Beheizung offener Ställe nur deshalb angeben könnten, um den KWK-Bonus zu erhalten.[580]

Im RegE vom 05.12.2007 legten die Ressorts die Bedingungen für diesen Bonus relativ eng aus, indem sie eine Positiv- bzw. Negativliste mit konkreten Beispielen vorgaben. Für die Beheizung von Tierställen wurden konkrete Vorgaben aufgestellt, die die Wärmenutzung an Richtwerte für die Anzahl an Tieren koppelte.[581] Schließlich kamen die Regierungshäuser überein, den

---

[575] Siehe Bundesregierung 05.12.2007, S. 33; siehe auch Deutscher Bundestag 16.11.2007, S. 3.
[576] Vgl. CDU/CSU-Bundestagsfraktion 12.11.2007, S. 6.
[577] Vgl. Bundesregierung 07.11.2007, S. 98.
[578] CDU/CSU-Bundestagsfraktion 12.11.2007, S. 6.
[579] Vgl. BMWi 2007, S. 2.
[580] Vgl. Deutscher Bundestag 16.11.2007.
[581] Bundesregierung 05.12.2007, Anlage 3 Nr. III.

KWK-Bonus nur bis einschließlich einer Anlagenleistung von 20 MW zu gewähren.[582]

5.4.4.3.2 Vergütung/Degression

Das Wirtschaftsministerium stimmte indessen dem Ansinnen des BMU zu, die *Degression* der Vergütung bei Biomasse für Neuanlagen von 1,5 auf 1 % pro Jahr zu senken, obwohl es zuvor skeptisch war und sich eine weitere Prüfung vorbehalten hatte.[583] Später einigte man sich darauf, modifizierten die Ressorts, dass diese Regelung nicht, wie zunächst vorgesehen, ab dem Inbetriebnahmejahr 2009 gelten sollte, sondern für ab 2010 in Betrieb gehende Anlagen.[584] Allerdings mag hier auch ein anderer, Anfang November beschlossener Vorschlag dem BMWi entgegengekommen sein; denn die Ressorts einigten sich auch darauf, alle bisher nicht degressiv ausgestalteten *Boni nunmehr mit einer Degression* zu versehen. Zunächst war geplant, die Maßnahme ab 2010 gelten zu lassen; am Ende sollte diese Verschärfung aber bereits ab 2009 greifen.[585]

Das *BMVBS* konnte schließlich Mitte November sein noch im Oktober abgelehntes Bestreben durchsetzen, den *Vergütungsanspruch* bei großen Biomasse-Bestandsanlagen unter bestimmten Bedingungen auch für den *Leistungsanteil über 20 MW* greifen zu lassen. Auch das Bundesland *Sachsen-Anhalt* hatte sich zuletzt für diese Regelung eingesetzt. Damit wurde de facto eine Sonderregelung für eine bestehende Zellstofffabrik aus Stendal ermöglicht, auf die der betreffende Abschnitt im RegE gezielt zugeschnitten wurde.[586]

---

[582] Während diese Zusatzprämie noch gemäß EEG-EB vom 07.11.2007 an keine Leistung gekoppelt ist, nimmt der Referentenentwurf vom 05.12.2007 die Begrenzung des Anspruches auf: Vgl. Bundesregierung 07.11.2007, S. 98ff. und Bundesregierung 05.12.2007, S. 34.
[583] Siehe Kap. 5.4.3.4; vgl. auch Bundesregierung 07.11.2007, S. 98.
[584] Vgl. Bundesregierung 05.12.2007, S. 11.
[585] Dazu gehören NawaRo-, KWK- und Technologie-Bonus. Vgl. Bundesregierung 07.11.2007, S. 98; siehe auch Bundesregierung 29.02.2008, § 20.
[586] Vgl. BMWi 30.11.2007; Bundesregierung 05.12.2007, S. 30; BMWi 30.11.2007.

So veränderten die Ressorts im Bereich des Stroms aus Biomasse in dieser Phase des Politikformulierungsprozesses zwar quantitativ wenige, aber dafür wesentliche Punkte, nämlich v.a. die Ausgestaltung der Boni für nachwachsende Rohstoffe und KWK, aber auch die Frage der Vergütungsdegression. Vorrangiges Ziel war es, durch den Einsatz weiterer Substrate und durch den Güllebonus den Einsatz von Mais zu reduzieren und damit die Nutzungskonkurrenz zwischen den Rohstoffen zu verringern.[587]

5.4.4.4 Strom aus Geothermie

Im Bereich der *Stromerzeugung aus Geothermie* waren die Verhandlungen bereits im September 2007 abgeschlossen, sodass die Ergebnisse unverändert in den gemeinsamen EEG-EB vom 07.11. und in den EEG-RegE vom 05.12.2007 übernommen wurden.[588]

5.4.4.5 Strom aus Windenergie
5.4.4.5.1 Offshore: Frühstarterbonus & Degressionsverschiebung

In der letzten Phase vor der Veröffentlichung des IEKP am 05.12.2007 hatte es in Bezug auf *Offshore-WEA* noch intensive Verhandlungen gegeben. Hatten die Verhandlungspartner auch noch im EEG-EB vom November geäußert, die *Degressionsverschiebung* von 2008 auf 2013 zu prüfen und gleichzeitig die *Degression* auf einen Rahmen von ca. 5-7 % zu erhöhen, einigten sie sich noch vor dem 05.12.2007 auf einen Degressionsbeginn im Jahre 2015 und eine Degressionserhöhung auf nur 5 %. Letzteres war im Sinne des BMU – es favorisierte diesen Wert auch bereits in seinem RefE vom 07.10.2007.[589] Die *Erhöhung der Anfangsvergütung* für die ersten 12 Jahre von 8,74 auf 11-15 ct/kWh wurde von den Ministerien in 2 Schritten vollzogen. So einigte man sich einerseits auf eine Anfangsvergütung von 12 ct/kWh; andererseits wurde festgelegt, die Anfangsvergütung für sog. „Frühstarter", d.h. Anlagen, die bis 31.12.2013 in Betrieb gehen, um 2 ct/kWh zu erhöhen (*12*

---

[587] Vgl. Deutscher Bundestag 16.11.2007.
[588] Vgl. Bundesregierung 05.12.2007, § 28 und Bundesregierung 07.11.2007, S. 106.
[589] Vgl. Tab. 18; siehe auch BMU 09.10.2007a, § 24 Abs. 2.

plus 2-Regelung). Beabsichtigt waren damit mehr Anreize für eine möglichst frühzeitige Investition in Offshore (vgl. Tabelle 17 und 18).[590]

Tab. 17: Entwicklung der Grundvergütung Offshore im Vergleich

	EEG 2004	EEG-EB vom 07.11.2007	EEG-RegE vom 5.12.2007
Anfangsvergütung in ct/kWh	8,74	11,00-15,00	12,00
			zusätzlich 2 ct/kWh bei Inbetriebnahme bis 31.12.2013
Endvergütung in ct/kWh	5,95	3,50	3,50

Quelle: nach Daten des BMU 15.12.2007a, S. 9.

Tab. 18: Entwicklung der Degression Offshore im Vergleich

EEG 2004	EEG 2004	EEG-EB vom 07.11.2007	EEG-RegE vom 05.12.2007
ab 2008: 2,0%	ab 2008: 2,0%	5-7% beginnend zwischen 2008 und 2013	ab 2015: 5,0%

Quelle: BMU 15.12.2007a, S. 9.

5.4.4.5.2 Onshore-Vergütungserhöhung: BMU setzt sich durch

Streit gab es zwischen BMU und BMWi über die Frage, ob der *Systemdienstleistungsbonus* in Höhe von 0,7 ct/kWh auch für Onshore-Bestandsanlagen gelten solle.[591] Das BMWi war dagegen und hatte sich zunächst eine Prüfung vorbehalten. Ferner hatte es dem BMU vorgeworfen, mit diesem Vorschlag eine versteckte Vergütungserhöhung durchsetzen zu wollen, da neue Anlagen ohnehin den hier geforderten Standard einhalten müssten

---
[590] Vgl. Dagger 14.11.2007 sowie Bröer 2007d.
[591] Vgl. Kap. 5.4.3.6.

(vgl. Kap. 5.4.3.6.2). Anfang November waren die Divergenzien noch nicht beigelegt, sodass der EEG-EB lediglich mit einem Prüfauftrag enthielt. Am Ende konnte sich das BMU gegen den nach wie vor vorhandenen Widerwillen des BMWi durchsetzen. Die Anfangsvergütung sollte fortan nicht nur für Alt- sondern auch für Neuanlagen „bei Erfüllung neuer technischer Anforderungen" um 0,7 ct/kWh erhöht werden (vgl. Tabelle 19). Die Anforderungen an den Bonus sollte dagegen eine Verordnungsermächtigung klären.[592]

Durchsetzen konnte sich das Ministerium auch mit seinem Vorschlag für eine *Degressionssenkung von Onshore-Anlagen* von 2 auf 1 %, den das BMWi bislang abgelehnt hatte. Für den gemeinsamen EEG-EB hatte man zuvor noch diplomatisch formuliert, dass der Degressionssatz „auf 1% bis 2% p.a." festgelegt werden solle und dass „Klärung im Rahmen der EEG-Neufassung" erfolgen werde. Am Ende wurde ein Degressionssatz von 1 % im RegE vom 05.12.2007 festgeschrieben. Zugleich beschloss man nun auch, die jährliche Degression künftig nicht nur auf die Vergütung, sondern auch auf den Bonus anzuwenden (vgl. Tabelle 20).[593]

Tab. 19: Systemdienstleistungsbonus für Onshore-WEA

	Systemdienstleistungsbonus in ct/kWh	
EEG 2004	EEG-EB vom 07.11.2007	EEG-RegE vom 05.12.2007
	Für Anlagen mit Inbetriebnahmejahr 2002-2008 bei Nachrüstung bis 1.1.2011 Befristet auf 5 Jahre 0,70	Für Anlagen mit Inbetriebnahmejahr 2002-2008 bei Nachrüstung bis 1.1.2011 Befristet auf 5 Jahre 0,70
	Prüfung der Erfüllung neuer technischer Anforderungen für Anlagen mit Inbetriebnahmejahr 1.1.2009 bis 1.1.2014 und der hierfür erforderlichen Erhöhung der Anfangsvergütung um 0,70	Bei Erfüllung neuer technischer Anlagen mit Inbetriebnahmejahr 1.1.2009 bis 1.1.2014 Erhöhung der Anfangsvergütung um 0,70

Quelle: nach Daten des BMU 15.12.2007a.

---

[592] Vgl. Bundesregierung 05.12.2007, §§ 20 und 64; siehe auch: BMU 15.12.2007a, S. 8 und BMWi 01/2008.

Tab. 20: Degression für Onshore-WEA

EEG 2004	EEG-EB vom 07.11.2007	EEG-RegE vom 05.12.2007
auf Vergütung	auf Vergütung	auf Vergütung und Bonus
2,0%	1,0-2,0%	1,0%

Quelle: BMU 15.12.2007a.

5.4.4.6 Strom aus solarer Strahlungsenergie

Auch bei der *solaren Strahlungsenergie* waren BMU und BMWi bis zur Veröffentlichung des RegE unterschiedlicher Auffassung, wie stark die finanzielle Förderung konkret zurückgefahren werden sollte. So tat sich das *BMU* noch schwer mit dem bislang erzielten Verhandlungsergebnis und warnte gar vor einer noch weiteren Kürzung. Dies wurde im November anlässlich eines Gespräches zwischen dem zuständigen Staatssekretär des BMU, Michael Machnig, und Energiepolitikern im Deutschen Bundestag deutlich. Machnig argumentierte, dass die Vergütungssätze für PV neben der Leistung für das Klima eine „Frage der industriepolitischen Ausrichtung dieses Landes" seien. Photovoltaik hielt er für eine strategische Schlüsselindustrie, die Deutschland auch künftig mit einer führenden Position auf dem Weltmarkt erhalten müsse.[594]

Dagegen hielt das *Wirtschaftsministerium* die Förderung der Photovoltaik nach den bisherigen Ressortverhandlungen noch immer für viel zu hoch. Man war der Auffassung, dass in diesem Bereich noch mehr durchgesetzt werden müsste; so hieß es später in einem internen BMWi-Vermerk: „nach den Gutachten von BMWi und BMU wäre auch mehr möglich."[595] Auch innerhalb der Union herrschte weitgehende Einigkeit darüber, dass die Förderung der PV abgesenkt werden müsse. Sie bat die Ressorts um eine „stufenweise Anpas-

---

[593] Vgl. Bundesregierung 05.12.2007, § 20; siehe auch Bröer 2007d und Wille 2007a.
[594] Dagger 13.11.2007.
[595] Vgl. BMWi 01/2008.

sung der Anfangsvergütung als auch der Degression an die aktuellen Marktentwicklungen."[596]

Die Ministerien vereinbarten letztlich allerdings keine wesentlichen Änderungen mehr. Sie übernahmen die im Oktober vereinbarten Ressortbeschlüsse in den *EEG-EB vom 07.11.2007* und letztlich in den *RegE der Bundesregierung vom 05.122007*. Damit wurde neben der Einführung einer neuen Leistungsklasse für große Dachanlagen mit verminderter Vergütung auf Wunsch des Wirtschaftsministeriums auch die Basisvergütung um 1 ct/kWh gesenkt. Die Degression für Dach- und Freiflächenanlagen wurde einheitlich auf 7 % ab 2009 und 8 % ab 2011 festgelegt. So fiel die Degressionserhöhung schließlich bei Freiflächenanlagen nicht so stark aus, wie es das BMU in seinem EEG-EB zunächst vorgeschlagen hatte. Allerdings beschloss man, nun auch die Boni unter die Degressionsregelung zu stellen (vgl. Tabelle 21).[597]

Tab. 21: Degression für Solare Strahlung

EEG 2004	BMU-EEG-EB 05.07.2007	BMU-RefE Vom 09.10.2007	Ressortabgestimmter EEG-EB 07.11.2007	EEG-RegE 05.12.2007
auf Grundvergütung: 5%; Freiflächenanlagen: 6,5%	auf Grundvergütung: ab 2009: 7,0% ab 2011: 8,0% Freiflächenanlagen: ab 2009: 8,5% ab 2011: 9,5%	auf Grundvergütung: ab 2009: 8%	auf Grundvergütung: ab 2009: 7,0% ab 2011: 8,0%	auf Grundvergütung + Boni: ab 2009: 7,0% ab 2011: 8,0%

Quellen: nach Daten der Bundesregierung 07.11.2007, S. 130 und des BMU 15.12.2007a, S. 10.

---

[596] Vgl. Flachsbarth 19.10.2007.
[597] Bröer 2007d.

5.4.4.7 Zwischenfazit: Ressortverhandlungen bis zum RegE

Der *RegE* beinhaltete im Vergleich zum EEG 2004 eine Reihe von Änderungen bei allen Energieträgern, wobei der Biomassebereich den meisten Veränderungen unterlag. Während sich das *BMU* mit dem Verhandlungsergebnis zum RegE zufrieden zeigte, war das *BMWi* noch immer mit einigen Punkten nicht einverstanden.[598] Gleichwohl sah es im ausgehandelten Entwurf nun einen *notwendigen Kompromiss*, der vor allem die politischen Vorgaben der ‚Klimaschutzziele' beinhaltete, die auch von der Kanzlerin mit auf den Weg gebracht worden sind. Deshalb verteidigte das BMWi nach Verabschiedung des RegE vom 05.12.2007 öffentlich die Kosten des EEG: „Der weitere Ausbau der erneuerbaren Energien im Rahmen der Novelle des Erneuerbare-Energien-Gesetzes, ebenfalls Bestandteil des IEKP, ist zweifellos mit zusätzlichen Kosten verbunden. [...] Das ist eine Menge Geld, aber der Ausbau der der erneuerbaren Energien ist nicht kostenlos zu haben. Wir werden davon aber auf der anderen Seite auch Vorteile haben, etwa im Hinblick auf die langfristige Minderung unserer Importabhängigkeit und die Sicherung der Position der deutschen Anlagenanbieter auf dem stark wachsenden internationalen Markt."[599]

Der RegE war trotz seiner relativ kurzen Entstehungsphase ein mühsam ausgehandeltes und von Details durchzogenes Gesamtergebnis, das aus Sicht des BMWi in den Beratungen des Deutschen Bundestages wieder völlig neu aufgerollt zu werden drohte. Wenngleich das BMWi auch tatsächlich Änderungsbedarf in einzelnen Punkten sah, die es auch den Parlamentariern der Union zur Einbringung in die Koalitionsverhandlungen vorschlug, sah es im neuen EEG nun grundsätzlich ein *„austariertes System"*, das „möglichst nicht geändert werden sollte" und zeigte sich damit zufrieden.[600]

Nachdem der RegE im Rahmen des IEKP am 05.12.2007 vom Bundeskabinett verabschiedet wurde, nahm er seinen weiteren Weg über das parlamentarische Verfahren. Die Bundesregierung leitete ihn gemäß Art. 76 Abs. 2 GG

---

[598] Vgl. BMWi 30.11.2007 und BMWi 10.01.2007, S. 1.
[599] BMWi 01/2008, S. 9.
[600] Vgl. BMWi 10.01.2007, S. 1.

dem Bundesrat zu, der berechtigt war, innerhalb von 6 Wochen seine Stellung abzugeben und etwaige Änderungswünsche zu formulieren.[601]

5.4.5 Bundesrat: Stellungnahme 15.02. und Gegenäußerung Bundesregierung 05.03.2008

Am 15.02.2008 gab der von CDU und CSU dominierte Bundesrat gemäß Art. 76 Abs. 2 GG seine *Stellungnahme zum EEG* ab, die die Bundesregierung unverzüglich an den Deutschen Bundestag sandte.[602] Dazu legte die Bundesregierung dem Bundestag Anfang März eine *Gegenäußerung* gemäß § 53 der *Gemeinsamen Geschäftsordnung der Bundesministerien (GGO)* vor.[603] So sollte der Bundestag schon zu Beginn des Gesetzgebungsverfahrens in Kenntnis gesetzt werden, an welchen Stellen die Länder ihre Interessen verletzt sehen, und wie die Bundesregierung diese Einwände beurteilt. Allerdings war, und ist, das EEG kein *Zustimmungsgesetz*; weshalb sich der Einfluss der Länderkammer von vorneherein in Grenzen hielt.[604] Schon am 21.02.2008, also zwischen beiden Stellungnahmen, fand im Deutschen Bundestag die *1. Lesung* zum EEG statt.[605]

Im *Bundesrat* wird jede Vorlage in der Regel zunächst in einem der 16 *Fachausschüsse* beraten.[606] Die EEG-Novelle, für das innerhalb der Bundesregierung das Bundesministerium für Umwelt, Naturschutz und Reaktorsi-

---

[601] GG vom 23.05.1949.
[602] Bundesrat 15.02.2008. Zu den damaligen Machtverhältnissen im Bundesrat vgl. n-tv.de 24.02.2008.
[603] Die Gegenäußerung arbeitet innerhalb der Bundesregierung das federführende Bundesministerium, „wenn nötig" aus; vgl. GGO vom 01.12.2006, § 53. Das federführende BMU sandte am 29.02.2008 den Entwurf einer Gegenäußerung für die Sitzung des Bundeskabinetts am 05.03.2008 an das Bundeskanzleramt, die Bundesminister und an weitere Akteure der Bundesregierung. Vgl. Bundesregierung 29.02.2008.
[604] May 2008a.
[605] Ausführlich: Kap. 5.4.6. Da sich die Stellungnahme des Bundesrates und die Gegenäußerung der Bundesregierung unmittelbar aufeinander beziehen, wird im vorliegenden Kapitel von der chronologischen Darstellung insofern abgewichen, dass in diesem Kapitel beide Papiere zusammen behandelt werden. Die zeitlich zwischen der Veröffentlichung beider Papiere liegende 1. Lesung des EEG wird dagegen im anschließenden Kapitel behandelt.
[606] Vgl. GOBR vom 26.11.1993, § 39 Abs. 1.

cherheit federführend zuständig ist, wurde auch im Bundesrat dem Ausschuss für Umwelt, Naturschutz und Reaktorsicherheit zugeordnet.[607]

Zur Vorbereitung der Sitzungen des Bundesrats-Umweltausschusses wurde wiederum ein Unterausschuss „Umwelt" gemäß § 39 Abs. 4 GOBR gebildet.[608] Dieser behandelte in seiner Sitzung am 23.01.2008 neben den Entwürfen der Bundesregierung für ein EEWärmeG, ein KWKG und einer Verordnung zur Änderung der Gasnetzzugangsverordnung, der Gasnetzentgeldverordnung und der Anreizregulierungsverordnung unter dem Tagesordnungspunkt (TOP) 2 auch den EEG-Entwurf der Bundesregierung vom 05.12.2007.[609] Insgesamt standen 66 Änderungsanträge der Bundesländer zum aktuellen EEG-Entwurf im Unterausschuss zur Abstimmung, von denen in dieser Unterausschusssitzung 35 Anträge angenommen wurden. 30 Anträge wurden abgelehnt und ein Antrag des Landes Rheinland-Pfalz wurde zu Protokoll gegeben.[610] Die Ergebnisse des Unterausschusses wurden in der 257. Sitzung des Umweltausschusses am 31.01.2008 unter TOP 13 beraten.[611] Neben dem federführenden Umweltausschuss wurde der RegE auch in anderen mitberatenden Ausschüssen des Bundesrates behandelt. Die jeweiligen Beschlüsse bildeten schließlich die Abstimmungsgrundlage für die Sitzung des Plenums vom 15.02.2008, in der der Bundesrat eine offizielle Stellungnahme zum RegE abgab.

Die meisten Anträge stammten vom Umweltausschuss (U), vom Agrarausschuss (A) sowie vom Wirtschaftsausschuss (Wi). Allerdings bezogen sich die 13 Anträge des Agrarausschusses vor allem auf den Biomassebereich und deckten sich inhaltlich in vielen Fällen mit den Anträgen des Umweltausschusses: Etwa ein Drittel der Anträge des Agrarausschusses empfahl auch der Umweltausschuss dem Plenum für seine Stellungnahme zum EEG. Dagegen deckten sich nur 3 Anträge des Agrarausschusses inhaltlich mit denen des Wirtschaftsausschusses. Der Umweltausschuss konnte 32 seiner insgesamt 39 Anträge im Plenum des Bundesrates durchsetzen; die übrigen 7

---

[607] Siehe Bundesrat 2008.
[608] Vgl. GOBR vom 26.11.1993, § 39 Abs. 4.
[609] Siehe Bundesrat 23.01.2008, S. 35ff.
[610] Vgl. Kap. 7.1.

wurden abgelehnt.[612] Dem *Wirtschaftsausschuss* gelang es dagegen, 18 seiner insgesamt 23 Anträge im Plenum des Bundesrates beschließen zu lassen. Insgesamt waren 8 Anträge des Umwelt- und des Wirtschaftsausschusses deckungsgleich; die Übereinstimmungen lagen in diesen Fällen in den Bereichen Wasserkraft, Biomasse und Geothermie.[613] Der *Agrarausschuss* konnte 26 seiner 34 Anträge durchsetzen; 8 Anträge wurden abgelehnt.

Der *Ausschuss für Städtebau, Wohnungswesen und Raumordnung (Wo)* und der *Ausschuss für Innere Angelegenheiten (In)* brachten jeweils einen Antrag zum Thema Biomasse bzw. zu einem spartenübergreifenden Thema ein. Dagegen empfahl der *Rechtsausschuss (R)* dem Bundesrat, gemäß Art. 76 Abs. 2 GG keine Einwände gegen den RegE der Bundesregierung zu erheben.[614]

5.4.5.1 Spartenübergreifend

Im Bereich der spartenübergreifenden Positionen hatten der *Wirtschafts-* und der *Umweltaussausschuss* des Bundesrates mit 11 bzw. 8 Anträgen Position bezogen und Beschlüsse gefasst, die in den folgenden Kapiteln dargestellt werden. Davon übernahm der Bundesrat in seiner Stellungnahme vom 15.02.2008 8 bzw. 6 Positionen. Ein Antrag des Umweltausschusses wurde gemeinsam mit dem Innenausschuss eingebracht; 2 Anträge stammten ursprünglich aus dem Agrarausschuss.[615]

5.4.5.1.1 Allgemeines

Zunächst nahm der Bundesrat zu ganz verschiedenen allgemeinen Themen Stellung. Die Bundesregierung ging in ihrer Gegenäußerung von Anfang März nur auf einen ursprünglich von Rheinland-Pfalz stammenden und über Umwelt- und Innenausschuss eingereichten Antrag positiv ein. Dieser beinhaltete den Wunsch der Länder nach einer *Überlassung von Daten und Sta-*

---

[611] Bundesrat 11.01.2008.
[612] Vgl. Bundesrat 31.01.2008a; siehe auch Bundesrat 05.02.2008.
[613] Vgl. Bundesrat 31.01.2008b; Bundesrat 05.02.2008 und Bundesrat 31.01.2008a.
[614] Vgl. Bundesrat 05.02.2008, S. 13 und 47ff. sowie Bundesrat 15.02.2008.
[615] Vgl. Kap. 7.1. Siehe auch Bundesrat 05.02.2008 und Bundesrat 15.02.2008.

tistiken zu erneuerbaren Energien durch die Bundesnetzagentur. Die Bundesregierung wollte das Anliegen „prüfen".[616]

Abgelehnt wurde dagegen das Gesuch der Länderkammer, *Verbraucher und Wirtschaft mit dem künftigen EEG möglichst wenig finanziell zu belasten.* Zudem sollten Widersprüche, etwa zwischen EEG und KWKG vermieden werden. Grundlage war ein Antrag Hessens, der über den Wirtschaftsausschuss dem Plenum erfolgreich zur Abstimmung gestellt worden war.[617] Ebenfalls erfolgreich setzte sich der Wirtschaftsausschuss für eine Forderung von Rheinland-Pfalz ein, nach der das BMU bereits mit Inkrafttreten des EEG eine *Clearingstelle* zur Klärung von Streit- und Anwendungsfragen zum EEG einrichten möge. Die Bundesregierung konterte, dass das BMU bereits am 15.10.2007 eine solche Clearingstelle eröffnet hatte.[618]

Auf Ablehnung stieß auch bei der Regierung auch eine andere Eingabe des Bundesrates, die ursprünglich vom Agrarausschuss stammte. Von Mecklenburg-Vorpommern und Schleswig-Holstein war gefordert worden, auch *bestimmte tierische Nebenprodukte in § 2 der Biomasseverordnung aufzunehmen*, da das energetische Potential dieser Stoffe bislang nur unzureichend genutzt wurde.[619]

Schließlich lehnte die Regierung 3 Anliegen des Umweltausschuss ab, die im Bundesrat beschlossen worden waren, um das EEG transparenter zu machen. Die Idee stammte aus Rheinland-Pfalz, das eine Klarstellung forderte, dass Anlagenbetreiber und nicht etwa Netzbetreiber ggf. die *Nichterfüllung der Vergütungsvoraussetzungen anzeigen* müssten.[620] Die anderen beiden

---

[616] Vgl. Bundesrat 15.02.2008, Rn. 39b und Bundesregierung 29.02.2008, Rn. 39b.
[617] Die Bundesregierung unterstützte mit ihrer Gegenäußerung vom 5. März zwar das Anliegen des Bundesrates in seiner Gegenäußerung, sah allerdings keinen Handlungsbedarf, um Widersprüche zwischen EEG und KWKG zu vermeiden. Vgl. Bundesrat 15.02.2008, Rn. 39a und Bundesregierung 29.02.2008, Rn. 39a.
[618] Vgl. EEG-Clearingstelle; siehe auch Bundesrat 15.02.2008, Rn. 22 und Bundesregierung 29.02.2008, Rn. 22.
[619] Die Bundesregierung sah keinen Änderungsbedarf, da die bisherigen Verwertungsmöglichkeiten tierischer Nebenprodukte durch „kostenintensive EEG-Nutzungen" gestört würden. Vgl. Bundesrat 15.02.2008, Rn. 39c und Bundesregierung 29.02.2008, Rn. 39c.
[620] Die Bundesregierung widersprach indes, das Vergütungsverbot habe sich auf den Netzbetreiber zu beziehen, da dieser das Vorliegen der Vergütungsvoraussetzungen zu

Punkte hatte Bayern in den Bundesrat eingebracht, das eine *Nachweispflicht für Netzbetreiber und EVU gegenüber Haushaltskunden* forderte, zu welchem Anteil sie Strom aus erneuerbaren Energien anbieten. Zum anderen sollten die vorgeschriebenen *Informations- und Darlegungspflichten* von EVU und Netzbetreibern gemäß §§ 52-55 EEG-Entwurf auch durch Verbraucherschutzverbände kontrolliert werden dürfen. Die Bundesregierung hielt beides für überflüssig. Einerseits seien Haushaltskunden bereits nach § 42 Abs. 1 Nr. 1 EnWG über die Zusammensetzung ihres Stroms informiert; andererseits sei ein ausreichender Verbraucherschutz bei den Verpflichtungen nach §§ 53-56 schon durch die Änderung des Art. 6 Unterlassungsklagegesetz sichergestellt.[621]

5.4.5.1.2 Einspeisemanagement: Ausnahmen für Unternehmen

Ein über den Wirtschaftsausschuss eingebrachter Vorschlag Brandenburgs zum Einspeisemanagement begünstigte produzierende Unternehmen, indem deren *KWK-Anlagen gegenüber EEG-Strom-Anlagen künftig nur ausnahmsweise abgeregelt* werden würden, Dadurch sollte eine Einschränkung oder Unterbrechung der Wärme- bzw. Prozessdampfversorgung in Unternehmen verhindert werden. Die Bundesregierung verneinte eine Gefährdung der Wärmeversorgung, da man die Wärme der KWK-Anlagen in Wärmespeichern speichern könne. Der RegE sah schließlich eine Besserstellung der KWK vor, indem KWK-Anlagen gegenüber EEG-Anlagen vorrangig geregelt wurden. Schließlich billigte man in dem Entwurf sowohl EEG- als auch KWK-Anlagenbetreibern bei der Anwendung des Einspeisemanagements eine finanzielle Entschädigung zu.[622]

5.4.5.1.3 Speichertechnologien und Systemintegration stärker fördern

Beim Thema *Speichertechnologien und Systemintegration* setzte sich der Bundesrat für *mehr Anreize und eine intensivere finanzielle Förderung ein*. Der Umwelt- und der Wirtschaftsausschuss machten sich für Anträge Bran-

---

kontrollieren habe. Vgl. Bundesrat 15.02.2008, Rn. 21 und Bundesregierung 29.02.2008, Rn. 21.
[621] Vgl. Bundesrat 15.02.2008, Rn. 20 und 23 und Bundesregierung 29.02.2008, Rn. 20 und 23.
[622] Vgl. Bundesrat 15.02.2008, Rn. 2 und Bundesregierung 29.02.2008, Rn. 2.

denburgs bzw. Baden-Württembergs stark, wonach Anlagenbetreiber einen *Bonus für den Betrieb virtueller Kraftwerke, für Energieumwandlung und – speicherung bzw. für bedarfsgerechte Einspeisung* von EEG-Strom erhalten sollen. Danach bekämen Anlagen für die Einspeisung von EEG-Strom zwischen 8 und 20 Uhr einen Bonus von 1 ct/kWh; außerhalb dieser Zeit müssten sie allerdings 1 ct/kWh Abschlag hinnehmen. Schließlich sollte der EEG-Gesetzestext auch für die *optionale Direktvermarktung eine Prämie* vorsehen, wie ein von Rheinland-Pfalz über den Umweltausschuss eingebrachter Antrag zur stärkeren Marktintegration erneuerbarer Energien vorschlug.

Die Bundesregierung lehnte die ersten beiden Anträge ab, da das BMU selbst im Frühjahr Vorschläge dazu vorlegen wollte. Doch versprach sie, beide Empfehlungen zu berücksichtigen.[623] Nicht weiter berücksichtigen wollte sie allerdings den Vorschlag zur optionalen Direktvermarktung, da sie diesen Punkt lieber selbst im Rahmen einer Verordnungsermächtigung in § 64 Abs. 1 Nr. 6 b regeln wollte. Laut RegE sollte die Verordnung ohne Zustimmung des Bundesrates gelten.[624]

Schließlich lehnte die Regierung den vom Bundesrat angenommenen Antrag Bayerns ab, größere Anlagen künftig einer *„registrierenden Leistungsmessung"* zu unterziehen.[625] Damit hatte der Freistaat ein Instrument des bis dahin geltenden EEG gemäß § 5 Abs. 1 Satz 2 übernommen, das sich im Sinne der Netzintegration „bewährt" hatte.[626] Der Antrag war über den Wirtschaftsausschuss in das Plenum des Bundesrates eingebracht worden.

---

[623] Vgl. Bundesrat 15.02.2008, Rn. 1 und 5 und Bundesregierung 29.02.2008, Rn. 1 und 5.
[624] Bundesregierung 05.12.2007, § 64 Abs. 1 Nr. 6b; siehe auch Bundesrat 15.02.2008, Rn. 26 und Bundesregierung 29.02.2008, Rn. 26.
[625] Dies galt hinsichtlich des Vergütungsanspruches gemäß § 16 des EEG-Entwurfes für größere Anlagen ab 500 kW; vgl. Bundesrat 15.02.2008, Rn. 4.
[626] Die Bundesregierung entgegnete, das Erfordernis dieser Messung für größere Anlagen sei bereits mit der Einführung von § 6 Nr. 1 b im EEG-Entwurf überflüssig geworden. Anlagen mit einer Leistung über 100 kW müssten mit einer technischen oder betrieblichen Einrichtung zur Abrufung der jeweiligen Ist-Einspeisung ausgestattet sein, damit ein Anschlussanspruch nach dem EEG geltend gemacht werden kann. Vgl. Bundesregierung 29.02.2008, Rn. 4; siehe auch Bundesregierung 05.12.2007, § 6 und Bundesrat 15.02.2008, Rn. 4.

5.4.5.1.4 Bundesweite Ausgleichsregelung: Ausnahmen für Unternehmen

Über den Wirtschaftsausschuss waren auch einige Beschlüsse zur Reform der *bundesweiten Ausgleichsregelung* (EEG-Wälzungsmechanismus) eingebracht worden.

Nach den Vorschlägen Bayerns und Brandenburgs aufzunehmen, die sich für die Interessen von Unternehmen einsetzten. Danach sollte die bundesweite Ausgleichsregelung der EEG-Umlage modifiziert werden, indem Strom, der im Rahmen von *Objektnetzen* an einen Dritten, wie zum Beispiel ausgegliederte Tochtergesellschaften, Contracting-Unternehmen oder Industriefuhrparkbetreiber, geliefert wird, von der *EEG-Umlagepflicht auszuklammern* sei. Diese Ausnahme für bestimmte Betriebe hielt die Bundesregierung allerdings für missbrauchsanfällig. Sie konterte, dass dies zu zusätzlichen Kosten für die übrigen Stromverbraucher von „mehreren hundert Millionen Euro jährlich" führen würde.[627]

Über den Wirtschaftsausschuss hatte der Bundesrat außerdem 2 nicht miteinander vereinbare Anträge von Schleswig-Holstein und Bayern, sowie Hessen bezüglich der Verordnungsermächtigung der Bundesregierung beschlossen. Während der Antrag des Küstenlandes zwecks größerer Transparenz eine grundlegende *Änderung des EEG-Wälzungsmechanismus* forderte, die nur durch den Gesetzgeber und nicht über eine Verordnung geregelt werden sollte, befürworteten Hessen und Bayern aus dem selben Grund den Erlass einer solchen *Verordnung zur Reform des Wälzungsmechanismus*, die aber bereits mit Inkrafttreten des EEG gelten sollte. Auch Verbände wie der BDEW oder der BNE forderten eine Reform des Wälzungsmechanismus.[628] Die Bundesregierung wollte ihn jedenfalls nicht direkt im Gesetz, sondern durch eine Verordnungsermächtigung selbst regeln – am liebsten ohne die Hürde einer Zustimmung von Bundesrat oder Bundestag. Dies hatte sie auch im EEG-RegE unter § 64 Abs. 1 Nr. 6 vorgesehen; und wollte dabei bleiben.[629]

---

[627] Vgl. Bundesregierung 29.02.2008, Rn. 19; Bundesrat 15.02.2008, Rn. 19.
[628] Altrock, Lehnert 2008, S. 122.

5.4.5.2 Strom aus Wasserkraft

Im Bereich der *Wasserkraft* konnten sich im Bundesrat vor allem die an Wasserkraftanlagen reichen Länder wie *Bayern* und *Baden-Württemberg* durchsetzen, in denen mehr als 85 % aller deutschen Wasserkraftanlagen mit mehr als 1 MW Leistung zu finden sind;[630] aber auch das Land *Bremen* engagierte sich erfolgreich. Die meisten dieser Anträge wurden über den *Umweltausschuss* in das Plenum eingebracht. Alle Anträge verfolgten im Wesentlichen das Ziel, die Bedingungen für die Betreiber von Wasserkraftanlagen zu stärken. Kein einziger dieser Vorschläge stieß auf das Einvernehmen der Bundesregierung.

Baden-Württemberg und Bremen hatten über den Umweltausschuss auch Vorschläge unterbreitet, wonach die *Vergütungssätze erhöht* werden sollten. *Modernisierte Anlagen* bis 5 MW sollten 1 bis 3 ct/kWh mehr erhalten. Damit wollte Baden-Württemberg die Modernisierung eines eigenen *Projektes in Rheinfelden* ermöglichen, das mit einem Investitionsvolumen von 400 Mio. € das gegenwärtig größte Einzelvorhaben für Regenerativenergien in Deutschland war.[631] Bremen forderte die Vergütungsstufen in § 23 Abs. 3 Nr. 1 von 500 kW auf 5 MW anzuheben und den Satz auf 7,65 ct/kWh aufzustocken. Ferner setzte die Hansestadt über den Wirtschaftsausschuss im Plenum durch, eine Übergangsregelung festzulegen, damit die alten Vergütungssätze für große Wasserkraftanlagen ab 5 MW bis Ende 2012 weiter gelten würden, sofern bereits eine Investitionsentscheidung zur Modernisierung getroffen wurde. Die Bundesregierung lehnte alles unter Verweis auf mögliche Mitnahmeeffekte ab.[632]

Neben dem Wunsch nach erhöhter Vergütung hatte der Bundesrat weitere Anliegen. So gelang es Bayern, 2 Anträge gleichzeitig im Umwelt- und im Wirtschaftsausschuss einzubringen. Zum einen verlangte es, *Talsperren mit natürlichem Zufluss in die Förderung mit einzubeziehen*. Zum anderen regte

---
[629] Vgl. Bundesregierung 29.02.2008, Rn. 24 und 25 und Bundesrat 15.02.2008, Rn. 24 und 25.
[630] Mez, Reiche 2008, S. 24; siehe auch Gönner, Tanja 11.09.2007.
[631] Vgl. Mez, Reiche 2008, S. 27.

es an, die *ökologischen Anforderungen für Wasserkraftanlagen zu relativeren*, indem gemäß der EG-Wasserrahmenrichtlinie (WRRL) neben dem Begriff „ökologischer Zustand" auch der breitere Begriff des „ökologischen Potentials" gelten sollte.[633] Bremen forderte über den Umweltausschuss, die *Einstufung in Vergütungsklassen nicht nach installierter Leistung, sondern nach tatsächlicher Stromerzeugung* zu bemessen. Weiterhin hielten die Länder es gemäß eines durch den Umweltausschuss eingebrachten Antrages Baden-Württembergs für erforderlich, dass nicht allein ein Umweltgutachter, sondern eine *Behörde die Voraussetzungserfüllung zum Erhalt der Vergütung überwache*. Dabei sollte die Form der Bescheinigung der Behörde überlassen bleiben, sodass auch eine Negativbescheinigung möglich werden könnte.[634]

5.4.5.3 Strom aus Biomasse

Die weitaus meisten Punkte forderten die Bundesländer in ihrer Stellungnahme bezüglich Strom aus Biomasse. Auf diesen Bereich fielen fast 30 Anträge - etwa die Hälfte aller Positionen der Länder - zum EEG-RegE. Besonders erfolgreich setzte hier der Agrarausschuss, gefolgt vom Umweltausschuss, seine Anliegen zum Beschluss im Bundesratsplenum durch, die sich vor allem für die Aufnahme von Substraten in die Positivlisten stark machten.

5.4.5.3.1 NawaRo-Bonus: Aufnahme weiterer Substrate

Vor allem Mecklenburg-Vorpommern hatte über den Agrarausschuss zahlreiche Anträge als Bundesrats-Forderungen zum *NawaRo-Bonus gemäß Anla-*

---

[632] Vgl. Bundesrat 15.02.2008, Rn. 7, 8 und 29 und Bundesregierung 29.02.2008, Rn. 7, 8 und 29.
[633] Vgl. EG-RiLi 98/30/EG vom 22.06.1998. Dagegen hielt die Bundesregierung Talsperren für wettbewerbsfähig. Kritisch bewertete sie auch den Vorschlag, die ökologischen Anforderungen für Wasserkraftanlagen zu relativieren. Die Wasserrahmenrichtlinie erfasse das gute Potential bereits unter der Begrifflichkeit des „guten Zustands", soweit hier künstliche oder stark veränderte Gewässerkörper betroffen waren. Vgl. Bundesregierung 29.02.2008, Rn. 10; siehe auch Bundesrat 15.02.2008, Rn. 9 und 10 und Bundesregierung 29.02.2008, Rn. 9.
[634] Die Bundesregierung wies auch diese Vorschläge zurück. Der Vorschlag Bremens sei „rechtstechnisch problematisch", führe zu Unsicherheiten über die Vergütung und böte einen Anreiz, die installierte Leistung einer Anlage nicht voll auszuschöpfen. Dagegen sei der Vorschlag Baden-Württembergs „systemfremd", da das EEG Teil des Privatrechts sei und nicht Sache einer Behörde. Vgl. Bundesregierung 29.02.2008, Rn. 6 und 11; siehe auch Bundesrat 15.02.2008, Rn. 6 und 11.

ge 2 durchgesetzt. Zunächst wollte es Anlagenbetreibern diese Prämie nicht nur bei Einsatz von „Rüben" sondern zusätzlich bei Einsatz von „Zucker- und Masserüben" gewähren.[635] Weiterhin sollten unter den NawaRo-Bonus auch „Futterreste" fallen, soweit sie in landwirtschaftlichen Betrieben anfallen[636]; auch „Zuschlagstoffe, Gärhilfen und Enzyme ohne nennenswerte Gasproduktion"[637], „aussortiertes Gemüse, Kartoffeln, -Heil- und Gewürzpflanzen sowie - Schnittblumen aus Land- bzw. Gartenbau". Nicht per se vom NawaRo-Bonus ausgeschlossen werden sollten dagegen „aussortierte Schnittblumen", sondern vielmehr nur diejenigen, die „aus Handel und Verarbeitung" stammten.[638]

Weiterhin forderte Mecklenburg-Vorpommern einige Ergänzungen zur *Positivliste der rein pflanzlichen Nebenprodukte und ihrer Standard-Biogaserträge* gemäß Anlage 2 V. So wollte es bei dieser Liste den spezifischen Begriff „Obsttrester" durch die unverbindlichere Definition „Trester" ersetzen.[639] Der Begriff „Zuckerrübenschnitzel" sollte hinsichtlich größerer Rechtsklarheit, um „als Nebenprodukt der Zuckerproduktion" ergänzt werden.[640] Schließlich sollten auch folgende Substrate den Status „rein pflanzliche Nebenprodukte" erhalten: „Getreideapputz, Rübenkleinteile, aussortiertes Gemüse, aussortierte Kartoffeln, -Heil- und Gewürzpflanzen sowie -Schnittblumen aus Handel und Verarbeitung".[641]

Sachsen-Anhalt brachte bezüglich des NawaRo-Bonus drei weitere Anträge, teilweise gemeinsam mit anderen Ländern, ein. Es wollte neben Getreideschlempe aus Weizen auch „Vinasse aus der Alkoholproduktion" in die *Posi-*

---

[635] Dies sollte in der Positivliste entsprechend ergänzt werden; vgl. Bundesrat 15.02.2008, Rn. 30a.aa.
[636] Vgl. Bundesrat 15.02.2008, Rn. 30a.bb.
[637] Dieser Vorschlag Mecklenburg-Vorpommerns war zuvor im Agrar- und im Umweltausschuss beschlossen worden. Vgl. auch Bundesrat 15.02.2008, Rn. 30a.bb.
[638] Vgl. Ergänzung der Negativliste gemäß Bundesregierung 05.12.2007, Anlage 2 IV: 30b.
[639] Vgl. Bundesrat 15.02.2008, Rn. 30.c.aa.ddd.
[640] Vgl. Bundesrat 15.02.2008, Rn. 30.c.aa.fff.
[641] Vgl. Bundesrat 15.02.2008, Rn. 30.c.aa.hhh. Schließlich sollten die Standard-Biogaserträge für Stoffe der Positivliste V, soweit sie nicht vorliegen, vom Anlagenbetreiber durch ein Gutachten eines Umweltgutachters nachzuweisen. Vgl. Bundesrat 15.02.2008, Rn. 30.c.bb.

tivliste der rein pflanzlichen Nebenprodukte mit aufnehmen.[642] Gemeinsam mit Nordrhein-Westfalen setzte es über den Umwelt- und den Agrarausschuss durch, für eine Streichung des Wortes „Biertreber" zu votieren. Die Länder sahen in diesem Substrat keinen biogenen Reststoff, sondern ein „hochwertiges Futtermittel", das nicht künstlich verteuert werden dürfe.[643] Schließlich machte Sachsen-Anhalt gemeinsam mit Nordrhein-Westfalen und Schleswig-Holstein einen Vorschlag zum *Güllebonus*. So sollte die Prämie auf 3 ct/kWh für Anlagen bis 500 kW erhöht werden; auf der anderen Seite wollte man den Mindestanteil Gülle von 30 auf 50 % anheben.[644]

Die Bundesregierung lehnte fast alle Vorschläge Mecklenburg-Vorpommerns zur Ausgestaltung des NawaRo-Bonus ab. Anklang fand nur die Forderung, den in der Positivliste stehenden Rübenbegriff um „Zucker- und Masserüben" zu erweitern und diese Begriffe entsprechend in der Liste der rein pflanzlichen Nebenprodukte zu streichen. Der Erweiterung des Begriffes „Zuckerrübenschnitzel" um „als Nebenprodukt der Zuckerproduktion" wurde nur unter dem Hinweis zugestimmt, dass damit Zuckerrübenpresskuchen gemeint seien.[645] Dagegen wurde insbesondere die geforderte Aufnahme zahlreicher Substrate mit der Bemerkung abgelehnt, dies widerspreche der Systematik dieses Bonus. Die Prämie sollte vielmehr einen wirtschaftlichen Betrieb von Anlagen ermöglichen, die speziell angebaute und damit teure Energiepflanzen oder Gülle anbauen. Weiterhin sprach sich die Regierung gegen die geforderte Erhöhung und Ausweitung des Güllebonus auf größere Anlagen mit dem Argument aus, dass dies zu einer „Quersubventionierung" der übrigen eingesetzten nachwachsenden Rohstoffe und somit zu einer Überförderung führen würde.[646]

5.4.5.3.2 KWK-Bonus und Wärmenutzungs-Bonus erweitern

Bezüglich des *KWK-Bonus gemäß Anlage 3* des RegE setzten Bayern und Baden-Württemberg, teilweise gemeinsam mit anderen Ländern, jeweils eini-

---

[642] Vgl. Bundesrat 15.02.2008, Rn. 30.c.aa.bbb. Diese Forderung beschlossen sowohl der Umwelt- als auch der Agrarausschuss des Bundesrates.
[643] Vgl. Bundesrat 15.02.2008, Rn. 30.c.aa.aaa.
[644] Vgl. Bundesrat 15.02.2008, Rn. 31.
[645] Vgl. Bundesregierung 29.02.2008, Rn. 30.a.aa, 30c.aa.ccc und 30c.aa.fff.

ge Anträge als Bundesratsstellungnahme durch, die nachfolgend dargestellt werden. Dabei hatten sie in verschiedenen Ausschüssen erfolg. Bayern reichte darüber hinaus einen Antrag zum *Wärmenutzungsbonus gemäß Anlage 4* ein. Auch hier hatten die Bemühungen der Ländervertreter vor allem die Absicht, sich für Biomasseanlagenbetreiber stark zu machen und die Boni zu erweitern.[646]

So forderte Baden-Württemberg gemeinsam mit dem an Biomasseanlagen reichen Niedersachsen über den Agrarausschuss erstens, die bisher definierte Untergrenze von 400 Metern Länge bei den Anforderungen an Wärmenetze aufzuheben, sodass *auch kleinere Wärmenetze gefördert* werden könnten.[648] Zweitens wollten die Länder die zahlreichen rechtlichen Voraussetzungen und *Mindestanforderungen für die Wärmenutzung* in der Positivliste des KWK-Bonus bezüglich Geflügelzuchtgebäuden, Tierställen und Unterglasanlagen gestrichen wissen und neben dem Heizen *auch die Option des Kühlens von Gebäuden fördern* lassen.[649] Schließlich verlangte Baden-Württemberg über den Umwelt- als auch den Wirtschaftsausschuss, auch die Trocknung von Klärschlamm mittels erneuerbarer Energien mit dem KWK-Bonus zu vergüten.[650] Die Bundesregierung lehnte vor allem die Vorschläge zum KWK-Bonus unter Verweis auf Mitnahmeeffekte ab und kommentierte bissig: „Mit dieser weiten Formulierung wird die Beheizung von offenen Tierställen ebenso mit dem KWK-Bonus honoriert wie die Beheizung von Fischteichen."[651]

Sie trat auch einem Vorschlag Bayerns entgegen, das über den Agrarausschuss beantragt hatte, die *technische Trocknung von Scheitholz und Holzhackschnitzeln* mit Obergrenze von 1,0 kWh/kg Trockenmasse in den *KWK-* und in den *Wärmenutzungsbonus* aufzunehmen. Da die Förderung von Holzpellets „nicht das ganze Spektrum dieser speziell produzierten Brennstoffe"

---

[646] Vgl. Bundesregierung 29.02.2008, Rn. 31.
[647] Vgl. Anträge zum KWK-Bonus: Bundesrat 15.02.2008, Rn. 32–36; Antrag auf den Wärmenutzungsbonus: Bundesrat 15.02.2008, Rn. 37 (bzw. 36).
[648] Bundesrat 15.02.2008, Rn. 32a.
[649] Vgl. Bundesrat 15.02.2008, Rn. 32b. Den letzten Punkt hatte auch der Umweltausschuss aufgrund eines Antrages von Nordrhein-Westfalen beschlossen.
[650] Vgl. Bundesrat 15.02.2008, Rn. 33.

abdecke, hätte nach Ansicht des Freistaates statt Holzpellets der Begriff „Biomassepresslinge" verwendet werden sollen.[652] Ferner wollte Bayern den KWK- bzw. Wärmenutzungsbonus auch dann gewähren, wenn die getrockneten Holzpellets anschließend nicht energetisch als Brennstoff genutzt würden.[653]

5.4.5.3.3 Übergreifende Themen

Schließlich nahm der Bundesrat zu übergreifenden Themen wie der *Biogaseinspeisung* oder zum *Anlagenbegriff nach § 19* Stellung, die zuvor vor allem vom Wirtschaftsausschuss vereinbart worden waren.

So beschlossen Wirtschafts- und Umweltausschuss nach Anträgen von Bayern bzw. Baden-Württemberg, die Vorschriften des Gesetzes im Bereich der Biomasse möglichst *widerspruchsfrei* zu formulieren bzw. die Bindung des *Vergütungsanspruches* größerer Biomasseanlagen statt ab 5 MW bereits ab 2 MW *an die Nutzung von Kraft-Wärme-Kopplung zu binden*.[654] Während die Bundesregierung der Prüfbitte des ersten Vorschlages nachkommen wollte, lehnte sie das zweite Begehren ab, da möglicherweise nicht genügend *Wärmesenken* zur Verfügung stünden.[655] Grundsätzliche Zustimmung signalisierte die Regierung allerdings für die von Bayern über den Agrarausschuss eingebrachten Prüfbitte des Bundesrates, ein *Bonus/Malus-System für die*

---

[651] Vgl. Bundesregierung 29.02.2008, Rn. 32; vgl. auch Rn. 33.
[652] Vgl. Bundesrat 15.02.2008, Rn. 34–37.
[653] Vgl. Bundesrat 15.02.2008, Rn. 34–37. Die Technische Trocknung von Scheitholz und Holzhackschnitzeln in Bezug auf den KWK- und Wärmenutzungsbonus haben Agrar- und Umweltausschuss beschlossen. Vgl. Bundesrat 31.01.2008a. Die Bundesregierung sah auch bei diesen Punkten keinen Regelungsbedarf. Für die Trocknung von Holzhackschnitzeln bestünde gemäß Generalklausel Nummer I.3 unter Umständen durchaus Anspruch auf Zusatzvergütung; gleiches gelte für Biomassepresslinge. Für den Wärmenutzungsbonus sollen „aus Effizienz- und Kostengründen" keine weiteren Wärmesenken geschaffen werden. Schließlich sei kein anderer Verwendungszweck für getrocknete Holzpellets als eine Verbrennung ersichtlich. Vgl. Bundesregierung 29.02.2008, Rn. 34-37; vgl. auch Rn. 33.
[654] Vgl. Bundesrat 15.02.2008, Rn. 15 und 12.
[655] Vgl. Bundesregierung 29.02.2008, Rn. 15 und 12. Eine Wärmesenke ist ein thermodynamisches Umfeld bzw. ein Wärmeübertragungskörper, der eine hohe Wärmekapazität besitzt und dadurch in der Lage ist bei hoher Wärmaufnahme einen quasi-stationären Temperaturzustand zu halten. Eine Wärmesenke ist ein Gegensatz zu einer Wärmequelle, die bei einem quasi-stationären Temperaturzustand Wärme kontinuierlich abgeben kann. Vgl. van Basshuysen, Schäfer 2009.

bedarfsgerechte Einspeisung von Gas aus Biogasanlagen mit einer Leistung bis 500 kW (auch Altanlagen) einzuführen. Sofern die Anlagen von 6-22 Uhr den EEG-Strom in das Netz einspeisten, sollten sie demnach einen Bonus von 2 ct//kWh erhalten. In der übrigen Zeit war dagegen ein Malus von 4 ct/kWh vorgesehen.

Baden-Württemberg, Sachsen und Bayern wollten erreichen, dass die *Nutzung von eingespeistem Biogas in BHKW auch im Mischbetrieb mit Erdgas* möglich sein sollte. Zum damaligen Zeitpunkt waren BHKW-Betreiber, die eingespeistes Biogas nutzen wollten, auf ein Jahr gezwungen, ausschließlich Biogas in den BHKW einzusetzen, sodass ein zeitweiliger Betrieb mit Erdgas ausgeschlossen war.[656] Während das Begehren sowohl im Umwelt- Agrar- und Wirtschaftsausschuss als auch im Ausschuss für Wohnungsbau auf großen Anklang stieß, kritisierte die Bundesregierung dieses Vorhaben für eine Abweichung von den „grundlegenden Prinzipien" des Ausschließlichkeitsprinzips. Zudem erleichterte der Vorschlag Mitnahmeeffekte, die durch das bestehende Vergütungs- und Kontrollsystem nicht auszuschließen waren. Die Umsetzung des Vorschlages beinhalte ferner weiteren bürokratischen Aufwand und damit eine Erhöhung der EEG-Kosten.[657]

Sachsen-Anhalt forderte über den Umweltausschuss, dass bei Biogasanlagen gemäß § 66 Nr. 4 statt des Nachweises der Heizwerte auch der *Nachweis der Gaserträge* der eingesetzten Stoffe verwendet werden könne. Danach war der Nachweis der Heizwerte nur sinnvoll, sofern die Einsatzstoffe direkt einer Verbrennung zugeführt würden. Die Bundesregierung hielt diesen Vorschlag dagegen aus rechtlichen Gründen für nicht umsetzbar.
Anders sah dies für einen vom Umwelt- Agrar- und Wirtschaftsausschuss beschlossenen Vorschlag aus, Betreibern von sog. *Biogasanlagenparks* bezüglich des neuen *Anlagenbegriffs in § 19 Bestandsschutz* zu gewähren. Diese Parks beinhalten mehrere Biomasseanlagen, die in räumlicher Nähe zueinander stehen. Während viele der Betreiber nach der bisherigen EEG-Regelung für jede einzelne dieser Anlagen die erhöhte Vergütung gemäß § 27 erhielten (sog. *Anlagensplitting*), sollten Anlagenparks laut RegE künftig

---

[656] Vgl. Bundesrat 15.02.2008, Rn. 13 und 3.

eindeutig als ‚eine' Großanlage gelten und einen entsprechend niedrigeren Vergütungssatz erhalten. So begrenzte der im RegE neu geregelte § 19 die Höhe der Vergütung für Strom aus mehreren Anlagen. Betreiber von Anlagenparks sahen sich finanziellen Nachteilen ausgesetzt.

Vor allem *Mecklenburg-Vorpommern* hatte sich auf Anraten eines Anlagenpark-Betreibers aus Penkun im Bundesrat erfolgreich dafür eingesetzt, zumindest Bestandsanlagen durch eine Übergangsregelung in § 66 von dieser Neuregelung zu verschonen.[658] Die Bundesregierung war allerdings grundsätzlich der Auffassung, dass Anlagenbetreiber im Falle des Anlagensplittings die erhöhte Vergütung rechtswidrig eingefordert hätten. Dies hatte sie bereits in einer Gegenäußerung auf die Stellungnahme des Bundesrates zu einem früheren Gesetzesvorhaben deutlich gemacht: „Die Bundesregierung ist der Auffassung, dass die vom Bundesrat geschilderte Praxis bereits mit geltendem Recht unvereinbar ist."[659] Gleichwohl stimmte sie einer Prüfung zu, wie „unerwünschte Folgen" für Bestandsanlagen ausgeschlossen werden könnten.[660]

5.4.5.4 Strom aus Geothermie

Im Bereich der *Geothermie* konnte Baden-Württemberg, das neben Bayern deutschlandweit besonders geothermie-höffig ist, zwei Vorschläge zum Beschluss durch das Plenum mit dem Ziel einer höheren Vergütung für Anlagenbetreiber durchsetzen.[661] Zum einen forderte der Bundesrat, einen *einheitlichen Grund-Vergütungssatz* von 16 ct/kWh für Geothermie einzuführen, sodass eine Differenzierung nach Leistungsklassen entfiele.[662] Nach dieser Argumentation machte eine leistungsbezogene Staffelung keinen Sinn, solange es noch keine Erfahrungen mit geothermischen Anlagen zur Stromerzeugung in Deutschland gab. Ferner sollten weitere Anreize zur besonders

---

[657] Vgl. Bundesregierung 29.02.2008, Rn. 13 und 3.
[658] Vgl. Kap. 5.4.5; siehe auch Bundesrat 15.02.2008, Rn. 27 und 38 und Bundesrat 05.02.2008.
[659] Vgl. Deutscher Bundestag 27.09.2006; ähnlich auch Altrock, Lehnert 2008, S. 119.
[660] Vgl. Bundesregierung 29.02.2008, Rn. 27 und 28. Vgl. dazu auch Schumacher 2008.
[661] Vgl. Zur Höffigkeit der Geothermie in Deutschland: GGA-Institut 2008.
[662] Anträge dazu wurden sowohl im Umwelt- als auch im Wirtschaftsausschuss beschlossen.

effizienten Nutzung von Erdwärme gesetzt werden, indem neben Strom auch die Wärme direkt zu nutzen sei. Deshalb wollte der Bundesrat den *Wärmenutzungsbonus in § 28 von 2 auf 3 ct/kWh erhöhen*. Beide Vorschläge wurden allerdings von der Bundesregierung abgelehnt.[663]

5.4.5.5 Strom aus solarer Strahlungsenergie

Das Saarland setzte die einzige Empfehlung der Länder aus dem Bereich der *Photovoltaik* für die Bundesratsstellungnahme durch. So forderte es, die *Vergütungssätze für Anlagen auf Stellplatzüberdachungen dem VS für Anlagen auf Gebäuden gleichzustellen*.[664] Damit sollten Anreize geschaffen werden, die versiegelten und meist ineffektiv genutzten Flächen für die Gewinnung elektrischer Energie zu nutzen. Die Bundesregierung argumentierte dagegen, überdachte Stellplätze seien bereits Gebäude im Sinne des § 33 Abs. 4. Deshalb erscheine ihr eine Änderung auch zur Klarstellung nicht erforderlich.[665]

5.4.5.6 Resümee Bundesratsstellungnahme

Zusammenfassend zeigte sich hinsichtlich der Stellungnahme des Bundesrates, dass sich die meisten Anträge jeweils *für verbesserte Förderungsbedingungen* von Erneuerbare-Energien-Trägern einsetzten. Im *Biomassebereich* engagierte sich *MV* diesbezüglich besonders stark mit 11 im Plenum durchgesetzten Anträgen bezüglich des *NawaRo-Bonus*. Gleichwohl brachten die Länder neben konkreten Forderungen nach Vergütungserhöhungen auch Anträge ein, die eher allgemeine Themen wie den Anlagenbegriff oder die Biogaseinspeisung ansprachen. Diese wurden vor allem durch den Wirtschaftsausschuss eingebracht. Deutlich wurde, dass *Bayern, Baden-Württemberg* und *Bremen* sich vor allem für eine direkte und indirekte Erhö-

---

[663] Vgl. Bundesrat 15.02.2008, Rn. 16 und 17. Dagegen hielt die Bundesregierung die bisherige Regelung für gerechtfertigt. Zudem seien die VS für Strom aus Geothermie im EEG-RegE bereits für alle Leistungsklassen erhöht worden. Eine Erhöhung des Wärmenutzungsbonus hielt sie ferner nicht für erforderlich, da für eine Wärmenutzung bereits „darüber hinaus steigende Wärmeerlöse zu erwarten" seien. Vgl. Bundesregierung 29.02.2008, Rn. 16 und 17.
[664] Vgl. Bundesrat 15.02.2008, Rn. 18.
[665] Vgl. Bundesregierung 29.02.2008, Rn. 18.

hung der Vergütung für *Wasserkraftanlagen* einsetzen. *Baden-Württemberg* machte sich daneben besonders für die Förderung der *Geothermie* stark. Hinsichtlich *PV* brachte nur das *Saarland* einen Antrag ein, während *kein Antrag zur Windenergie* in die Stellungnahme der Länderkammer einfloss. Allerdings wurden fast alle Anregungen des Bundesrates von der Bundesregierung abgelehnt.

5.4.6 Bundestag: 1. Lesung am 21.02.2008

5.4.6.1 Grundsätzliche Standpunkte der Parlamentarier vor 1. Lesung

Im Deutschen Bundestag stieß der EEG-RegE bei den Abgeordneten *innerhalb der Unionsfraktion* auf *geteilte Meinung*.[666] Während die Vorlage bei vielen Parlamentariern insbesondere in der Arbeitsgruppe Umwelt oder der AG Landwirtschaft von CDU und SPD auf Zustimmung und Wohlwollen stieß, positionierten sich vor allem Abgeordnete aus der Arbeitsgruppe Wirtschaft sowie der Arbeitsgruppe Finanzen der Union kritisch gegenüber dem Papier. So waren die Beratungen der Union zum EEG im Fraktionsvorstand, in der Arbeitsgruppe Wirtschaft oder im Koordinationskreis Energie immer wieder von skeptischen und mahnenden Wortbeiträgen einiger Abgeordneter begleitet, die ihren Fragen und Bedenken über die Ausgestaltung des Entwurfes hinsichtlich der *Kosten für Verbraucher und Wirtschaft* Ausdruck gaben.[667] Zwar gab es keine offen geäußerten Forderungen nach einer Abschaffung des EEG. Allerdings wünschten sich einige dieser Parlamentarier aussagekräftigere Informationen über die Belastung für die Verbraucher und der Wirtschaft durch das Gesetzesvorhaben. Ferner wurden Vorschläge gemacht, das EEG hinsichtlich der finanziellen Verbraucherbelastung zu begrenzen, einen grundsätzlichen Wechsel des Vergütungssystems weg von der Einspeisevergütung bis zum Jahr 2010 zu prüfen oder die Vergütungshöhe im Bereich der Photovoltaik stärker zu begrenzen. So forderten viele Unionspolitiker gerade eine Kürzung der Förderbedingungen für PV, wie ein Zeitschriftenbeitrag „...Kostenwälzungen auf Bürger muss man sehr gut begründen

---

[666] Vgl. Deutscher Bundestag 21.02.2008a.
[667] Vgl. AG Wirtschaft und Technologie der CDU/CSU-Bundestagsfraktion 06.05.2008; vgl. auch Dagger 20.02.2008.

können. Das erst recht, wenn man feststellt, dass zum Beispiel ein Arbeitsplatz in der Solarbranche heute mit jährlich 153.000 Euro subventioniert ist, - mehr als das Doppelte als beim Steinkohlebergbau, - wie das RWI in Essen gerade ermittelt hat. Wenn sich gleichzeitig die Aktienkursgewinne bei einigen Solarenergieherstellern binnen zweier Jahre verzwanzigfacht haben, drängt sich der Verdacht auf, dass manche neue Technologien derzeit eher „Subventionsstaubsauger" als Energiequellen sind."[668]

Grundsätzlich betonten die Befürworter des EEG-Entwurfes innerhalb der Unionsfraktion wie die EEG-Berichterstatterin *Maria Flachsbarth* in dieser Debatte vor allem die Notwendigkeit der Erfüllung der ehrgeizigen Klimaschutzziele der Bundesregierung und des EEG aus Gründen der *Umweltverträglichkeit,* der *langfristigen Wirtschaftlichkeit* und der *Versorgungssicherheit.*[669] Tatsächlich bestand für die Union vor allem auch aus *politischer Sicht* die Notwendigkeit zum Handeln, da die Klimaschutzziele erstens auf nationaler und internationaler Ebene *nationale Umsetzungen Deutschlands erforderten* und zweitens maßgeblich von *Deutschland* bzw. der *eigenen Parteifreundin, Bundeskanzlerin Angela Merkel,* vereinbart worden waren (vgl. Kap. 5.2.1.4).

Innerhalb der *SPD-Fraktion* wurde die Ausgestaltung des EEG-Entwurfes grundsätzlich begrüßt. Hier gab es weniger grundsätzliche Diskussionen als in der Union. Auch die Sozialdemokraten hatten wie die Union noch Wochen nach der 1. Lesung keine inhaltlich abgestimmte Position zum EEG beschlossen. Jedoch zeichnete sich in den Diskussionen der SPD bereits vor der 1. Lesung ein Kurs ab, der, auf den RegE bezogen, auf eine *geringere Degression bei Photovoltaik* und eine *Vergütungserhöhung bei Onshore-Windenergieanlagen* abzielte. Vor allem hinsichtlich der PV hatte die SPD-Fraktion im Gegensatz zur Union deutlich ambitioniertere Forderungsziele.[670]

---

[668] Vgl. Zeitschriftenaufsatz der umweltpolitischen Sprecherin der CDU/CSU-Fraktion und stellvertretenden Vorsitzenden des Parlamentskreises Mittelstand (PKM), Marie-Luise Dött MdB: Dött 2008, S. 30.
[669] Vgl. Maria Flachsbarth, in: Deutscher Bundestag 21.02.2008b, S. 15259ff.
[670] Vgl. Kelber 03.03.2008. Siehe auch Aussage des SPD-Bundestagsabgeordneten Hermann Scheer, in: Witt 2008a.

Diese Position erhielt zudem weiteren Nährboden durch die im folgenden Jahr 2009 *anstehenden Bundestagswahlen*. Bei den Sozialdemokraten sorgte zu dieser Zeit für Unmut, dass die Union in der öffentlichen (Medien-) Wahrnehmung vorwiegend mit der Energie- und Klimapolitik in Verbindung gebracht wurde und die SPD diesbezüglich nur nachrangige Beachtung erfuhr. Zwar stellten die Sozialdemokraten mit Sigmar Gabriel den für das EEG und zahlreiche andere Regelungen des IEKP federführenden Bundesumweltminister. Allerdings gelang es zu dieser Zeit Bundeskanzlerin *Angela Merkel*, sich zielgerichtet auf dem *Feld der Energie- und Klimapolitik zu profilieren* um im öffentlichen Bewusstsein vorrangig mit diesem Thema in Verbindung gebracht zu werden. So gelang es ihr, „ihren Ruf als Klimakanzlerin zu festigen".[671]

Wenngleich die Sozialdemokraten zu diesem Zeitpunkt noch keinen Beschluss zur politischen Ausrichtung hinsichtlich der EEG-Novelle gefällt hatten, sahen einige SPD-Parlamentarier im EEG nun die „Chance" für die zweite Hälfte der LP, sich mit Forderungen nach höheren Vergütungssätzen auch hinsichtlich des bevorstehenden Bundestagswahlkampfes gegenüber der Union zu profilieren. Der energiepolitische Sprecher und Leiter der Arbeitsgruppe Energie der SPD-Bundestagsfraktion, *Rolf Hempelmann*, machte dies in einem Brief zum IEKP an Parteifreunde deutlich: „Gerade im Hinblick auf das Wahl(kampf)jahr 2009 geht es darum, jetzt die richtigen inhaltlichen Akzente zu setzen. […] Über die Detailarbeit hinaus können wir […] uns als den energiepolitischen Motor der Koalition präsentieren. Dazu gehört auch, dass wir selbstbewusst diskutieren, bei welchen der auf Kabinettsebene getroffenen Verständigungen aus unserer Sicht noch ambitioniertere Ziele erreichbar scheinen."[672]

Grundsätzliche Übereinstimmung zwischen Union und SPD zeichnete sich allerdings bereits im Bereich der *Markt- und Netzintegration* ab. So strebten beide Fraktionen eine stärkere Integration von Strom aus regenerativen Energieträgern, in den Wettbewerb und in das Stromnetz an[673] Allerdings

---

[671] Dehmer 2007; siehe auch Uhlmann 2007.
[672] Hempelmann 2007.
[673] Siehe unten. Vgl. auch Deutscher Bundestag 06.03.2008, S. 15546 und Witt 2008a.

fehlte es zu diesem Zeitpunkt noch überwiegend an konkreten, weitergehenden Vorschlägen zu diesen Themen.

Nun wurde der EEG-RegE seitens der Oppositionsfraktionen unterschiedlich bewertet. Vertreter von *DIE LINKE* und *BÜNDNIS 90/DIE GRÜNEN* begrüßten den Entwurf im Kern und forderten vor allem aufgrund gestiegener Kosten für Anlagenbetreiber durch gestiegene Rohstoffkosten *noch höhere Vergütungssätze*.[674] Dagegen lehnte die *FDP-Fraktion* das EEG als Instrument und dessen Entwurf als *wettbewerbsfeindliche „Subvention"* ab.[675]

5.4.6.2 Strukturelle Ausgestaltung

Der Gesetzentwurf zum EEG sollte wie die meisten Gesetzentwürfe im Plenum des Deutschen Bundestages in *3 Lesungen* beraten werden. Aufgrund des öffentlichen Interesses wurde im Ältestenrat vereinbart, in der 1. Lesung eine *Aussprache* durchzuführen.
Obwohl nach der Stellungnahme des Bundesrates am 15.02.2008 noch eine Gegenäußerung der Bundesregierung zu den Anträgen der Länderkammer ausstand, warteten die Bundestagsabgeordneten der Großen Koalition deren Vorlage nicht ab, sondern legten den Termin für die *1. Lesung* des EEG im Bundestagsplenum auf den 21.02.– nur 6 Tage nach der Verabschiedung der Stellungnahme des Bundesrates. Zudem waren die Termine für die parlamentarischen Beratungen erst sehr spät abschließend beschlossen worden; sie wurden nur eine Woche vor der 1. Lesung offiziell durch den Ältestenrat festgelegt.[676]

Bereits Ende Januar 2008 hatte sich die CDU/CSU-Bundestagsfraktion darauf geeinigt, auf eine *2./3. Lesung* des EEG noch vor der Sommerpause im Deutschen Bundestag hinzuwirken.[677] Die Parlamentarier drängten aus *drei*

---

[674] Während Hans-Kurt Hill als Vertreter der LINKSPARTEI „am EEG am liebsten gar nicht viel geändert" hätte, war Hans-Josef Fell die Weiterentwicklung des EEG wichtig. Mit Themen wie Direktvermarktung und der Reform des Umlageverfahrens habe die Regierung „richtige Überschriften formuliert, aber sie nicht mit richtigen Inhalten gefüllt." Vgl. Bröer 2007a, S. 3.
[675] Vgl. Fell 21.12.2007; siehe auch Thiele 07.12.2007.
[676] Vgl. GOBT vom 02.07.1980, § 20 Abs. 1.
[677] Vgl. Notizen Dagger, in: Pfeiffer 14.01.2008.

Gründen auf eine zügige Verabschiedung. *Erstens* wollten vor allem die Umweltpolitiker von Union und SPD der EE-Branche entgegenkommen, indem sie sich überwiegend für eine zügige Verabschiedung einsetzten, um Investitions- und Planungssicherheit zu erhalten. Zwar sprachen sich viele Vertreter der Solarbranche gegen ein vorzeitiges Inkrafttreten der Novelle vor dem 01.01.2009 aus. Sie befürchteten durch das Gesetz eine Verschlechterung der Förderbedingungen der Photovoltaik. Durch ein Vorziehen des neu gefassten EEG würde die Branche somit vorzeitig den neuen und damit wahrscheinlich schlechteren Förderungsbedingungen ausgesetzt sein. Auf der anderen Seite wollten viele Vertreter der Solarbranche den avisierten Zeitplan des Novellierungsprozess nicht behindern. Sie erkannten zu diesem Zeitpunkt die Gefahr, dass eine Verschiebung der 2./3. Lesung des EEG und damit eine Verlängerung des Diskussionsprozesses bezüglich der Förderungsbedingungen der Solarbranche ebenso schaden könnte. Die Photovoltaik stand zu diesem Zeitpunkt in einigen Presseveröffentlichungen bereits in der Kritik, da ihr eine Überförderung nachgesagt wurde.[678] Das parlamentarische und mediale Sommerloch hätte Gegnern der Photovoltaik eine weitere Plattform für Kritik bieten können, die der öffentlichen Akzeptanz der PV und damit den Durchsetzungschancen guter Förderungsbedingungen hätte schaden können.[679] Anders als die Solarbranche erhofften sich dagegen die meisten Vertreter der übrigen EE-Branchen Verbesserungen der Förderungsbedingungen für ihren Energieträger durch die EEG-Novelle. Verbände, wie zum Beispiel der Fachverband Biogas oder der BWE, forderten unbedingt eine zeitnahe Novellierung und ein zügiges Inkrafttreten - nach Möglichkeit bereits im Oktober 2008.[680]

Zweitens wollten die Umweltpolitiker der Union das Gesetzesvorhaben zügig beschließen, um der ökonomischen Koalition möglichst wenig Gelegenheit zu bieten, den von BMU und BMWi mühsam vereinbarten RegE wieder grundsätzlich infrage zu stellen. Je mehr Zeit für die Behandlung des Gesetzes in Anspruch genommen würde - so die Sicht der Umweltpolitiker - desto eher könnte es als Angriffsfläche für Kritik oder für Vorschläge genutzt werden, die

---

[678] Vgl. Welter 20.04.2008 und Küffner.
[679] Öffentliche Akzeptanz ist eine Ressource zur Durchsetzung politischer Interessen. Vgl. Weber 1981

als Ziel verfolgten, die darin formulierten umweltpolitischen Ziele zu relativieren.

Drittens wollten die Regierungskoalitionäre der politischen Opposition durch ein straffes Zeitgerüst möglichst keine Plattform bieten, um sich mit dem Thema EEG öffentlich zu profilieren. Dies galt einerseits für die Nutzung der Massenmedien während der sitzungsfreien Zeit des Bundestages („Sommerloch"), und andererseits für das Einbringen von parlamentarischen Anträgen im Bundestag.[681]

Neben dem zeitlichen Ablauf stand bis Anfang Februar auch die Frage an, in welchem *strukturellen Rahmen* das EEG im Deutschen Bundestag behandelt werden sollte. Während die *SPD* das EEG im Bundestag zunächst *gemeinsam mit den anderen Regelungen des IEKP* im Bundestag bearbeiten wollte, war der *Union* sehr daran gelegen, die einzelnen Komponenten des IEKP *ressortunabhängig voneinander* zu bearbeiten. Ursächlich dafür war, dass einzelne Gesetze des IEKP wie das KWKG unter Federführung des Wirtschaftsressorts standen; für die meisten Gesetze innerhalb des IEKP hatte aber das Umweltressort die Federführung inne. Somit hätte eine Behandlung des EEG im Bundestag als Gesetzespaket zur Folge gehabt, dass das Umweltressort für alle diese Gesetze zuständig gewesen wäre. Das Wirtschaftsressort war innerhalb der Bundesregierung von der Union besetzt, dagegen hielt die SPD das Umweltressort mit Bundesminister Sigmar Gabriel inne. Folglich hätte eine Behandlung aller Gesetze des IEKP im Bundestag als ‚Paket' erstens dem Umweltressort und den Umweltpolitikern in Bezug auf ihren Anteil der Redezeit bei den Lesungen im Plenum eine größere Plattform verschafft. Zweitens hätte der Umweltausschuss die Federführung über alle im IEKP enthaltenen Gesetze erhalten. Damit hätten „andere wichtige Einzelmaßnahmen (z.B. Wirtschafts- oder Energiepolitik betreffend)" aus Sicht der ökonomischen Koalition und der Unionsfraktion „nicht entsprechend gewürdigt" werden können.[682] Deshalb drängten die Union und insbesondere deren Wirtschaftspolitiker darauf, die Gesetze und Verordnungen des IEKP

---

[680] Vgl. BWE 03.06.2008; Windenergieagentur Bremerhaven, WVW 10.03.2008 und Fachverband Biogas 27.03.2008, S. 4.
[681] CDU/CSU-Bundestagsfraktion 17.04.2008.
[682] Vgl. Pfeiffer 16.01.2008a.

getrennt voneinander in den Fachausschüssen zu behandeln. Die getrennte Behandlung war bereits dem BMWi im Bereich der Ressortverhandlungen gelungen; nun erreichte es auch die Fraktion der CDU/CSU in den Verhandlungen im Bundestag.[683]

Am 21.02.2008 wurde der EEG-RegE der Bundesregierung in der *1. Lesung* unter TOP 4 a) im Deutschen Bundestag beraten. Neben dem *EEG* wurden unter diesem Tagesordnungspunkt außerdem das *Erneuerbare-Energien-Wärmegesetz (EEWärmeG)*, das *8. Bundes-Immissionsschutzgesetz (8. BImSchG)* sowie ein Bericht der Deutschen Energie-Agetur (DENA) über die *Förderung des Exports erneuerbarer Energien-Technologien* zusammengefasst.[684] Als Redner der Lesung sprachen neben Bundesumweltminister *Sigmar Gabriel* die Abgeordneten *Dirk Becker* (Berichterstatter), *Rolf Hempelmann*, *Rainer Fornahl* und *Marco Bülow* auf Seiten der SPD. Dagegen trugen für die CDU/CSU *Katherina Reiche*, *Joachim Pfeiffer*, *Georg Nüsslein* und *Maria Flachsbarth* (Berichterstatterin) vor. Auf Seiten der Opposition sprachen für die FDP *Horst Meierhofer* und *Angelika Brunkhorst* (Berichterstatterin), für DIE LINKE *Hans-Kurt Hill* (Berichterstatter) und für BÜNDNIS 90/DIE GRÜNEN *Hans-Josef Fell* (Berichterstatter) und *Bärbel Höhn*.[685]

5.4.6.3 Plenardebatte

In der 1. Lesung wurden sowohl spartenübergreifende Aspekte angesprochen als auch Punkte zu den einzelnen Energieträgern genannt. Da in diesem Rahmen „nur die Grundsätze der Vorlagen besprochen" wurden, sprachen die Redner vor allem über die *grundsätzliche Bedeutung des EEG* und nannten nur vereinzelt konkrete Standpunkte zur Novellierung des Gesetzes.[686] Dies lag darüber hinaus vor allem an 2 Gründen:

---

[683] Pfeiffer 16.01.2008a.
[684] Aufgrund der damaligen medialen Aktualität des Themas „Biokraftstoffe" wurde der Entwurf des 8. BImSchG von vielen Rednern überproportional stark behandelt. Somit sprachen einige Sprecher wie Bundesumweltminister Sigmar Gabriel das EEG nur am Rande an. Vgl. Deutscher Bundestag 21.02.2008b, S. 15237–15262.
[685] Vgl. Deutscher Bundestag 21.02.2008b, S. 15237–15262.
[686] Vgl. GOBT vom 02.07.1980, § 79.

Erstens stand in dieser Phase des Politikformulierungsprozesses die eigene Positionsfindung der beiden Koalitionsfraktionen zur EEG-Novelle noch relativ am Anfang. Zwar waren sowohl bei CDU/CSU als auch SPD bereits zahlreiche Gespräche in verschiedensten Gremien geführt worden, in denen bereits einzelne Fragestellungen angesprochen wurden. Ferner waren bereits Positionspapiere einzelner Akteure der Fraktionen verfasst worden.[687] Allerdings waren die federführenden Berichterstatter und zuständigen Arbeitsgruppen der Fraktionen auch noch Wochen nach der 1. Lesung damit beschäftigt, die zahlreichen eingehenden Stellungnahmen von politischen Institutionen und Interessengruppen aufzunehmen und zu ordnen. So bestand zu diesem Zeitpunkt weder bei CDU, CSU oder SPD bereits eine innerhalb der jeweiligen Fraktion abgestimmte detaillierte Position.[688]

Zweitens wollten die Politiker von CDU und CSU einerseits und SPD andererseits ihren jeweiligen Verhandlungspartnern innerhalb der Großen Koalition aus taktischen Gründen noch keine allzu detaillierte Einsicht in die eigenen Absichten geben. Deshalb vereinbarten sie, dass die Redner im Plenum inhaltlich nur wenig Bezug auf Detailregelungen nehmen sollten.[689]

Spartenübergreifendes

In der Aussprache wurde deutlich, dass *mit Ausnahme der FDP alle anderen Fraktionen des Bundestages das EEG für ein sinnvolles Instrument* zur Förderung der erneuerbaren Energien hielten. *Katherina Reiche* und *Maria Flachsbarth* lobten das EEG "international als beispielhaft". Das Gesetz müsse den größten Teil der nationalen Klimaschutzziele leisten.[690] Auch die *SPD* bezeichnete das EEG als „eine Erfolgsgeschichte", wenngleich das Ziel einer EEG-Verstromung von 30 % im Jahr 2020 „eine ambitionierte Aufgabe" sei.[691] Die Sozialdemokraten hielten das System der Einspeisevergütung für

---

[687] Vgl. Reiche 27.11.2007; Flachsbarth 19.10.2007; siehe auch Göppel 12.02.2008 oder Röring 12.02.2008.
[688] Vgl. CDU/CSU-Bundestagsfraktion 08.02.2008 und CDU/CSU-Bundestagsfraktion 17.04.2008.
[689] Dies wurde auf Seiten der Union im Abstimmungsgespräch des Fraktionsvorstands für die 1. Lesung am 18.02.2008 beschlossen. Vgl. Dagger 18.02.2008.
[690] Vgl. Deutscher Bundestag 21.02.2008b, S. 15241 und S. 15261; siehe auch ddp 21.02.2008.
[691] Vgl. Rolf Hempelmann, in: Deutscher Bundestag 21.02.2008b, S. 15248.

„das effizienteste und auch das wirtschaftlichste" und wollten deshalb ausdrücklich weiterhin daran festhalten.[692]

Innerhalb der Opposition betonten *DIE LINKE* und *Bündnis-Grüne* die Vorteile eines ‚starken' EEG. Allerdings kritisierten beide den RegE der Bundesregierung als zu wenig ambitioniert und untauglich, den notwendigen Ausbau regenerativer Energien zu erreichen. So klagte Hans-Kurt Hill: „Nach dem, was uns vorliegt, droht der notwendige Ausbau von Wind- und Wasserkraft, Solarenergie, Biomasse und Erdwärme aber auf halbem Weg stecken zu bleiben. Ihre Gesetzentwürfe, meine Damen und Herren der Koalition, sind aus der Sicht der Linken viel zu lasch ausgelegt"[693] Dagegen sprach sich die *FDP-Fraktion* zwar grundsätzlich für regenerative Energien aus, die zuständige Berichterstatterin *Angelika Brunkhorst* beurteilte das EEG allerdings als falsches Mittel zur Förderung dieser Energieträger und *lehnte es deshalb im Grundsatz ab*. „Ist das EEG wirklich der Weisheit letzter Schluss, oder geht es, zumindest beim Zubau, auch anders, kostengünstiger und besser? Das EEG ist keine heilige Kuh. Hier gibt es auf jeden Fall einen Dissens. […] Wir von der FDP setzen dem EEG ein System der differenzierten Mengensteuerung entgegen" […] Ihre Begeisterung für das EEG teilen wir nicht."[694]

Gleichwohl machten Redner aller 5 Fraktionen grundsätzlich Vorschläge, in welchen Punkten der von der Bundesregierung vorgelegte EEG-RegE auf Basis des bisherigen Modells der Einspeisevergütung innerhalb der anstehenden Novellierung aus ihrer Sicht verändert werden müsse. Als spartenübergreifende Punkte, die im Rahmen der Novellierung behandelt werden sollten, betonten sowohl Redner der *CDU/CSU* und *FDP*, als auch Redner der *SPD* eine *verbesserte Integration des EEG-Stroms zum einen in den*

---

[692] „Wir werden an diesem Modell festhalten; das ist unbestritten."; vgl. Deutscher Bundestag 21.02.2008b, S. 15248.
[693] Vgl. Hans-Kurt Hill, in: Deutscher Bundestag 21.02.2008b, S. 15242. Vgl. auch Hans-Josef Fell: „Das Ziel des Bundesumweltministers, einen Anteil von 25 bis 30 % erneuerbaren Energien zu erreichen, ist nicht ambitioniert. Die Branche kann und will mehr. Das sollten wir auch akzeptieren und entsprechende Maßnahmen anstoßen."; Deutscher Bundestag 21.02.2008b, S. 15247.
[694] Vgl. Deutscher Bundestag 21.02.2008b, S. 15249f.

Strommarkt und zum anderen in das Stromnetz.[695] Im Rahmen der stärkeren Marktintegration waren sich die Abgeordneten einig, dass mehr Anreize für eine *Direktvermarktung* des EEG-Stroms gegeben werden sollten – etwa durch eine flexiblere Gestaltung der zeitlichen Fristen.[696] Der SPD-Abgeordnete *Rolf Hempelmann* erklärte: „Dabei geht es darum, die Anreize so zu setzen, dass die erneuerbaren Energien ein Stück weit, da wo es möglich ist, von der Vergütung wegkommen. Wir müssen zu am Markt erzielten Preisen und Gewinnen kommen. […] Wir müssen Anreize setzen, die dazu führen, dass die Erzeuger von erneuerbaren Energien schrittweise in Richtung Direktvermarktung gehen. Wir müssen einen Schritt in Richtung Entsendung der erneuerbaren Energien in den Wettbewerb machen."[697]

Auch eine *verbesserte Integration des EEG-Stroms in die Netze* fand vor allem innerhalb der Koalitionsfraktionen, aber auch von Seiten der FDP Befürworter. Die Redner hielten neben verbesserten Speichertechnologien vor allem stärkere Anreize zur Kombination etwa von Wind-, Biomasse- und Speicherkraftwerken für sinnvoll, um EEG-Strom „nahezu grundlastfähig" zu machen.[698] Die Abgeordnete *Katherina Reiche* führte aus: „Hier stellt sich die Frage, ob wir im EEG tatsächlich die erforderlichen Regelungen geschaffen haben, um das Zusammenspiel verschiedener Energieträger – wie zum Beispiel Wind und Biomasse oder Wind und Biogas – so zu kombinieren und zu fördern, dass erneuerbare Energien grundlastfähig werden. Wenn wir zu dem

---

[695] Zu diesbezüglichen Äußerungen der FDP vgl. Angelika Brunkhorst, in: Deutscher Bundestag 21.02.2008b, S. 15250.
[696] „Ziel muss die Verschiebung der Erzeugung in die Zeiten hoher Nachfrage sein. Die Veredelungs- und Wälzungskosten müssen transparenter werden. Wir wollen unabhängigen Erzeugern ermöglichen, sich an diesem Markt zu beteiligen."; vgl. Maria Flachsbarth, in: Deutscher Bundestag 21.02.2008b, S. 15261.
[697] Deutscher Bundestag 21.02.2008b, S. 15249.
[698] Vgl. Maria Flachsbarth, in: Deutscher Bundestag 21.02.2008b, S. 15261. „Wir müssen unser Augenmerk stärker darauf lenken, wie wir Netz- und Marktintegration in diesem Gesetz sicherstellen. Ich bin sicher, es wird dazu im weiteren Verfahren Lösungsansätze geben. Wir müssen sehen, wie wir beispielsweise fluktuierende erneuerbare Energien verlässlicher in den Energiemix einbeziehen. Hierzu werden wir weitere Vorschläge machen.". Vgl. Dirk Becker in: Deutscher Bundestag 21.02.2008b, S. 15245. Siehe auch Rolf Hempelmann und Marco Bülow, in: Deutscher Bundestag 21.02.2008b, S. 15248 bzw. 15259.

Schluss kommen, dass das noch nicht der Fall ist, dann sollten wir nachbessern."[699]

Wenn ein *Bonus für „kluges Einspeisemanagement"* bereits in diesem Stadium tatsächlich bei vielen Vertretern von *CDU/CSU* und *SPD* Anklang fand, forderte nur *DIE LINKE* diesen Bonus bereits konkret in der 1. Lesung.[700] Zudem wurde in dieser Debatte deutlich, dass die Abgeordneten fraktionsübergreifend die *Verordnungsermächtigungen* des BMU in § 66 ablehnten, die die Gestaltungsmacht des Parlamentes zu Gunsten des BMU einschränke. *Dirk Becker* (SPD) kritisierte: „Wenn es um Entscheidungen geht, die den Sinngehalt des Gesetzes verändern können, dann ist das Sache des Parlaments und nicht Sache der Exekutive."[701] *Angelika Brunkhorst* (FDP) pflichtete bei: „Völlig inakzeptabel ist jedoch, dass nach der heute vorgelegten Novelle beim EEG-EB in Zukunft keine Ressortabstimmung mehr vorgegeben sein soll. Noch dreister ist: Das BMU soll in die Lage versetzt werden, zentrale Elemente des Gesetzes, nämlich die Degressionsregel und die Biomassenachhaltigkeitskriterien, nur durch Rechtsverordnung und ohne Beteiligung der Parlamente festzulegen. So geht das nicht, liebe Kolleginnen und Kollegen von den Regierungskoalitionsfraktionen. Das allein wäre für uns schon Grund genug, diese Novelle abzulehnen."[702]

Die *Union* stellte mit Katherina Reiche und Georg Nüsslein die *besondere Ausgleichsregelung für die energieintensiven Industrien* zum einen als notwendige Härtefallregelung dar. Maria Flachsbarth wies aber gleichzeitig darauf hin, dass durch diese Regelung die Stromkosten für diejenigen Verbraucher steigen, die nicht unter diese Maßnahme fallen.[703] Dagegen positionierte sich *DIE LINKE* mit Hans-Kurt Hill explizit für eine *Härtefallregelung für Anla-*

---

[699] Vgl. Katherina Reiche, in: Deutscher Bundestag 21.02.2008b, S. 15242.
[700] „Zudem brauchen wir einen Förderbonus für kluges Einspeisemanagement, zum Beispiel innovative Speicher für Wind- und Solarstrom.". Vgl. Hans-Kurt Hill in: Deutscher Bundestag 21.02.2008b, S. 15243.
[701] Vgl. Dirk Becker, in: Bröer 2007a, S. 3.
[702] Vgl. Angelika Brunkhorst, in: Deutscher Bundestag 21.02.2008b, S. 15250. „Damit wäre das Parlament bei der weiteren Gestaltung wichtiger Instrumente im EEG praktisch außen vor- so bitte nicht!"; siehe auch Maria Flachsbarth, in: Deutscher Bundestag 21.02.2008b, S. 15261 und
[703] Vgl. Deutscher Bundestag 21.02.2008b, S. 15241, 15250 und 15261.

genbetreiber, sofern deren Strom aufgrund von Netzengpässen nicht ins Netz aufgenommen werden könne. „Warum werden von RWE und Co. die Engpässe im Stromnetz nicht beseitigt? Doch nur, um einen Grund zu haben, Wind- und Solarparks abzuschalten, weil man mit abgeschriebenen Kohle- und Atommeilern natürlich mehr Geld verdient! Ich will ganz klar sagen: In meinen Augen ist so etwas kriminell. Anlagenbetreiber im Bereich erneuerbarer Energien sind deshalb künftig für solche Ausfälle zu entschädigen".[704]

Strom aus Wasserkraft

Zur künftigen politischen Richtung bei der Förderung von Strom aus *Wasserkraft* äußerten sich nur Vertreter der Union am Rande. Während der bayerische CSU-Abgeordnete *Georg Nüsslein* aus dem an Wasserkraft reichen Bayern implizit Vorschläge des BMU nach einer Verschärfung des Wasserhaushaltsrechts kritisierte, hielt seine niedersächsische CDU-Kollegin *Maria Flachsbarth* aufgrund natürlicher Kapazitätsgrenzen im Bereich der Wasserkraft „keinen wesentlichen Zubau mehr [für] möglich."[705]

Strom aus Biomasse

Im Bereich der *Biomasse* benannten Unions- als auch FDP-Vertreter die zunehmende *Flächenkonkurrenz* auf landwirtschaftlichen Flächen aufgrund stofflicher und energetischer Nutzung als Problem.[706] Als politische Folge hielten Flachsbarth und Brunkhorst eine weitere Erhöhung des NawaRo-Bonus nicht für zweckmäßig. Eine Lösung sahen die Parlamentarierinnen dagegen in einer *verstärkten Nutzung von Gülle und biogenen Abfällen und Nebenprodukten in Biomasseanlagen.*[707] Schließlich strebte Flachsbarth eine Lösung für eine *bessere Wärmenutzung bei Biomasseanlagen* an, indem etwa der *KWK-Bonus* verändert werden sollte. „Flächenkonkurrenz und höhere Substratpreise erschweren den wirtschaftlichen Betrieb und weiteren Zubau. Deshalb muss der Bestand der Altanlagen gesichert und zugleich die Nutzung von Gülle forciert werden, um das klimaschädliche Ausgasen von Methan aus direkt auf die Felder ausgebrachter Gülle zu reduzieren. Außerdem

---

[704] Vgl. Deutscher Bundestag 21.02.2008b, S. 15243.
[705] Vgl. Deutscher Bundestag 21.02.2008b, S. 15250 und 15269.
[706] Vgl. Deutscher Bundestag 21.02.2008b, S. 15261, 15256 und 15250.
[707] Vgl. Deutscher Bundestag 21.02.2008b, S. 15261 und 15250.

muss versucht werden, so viel organische Substrate wie möglich, auch Abfall- und Nebenprodukte, Biogasanlagen zugänglich zu machen. Eine bessere Wärmenutzung ist umweltpolitisch dringend erforderlich. Da könnte der KWK-Bonus weiter lenkend eingreifen."[708]

Strom aus Geothermie

Sowohl Vertreter von *Union* als auch *SPD* signalisierten in der 1. Lesung des EEG, dass sie im Bereich der *Geothermie großes „Potential"* für die regenerative Stromerzeugung sehen. Da Strom aus Geothermie unter anderem grundlastfähigen Strom liefern kann, warben sie auch für eine stärkere politische Förderung von Technologien in diesem Bereich durch die EEG-Novelle.[709]

Strom aus Windenergie

Maria Flachsbarth bedauerte den Rückgang des Zubaus an *Windstrom* im Jahr 2007 und sprach sich deshalb „für eine weitere Förderung" des *Repowering* aus.[710] Als „Hoffnungsträger der Politik für einen zügigen Ausbau der Windenergie" bezeichnete sie die *Offshore-Windenergenutzung*, bei der aus ihrer Sicht „weitere Anreize notwendig" waren.

Redner der *SPD* wie Dirk Becker machten sich im Bereich der Windenergie wie in den innerfraktionellen Beratungen zuvor dagegen vor allem für *höhere Vergütungssätze*, aber auch für *Repowering-Anreize* bzgl. *Onshore-WEA* stark: „Man hat manchmal den Eindruck, die Windenergie ist für viele abgeschrieben. Es wird über Offshoreanlagen und Repowering gesprochen. Aber ich sage Ihnen: Unsere Ziele für den Ausbau, die Quoten für erneuerbare Energien, können wir nur dann erreichen, wenn auch weiterhin Onshoreanlagen gefördert werden. Auch hier müssen wir schauen, ob die Vergütungssätze ausreichend sind. Es gibt zumindest Anzeichen, dass die Vergütungssätze

---

[708] Vgl. Deutscher Bundestag 21.02.2008b, S. 15261.
[709] Vgl. Maria Flachsbarth, in: Deutscher Bundestag 21.02.2008b, S. 15261; Georg Nüsslein, in: Deutscher Bundestag 21.02.2008b, S. 15256; siehe auch Marco Bülow: „Auch die Geothermie, die immer ein wenig vergessen wird, bietet riesige Potenziale. Ich glaube, dass es wichtig ist, diesen Bereich sehr stark zu fördern."; vgl. Deutscher Bundestag 21.02.2008b, S. 15259.
[710] Vgl. Deutscher Bundestag 21.02.2008b, S. 15261.

tatsächlich ein Problem darstellen und dass hier noch einmal nach oben hin nachjustiert werden muss. Das wird im weiteren Verfahren zu prüfen sein."[711]

Schließlich sprachen sich auch die Vertreter der SPD, aber auch der Fraktion DIE LINKE für den Abbau „bürokratischer Hemmnisse" wie die Bauhöhenbegrenzung der WEA aus, die die Effektivität von Anlagen mindere.[712] Während Hans- Kurt Hill die Regelungen des RegE zum Repowering als „guten Aufschlag" lobte und sich für die Förderung der Offshore-WEA aussprach, kritisierte Angelika Brunkhorst die Regelungen zum Repowering als „inhaltlich negativ" und „zum Teil absurd und kontraproduktiv". Ferner warnte sie vor überzogenen Erwartungen hinsichtlich der Offshoretechnologie, die noch zu wenig erprobt sei.[713]

Strom aus solarer Strahlungsenergie
Hinsichtlich der *solaren Strahlungsenergie* zeichnete sich bei der Unionsfraktion ab, dass sie eine *Absenkung der Vergütung* für erforderlich hielt. So kritisierten die Christdemokraten du Christsozialen: „Dennoch werden Stimmen laut – und sie sind auch nicht zu überhören –, dass einige Bereiche überfördert sind. Ich denke zum Beispiel, dass in der Fotovoltaik Nachholbedarf besteht. Der Anteil der zur Verfügung gestellten Mittel steht momentan in keinem Verhältnis zu dem, was Fotovoltaik insgesamt zur Stromproduktion beiträgt. Ich glaube, dass Technologiesprünge dann möglich sind, wenn wir Innovationsanreize setzen. Ich denke dabei an Solarzellen der dritten Generation."[714] „Der Bereich des Sonnenstroms macht angesichts sehr hoher Kosten ein Nachjustieren erforderlich. So stellt die Fotovoltaik derzeit nur gut 3 % des Ökostroms; ihr Anteil an der Gesamtvergütung erneuerbaren Stroms beträgt

---

[711] Vgl. Dirk Becker, in: Deutscher Bundestag 21.02.2008b, S. 15245. Vgl. auch Marco Bülow: „Wir dürfen jetzt nicht nur darauf achten, auch wenn es wichtig ist, dass wir mit dieser Technologie aufs Meer gehen, sondern wir müssen auch darauf achten, dass das Repowering ordentlich gelingt. Der Austausch einer bestehenden Anlage gegen eine neue kann nämlich eine Verdopplung oder gar eine Verdreifachung der Energieerzeugung bewirken." Deutscher Bundestag 21.02.2008b, S. 15259.
[712] Vgl. Marco Bülow, in: Deutscher Bundestag 21.02.2008b, S. 15259. Hill: Deutscher Bundestag 21.02.2008b, S. 15243.
[713] Vgl. Deutscher Bundestag 21.02.2008b, S. 15243 bzw. 15250.
[714] Vgl. Deutscher Bundestag 21.02.2008b, S. 15242.

allerdings 20 %."[715] Vertreter der SPD pflichteten diesen Aussagen indirekt bei: „Aber auch die Anpassung der Vergütungssätze wird erforderlich sein, sowohl in einigen Technologien nach unten – Frau Reiche hat ein Beispiel angesprochen – als auch bei anderen Technologien nach oben."[716] Auch Hans-Kurt Hill hielt für DIE LINKE gegen die Solarstrombranche gerichtete Vorwürfe nach ‚Innovationsmüdigkeit' „teilweise wohl auch [für] gerechtfertigt", allerdings schaffe die Branche in Ostdeutschland zahlreiche Arbeitsplätze.[717]

5.4.6.4 Fazit

Als Fazit zeichnete sich nach der 1. Lesung des EEG im Deutschen Bundestag ab, dass der *Abstimmungsprozess der Position innerhalb der Fraktionen noch am Anfang* stand. Obwohl Positionspapiere verschiedenster Akteure existierten, waren sich die meisten Parlamentarier doch nur in grundlegenden Fragen einig. Die Koalitionsfraktionen wollten die Fragen nach einer *stärkeren Markt- und Netzintegration* von EEG-Strom im Rahmen der Novelle betonen. Der Kurs der *SPD* bekräftigte sich, wonach die Energieträger *Wind und Sonne* stärker gefördert werden sollten. Dagegen war sich die *Union* überhaupt noch nicht darüber einig, ob sie den RegE um die besonderen Interessen der CSU hinsichtlich einer verstärkten Förderung der Wasserkraft verändern sollte. Die *FDP* machte deutlich, dass sie den *RegE ablehne* wolle und auf eine *stärkere Marktintegration* setzte. Dagegen lobten *BÜNDNIS 90/DIE GRÜNEN* und *DIE LINKE* hingegen lobten das neu zu novellierende EEG grundsätzlich, forderten zugleich aber weitergehende *Förderungen*.

Ziel einer ‚1. Lesung' im Bundestag ist es in der Regel, auf Basis der Empfehlungen des Ältestenrates einen oder mehrere Ausschüsse zu bestimmen, die sich mit dem Gesetzentwurf auseinandersetzen und ihn für die 2. Lesung fachlich vorbereiten.[718] Der EEG-RegE wurde als Bundestagsdrucksache 16/8148 in der 145. Sitzung des Plenums an die fünf Ausschüsse *Umwelt,*

---

[715] Vgl. Maria Flachsbarth, in: Deutscher Bundestag 21.02.2008b, S. 15261; siehe auch Georg Nüsslein, in: Deutscher Bundestag 21.02.2008b, S. 15256.
[716] Vgl. Deutscher Bundestag 21.02.2008b, S. 15245.
[717] Vgl. Deutscher Bundestag 21.02.2008b, S. 15243.
[718] Vgl. Deutscher Bundestag 2008e.

Naturschutz und Reaktorsicherheit; Recht; Wirtschaft und Technologie; Ernährung, Landwirtschaft und Verbraucherschutz sowie *Verkehr, Bau und Stadtentwicklung* überwiesen.[719] Die Federführung erhielt der Umweltausschuss und war somit verantwortlich für den Fortgang des Verfahrens. Die anderen Ausschüsse erhielten eine mitberatende Funktion.

5.4.7 Bundestag: Gremienbefassung und Anhörung am 05.05.2008

Nach der 1. Lesung im Plenum wurde der Gesetzentwurf gemäß § 80 GOBT u.a. an den federführenden Umweltausschuss zur Beratung überwiesen.[720] Damit begannen die konkreten Verhandlungsvorbereitungen der Fraktionen.

5.4.7.1 Verhandlungsvorbereitungen der Fraktionen

CDU, CSU und SPD strebten weiterhin an, das EEG und andere wichtige Vorhaben wie das EEWärmeG und das BImSchG *noch vor der Sommerpause* 2008 in 2./3. Lesung des Deutschen Bundestag zu beschließen. Schließlich war es der Bundesregierung und dem Bundesrat ja auch gelungen, die EEG-Novelle in relativ kurzer Zeit vorzubereiten. Insofern wollten weder Union noch SPD für ein eventuelles Scheitern des ehrgeizigen Terminplans verantwortlich gemacht werden können.[721] So hatte die SPD ihre eigene Position zum EEG zwar noch Anfang April 2008 nicht in der Fraktion beschlossen, drängte die Union aber schon, möglichst schnell zu Koalitionsverhandlungen auf Berichterstatterebene zusammen zu kommen.[722]

Zu diesem Zeitpunkt aber *vertröstete die Union Gesprächsgesuche des Koalitionspartners* zu diesem Zeitpunkt. Zum einen hatte ihre Berichterstatterin bis Ende April noch keine gefestigte Position zu diesem komplexen Geset-

---

[719] Vgl. Deutscher Bundestag 21.02.2008b, S. 15262.
[720] Wie im Bundesrat spielt sich auch im Bundestag ein Großteil der parlamentarischen Arbeit in den 22 ständigen Ausschüssen ab, die entsprechend den Kräfteverhältnissen im Parlament, mit Abgeordneten der verschiedenen Fraktionen besetzt sind auf Beschluss des Bundestages für die Dauer der gesamten Wahlperiode gebildet werden. Die meisten ständigen Ausschüsse des Bundestages bilden ein Spiegelbild der Regierungsressorts, sodass in der Regel je einem Bundesministerium ein Ständiger Ausschuss gegenüber steht. Der Umweltausschuss berät alle mit der Umweltpolitik verbundenen Gesetze vor der Beschlussfassung im Plenum und versucht, einen mehrheitsfähigen Kompromiss zu finden. Vgl. Deutscher Bundestag 21.02.2008b, S. 15237ff.; GOBT vom 02.07.1980, § 80;Deutscher Bundestag 2008b.
[721] Siehe CDU/CSU-Bundestagsfraktion 17.04.2008.

zesvorhaben.[723] Zum anderen wollte die Union ihre Verhandlungspositionen noch so lange wie möglich unter Verschluss halten. Denn je früher die Sozialdemokraten von der Verhandlungsposition der Union erfahren würden, so jedenfalls die Befürchtung der zuständigen Unionspolitiker, desto eher hätten sie sich konnten sie sich darauf einstellen und eine entsprechende Gegenstrategie entwerfen können. Der CDU/CSU-Fraktion war bewusst, dass ihr Koalitionspartner SPD auf das von Sigmar Gabriel geführte federführende BMU als wichtige Ressource für fachliche Unterstützung und Beratung zurückzugreifen versuchen würde. Im von Unionspolitiker Michael Glos geführten BMWi befasste sich dagegen nur ein einziges Referat mit dem gesamten Bereich der erneuerbaren Energien.[724]

Schließich hatte die Union auch intern vereinbart, ihre EEG-Beratungen in einem *Stufenverfahren* durchzuführen. Die *erste Stufe* beinhaltete die Klärung von Änderungsanträgen zwischen Berichterstatter und AG-Vorsitzendem. In der *zweiten Stufe* sollte die Abstimmung zwischen den Stellvertretenden Fraktionsvorsitzenden, dem AG-Vorsitzenden und dem Berichterstatter geschehen. Die *dritte Stufe* hatte zum Ziel, eine Position der Fraktion zu finden; während in der *vierten Stufe* die Koalitionsverhandlungen beginnen sollten.[725] Da wollte die Union nach außen hin „in großer Runde" verhandeln, ohne zuvor einen Austausch zwischen den Berichterstattern und den Arbeitsgruppen der Koalitionen stattfinden zu lassen. Ende April 2008 befand sich die Union erst in Stufe 1.[726]

Die Stellvertretenden Fraktionsvorsitzenden von CDU/CSU und SPD einigten sich nach Abstimmung mit den AGs und Berichterstattern am 17.04.2008 auf einen *Zeitplan für die weiteren Verhandlungen*, bei dem auch das Stufenverfahren der Union Berücksichtigung fand (vgl. Tabelle 22).

---

[722] Vgl. Bülow 31.08.2008.
[723] CDU/CSU-Bundestagsfraktion 17.04.2008.
[724] Vgl. BMWi 2008b.
[725] Vgl. Tab. 22 und CDU/CSU-Bundestagsfraktion 17.04.2008.
[726] Vgl. Tab. 22 und CDU/CSU-Bundestagsfraktion 17.04.2008.

Tab. 22: Stufenverfahren und Zeitplan der Union zu den Beratungen des EEG

Stufe	Inhalt	Datum
1	Klärung von Änderungsanträgen zwischen BE und AG-Vorsitzendem	22.04.2008 25.04.2008
2	Abstimmung mit stv. Fraktionsvorsitzendem, AG-Vorsitzendem und BE	09.05.2008
3	Klärung der Fraktionsposition	26.05.2008
4	Koalitionsverhandlung zwischen CDU, CSU und SPD	29.05.2008

Quelle: CDU/CSU-Bundestagsfraktion 17.04.2008.

Für die Abstimmungsgespräche und auch einige andere Gesetze, wie das EEWärmeG, verblieben nur noch die 2 Sitzungswochen des Deutschen Bundestages im Mai 2008, um die 2. bzw. 3. Lesung bis Anfang Juni durchführen zu können. Während die 4. Stufe des EEWärmeG in die erste Mai-Sitzungswoche, nämlich auf den 08.05.2008, gelegt wurde, sollte die EEG-Sitzung der Fraktionen erst am 29.05.2008 stattfinden – nur eine Woche vor der geplanten 2./3. Lesung im Bundestag.[727]

5.4.7.2 Streit um Solarenergie-Förderung

Im Bereich der *Photovoltaik* erlangte nach der Vorlage des RegE ein wesentliches Anliegen der PV-Branche Aufmerksamkeit und Unterstützung sowohl in Teilen der CDU/CSU-Fraktion, aber auch bei der SPD-Fraktion. Zuvor hatte die Solarenergie-Branche die Regelung des RegE massiv angegriffen, wonach die Solarstromvergütung ab dem Jahr 2009 für neue Photovoltaikanlagen jährlich um 7 % und ab 2011 um 8 % gesenkt werden sollte. Seit 2004 war im EEG dagegen eine jährliche Absenkung der Solarvergütung von nominal 5 % für Dachanlagen und von 6,5 % für Freiflächenanlagen verankert worden. Außerdem sah der neue RegE für 2009 eine einmalige Absenkung des Fördersatzes um 1 Cent/kWh vor. Dieser zusätzliche einmalige Abschlag hätte nach der Branchenkritik eine *Absenkung des Fördersatzes im Jahr 2009 von über 9 % für Dachanlagen und nahezu 10 % für Freiflächenan-*

---

[727] Vgl. Tab. 22.

lagen zur Folge gehabt.[728] Die Branche argumentierte deshalb gegenüber Abgeordneten vor allem mit einprägsamen Schaubildern, die den diskutierten einen Cent Abschlag bereits in der Degression berücksichtigten. Dadurch stellten die Schaubilder für das Jahr 2009 einen Höchststand von mehr als 9 % dar, während die Degression im Jahr 2010 und später geringer ausfallen sollte (vgl. Abbildung 8).

Eine solche Schlechterstellung der Förderungsbedingungen für Solarstrom könne die deutsche Solarindustrie in den nächsten Jahren nicht durch weitere Effizienzfortschritte ausgleichen.[729] Diese Form der argumentativen Darstellung des *Degressions-Peak* zeigte rasch Wirkung. Schon bald reagierten Abgeordnete vereinzelt ratlos auf die Frage, warum eine solch unstete Degressionskurve von den Ministerien vereinbart worden war. Manche Parlamentarier hielten aus Gründen der „Planungssicherheit für die Branche" zumindest eine „Glättung" der Kurve für geboten. Vor allem CSU-Abgeordnete aus Bayern wie *Alexander Dobrindt* oder *Gerda Hasselfeldt* setzten sich für eine solche Glättung ein – allerdings nur in Bezug auf *Freiflächenanlagen* gemäß § 32 Abs. 1.

---

[728] BSW-Solar 03/2008, S. 4.
[729] So sah der BSW-Solar maximal Spielraum für eine Erhöhung der Degressionserhöhung der Solarstromvergütung für PV-Dachanlagen im Rahmen der EEG-Novelle von gegenwärtig 5 % im Jahr 2009 auf max. 6 %, im Jahr 2010 auf max. 6,5 % und ab 2011 auf max. 7 %. Die Degression für PV-Anlagen auf Freiflächen sollte laut Verband von 6,5 % ab dem Jahr 2011 ebenfalls auf max. 7 % erhöht werden. Dagegen könnte eine noch schnellere Absenkung der Solarstromvergütung aufgrund erhöhter Rohstoff- und Finanzierungskosten ohne Qualitätsverluste und das Risiko starker Markteinbrüche nicht aufgefangen werden. Vgl. BSW-Solar 03/2008, S. 4.

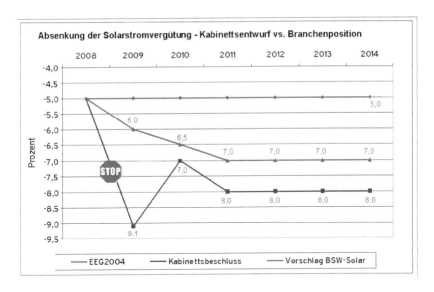

Abb. 8: Absenkung der Solarstromvergütung – Kabinettsentwurf vs. Branchenposition

Quelle: BSW-Solar 03/2008, S. 4.

Aber auch SPD-Politiker wie *Ulrich Kelber* überlegten hinsichtlich Freiflächenanlagen einerseits, wie die SPD der PV-Lobby entgegenkommen konnte. Andererseits war es aus Kelbers Sicht klares Ziel der SPD, „einen kontinuierlichen Anreiz zur Kostensenkung bei der PV-Industrie zu implementieren". Deshalb wollte er zwar die Degressionskurve für *Freiflächenanlagen* glätten, doch dies auf einem „hohen, anspruchsvollen Niveau". Statt den vorgesehenen und von der Branche kritisierten unstetigen Degressionsschritten von 9,8 % – 7 % – 8 % in den Jahren 2009-2011, sollte der Degressionspfad vielmehr dem Ablauf 8,7 % - 8,4 % - 8,2 % folgen. Dagegen gingen die Vorgaben des RegE für *Anlagen an oder auf Gebäuden* (§ 33) aus Kelbers Sicht „zu weit". Er plante in diesem Bereich deshalb eine Rücknahme des dort vorgesehenen einmaligen 1-Cent-Abschlages und der Festsetzung des Degressionspfades von 7 % – 7 % – 8 % – 8 % für die Jahre 2009-2012.[730]

---

[730] Kelber 03.03.2008.

Angestoßen von dem Anliegen der Degressionsglättung nahm die von verschiedenen Wirtschaftspolitikern der Union bereits seit Monaten zuvor existente *Kritik gegenüber der Förderungshöhe der PV* im April 2008 neue Fahrt auf.[731] Gerade in der *Arbeitsgruppe Wirtschaft* der Union trug der Wunsch nach einer Degressionsglättung bei Freiflächenanlagen zu schärferer Kritik an der Förderungshöhe der PV allgemein bei. Wirtschaftsnahe Abgeordnete der CDU wie *Heinz Riesenhuber, Andreas Lämmel* und *Laurenz Meyer* und *Joachim Pfeiffer* positionierten sich als Vertreter der *ökonomischen Koalition* zunächst innerhalb ihrer Arbeitsgruppen und im Energiekoordinationskreis der Fraktion für eine deutliche Absenkung der Förderungshöhe bei der Photovoltaik und kritisierten diese Technologie als überfördert und Belastung für die Verbraucher.[732] *Andreas Lämmel* legte ein 14-seitiges *Argumentationspapier* vor, in dem festgestellt wurde, dass allein von 1999 bis 2003 die Kosten für Solarstrom um 25 % gesunken seien. Da die Vergütungen aber nicht in gleichem Maße gesenkt worden seien, habe sich ein „erheblicher Renditepuffer" aufgebaut.[733] *Michael Fuchs* vom Mittelstandsflügel der CDU forderte gar eine „Halbierung" der bisherigen Tarife.[734] Auch der Vorsitzende der AG Wirtschaft, *Laurenz Meyer*, sprach sich für „höhere Renditeschritte" aus; es bestand die „Gefahr, dass die Solarstromförderung aus dem Ruder läuft".[735] Kritische Wirtschaftspolitiker hatten bereits Anfang 2008 in fraktionsinternen Gesprächen bemängelt, dass das BMWi ihnen keine zufrieden stellende Zahlenbasis zu den Kosten der Photovoltaik zur Verfügung gestellt hatte.[736] Zwar war der EEG-EB offiziell von der Bundesregierung vorgelegt worden; dessen Zahlen wurden jedoch maßgeblich vom BMU und dessen Auftragnehmern erarbeitet. Um ihre Bedenken durch Argumente zu unterstützen, hatte die Unions-Arbeitsgruppe Wirtschaft deshalb wiederholt eine *Studie mit belastbarem Zahlenmaterial* vom BMWi gefordert. Das Wirtschaftsministerium gab

---

[731] Die Kritik war ab April auch verstärkt in den Medien präsent: „'Solarenergie – nein Danke' titelte Technology Review, ‚Subventionswahnsinn' schrieb das Magazin Stern."; vgl. May 2008b, S. 16.
[732] Vgl. net-tribune.de 2008; siehe auch Michaeli 2008, S. 6 und Meister et al. 03/2008.
[733] Lämmel 14.05.2008.
[734] Vgl. siehe auch May 2008b, S. 16.
[735] vzbv 05.05.2008.
[736] Vgl. Pfeiffer 16.01.2008b.

dieses deshalb schließlich beim *Rheinisch-Westfälischen Institut für Wirtschaftsforschung (RWI)* in Essen in Auftrag.[737]

Die unveröffentlichte Studie argumentierte aus der Sicht der *ökonomischen Koalition* und diente seinen Anhängern als Argumentationsgrundlage. Die Analyse kam zu dem Ergebnis, dass die PV-Förderung die Verbraucher belaste und ineffizient sei. Die Berechnungen ergaben, dass sich die finanzielle Förderung durch das EEG für die bereits installierten Anlagen auf insgesamt 14,3 Mrd. € summierte. Sofern die bisher gültigen Förderbedingungen für die PV bis 2020 fortgeschrieben würden, hätten die Verbraucher am Ende insgesamt 63 Mrd. € zu zahlen. Dabei wurde kritisiert, dass die Förderung sich nicht am Kriterium der ökonomischen Effizienz orientiere. Ferner standen die Kosten für die PV-Förderung außer Verhältnis zu den sonstigen Beschäftigungs- und Klimaschutzeffekten. So würde jeder Arbeitsplatz in der Photovoltaikbranche mit durchschnittlich 128.900,- € subventioniert. Jede durch Solarstrom vermiedene Tonne Kohlendioxid müsste mit 900 € erkauft werden. „Die einzig richtige wirtschaftspolitische Schlussfolgerung ist somit die umgehende drastische Reduzierung der Einspeisevergütung für Solarstrom, denn dies ist die bei weitem teuerste Variante, um Klimaschutz zu betreiben", erklärte Manuel Frondel, einer der Autoren der Studie. Schließlich plädierte das RWI dafür, dass die Politik die *Vergütung für Solarstrom noch in diesem Jahr um 30 % kürzen* solle.[738]

Bundesminister Glos als offizieller Auftraggeber der Studie hatte selbst allerdings kein Interesse an der Veröffentlichung der Ergebnisse, da sein Haus bereits einen mit dem BMU abgestimmten RegE vorgelegt hatte. Nun war es nicht in seinem Sinne, durch eigenes Zutun im Nachhinein erstens die eigene Verhandlungsarbeit infrage zu stellen, zweitens den von der Kanzlerin vorgegebenen Zeitplan zu riskieren und drittens die Erfüllung der vorgegebenen Klimaschutzziele der Bundesregierung zu gefährden. Viertens forderte die Studie derart große Einschnitte beim Energieträger Photovoltaik, dass das Wirtschaftsressort mit heftigem Widerstand des Koalitionspartners für die weiteren Verhandlungen rechnen musste. Statt die Studie selbst zu veröffentlichen, reichte das BMWi sie lediglich an die Arbeitsgruppe Wirtschaft der CDU/CSU-Bundestagsfraktion zur bloßen Kenntnisnahme weiter.

---

[737] Stratmann 2008.

Die Arbeitsgruppe schloss sich den Ergebnissen der Studie im Grundsatz an.[739] Auf Missfallen stieß aber vor allem der Umstand, dass die Solarenergie die „mit Abstand teuerste und ineffizienteste Form Energie Klima schonend zu erzeugen" war. Da „diese enormen Kosten [...] über die EEG-Umlage in Form signifikant höherer Strompreise von allen Verbrauchern bezahlt werden" mussten, forderte die AG u.a. die Kürzung der garantierten Abnahmevergütung um *30 %* im ersten Jahr. In den Folgejahren sollte die Einspeisevergütung jährlich um weitere 9 % gesenkt werden. Alternativ sollte auch eine gesetzliche „Deckelung" der Gesamtfördersumme dazu beitragen können, die drohenden Folgekosten in Milliardenhöhe zu verhindern. Zudem wurde überlegt, die Einspeisevergütungen nicht mehr für 20 Jahre, sondern für einen kürzeren Zeitraum zu garantieren.[740] Während die Gesamtfraktion noch keine einheitliche Position zum EEG beschlossen hatte, teilte der in der AG Wirtschaft für Energiepolitik zuständige Berichterstatter und Energiekoordinator der Unionsfraktion Joachim Pfeiffer den Medien den AG-Beschluss nach der Anhörung des Umweltausschusses mit. Der Beschluss wurde daraufhin von der Presse als offizielle Position der CDU/CSU-Bundestagsfraktion dargestellt.[741] In einer Pressemitteilung Pfeiffers hieß es: „Die Union sieht Luft, die Förderung weiter zu senken, ohne einen technologischen Fadenriss zu riskieren. Momentan fehlen den Produzenten Anreize durch die überhöhte Vergütung, Effizienzgewinne an die Kunden weiterzugeben. Das ist Subventionspolitik zu Lasten des Verbrauchers, ohne Förderung von Innovationen."[742]

Die *SPD* reagierte auf die Presseberichte von der 30-%igen Absenkung der Solarsubventionen ablehnend. „Das ist peinlich und lächerlich. [...] Darüber wird es keine Verhandlungen geben", erklärte der Stellvertretende SPD-Fraktionsvorsitzende *Ulrich Kelber*.[743] Bundesumweltminister *Sigmar Gabriel* griff dagegen Bundeswirtschaftsminister *Michael Glos* für die in Auftrag ge-

---

[738] IWR 2008; siehe auch Thiel 2008 und Stratmann 2008.
[739] Vgl. AG Wirtschaft und Technologie der CDU/CSU-Bundestagsfraktion 06.05.2008.
[740] „- Die Einspeisevergütung für Strom aus Solarenergie ist in 2009 einmalig um 30% abzusenken. Ab 2010 beträgt die jährliche Degression 9%. - Prüfung der Option einer Deckelung der jährlich installierten Leistung und/oder eine Verkürzung der Förderzeiträume von gegenwärtig 20 Jahren.[...]". Vgl. AG Wirtschaft und Technologie der CDU/CSU-Bundestagsfraktion 06.05.2008.
[741] May 2008b, S. 16; siehe auch Wetzel 08.05.2008 und solarportal24 27.05.2008.
[742] Pfeiffer, Joachim 05.05.2008.
[743] Wetzel 08.05.2008.

gebene Studie heftig an: „Ich finde, das Bundeswirtschaftsministerium spielt mit tausenden von Arbeitsplätzen." Gabriel betonte, dass der RegE zum EEG gemeinsam beschlossen worden war. Er verlangte zudem eine Erklärung des BMWi im Bundeskabinett, welche Konsequenzen es aus dem RWI-Gutachten ziehen wolle. Schließlich wünschte er sich Klarheit darüber, ob Glos diesbezüglich mit der Unterstützung der Bundeskanzlerin agierte.[744]

Die Vorschläge der AG Wirtschaft stießen auch bei den federführenden *Umweltpolitikern der Union* überwiegend auf Ablehnung. Der Abgeordnete *Josef Göppel* stellte in einem Presseartikel klar, dass die 30-%ige Kürzung der Fördersätze „offenbar Vorstellungen der Wirtschaftspolitiker" waren. Federführend aber waren die Umweltexperten; schließlich gab es noch keinen Beschluss der Fraktion hinsichtlich der Ausgestaltung des EEG.[745] Umweltpolitiker wie die Berichterstatterin *Maria Flachsbarth* befürworteten zwar eine Kürzung der Förderung für PV, hielten aber die Vorschläge der AG Wirtschaft für zu hoch und kontraproduktiv für die Durchsetzung anderer wichtiger Interessen in den bevorstehenden Koalitionsverhandlungen.[746] Auch die Stellvertretende CDU/CSU-Fraktionsvorsitzende *Katherina Reiche* schlug vor, die Degression der Vergütungssätze für PV-Dachanlagen etwas stärker zu erhöhen, als es der RegE vorgesehen hatte. Sie blieb damit allerdings deutlich hinter den Forderungen der Wirtschaftspolitiker zurück. Während im RegE vorgesehen war, die Degression von 2011 an auf 8 % festzusetzen, schlug Reiche einen Wert von 9 % vor. Die Hersteller von PV-Anlagen könnten dies von 2011 an bewältigen, da bis dahin der ‚Siliziumengpass' überwunden sei, was zu Kostensenkungen führen werde, so Reiche. Die schnellere Degression sei auch notwendig, um EE „für den Markt fit zu machen". 2010 sollte der Satz dagegen um 7,5 % abgeschmolzen werden.[747] Erwartungsgemäß positionierten sich die Solarbranche und Teile der SPD auch gegen diesen Vorschlag, da die Branche nach eigenen Angaben zwar wuchs, allerdings hohe Rohstoffkosten zu tragen hätte.[748]

---

[744] n-tv.de 2008c.
[745] focus.de 2008a.
[746] Mrusek 05.05.2008; siehe auch Kinkel 2008.
[747] Mrusek 05.05.2008; siehe auch Kinkel 2008.
[748] „Wir sehen angesichts des großen Wachstums einen gewissen Spielraum, können aber wegen der höheren Kosten maximal eine Degression von 7 Prozent hinnehmen"; vgl. Carsten Körnig vom Bundesverband Solarwirtschaft (BSW). „Man sollte sich hüten,

5.4.7.3 Neue Diskussion um die Windenergie-Förderung

Anfang Mai 2008 sorgte neben den Förderbedingungen für Photovoltaik auch die *Vergütung von Windenergie für Schlagzeilen* in den Medien. Bundesumweltminister *Gabriel* hatte zu diesem Zeitpunkt bereits seit einigen Wochen unter öffentlichem Druck gestanden, weil der *Ausbau des Biosprit-Anteils im Kraftstoff* wegen befürchteten PKW-Motor-Problemen gestoppt worden war. Die Bundesregierung hatte ab 2009 einen neuen Benzinstandard mit der Bezeichnung *E10* einführen wollen; dieser sah vor, dem Super- und Normalbenzin bis zu 10 % Ethanol beizumischen. Bislang hatten diese Kraftstoffe 5 % Ethanol (E5) enthalten. Mit den höheren Beimischungen von Biokraftstoffen war die Erwartung geknüpft, der Autoindustrie das Erreichen ihrer Klimaschutzvorgaben zu erleichtern. Allerdings vertrugen weit mehr Motoren als bisher angenommen die geplante Beimischung von Ethanol nicht. Deshalb ließ Bundesumweltminister Gabriel die vorgesehene *E10-Biosprit-Verordnung* stoppen.[749]

Die Bundesregierung hielt jedoch trotz dieses Biosprit-Problems an ihrem Ziel fest, bis zum Jahr 2020 den CO_2-Ausstoß um 40 % zu senken. Durch den Verzicht auf mehr Biosprit entstand allerdings eine Lücke, die Gabriel nun Anfang Mai mit Hilfe einer verstärkten Stromerzeugung aus Windenergie schließen wollte. Der Minister kündigte an, den *Vergütungssatz für Windstrom deutlich anheben* zu wollen. Demnach sollte die Vergütung bei Onshore-WEA ab 2009 nun bei 9,1 ct/kWh liegen.[750] Das sind 1,2 Cent mehr als im RegE vom 05.12.2007 vereinbart worden war.

Gabriels Pläne stießen aber auf Kritik beim Bundeswirtschaftsminister, der ihm in einem Brief Anfang Mai deutlich machte, dass eine solche Nachjustierung verfrüht sei: „Angesichts der gestiegenen Strompreise halte ich dies für die falsche Richtung", hieß es darin. Der Wirtschaftsminister errechnete beispielhaft bei einer 20-jährigen Förderungsdauer ein zusätzliches Vergütungs-

---

allzu große Sprünge in der Einspeisevergütung zu machen, das führt zu Wettbewerbsverzerrungen, weil dann vor der Kürzung eine große Nachfrage entsteht und Anlagen massiv teurer werden"; vgl. SPD-Politiker Hermann Scheer MdB, in Mrusek 05.05.2008.
[749] Bundesregierung 2008a.
[750] n-tv.de 2008c; siehe auch Reuters 06.05.2008.

volumen von 5,3 Mrd. €, die Gabriels Pläne den Stromverbrauchern auferlegen würden.[751]

Doch Gabriel betonte, dass er in dieser Frage die *Unterstützung seiner Fraktion* hatte; tatsächlich waren viele SPD-Politiker für die Erhöhung des Onshore-Vergütungssatzes.[752] Beispielsweise hielt der Stellvertretende SPD-Fraktionsvorsitzende *Ulrich Kelber* die Erreichung der Klimaschutzziele der Bundesregierung nur für erreichbar, sofern die Onshore-WEA weiter ausgebaut würden. Diese Anlagen, die einerseits als „Arbeitspferd der EE-Stromerzeugung" den Großteil der Kilowattstunden aus EE lieferten, waren andererseits gestiegenen Rohstoff- und Materialkosten ausgesetzt, sodass Kelber eine „Anpassung/Erhöhung der Vergütung [für] unerlässlich" hielt. Deshalb hatte er bereits Anfang März, also noch vor Gabriels Vorstoß, favorisiert, den VS einmalig sogar um 2 ct/kWh aufzustocken. Außerdem sollte der Systemdienstleistungsbonus (VO nach § 64 Abs. 1 Nr. 1) nicht in einer Verordnung geregelt werden, sondern im Gesetz unmittelbar verankert werden, um die Existenz und Höhe dieses Bonus abzusichern und damit Anlagenbetreibern frühzeitig Planungs- und Investitionssicherheit zu gewähren.[753]

Die *Unionsfraktion* hielt sich in dieser Frage bedeckt. Einerseits machten sich vor allem Abgeordnete aus Wahlkreisen mit windenergiereichen Gebieten, wie Ingbert Liebing aus Schleswig-Holstein, für eine Vergütungserhöhung der WEA stark, andererseits fand dieses Thema zu diesem Zeitpunkt keine geeignete Unterstützungsplattform in der Fraktion, die zudem nach wie vor noch keinen Beschluss zum EEG gefasst hatte.[754]

5.4.7.4 Anhörung am 05.05.2008

In der Sitzung des Umweltausschusses am 05.03.2008 beschlossen die Ausschussmitglieder unter TOP 1 gemäß § 70 GOBT, eine *Öffentliche Anhörung zum EEG* am 05.05.2008 durchzuführen.[755] Durch das Hearing sollten die

---

[751] Reuters 11.05.2008.
[752] Vgl. Kelber 03.03.2008; vgl. auch Deutscher Bundestag 14.02.2008.
[753] Kelber 03.03.2008.
[754] Vgl. Liebing, Ingbert 04.06.2008.
[755] Um sich ein Bild bestimmter Sachverhalte zu machen, lassen sich die Ausschüsse von Regierung und Sachverständigen informieren. Vgl. Deutscher Bundestag 28.02.2008, S.

Ausschussmitglieder ergänzende Informationen erhalten. Die zuständigen Berichterstatter der Fraktionen des Umweltausschusses bzw. deren Mitarbeiter hatten sich bereits wenige Tage zuvor bei einem Treffen am 21.02. auf die Ausgestaltung dieser Anhörung verständigt.[756] Sie hatten entschieden, dass beide Koalitionspartner jeweils 3 Sachverständige für diese Anhörung benennen sollten, die Oppositionsfraktionen jeweils einen Sachverständigen (Verteilungsschlüssel 3:3:1:1:1). Jede Fraktion durfte den Sachverständigen vorab 20 schriftliche Fragen zum EEG stellen. Die Namen der Sachverständigen wurden später von den jeweiligen Berichterstattern benannt, zwischen den Fraktionen abgestimmt und dem Umweltausschuss mitgeteilt. Letzterer legte die Liste der Sachverständigen schließlich formell fest.

Die Union wählte einerseits den BDEW (Roger Kohlmann) und den Verband der Chemischen Industrie (VCI) (Wilfried Köplin) als Vertreter der *ökonomischen Koalition*. Auf der anderen Seite wurde mit der Firma Enertrag (Werner Diwald) ein WEA-Betreiber benannt, der eher der *ökologischen Koalition* zuzurechnen sein dürfte.[757]

Die SPD berief ausschließlich Vertreter der *ökologischen Koalition*. Dies waren Frithjof Staiß vom Zentrum für Sonnenenergie – und Wasserstoffor-

---

1; vgl. auch GOBT vom 02.07.1980, § 70; Heyer, Liening 2006, S. 26ff. und Deutscher Bundestag 24.04.2008.

[756] Dabei schlug der Vertreter der FDP-Fraktion vor, überhaupt keine Anhörung zum EEG durchzuführen, da die FDP dies nicht für erforderlich hielt. Er ließ sich allerdings umstimmen, da die Vertreter aller anderen Fraktionen für eine solche Anhörung votierten. Vgl. Dagger 21.02.2008.

[757] Der BDEW vertritt als Dachverband die Interessen der Branchen Strom, Fernwärme, Gas, Wasser und Abwasser in Deutschland. Der Verband versteht sich als der zentrale Ansprechpartner für Entscheidungsträger in Politik, Medien, Wirtschaft und Gesellschaft. Er entstand 2007 durch die Fusion der Verbände VDEW, BGW, VDN und VRE und zählt rund 1.800 Mitgliedsunternehmen. Im BDEW sind Mitgliedsfirmen von lokalen und kommunalen Unternehmen über regionale bis hin zu überregionalen Anbietern vertreten. Vgl. BDEW 2008a.

Der VCI vertritt die wirtschaftspolitischen Interessen von 1.600 deutschen Chemieunternehmen und deutschen Tochterunternehmen ausländischer Konzerne gegenüber Politik, Behörden, anderen Bereichen der Wirtschaft, der Wissenschaft und den Medien. Er steht eigenen Angaben zufolge für mehr als 90 % der deutschen Chemieunternehmen. VCI 2008.

Das Energieunternehmen Enertrag liefert einerseits als WEA-Anlagenbetreiber rund 1 Mrd. kW/h Strom jährlich aus ausschließlich erneuerbaren Quellen und bietet Windkraftanlagenbetreibern andererseits Instandhaltungsdienstleistungen für insgesamt fast 1.000 Anlagen in Europa. Vgl. Enertrag 2008.

schung (ZSW) und Mario Ragwitz vom Fraunhofer-Institut für System- und Innovationsforschung e.V. (ISI). Schließlich wurde Johannes Lackmann aufgestellt, der kurze Zeit vor der Anhörung noch als Präsident des Bundesverbandes Erneuerbarer Energie e.V. (BEE) amtiert hatte.[758]

Die FDP benannte erwartungsgemäß einen Vertreter der *ökonomischen Koalition* und stellte Holger Krawinkel, einen Sachverständigen der Verbraucherzentrale Bundesverband e.V. auf. Sachverständige, die der *ökologischen Koalition* zuzurechnen sein dürften, benannten dagegen DIE LINKE und BÜNDNIS 90/DIE GRÜNEN mit Klaus Traube vom Deutschen Naturschutzring (DNR) und Eicke Weber vom Fraunhofer-Institut für Solare Energiesysteme (FHG-ISE).[759] Somit hatten nur die Fraktionen CDU/CSU und die FDP

---

[758] Das ZSW ist eine von Baden-Württemberg und anderen gegründete gemeinnützige Stiftung bürgerlichen Rechts. Seine Ziele sind u.a. die Forschung und Entwicklung für Technologien zur nachhaltigen und klimafreundlichen Bereitstellung von Strom, Wärme und Kraftstoff, die Beratung von politischen Entscheidungsträgern und Fachverbänden sowie Öffentlichkeitsarbeit zu Sonnenenergienutzung und Wasserstofftechnik. Vgl. ZSW 2008.
Das Fraunhofer ISI untersucht Entstehungsbedingungen und Märkte, innovative technischer Entwicklungen und deren Auswirkungen auf Wirtschaft, Staat und Gesellschaft. Dabei konzentrieren sich die Forschungsgruppen vor allem auf neue Technologien, Industrie- und Service-Innovationen, Energiepolitik, Innovationspolitik und nachhaltiges Wirtschaften. Vgl. ISI 2008.
Der BEE wurde 1991 als Dachverband der Fachverbände der erneuerbaren Energien gegründet. Mitglieder sind Verbände aus den Bereichen Wasserkraft, Windenergie, Biomasse, Solarenergie und Geothermie. Langfristiges Ziel des BEE ist die vollständige Umstellung der Energienutzung auf erneuerbare Energien. Johannes Lackmann gab Anfang 2008 seinen Rücktritt als Präsident des BEE bekannt, behielt das Amt allerdings noch einige Monate weiter inne. Vgl. BEE 2008b.
[759] Der VZBV ist die Dachorganisation von 38 Verbraucherverbänden. Er wirkt auf die Politik ein, um „Spielregeln für einen fairen und transparenten Markt zu schaffen." Dabei vertritt er die Interessen der Verbraucher gegenüber Politik, Wirtschaft und Öffentlichkeit. Nach eigenen Angaben ist er unabhängig, parteipolitisch neutral und als gemeinnützig anerkannt. Vgl. vzbv 2008.
Der DNR ist der Dachverband von knapp 100 im Natur- und Umweltschutz tätigen Verbänden in Deutschland. Ziel es ist, die biologische Vielfalt zu bewahren, den Naturhaushalt und alle seine Bestandteile zu schützen, wiederherzustellen, zu pflegen und zu verbessern und der Zerstörung sowie der Beeinträchtigung von Natur und Umwelt Einhalt zu gebieten. Ferner fordert er „nachhaltiges und umweltgerechtes Wirtschaften bei allen privaten und öffentlichen Vorhaben" ein. Vgl. DNR 2008.
Das Fraunhofer ISE ist das größte Solarforschungsinstitut Europas. Es erforscht naturwissenschaftlich-technische Grundlagen der Solarenergienutzung über die Entwicklung von Prototypen bis hin zur Ausführung von Demonstrationsanlagen. Das Institut berät, plant und stellt technische Ausrüstung sowie Know-how für Dienstleistungen zur Verfügung. Vgl. FHG-ISE 2008.

Vertreter der ökonomischen Koalition benannt, während die Mehrzahl der Sachverständigen der ökologischen Koalition zuzurechnen war.[760]

In der Anhörung sprach sich somit erwartungsgemäß die Mehrheit der Sachverständigen für weitere Anreize zur Förderung erneuerbarer Energien im Strombereich aus. Der RegE wurde von vielen Experten grundsätzlich als positiv bewertet, sollte aber in Detailfragen noch weiter optimiert werden.[761]
Wesentliches Thema für Roger Kohlmann vom BDEW war die Marktintegration erneuerbarer Energien. Zwar warb er für die Einführung einer Marktprämie für die optionale Direktvermarktung im EEG. Allerdings betonte er, dass sein Verband mit einem europaweit einheitlichen Förderungssystem für eine Alternative zum EEG stünde, das die Marktintegration besser gewährleiste.[762] Wilfried Köplin vom VCI forderte als wichtige Voraussetzung zur Stärkung der alternativen Energieträger eine „Synchronisation" zwischen dem Ausbau der erneuerbaren Energien und den jeweiligen Netzen. So waren „deutlich beschleunigten Genehmigungsverfahren" notwendig.[763] Bereits zu diesem Zeitpunkt wurden in Deutschland die höchsten Endnutzungsentgelte gezahlt. Köplin warb im Namen des VCI auch für eine grundsätzliche Deckelung erneuerbarer Energien auch in Zukunft auf 20 % am Gesamtenergieverbrauch. Dies fand auch Zustimmung bei Kohlmann.[764]
Werner Diwald von der Windenergiefirma Enertrag diagnostizierte, dass der Ausbau der Stromnetze nicht mit dem Ausbau der erneuerbaren Energien Schritt gehalten hatte. Aus diesem Grund war das Ziel der Bundesregierung, Strom aus erneuerbaren Energien zu erhöhen, nur mit einem deutlich stärkeren Ausbau der Stromnetze zu erreichen. Ferner sollten nicht mehr nur die Netzbetreiber allein die schwankende Stromeinspeisung an den tatsächlichen Stromverbrauch (Profilveredelung) ausgleichen. Vielmehr müssten volatile Einspeiser, speicherfähige EE und regelbare Großverbraucher effizient kombiniert werden, um damit eine dem Verbrauchsprofil stärker als bisher angenäherte Stromversorgung zu erreichen.

---

[760] Vgl. Deutscher Bundestag 24.04.2008.
[761] Deutscher Bundestag 2008c.
[762] Der BDEW steht u.a. für ein europaweit einheitliches Fördersystem, das EE-Anlagen möglichst effizient an den günstigsten Standorten fördert. Vgl. BDEW 05.07.2007.
[763] Witt 2008e.
[764] Witt 2008e.

Aus Sicht des ehemaligen Präsidenten des *BEE*, Johannes Lackmann, hatte sich das EEG in der Praxis bewährt. Auf Nachfrage lehnte er eine finanzielle Prämie für die optionale Direktvermarktung ab. Stattdessen warb er für ein *Modell zur Netzintegration*, das der BEE erarbeitet hatte. Dieses *4.000 Stunden Volllastmodell* sah vor, dass Betreiber von Windenergieanlagen an Land zu den Vergütungen für die entsprechenden WEA einen Bonus für die Integration erneuerbarer Energien erhalten sollten, wenn sie im Jahr mindestens 4.000 Volllaststunden erreichen. Die durchschnittliche Volllaststundenzahl von WEA in Deutschland lag zu dieser Zeit bei rund 1.800 h/a. Erreichen sollte man dies dadurch, dass mehrere WEA kombiniert würden, beispielsweise mit Biomasseanlagen, Wasserkraftanlagen, Energiespeichern oder Lastmanagementmaßnahmen. Die maximal einzuspeisende Leistung sollte dabei unterhalb der Summe der Leistung aller kombinierten Anlagen liegen. Der BEE ging davon aus, dass dieses Modell den Übertragungsnetzbetreibern (ÜNB) die Möglichkeit einräumen werde, selbst mitzubestimmen, wann bestimmte Anlagen mit höherer oder niedrigerer Leistung Strom einspeisen. Auch sollten die Anlagenbetreiber an hohen Börsenpreisen teilhaben. Angedacht wurde eine Prämie von 2 ct/kWh.[765]

Frithjof Staiß vom *ZSW* betonte die *Vorreiterrolle Deutschlands* im Bereich der erneuerbaren Energien und forderte deren stärkeren Ausbau. Erst recht für den Export stellten sie einen wichtigen Beitrag für die heimische Wertschöpfungskette dar. Dagegen hob Prof. Klaus Traube vom *Deutschen Naturschutzring* den *Ausbau der erneuerbaren Energien* aus Sicht des Umweltschutzes hervor. Diese Energieträger wären die „wichtigste Säule der nachhaltigen Energieersorgung"; gleichwohl sei der Ausbau der Wasserkraft aus seiner Sicht ökologisch „besonders empfindlich".[766]

Anders als vor der Anhörung hielten sich die Parlamentarier während der Anhörung am 05.05. mit der Äußerung eigener Positionen sehr zurück. Schließlich hatten die Koalitionsfraktionen bis zur Anhörung auch noch keine Abstimmungen über die Höhe der Vergütungssätze getroffen.[767] Für Teile der CDU/CSU war die *Vergütung von Strom aus PV* ein Thema, bei dem die Angemessenheit der Kosten für die Stromverbraucher kritisch hinterfragt wurde.

---

[765] BMU 09.05.2008, S. 37.
[766] Deutscher Bundestag 2008c.
[767] Witt 2008e.

Der CDU-Wirtschaftpolitiker und energiepolitische Sprecher der Union, *Joachim Pfeiffer*, befürchtete ein Anwachsen der mit Solarstrom verbundenen EEG-Umlage.[768] Auch Holger Krawinkel von der *Verbraucherzentrale* kritisierte die Vergütungen für solare Strahlungsenergie als zu hoch; allerdings dürfe es nicht zu einem „Fadenriss" für die Photovoltaik kommen.[769] Dagegen hielt Prof. Eike Weber vom *FHG-ISE* die PV zwar für den teuersten, aber auch den *‚bedeutensten' Energieträger* unter den erneuerbaren Energien. Er lobte, dass sich das EEG in der Welt als beispielhaft erwiesen habe und Deutschland es geschafft hätte, an der Spitze der Erneuerbare-Energien-Technologie zu stehen. Gleichzeitig warnte er aber davor, die gute Position der deutschen Solarindustrie leichtfertig zu gefährden. So seien bereits die im RegE enthaltene Absenkung der Vergütung und die Degression zu hoch gegriffen. Stattdessen sei allenfalls eine Degression von 7 % in den kommenden Jahren akzeptabel.[770] Neben Weber hoben andere Sachverständige wie Johannes Lackmann oder Frithjof Staiß die *Photovoltaik als Hoffnungsträger* unter den erneuerbaren Energien hervor.

5.4.8 Bundestag: Koalitionsverhandlungen 29.05. und 02.06.2008

Nachdem beide Fraktionen bis zum 29.05.2008 ihre Verhandlungsposition erstellt hatten, tauschten sie diese am selben Tag und nur wenige Stunden vor Beginn der Koalitionsverhandlungen zum EEG, über das Internet aus. Beide Seiten legten *jeweils 2 Verhandlungspapiere mit Änderungsanträgen zum RegE* vor. Während der 1. Teil Anträge enthielt, die vor allem Klarstellungen mit wenig inhaltlicher Relevanz darstellten, beinhaltete der 2. Teil inhaltliche Anträge, die auch politische Meinungen widerspiegelten.[771] Dieses Verfahren war von den Fraktionen nicht nur zur Erleichterung des Verhandlungsablaufes, sondern vor allem aus taktischen Gründen gewählt worden. Denn auf diese Weise konnten einige Anträge bewusst nur als „Klarstellung" gekennzeichnet werden, was den Eindurck erweckte, sie seien für den Ant-

---

[768] Witt 2008e; vgl. auch Deutscher Bundestag 2008c.
[769] Witt 2008e.
[770] Deutscher Bundestag 2008c.
[771] Vgl. SPD-Bundestagsfraktion 29.05.2008a; SPD-Bundestagsfraktion 29.05.2008b; CDU/CSU-Bundestagsfraktion 28.05.2008a sowie CDU/CSU-Bundestagsfraktion 28.05.2008b.

ragsteller von geringer Bedeutung. Dies wiederum sollte Gegenforderungen des Verhandlungspartners unterbinden.

Grund für den insgesamt späten Austausch der Papiere war einerseits, dass die SPD es ablehnte, wie bei den Verhandlungen zum Erneuerbare-Energien-Wärmegesetz (EEWärmeG) ‚in Vorleistung' gehen zu müssen.[772] Aus Unionssicht sollte die SPD aber auch keine Vorteile dadurch erlangen, indem sie die Vorschläge der Union noch intensiv durch das BMU prüfen lassen könnte.[773] Schließlich hatte der späte Austausch der Papiere auch redaktionelle Gründe; die Union hatte erst 3 Tage vor den Koalitionsverhandlungen, am 26. Mai, ihre Position zum EEG im Rahmen einer Sitzung des Fraktionsvorstandes endgültig beschlossen.[774] In dieser Sitzung wurde noch die Änderung einzelner Punkte vereinbart.

Die späte Herausgabe der Papiere stieß beim Koalitionspartner gleichwohl auf große Verärgerung. Schließlich hatte die SPD zu diesem Zeitpunkt ihr Verhandlungspapier längst fertig gestellt. *Ulrich Kelber* sagte am morgen des 29.05.2008 : „…uns liegt das Papier der Union noch nicht vor. Da bin ich, ehrlich gesagt, auf 180!", „unser Koalitionspartner ist mit sich selbst beschäftigt. Das ist niveaulos und amateurhaft."[775]

Noch kurz vor den Verhandlungen wurden letzte Änderungswünsche innerhalb der Union vereinbart. Diese beinhalteten *erstens* das Anliegen der AG Landwirtschaft, auf Unionsseite am 26.05. noch keine abschließende Position zu den *Förderbedingungen für Biogasanlagen* zu vereinbaren, sondern diese noch mindestens einen Tag hinauszuzögern. Die Landwirtschaftspolitiker hatten am 27.05.2008 mit Landwirtschaftsexperten vereinbart, dass die von den Umweltpolitikern vorgeschlagenen Bedingungen zur Gestaltung des Nawa-

---

[772] Bei den Koalitionsverhandlungen zum EEWärmeG hatte die SPD ihrem Koalitionspartner schon einige Tage vor den Verhandlungen aufgefordert, die Verhandlungspapiere zu versenden. Als dies unterblieb, übersandte die SPD ihre Änderungsanträge dennoch; die Union versandte ihre Papiere dagegen erst zwei Stunden vor Beginn der Koalitionsverhandlungen.
[773] Vgl. Kap. 4.2 und 4.4.
[774] Diese Sitzung fand am Abend nach der regulären Fraktionsvorstandssitzung statt. Teilnehmer waren u.a. die Stellvertretenden Fraktionsvorsitzenden Katherina Reiche und Michael Meister, die Vorsitzende der AG Umwelt, Marie-Luise Dött, der Energiekoordinator Joachim Pfeiffer, der stellvertretende Energiekoordinator Georg Nüsslein sowie die Berichterstatter der AGs Umwelt und Landwirtschaft, Maria Flachsbarth und Johannes Röring.
[775] Ulrich Kelber, in: May 2008b, S. 19; vgl. auch May 2008b, S. 16.

Ro-Bonus, der Grundvergütung und des Güllebonus auf ihre Wirtschaftlichkeit für Biogasanlagennutzer noch einmal gerechnet werden sollten. Am Abend des 27.05. einigte sich schließlich die federführende Berichterstatterin Maria Flachsbarth mit dem Unions-Berichterstatter des Landwirtschaftsausschusses, Johannes Röring auf eine endgültige Position.

Zweitens hatten die Unionspolitiker großes Interesse daran, *Regelungen zur Direktvermarktung und zur Änderung des Wälzungsmechanismus* noch direkt im Gesetzestext des EEG zu regeln. Wenige Tage vor Beginn der Verhandlungen zeichnete sich ab, dass sich viele politische Akteure vor allem der ökonomischen Koalition auf ein Marktprämienmodell bei der Direktvermarktung verständigen konnten. Wie Kap. 5.4.8.2 zeigen wird, nahmen sie diese Themen am Ende erst kurz vor Beginn der Koalitionsverhandlungen als Eckpunkte in ihre Verhandlungspapiere auf. [776]

5.4.8.1 Strom aus solarer Strahlungsenergie

Der Streit um die Höhe der Vergütung von Strom aus PV entpuppte sich zwar vordergründig als Streit zwischen den Koalitionspartnern, bei näherer Betrachtung allerdings auch als *Streit innerhalb der Unionsfraktion*.[777] Nachdem innerhalb der Union wochenlang besonders stark die Frage nach den Förderbedingungen dieses Energieträgers diskutiert worden war, spitzten sich die Koalitionsverhandlungen von Anfang an auf diesen Punkt zu.
Nur wenige Tage vor Verhandlungsbeginn brachten sich einige *ostdeutsche Unions- Ministerpräsidenten und -Minister* in die öffentliche und politische Diskussion als Befürworter einer nur moderaten Senkung der PV-Vergütung ein. Als politische Vertreter von Bundesländern mit Standorten für einen Großteil der PV-Industrie, profitierten sie in besonderer Weise vom EEG, das ihnen Arbeitsplätze und Steuereinnahmen sicherte. Deshalb waren sie zuvor vor allem von Umweltpolitikern der Union und der Solar-Lobby zu einer Gegenreaktion auf die ‚Kürzungs-Diskussionen' aufgefordert worden. So bezeichneten die 5 Wirtschaftsminister aus den neuen Bundesländern in einem Brief an die Fraktionsvorsitzenden von CDU/CSU und SPD die Förderung der

---
[776] Dazu auch CDU/CSU-Bundestagsfraktion 28.05.2008a, Rn. W1.
[777] Vgl. Reimer 30.05.2008 und Sattar 2008.

Solarindustrie als einen „der erfolgreichsten und hoffnungsvollsten Ansätze im Aufbau Ost".[778] Vor allem Sachsen-Anhalts und Thüringens Ministerpräsidenten *Wolfgang Böhmer* und *Dieter Althaus*, aber auch Brandenburgs Wirtschaftsminister *Ulrich Junghans* protestierten vehement gegen die zeitweise diskutierten Abschläge[779]: „Eine kurzfristige deutlich höhere Rückführung der Steuersubvention würde [...] zu einer Crash-Situation der Branche führen und zum Verlust von Arbeitsplätzen in einem Bereich, der im Vertrauen auf die Bundesregierung erst in den vergangenen Jahren aufgebaut wurde."[780]

Der Konflikt spitzte sich in der Unionsfraktion schließlich zu, als in den Koalitionsverhandlungen neben den zuständigen Umweltpolitikern gleich 2 Vertreter der nicht zuständigen AG Wirtschaft anwesend waren. So kamen als Verhandlungsführer Katherina Reiche, Marie-Louise Dött und Maria Flachsbarth. Zusätzlich beobachteten das Geschehen als Vertreter der *ökologischen Koalition* der Umweltobmann der AG Umwelt, Josef Göppel und der stellvertretende Vorsitzende des Energiekoordinationskreises, Georg Nüsslein. Als Vertreter der *ökonomischen Koalition* erschienen darüber hinaus der Vorsitzende des Energiekoordinationskreises und Berichterstatter der AG Wirtschaft, Joachim Pfeiffer sowie das Mitglied der AG Wirtschaft, Andreas Lämmel. Da Letzterer, Pfeiffer und die AG-Wirtschaft sich in den Tagen zuvor massiv öffentlich für eine Kürzung der Solarsubventionen ausgesprochen hatten, wurde ihre Teilnahme an den Koalitionsverhandlungen von den anwesenden Umweltpolitikern der Koalition als Signal gewertet, dass sich die Wirtschaftspolitiker mit ihren Interessen nach einer Kürzung der Förderbedingungen für die Photovoltaik in die laufenden Koalitionsverhandlungen der Umweltpolitiker aktiv einschalten wollten.[781]

De facto war die *Position der Union zur PV-Vergütungsfrage zu diesem Zeitpunkt offen*. Einerseits hatte sie in der Sitzung vom 26.05. auf Druck der ei-

---

[778] Vgl. Mrusek 31.05.2008; siehe auch May 2008b, S. 16.
[779] Vgl. dernewsticker.de 29.05.2008; May 2008b, S. 16 und Geitmann 06.06.2008.
[780] Vgl. Wolfgang Böhmer in: dernewsticker.de 29.05.2008.
[781] Auf Seiten der SPD nahmen als Abgeordnete dagegen lediglich der Stellvertretende Fraktionsvorsitzende Ulrich Kelber als Verhandlungsführer teil, der zuständige Berichterstatter Dirk Becker, sowie Marco Mühlstein und der Vorsitzende der Arbeitsgruppe Energie, Rolf Hempelmann. Vgl. auch May 2008b, S. 16.

genen Wirtschafts- und Finanzpolitiker als Fraktionsposition einen einmaligen Abschlag von 8 Cent für alle Leistungsklassen ab dem Jahr 2009 beschlossen, was eine Kürzung der PV-Förderung je nach Leistungsklasse um mehr als 20 % ausgemacht hätte.[782] Andererseits ging dieser Vorschlag aber nicht ausformuliert in das Verhandlungspapier der Union ein, das der SPD für die Koalitionsverhandlungen vorgelegt wurde. Da die federführenden Umweltpolitiker mit dem Fraktionsbeschluss vom 26.05.2008 in diesem Bereich nicht glücklich waren, formulierten sie im Papier in diesem Punkt als einzigen Antrag die *allgemein gehaltene Formulierung*: „Die Fördersätze der solaren Strahlungsenergie sollten gegenüber dem RegE vom 05.12.2007 reduziert werden. In den kommenden Jahren sind sinkende Produktionskosten zu erwarten. Daran sind die Vergütungsmodalitäten anzupassen."[783] Man verzichtete also auf konkrete Zahlen.

In den Koalitionsverhandlungen vom 29.05. offenbarte die SPD zunächst ihre Position zu der künftigen Förderung. Auch sie wollte die Förderung solarer Strahlungsenergie an oder auf Gebäuden gemäß § 33 nicht etwa erhöhen, sondern „kontinuierliche Anreize zur Kostensenkung" bei der PV-Industrie implementieren. Sie war daher bestrebt, die aktuellen *Degressionsschritte* in den Jahren 2009, 2010 und 2011 von den geplanten 9,2 %, 7 % und 8 % auf jeweils 8 % fest zu setzen und dabei den einmaligen Cent *Abschlag* bei der Vergütung zu berücksichtigen. Damit sollten die Degressionsschritte stärker „an den klassischen Verlauf der Technologiekurve" anpassen, und zwar weiterhin auf einem „hohen, anspruchsvollen Niveau".[784] Als zweiten Punkt wollte die SPD-Fraktion eine *Umstrukturierung der Größenklassen* der solaren Strahlungsenergie an oder auf Gebäuden vornehmen. Durch eine anteilig höhere Förderung von Kleinstanlagen bis 10 kW sollten deren höhere Investitions- und Systemkosten ausgeglichen werden. Ziel war es, „stärkere Anreize für einen dezentralen und verbrauchsnahen Ausbau der PV zu erhalten".[785]

---

[782] May 2008b, S. 16.
[783] Vgl. CDU/CSU-Bundestagsfraktion 28.05.2008b, Rn. A7; siehe auch May 2008b, S. 16.
[784] SPD-Bundestagsfraktion 29.05.2008b, Rn. Ä23; siehe auch SPD-Bundestagsfraktion 29.05.2008b, Rn. Ä10.
[785] SPD-Bundestagsfraktion 29.05.2008b, Rn. Ä22.

Verhandlungsführer Ulrich Kelber wusste um die unterschiedlichen Positionen innerhalb der Union zum Thema PV-Vergütung. Auch hatte er noch einen Trumpf in der Hand, da sein Parteifreund *Sigmar Gabriel*, sowie der Vorsitzende der CDU/CSU-Bundestagsfraktion, *Volker Kauder*, wenige Tage zuvor eine Vereinbarung getroffen hatten, die neben einer Frage des EEWärmeG auch die PV-Förderung zum Gegenstand hatte.

Hintergrund war, dass Baden-Württemberg als einziges Bundesland ab dem 01.04. des laufenden Jahres eine Verpflichtung zur anteiligen Nutzung erneuerbarer Energien im Wärmebereich für Neu- und Bestandsbauten vorgesehen hatte. Dagegen sah der vom BMU vorgelegte RegE zum EEWärmeG vor, nur Neubauten zukünftig zur anteiligen Nutzung von erneuerbaren Energien zu verpflichten. Für die Altbaueigentümer wollte der Bund ab 2009 jährlich 500 Mio. € Fördermittel ausloben, um auf freiwilligem Wege die erneuerbaren Energien voranzubringen. Dem 1. Entwurf zufolge wären baden-württembergischen Hauseigentümer wegen der gesetzlichen Einbaupflichten dabei leer ausgegangen; die finanzpolitischen Grundsätze hätten eine zusätzliche Förderung verboten.[786] Aus diesem Grunde hatte sich die Baden-Württembergische Landesregierung massiv für eine Ausnahmeregelung eingesetzt. Als Befürworter konnte sie den aus Baden-Württemberg stammenden Chef der Unionsfraktion, Volker Kauder gewinnen.[787] Gabriel und Kauder vereinbarten schließlich, dass die SPD ihre Zustimmung zu diesem Anliegen des EEWärmeG 2009 gab. Auf Wunsch Gabriels sah man als Ausgleich vor, die Fördersätze der PV im Rahmen der Verhandlungen zur EEG-Novelle 2009 nur moderat zu senken.[788]

So bestärkt machte Kelber in den Verhandlungen am 29.05.2008 klar, dass er kein Ergebnis verhandeln werde, das über eine ‚moderate' Senkung der Förderbedingungen für PV hinausgehen würde.

Die Verhandler der Union, Katherina Reiche und Maria Flachsbarth, gingen damit von Beginn an mit einer schwierigen Aufgabe in die Verhandlungen.

---

[786] Reinhardt 06.06.2008; Stuttgarter Zeitung 31.05.2008.
[787] Vgl. Mrusek 31.05.2008. „Man habe ‚intensiv für unsere Anliegen geworben' und hoffe, am Ende auch mit Kauders Hilfe erfolgreich zu sein." Vgl. Stuttgarter Zeitung 31.05.2008.
[788] Am Ende galt allerdings, dass nur Fördergelder gezahlt werden durften, wenn die in BW gesetzlich vorgeschriebene Quote von 10 % des Energiebedarfs übererfüllt werde. Vgl. Reinhardt 06.06.2008; Mrusek 31.05.2008 und Stuttgarter Zeitung 31.05.2008.

Auf der einen Seite wollten sie die PV-Förderung nur moderat senken; allerdings stärker, als es der RegE vorsah.[789] Auf der anderen Seite hatten sie in der Fraktionsvereinbarung vom 26.05. den Auftrag erhalten, eine besonders starke Absenkung des Vergütungssatzes für 2009 zu verhandeln, auf die im übrigen auch die bei den Koalitionsverhandlungen anwesenden Wirtschaftspolitiker Pfeiffer und Lämmel bestanden. Schließlich hatte der Fraktionsvorsitzende Kauder bereits zu den PV-Regelungen vorverhandelt. Vor diesem Hintergrund erschien die Durchsetzung der ursprünglichen Forderung der Unions-Wirtschaftspolitiker nach einer einmaligen Absenkung der Fördersätze um 30 % geradezu aussichtslos.

Nachdem den anwesenden Wirtschaftspolitikern in der Koalitionsverhandlung das Wort zu ihrer Position bei der künftigen PV-Vergütung erteilt wurde und sie den Wunsch nach einer einmaligen Absenkung der Fördersätze um 8 ct/kWh für alle Leistungsklassen ab 2009 gemäß Unionsbeschluss vom 26.05.2008 bekräftigten, drohte Kelber prompt mit einem Abbruch der Gespräche. Nachdem das Thema solare Strahlung daraufhin vorläufig zurückgestellt wurde, einigten sich die Verhandlungsführer am Ende der Sitzung in Abwesenheit der Wirtschaftspolitiker schließlich auf eine *Paketlösung*, die nur eine sehr moderate Absenkung der Fördersätze beinhaltete. Diese wurde auch in der 2. Koalitionsverhandlung am 02.06.2008 nicht wieder verändert.
Der Kompromiss sah vor, dass die Einteilung der Vergütungsklassen wie beim RegE belassen werden sollte. Die Anfangsvergütung sollte ab dem 01.01.2009 für Anlagen der untersten beiden Leistungsklassen bis 30 kW und von 31 bis 100 kW gegenüber dem Niveau von 2008 um 8 % abgesenkt werden; dies entsprach dem SPD-Antrag. Dagegen wollte man die Anfangsvergütung für Anlagen von 101 bis 1000 kW auf 10 % festsetzen (vgl. Tabelle 23). Allerdings suchte die Union noch nach einer Möglichkeit, eine noch stärkere Absenkung der Anfangsvergütung zu verhandeln. Dies gelang ihr zumindest teilweise für große Anlagen über 1000 kW, deren Absenkung schließlich 33 Cent/kWh betragen sollte. Dieser Wert entspricht einer Absenkung um knapp 13 % gegenüber dem Kabinettsbeschluss. Er war damit aber immer noch weit entfernt von der Forderung der Wirtschaftspolitiker nach ei-

---

[789] Die federführenden Umweltpolitiker gingen ohne konkretes Verhandlungsziel in die

ner Absenkung um 30 %. Die Degression für die Jahre 2010 und 2011 sollte für Anlagen bis 100 kW laut Beschluss 8 bzw. 9 % betragen. Für Anlagen über 100 kW wurde zum 01.01.2010 dagegen 10 % und zum 01.01.2011 9 % vereinbart. Nebenbei setzte die Union durch, dass der Fassadenbonus gemäß § 33 Abs. 2 ersatzlos gestrichen wurde.[790]

Tab. 23: Entwicklung der Vergütungssätze PV bis 2013 gemäß Beschluss vom 29.05.2008

	EEG-2004				EEG-Regierungsentwurf				Koalitionsergebnis			
	<30	31-100	101-1000	>1000	<30	30-100	101-1000	>1000	<30	31-100	101-1000	>1000
2009	44,41	42,26	41,79	41,79	42,28	40,36	39,90	34,48	42,75	40,92	39,59	33,00
2010	42,19	40,15	39,70	39,70	39,32	37,53	37,10	32,07	39,33	37,65	35,63	29,70
2011	40,08	38,14	37,72	37,72	36,17	34,53	34,14	29,50	35,79	34,26	32,42	27,03
2012	38,08	36,23	35,83	35,83	33,28	31,77	31,41	27,14	32,56	31,18	29,51	24,59
2013	36,18	34,42	34,04	34,04	30,62	29,23	28,90	24,97	29,63	28,37	26,85	22,68

Quelle: Nach Daten der CDU/CSU-Bundestagsfraktion 29.05.2008.

Somit war für dieses Ergebnis zur Regelung der Photovoltaik vor allem die Vorverhandlung zwischen Volker Kauder und Sigmar Gabriel ausschlaggebend.

Neben diesem prominenten, konfliktreichen Thema gab es am 29.05.2008 und am 02.06.2008 aber auch Verhandlungen zu anderen Anträgen der Koalitionäre, die im Folgenden analysiert werden.

5.4.8.2 Spartenübergreifendes

Einspeisemanagement

Die *SPD* brachte am 29.05.2008 mehrere Anliegen zum *Einspeisemanagement* gemäß § 11 ein. Zunächst wollte sie die Bagatellgrenze von 100 kW Anlagenleistung, ab der diese Regelung greift, auf 50 kW senken. Damit sollten mehr Anlagen eine „netztechnische Entlastung" bewirken, indem sie verpflichtet würden, eine Fernsteuerung zur Abregelung zu installieren. Zudem

---

Verhandlung. Vgl. CDU/CSU-Bundestagsfraktion 28.05.2008b.

wollte sie die Ausnahmeregelung des § 11 Abs. 1 S. 2 (Einspeisemanagement) streichen, sodass auch die Wasserkraft in das Regime des Einspeisemanagements aufgenommen würde.[791] Allerdings sollten Netzbetreiber erst „nach Ausschöpfen aller technischen Möglichkeiten des Netzengpasses" das Erzeugungsmanagement anwenden. Den Nachweis müssten sie dazu bei der Bundesnetzagentur erbringen und sich betroffenen Anlagenbetreibern gegenüber zur Auskunft verpflichten.[792] Schließlich wollte die Fraktion einen *Vorrang für Wasserkraft, Windenergie und solare Strahlungsenergie* innerhalb der erneuerbaren Energien und vor dem KWK-Strom etablieren. Aus „volkswirtschaftlichen Gründen" sei es sinnvoll, diese Energieformen permanent zu nutzen, wenn sie zur Verfügung stehen, da bei der Herstellung von Strom aus Wasserkraft, Windenergie und solarer Strahlung keine Brennstoffkosten entstehen.[793] Die *Union* favorisierte umgekehrt eine *Vorrangregelung für KWK-Anlagen* des produzierenden Gewerbes gegenüber EEG-Strom. Eine gleichrangige Behandlung von KWK- und EEG-Strom hätte aus ihrer Sicht eine Einschränkung oder Unterbrechung der Wärme- und Prozessdampfversorgung aus KWK-Anlagen der Wirtschaft zur Folge. Sie übernahm damit wortgleich die Forderung des Bundesrats gemäß Stellungnahme Nr. 2 vom 15.02.2008.[794]

Allerdings wurde fast keines der genannten Anliegen in das Gesetz aufgenommen, da die beiden Verhandlungspartner die Gesuche jeweils gegenseitig ablehnten. Eine Ausnahme war der weiter oben erwähnte Vorschlag der SPD, die Ausnahmeregelung des § 11 Abs. 1 S. 2 zu streichen und dadurch auch die *Wasserkraft in das Regime des Einspeisemanagements* aufzunehmen. Dies stieß zwar in den Verhandlungen auf den Widerstand von CSU-Vertretern wie Georg Nüsslein, der davor warnte, dass es einen „Leerlauf"

---

[790] BMU 02.06.2008b, § 33 Abs. 2.
[791] SPD-Bundestagsfraktion 29.05.2008b, Rn. Ä6.
[792] SPD-Bundestagsfraktion 29.05.2008b, Rn. Ä7.
[793] SPD-Bundestagsfraktion 29.05.2008b, Rn. Ä8.
[794] CDU/CSU-Bundestagsfraktion 28.05.2008b, Rn. A1; siehe auch Bundesrat 15.02.2008, Rn. 2.

von Wasserkraftanlagen bedeuten werde. Die Verhandlungsführer der CDU stimmten dem Vorschlag allerdings zu.[795]

Reform des Wälzungsmechanismus & Direktvermarktung

Der Union war wie zuvor in der Vergangenheit daran interessiert, den *Wälzungsmechanismus* zu reformieren und gleichzeitig die *Direktvermarktung* im EEG weiterzuentwickeln. Deshalb hatte die Fraktion die Bundesregierung seit Jahresbeginn mehrfach um einen *Formulierungsvorschlag* für die Umsetzung dieser Punkte gebeten. Kurz vor Beginn der Koalitionsverhandlungen zeichnete sich ab, dass das BMU selbst einen Arbeitsentwurf dazu verfasst hatte. Dieser berücksichtigte auch das Ergebnis der vom BMU für das Frühjahr 2008 angekündigten Handlungsempfehlungen für eine verbesserte Systemintegration; das BMU befürwortete somit wie die Union eine *Marktprämie* bei der optionalen Direktvermarktung und nicht das von BEE und von der SPD als Alternative vorgelegte *Netzintegrationsmodell*.[796] Auch der BDEW hatte sich bei einer gemeinsamen Veranstaltung mit dem BNE Ende Mai 2008 zuletzt noch einmal explizit für das von der Union favorisierte Modell eingesetzt. Bei dieser Gelegenheit hatten auch Vertreter des BMU, und seither auch des BMWi, das bis dahin einen Bonus abgelehnt hatte, grundsätzliche Zustimmung signalisiert.[797] Dagegen lehnten der BEE und die SPD ein solches Modell ab – sie favorisierten wie bereits in der EEG-Anhörung im Deutschen Bundestag eher das *Integrationsmodell* des BEE, das beabsichtigte, die Volllaststundenzahl von WEA durch eine Kombination von EE-Anlagen mit anderen steuerbaren Anlagen zu verdoppeln (vgl. Kap. 5.4.7).[798] „Diese Themen sind sehr komplex. Das werden wir nicht übers Knie brechen, sondern uns

---

[795] Vgl. BMU 02.06.2008b, § 11 Abs. 1 Nr. 3; siehe auch eigener Vermerk, in: SPD-Bundestagsfraktion 29.05.2008b, Rn. Ä6.
[796] So sollte eine „optionale Direktvermarktung von Strom aus erneuerbaren Energien […] mit einer
Marktprämie angereizt werden.", BMU 09.05.2008, S. 38. Das Volllastsstundenmodell des BEE barg dagegen insgesamt „die Gefahr, dass neben positiven Effekten auch ineffiziente Strukturen unterstützt werden könnten, die die Einbindung der Erneuerbaren Energien in das Gesamtsystem z.T. eher erschweren." BMU 09.05.2008, S. 37.
[797] Kap. 5.4.3.2.5 und BMWi 05.12.2007.
[798] Vgl. Ragwitz, Sensfuß 22.05.2008.

genau anschauen, wer von welchen Regelungen profitiert", so Ulrich Kelber wenige Stunden vor den Koalitionsverhandlungen.[799]

Die Berichterstatterin der Union, Maria Flachsbarth, gelangte an die Vorschläge des BMU und nahm die Formulierung sinngemäß als Antrag der Union in die Koalitionsverhandlungen mit auf.[800] Sie forderte darin entweder die Vorlage eines Formulierungsvorschlages für die endgültige Gesetzes- oder ersatzweise eine Konkretisierung der Verordnungsermächtigung in § 64. Die Eckpunkte lauteten wie folgt:

Für die *Direktvermarktung* war vorgesehen, dass Anlagenbetreiber optional aus dem festen Vergütungssystem aussteigen könnten, um den Strom direkt zu vermarkten, wobei ein "ausreichend bemessener" finanzieller Anreiz gesetzt werden sollte. Man wollte jedoch Mehrkosten gegenüber der alten Regelung vermeiden. Auch sollte der Aufwand für die Netzbetreiber begrenzt werden; das Optieren sollte monatsweise bei monatlicher Vorabankündigung geschehen.[801] Außerdem war vorgesehen, die Differenz zwischen EEG-Vergütung und Marktpreis durch eine *Marktprämie* auszugleichen. Diese sollte technologiespezifisch ausgestaltet werden und monatlich an den durchschnittlichen Marktpreis angepasst werden können. Schließlich wollte man einen Zuschlag gewähren, der die zu diesem Zeitpunkt bei den Anlagenbetreibern anfallenden Kosten für die Vermarktung (Veredelungskosten) auffangen könnte.[802]

Für eine Reform des *EEG-Wälzungsmechanismus* sah man vor, die physikalische Wälzung durch eine rein finanzielle Wälzung zu ersetzen. Die Übertragungsnetzbetreiber sollten den EEG-Strom nicht mehr an die Vertriebe liefern, sondern künftig am Strommarkt vermarkten. Weiterhin sollten die Übertragungsnetzbetreiber, oder unabhängige Dritte, ein *gemeinsames EEG-Konto* führen, um die Vergütungszahlungen und Verkaufserlöse zu verrechnen. Vorgesehen war auch, dass die Übertragungsnetzbetreiber rechtzeitig jeweils für das nachfolgende Kalenderjahr die bundesweit einheitliche EEG-

---

[799] Vgl. May 2008b, S. 19.
[800] CDU/CSU-Bundestagsfraktion 28.05.2008a, Rn. W1.
[801] CDU/CSU-Bundestagsfraktion 28.05.2008a, Rn. W1; siehe auch CDU/CSU-Bundestagsfraktion 28.05.2008a, Rn. W4.
[802] CDU/CSU-Bundestagsfraktion 28.05.2008a, Rn. W1.

Umlage ankündigen mussten. Die Stromvertriebe sollten schließlich verpflichtet werden, die EEG-Umlage zu zahlen.[803]

Auch die *SPD-Fraktion* wollte eine Reform des Wälzungsmechanismus, da sie die Gefahr sah, dass von den Netzbetreibern der EEG-Umlagemechanismus als „Hemmnis" für neue Energieanbieter und somit zum Schutze der eigenen Vertriebstöchter missbraucht werden könnte. Die SPD wollte den Wälzungsmechanismus zunächst wie die Union direkt im Gesetz und nicht im Wege einer Verordnung regeln.[804] Allerdings einigten sich alle Beteiligten nach Rücksprache mit dem BMU darauf, den Unionsvorschlag zum Wälzungsmechanismus doch im Rahmen einer *Verordnung, jedoch mit Zustimmung des Bundestages* umzusetzen.[805]

Grundsätzlich wollte auch die SPD-Fraktion in Bezug auf die Direktvermarktung gemäß § 17 Anreize für eine Marktintegration erneuerbarer Energien setzen. So sollte es aus Sicht der Sozialdemokraten erstens erlaubt sein, auch mit Teilstrommengen aus dem EEG heraus zu optieren. Zweitens schlug man wie die Union vor, den Zeitraum des Herausoptierens auf einen Monat zu kürzen. Allerdings schlossen sich die Sozialdemokraten noch immer der BEE-Position an, Anlagenbetreibern keine finanzielle Unterstützung für die Direktvermarktung zu gewähren. So ging die SPD-Fraktion mit einer *Ablehnung der Marktprämie* für erneuerbare Energien in die Koalitionsverhandlungen und begründete dies u.a. mit Mitnahmeeffekten: „Eine zusätzliche Marktprämie, die sich auch kontraproduktiv auswirken kann und zu Mitnahmeeffekten führen kann, ist somit entbehrlich."[806]

Weitere Markt- und Netzintegration

Statt der Einführung einer Marktprämie, wie sie die Union vorsah, strebte die SPD vor allem die Netzintegration erneuerbarer Energien an. Sie wollte als Alternative einen *Netzintegrationsbonus* einführen, der die optimale Ausnutzung vorhandener Netzkapazitäten anreizen sollte. Damit knüpfte sie auch an

---

[803] CDU/CSU-Bundestagsfraktion 28.05.2008a, Rn. W1.
[804] SPD-Bundestagsfraktion 29.05.2008b, Rn. Ä28.
[805] Vgl. eigener Vermerk, in: CDU/CSU-Bundestagsfraktion 28.05.2008a, Rn. W1; siehe auch BMU 02.06.2008b, § 64 Abs. 3.

den Vorschlag des BEE für die Schaffung eines sog *Volllaststundenbonus* an (vgl. Kap. 5.4.7).[807] Es war vorgesehen, diese Prämie in Höhe von 2 ct/kWh zur Erhöhung der Volllaststundenzahl bei der Windenergie beizusteuern, damit zum Beispiel zusätzliche Anreize zur Entwicklung von Kombikraftwerken und Energiespeichern angeregt werden sollten.[808]

Die Union bot der SPD in den Koalitionsverhandlungen an, die Vorschläge beider Seiten zur Markt- und Netzintegration zu verknüpfen. Die SPD-Fraktion lehnte dies zunächst mit der Begründung ab, Marktprämie und Netzintegrationsbonus seien nicht miteinander zu vereinbaren. So wurde dieser Punkt in den Verhandlungen zunächst zurückgestellt; lediglich die unstrittigen bzw. ohnehin deckungsgleichen Punkte wie die monatliche Vermarktungsmöglichkeit und die Möglichkeit der anteiligen Direktvermarktung wurden bereits zu diesem Zeitpunkt vereinbart.[809] Am Ende des ersten Verhandlungstages des 29.06.2008 setzte sich SPD-Politiker *Rolf Hempelmann* allerdings bei seinen Fraktionskollegen dafür ein, das Thema wieder aufzunehmen. Er argumentierte, dass eine verbesserte Marktintegration auch die Netz- und Systemintegration fördere. Da beide politischen Verhandlungsseiten das Problem grundsätzlich für wichtig erachteten und schnell Ergebnisse vorweisen wollten, beschlossen sie den neuen Vorschlag der SPD-Fraktion, hinsichtlich der *Direktvermarktung und der Netzintegration zusätzlich eine Verordnungsermächtigung für die Bundesregierung mit Zustimmung des Deutschen Bundestages* zu beschließen. Als Ziel war eine „deutlich verbesserte Markt- und Netzintegration" anzusteuern. Darüber hinaus sollte die Ermächtigung

---

[806] SPD-Bundestagsfraktion 29.05.2008b, Rn. Ä9.
[807] SPD-Bundestagsfraktion 29.05.2008b, Rn. Ä5.
[808] Konkret sollte der Bonus für Strom aus Windenergieanlagen gewährt werden, die „in Kombination mit technischen Integrationsmaßnahmen am Referenzstandort" rechnerisch 4.000 Volllaststunden erreichen. Danach erhöhte sich die Prämie für jede Volllaststunde oberhalb des vorgenannten Wertes um 0,002 Cent und verringerte sich um 0,002 Cent für jede Volllaststunde unterhalb des vorgenannten Wertes. Für den Vergütungsnachweis sollte ein Nachweis entsprechend Ausführungsbestimmungen geführt werden. SPD-Bundestagsfraktion 29.05.2008b, Rn. Ä9.
[809] Vgl. BMU 02.06.2008b, § 17; siehe auch eigene Vermerke in: CDU/CSU-Bundestagsfraktion 28.05.2008a, Rn. W4; SPD-Bundestagsfraktion 29.05.2008b, Rn. Ä9; CDU/CSU-Bundestagsfraktion 28.05.2008a, Rn. W1.

den Ministerien allerdings keine wesentlichen Vorgaben geben, sondern „relativ allgemein formuliert" werden.[810]

Das BMU formulierte für den darauf folgenden Verhandlungstag einen Text für eine Verordnungsermächtigung, der nur leicht verändert wurde und schließlich wie folgt von Union und SPD am 02.06. beschlossen wurde:
„[...] 6. zur verbesserten Integration des Stroms aus Erneuerbaren Energien, insbesondere: a) finanzielle Anreize einschließlich deren Anspruchsvoraussetzungen, Ausgestaltung und Abrechnungsmodalitäten insbesondere für die Verstetigung, bedarfsgerechte Einspeisung sowie für die verbesserte Netz- und Marktintegration von Strom aus Erneuerbaren Energien und b) die Voraussetzungen für die Teilnahme am Regelenergiemarkt."[811]

Da sich die Koalitionspartner aber trotzdem nicht in der Lage sahen, zu einer konkreteren Einigung zu gelangen, war der so formulierte Text für beide Seiten bequem. Einerseits konnte man Ergebnisse vorweisen und hatte ein Handlungssignal in Richtung Markt-, Netz-, bzw. Systemintegration gesetzt. Andererseits war dieses Ergebnis derart unkonkret formuliert, dass beide Seiten ihre Ziele darin wieder fanden. Schließlich würde auf die Ministerien BMU und BMWi mit der Erstellung des tatsächlichen Verordnungstextes die eigentliche Verhandlungsarbeit im Detail zukommen. Im Übrigen war die Verordnung zustimmungspflichtig und würde ohnehin musste damit der Position der Koalitionspartner gerecht werden müssen.

Als weitere Vorschläge im Bereich der Marktintegration griff die Union zunächst 3 ehemalige Bundesratsstellungnahmen vom 15.02.2008 auf. *Erstens* forderte sie die Bundesregierung auf, die schon für das Frühjahr 2008 angekündigten Handlungsvorschläge des BMU zum Thema *virtuelle Kraftwerke* endlich vorzulegen (vgl. Kap. 5.4.3.2.5. bzw. 5.4.4.1.5). Alternativ wollte die Union die Bundesratsstellungnahme Nr. 1 vom 15.02.2008 tatsächlich als eigenen Antrag durchsetzen, der finanzielle Anreize für die Zusammenführung

---

[810] Vgl. eigene Vermerke in: CDU/CSU-Bundestagsfraktion 28.05.2008a, Rn. W4; SPD-Bundestagsfraktion 29.05.2008b, Rn. Ä9; CDU/CSU-Bundestagsfraktion 28.05.2008a, Rn. W1.
[811] BMU 02.06.2008a, § 64 Abs. 1 Nr. 6.

verschiedener Anlagen zu virtuellen Kraftwerken vorsah. Ziel sollte es sein, eine höhere Volllaststundenzahl und eine bedarfsgerechtere Einspeisung mit erneuerbaren Energien zu erreichen.[812] Das BMU hatte zu den virtuellen Kraftwerken im Mai 2008 Handlungsvorschläge vorgelegt, in denen es finanzielle Anreize durchaus in Erwägung zog.[813] Allerdings hielt das BMU die bereits in der Öffentlichkeit diskutierten Vorschläge unter Berücksichtigung eigener Qualitätskriterien qualitativ „noch nicht für ausgereift", sodass man hierzu am Ende weder tatsächliche Empfehlungen noch ausformulierte Vorschläge abgab.[814]

Als *zweiten* und *dritten* weiteren Vorschlag griff die Union (erfolglos) die Forderungen des Bundesrates Nr. 5 und Nr. 14 auf, die ebenfalls eine bedarfsorientiertere Einspeisung zum Ziel hatten. Darunter fiel insbesondere das Instrument einer *tageszeitabhängigen Spreizung der Grundvergütungen*, das mit Ausnahme von Strom aus solarer Strahlungsenergie geprüft werden sollte. Auch sollte begutachtet werden, ob für Biogasanlagen ein entsprechendes *tageszeitabhängiges Bonus/Malus-Vergütungssystem* eröffnet werden könne.[815] Daneben schlug die Union auf Basis eines VIK-Vorschlages vor, die schwankende Windenergieeinspeisung durch konkretere Vorgaben und *Verfahrensfestlegungen der Bundesnetzagentur* auszugleichen.[816]

Die SPD lehnte die Unionsvorschläge ab und legte ihren eigenen Schwerpunkt bei der Netzintegration weniger auf bedarfsgerechte Einspeisung, son-

---

[812] CDU/CSU-Bundestagsfraktion 28.05.2008a, Rn. W2; siehe auch Bundesrat 15.02.2008, Rn. 1 und Bundesregierung 29.02.2008, Rn. Nr. 1.
[813] Diese „Handlungsempfehlungen für eine Modernisierung des Energiesystems" gemäß Auftrag des EEG-EB in Kapitel 12.10 zielten auf eine Verbesserung der Systemintegration. Das BMU hielt es danach für „sinnvoll, einen Technologiebonus zur EE-Integration zu prüfen." So könnte ein technologieoffener Technologiebonus zur EE-Integration im EEG gewährt werden „für die Kombination von EE-Anlagen unter Berücksichtigung von Lastmanagementmaßnahmen und Speicheroptionen zu einem Virtuellen- bzw. zu einem Kombi-Kraftwerk." BMU 09.05.2008.
[814] BMU 09.05.2008, S. 35f.
[815] CDU/CSU-Bundestagsfraktion 28.05.2008a, Rn. W3 und W5; siehe auch Bundesrat 15.02.2008, Rn. 5 und 14.
[816] Die Bundesnetzagentur sollte Festlegungen zu einem Verfahren zur Beschaffung von Ausgleichsregelungen durch die Übertragungsnetzbetreiber zum Ausgleich von schwankenden Einspeisungen von Strom aus erneuerbaren Energien und zur Umwandlung dieser Einspeisungen in ein Profil gemäß § 37 Abs. 1 treffen. Vgl. CDU/CSU-Bundestagsfraktion 28.05.2008a, Rn. W2.

dern vielmehr auf die Unterstützung einspeisewilliger (potentieller) Anlagenbetreibern gegenüber Netzbetreibern.

So wollte sie in § 9 eine Pflicht für Netzbetreiber zur Vorlage eines *Konzeptes zur Kapazitätserweiterung* bei der BNetzA aufnehmen. Anlass waren Netzengpässe wegen bestehender und geplanter EEG- und KWK-Anlagen.[817] Diesen Vorschlag hatte das BMU bereits im RefE vom 09.10.2007 formuliert (vgl. Kap. 5.4.3.2.8). Zunächst argumentierte die Union, dass diese Forderung im dafür zuständigen EnWG geregelt werden soll. Schließlich einigte man sich jedoch darauf, einen *gemeinsamen Entschließungsantrag* zu verabschieden, zu dem die SPD einen Formulierungsvorschlag vorlegen sollte.[818]

Weiterhin wollte die SPD-Fraktion den Passus „*wirtschaftlich zumutbar*" in § 9 Abs. 3 umformulieren und konkretisieren. Dieser verpflichtete Netzbetreiber bislang zur *Optimierung, zur Verstärkung und zum Ausbau ihrer Netze*, soweit dies ‚wirtschaftlich zumutbar' war. Aus Sicht der Sozialdemokraten war der aber Passus aber zu unbestimmt und würde „zwangsläufig" von den Netzbetreibern restriktiv ausgelegt werden. Künftig sollten sie sich nur dann auf diesen Absatz berufen können, wenn „die Summe der Vergütungen für den Strom, der nach den jeweils erfolgten Maßnahmen zusätzlich eingespeist werden könnte, die Zusatzkosten übersteigt".[819] Die Union vereinbarte mit der SPD, dass BMU und BMWi am folgenden Verhandlungstag (2. Juni) einen *Formulierungsvorschlag* zu diesem Punkt vorlegen sollten. Beide Ministerien legten dann zwar tatsächlich einen Vorschlag vor, empfahlen aber, das Anliegen direkt im zuständigen Energiewirtschaftsgesetz zu regeln bzw. auch hier einen Entschließungsantrag zu stellen.[820]

Schließlich wollte die SPD den aus der Sicht von Anlagenbetreibern einschränkend formulierten Verweis auf den „*technisch und wirtschaftlich günstigeren Verknüpfungspunkt*" in § 5 Abs. 1 EEG gestrichen wissen. Während das BMU den Vorschlag unterstützte, warnte das BMWi, dass dessen Um-

---

[817] SPD-Bundestagsfraktion 29.05.2008b, Rn. Ä3.
[818] SPD-Bundestagsfraktion 29.05.2008b, Rn. Ä3.
[819] SPD-Bundestagsfraktion 29.05.2008b, Rn. Ä4.
[820] Vgl. SPD-Bundestagsfraktion 29.05.2008b, Rn. Ä4; siehe auch BMU 02.06.2008b, § 9 Abs. 3.

setzung zusätzliche finanzielle Mittel binde; deshalb lehnte die Union den Antrag mit gleicher Begründung ab.[821]

Weitere Anträge

Im Rahmen der *Härtefallregelung für stromintensive Unternehmen* gemäß § 12 EEG wollte die Union es neu gegründeten Unternehmen ermöglichen, dass Antragstellung, Nachweise gemäß § 41 Abs. 2, und Entscheidung des BAFA jeweils auf der Basis von *Prognosedaten* erfolgen können soll. Mit diesem Vorschlag, den die Union von VCI und VIK übernommen hatte, sollte ein „Investitionshemmnis" für neu zu gründende Unternehmen beseitigt werden. Allerdings empfahlen BMU und BMWi in den Koalitionsverhandlungen nach Rücksprache mit der Bundesnetzagentur, von dieser Forderung Abstand zu nehmen, da sie dadurch zusätzliche bürokratische Hürden befürchteten. Dennoch wurde dieser Antrag am Ende beschlossen.[822]

Die SPD wollte dagegen den generellen Anspruch auf diese Härtefallregelung für Unternehmen des produzierenden Gewerbes nur dann gewähren, wenn diese den Nachweis eines *zertifizierten Energiemanagements* liefern würden; dazu sollte eine entsprechende Verpflichtung in § 41 Abs. 1 integriert werden. Sie legte damit einen Antrag vor, der zuletzt vom BMU im RefE vom 09.10.2007 vorgeschlagen und vom BMWi vehement zurückgewiesen worden war.[823] Die Union zeigte sich zunächst auch weiterhin ablehnend. Dennoch stimmte sie im Verlauf der weiteren Verhandlungen am 02.06.2008 einer entsprechenden Formulierung zu, die auf ihren Wunsch allerdings nicht den wörtlichen Begriff „Energiemanagement" enthielt: „[…] 4. eine Zertifizierung erfolgt ist, mit der der Energieverbrauch und die Potentiale zur Verminderung des Energieverbrauchs erhoben und bewertet worden sind."[824]

Ferner griff die SPD noch einmal einen ursprünglich vom BMU stammenden Vorschlag zur Schaffung eines *öffentlichen Anlagenregisters* auf

---

[821] SPD-Bundestagsfraktion 29.05.2008b, Rn. Ä2; siehe auch Schäfermeister 2008, S. 22.
[822] CDU/CSU-Bundestagsfraktion 28.05.2008b, Rn. A8; siehe auch BMU 02.06.2008b, § 43 Abs. 2 und BMU 02.06.2008a, § 43 Abs. 2.
[823] Vgl. Kap. 5.4.3.2.6 und Kap. 5.4.4.1.6. Siehe auch SPD-Bundestagsfraktion 29.05.2008b, Rn. Ä24.
[824] SPD-Bundestagsfraktion 29.05.2008b, Rn. Ä24; siehe auch BMU 02.06.2008b, § 41 Abs. 1 Nr. 4 sowie BMU 02.06.2008a, § 41 Abs. 1 Nr. 4.

(vgl. Kap. 5.4.3.2.3). Netzbetreiber oder Anlagenbetreiber sollten verpflichtet werden, sich in dieses Register einzutragen.[825] Ziel war es, auf diese Weise an verlässliche Daten zum EEG-Anlagenausbau zu gelangen. Die Ergebnisse des Registers sollten zentral veröffentlicht werden, etwa bei der Bundesnetzagentur. Zusätzlich wollte die SPD, wie schon das BMU im RefE, die Fachaufsicht aller EEG-Belange der BNetzA beim BMU verankern, und damit § 63 Satz 2 streichen.[826] Die Union stimmte zwar der Einrichtung eines Anlagenregisters zu; erwartungsgemäß lehnte sie aber die Verlagerung der Fachaufsicht ab, da dies eine Verschiebung der Kompetenzen des unionsgeführten BMWi in Richtung des SPD-geführten BMU bedeutet hätte.

Allerdings stimmte man neuerdings einem SPD-Vorschlag zu, der schon seit Beginn der Ressortverhandlungen ein grundsätzlicher Streitpunkt zwischen dem BMU und BMWi gewesen war. Die Sozialdemokraten forderten hinsichtlich des *Ausbauziels erneuerbarer Energien* gemäß § 1 Abs. 2, statt eines Zielkorridors auf das Ausbauziel 2020 (25-30 %), nunmehr ein Mindestziel in Höhe von 30 % im Strombereich anzugeben. Dies hatte das BMWi in der Vergangenheit stets abgelehnt (vgl. Kap. 5.4.2.2). Da die Unionsfraktion mittlerweile aber selbst in einem Positionspapier ein Mindestziel von 30 % gefordert hatte, konnte sie dieses Anliegen nicht mehr länger ablehnen. In dem Papier hieß es: „Der Ausbau schreitet schneller voran als prognostiziert. Die Zielvorgabe des Koalitionsvertrags, den Anteil an der Stromerzeugung bis 2010 auf mindestens 12,5% zu steigern, wird schon in diesem Jahr überschritten. Bis 2020 wollen wir einen Anteil von 30% am Stromverbrauch und von 16 bis 20% am Gesamtenergieverbrauch erreichen."[827]

---

[825] Sofern die Pflicht den Anlagenbetreiber träfe, sollte die Eintragungspflicht laut SPD-Vorschlag an den Anspruch auf Vergütung gekoppelt sein. Vgl. SPD-Bundestagsfraktion 29.05.2008b, Rn. Ä25.
[826] SPD-Bundestagsfraktion 29.05.2008b, Rn. Ä25.
[827] Vgl. CDU/CSU-Bundestagsfraktion 09.10.2007, S. 5 und Kap. 5.2.3.3. Vgl. später auch im Hinblick auf die Hamburger Landtagswahl: „Zehn Punkte für eine berechenbare und zukunftsorientierte Energie- und Klimaschutzpolitik" der CDU Kommission „Bewahrung der Schöpfung – Klima-, Umwelt- und Verbraucherschutz" vom 30.01.2008: CDU Hamburg 10.01.2008. Siehe auch SPD-Bundestagsfraktion 29.05.2008b, Rn. Ä1.

5.4.8.3 Strom aus Wasserkraft

Das Thema *Wasserkraft* hatte sich im Rahmen des EEG-Novellierungsprozesses bereits früh als ein klassisch süddeutsches dargestellt. So hatte das an Wasserkraft reiche Bayern neben Baden-Württemberg bereits für die Bundesratsstellungnahme vom 15.02. einige Anträge zur Verbesserung der Förderungsbedingungen der Wasserkraft durchsetzen können.[828] Das Engagement bayerischer Akteure für diesen Energieträger setzte sich im Rahmen der Verhandlungen innerhalb des Deutschen Bundestages fort. Einige *CSU-Abgeordnete* waren selbst Betreiber von Wasserkraftanlagen.[829] Dagegen war die Mehrzahl der federführenden Umweltpolitiker skeptisch. Maria Flachsbarth hielt beispielsweise zusätzliche Verbesserungen der Förderungsbedingungen, die über den RegE hinausgingen, für nicht sinnvoll. Aus ihrer Sicht hatte der weitere Ausbau von Anlagen zur Produktion von Strom aus Wasserkraft seine Kapazitätsgrenze erreicht. Eine zusätzliche Verbesserung der Förderbedingungen hätte demzufolge nicht wesentlich mehr Strom aus erneuerbaren Energien, dafür aber spürbar höhere Kosten für die Stromverbraucher zur Folge gehabt.[830]

Als Mitglieder der Schwesterpartei CSU genossen die bayerischen Befürworter allerdings einen machtpolitischen Sonderstatus; nahezu jedem Gremium der Unionsfraktion, in dem Beschlüsse zum EEG fielen, gehörte mindestens ein Vertreter der CSU an. Innerhalb der CSU machten sich vor allem *Georg Nüsslein* und der CSU-Landesgruppenchef *Peter Ramsauer* für diese bayerischen Interessen stark. Die CSU hatte sich bezüglich ihrer Position und ihrer Forderungen zum EEG abgestimmt und konzentrierte ihre Forderungen neben Biomasse besonders auf den Bereich der Wasserkraft.[831] Aufgrund ihres politischen Einflusses konnten die Abgeordneten der CSU am Ende einige ihrer Forderungen in das Positionspapier der Unionsfraktion aufnehmen. Auch die SPD wusste um die Interessen der CSU-Parlamentarier bei der Wasser-

---

[828] Vgl. Kap. 5.4.5.2 und Bundesrat 15.02.2008.
[829] Vgl. Peine 2008.
[830] Deshalb hatten sich viele Umweltpolitiker der CDU in den unionsinternen Verhandlungen gegen die meisten Vorschläge der Bayern ausgesprochen. Vgl. Maria Flachsbarth, in: Deutscher Bundestag 21.02.2008b, S. 15259ff.
[831] Vgl. CSU-Landesgruppe 19.07.2007; siehe auch Göppel 12.02.2008.

kraft. Sie kalkulierte damit, dass sich die CSU für die Begünstigung der Wasserkraft im Unions-Positionspapier stark machen werde. Um die Unions-Forderungen infofern möglichst gegen eigene andersartige Forderungen anderer Art gegenverhandeln zu können, brachte die SPD deshalb keine eigenen Anträge zur Wasserkraft in die Koalitionsverhandlungen ein.[832] So basierten letztlich alle Vorschläge der Union bezüglich Wasserkraft in den Koalitionsverhandlungen auf Forderungen der CSU-Abgeordneten. Diese wiederum hatten als Forderungen fast ausschließlich *Anträge Bayerns und Baden-Württembergs* übernommen, die schon Gegenstand der Bundesrats-Stellungnahme vom 15.02. waren. So legte die Union der SPD in den Koalitionsverhandlungen im Rahmen ihres „Klarstellungen"-Papiers die Inhalte der Bundesrats-Stellungnahmen Nr. 7, 9, 10 und 11 vor.[833]

Die erste Forderung der Union, die Bayern bereits als Bundesratsstellungnahme Nr. 9 hatte durchsetzen können, war gemäß § 23 Abs. 5 EEG-RegE die *Einbeziehung von Talsperren mit natürlichem Zufluss in die Förderung*.[834] Der zweite Vorschlag (Nr. 10) sah eine *Relativierung der ökologischen Anforderungen für Wasserkraftanlagen* vor. Auch hier hatte Bayern bereits über den Bundesrat gefordert, den Begriff des „ökologischen Zustandes" um den des „ökologischen Potentials" zu ergänzen.[835] Drittens schlug die Union gemäß Bundesratsstellungnahme Nr. 11 vor, dass nicht ein Umweltgutachter, sondern eine *Behörde* über die Erfüllung der Vergütungsvoraussetzungen des Absatzes 5 Nr. 1 RegE entscheiden solle.[836]
Die Union bezog sich aber auch auf einen weiteren Antrag, den Baden-Württemberg in ähnlicher Form über den Bundesrat eingebracht hatte. Dieser sah eine *Vergütungserhöhung von 1-3 ct/kWh für modernisierte kleine Bestands-Wasserkraftanlagen* bis zu einer Leistung von 5 MW vor. Zudem beinhaltete die Empfehlung eine Relativierung der Anforderungen gemäß § 23

---

[832] Vgl. SPD-Bundestagsfraktion 29.05.2008b und SPD-Bundestagsfraktion 29.05.2008a; siehe auch Kap. 5.4.8.3.
[833] Vgl. CDU/CSU-Bundestagsfraktion 28.05.2008a und Bundesrat 15.02.2008.
[834] CDU/CSU-Bundestagsfraktion 28.05.2008a, Rn. K4. Siehe auch Bundesrat 15.02.2008, Rn. 9.
[835] CDU/CSU-Bundestagsfraktion 28.05.2008a, Rn. K4. Siehe auch Bundesrat 15.02.2008, Rn. 10.
[836] CDU/CSU-Bundestagsfraktion 28.05.2008a, Rn. K4. Siehe auch Bundesrat 15.02.2008, Rn. 11.

Abs. 2 EEG-RegE. Statt einer Modernisierung, die Bedingung für eine Vergütungserhöhung war, sollten nach Unionsforderung nun auch Anlagen eine Prämie erhalten, die „ökologische verbessert oder deren Leistung erhöht worden sind." Gleichzeitig legte die Union eine Definition dieser ökologischen Verbesserung vor, die aber auf das Missfallen der SPD stieß, da sie aus ihrer Sicht zu allgemein definiert worden war. Die Sozialdemokraten befürchteten, dass mit einer solchen Regelung zu viele Anlagen in den Genuss dieses Bonus kommen würden.[837]

Als letzten Punkt im Bereich Wasserkraft verlangte die Union, die mit der Vorlage des RegE auf 20 Jahre vereinheitlichten *Vergütungszeiträume wieder rückgängig* zu machen. Doch sollte dies nur für die *kleine Wasserkraft* gelten, deren Vergütungszeitraum von 30 auf 20 Jahre reduziert worden war. Der Vergütungszeitraum der *großen Wasserkraft*, der im Gegenzug im Rahmen der Ministerialverhandlungen von 15 auf 20 Jahre erhöht worden war, stand dagegen nicht zur Debatte.[838] Insbesondere dieser Punkt war ohnehin ein rein süddeutsches Anliegen, für das Bayern und Baden-Württemberg geworben hatten.[839] Die SPD ließ diesen Punkt zunächst offen bzw. stellte ihn zurück.

Am Ende der 1. Koalitionsverhandlung am 29.05.2008 einigten sich die Koalitionäre als eine Art *Paketlösung* darauf, die Vergütung für kleine modernisierte Wasserkraftanlagen anzuheben. Demnach sollten Anlagen bis 500 kW künftig 11,67 ct/kWh und Anlagen bis 5 MW künftig 8,65 ct/kWh erhalten.[840] Im Gegenzug wurde vom Unionswunsch abgesehen, den Vergütungszeitraum für Strom aus kleinen Wasserkraftanlagen wieder auf 30 Jahre zu verlängern. Der Vergütungszeitraum für Strom aus großen Wasserkraftanlagen war in diesem Zusammenhang sogar wieder auf die ursprünglichen 15 Jahre

---

[837] Die Definition sollte laut Unions-Vorschlag lauten: „Eine ökologische Verbesserung im Sinne von Satz 1 liegt insbesondere vor, wenn sich die Stauraumbewirtschaftung, die biologische Durchgängigkeit, der Mindestwasserabfluss oder die Feststoffbewirtschaftung verbessert oder wenn eine Anlage von Flachwasserzonen, die Verbesserung von Uferstrukturen oder die Anbindung von Gewässeralt- bzw. Seitenarmen erfolgt." Auf Unbehagen der SPD stieß die daran anschließende Formulierung: „Die ökologische Verbesserung muss nicht standortbezogen erfolgen." Vgl. CDU/CSU-Bundestagsfraktion 28.05.2008a, Rn. K3. Siehe auch Bundesrat 15.02.2008, Rn. 7 sowie Kelber 03.03.2008.
[838] Vgl. CDU/CSU-Bundestagsfraktion 28.05.2008b, Rn. A3 und Peine 2008.
[839] Vgl. Kap. 5.4.5; siehe auch Deutscher Bundestag 21.02.2008b, S. 15261.

reduziert worden.[841] Als Folgeänderung sah man vor, die Grundvergütung für die Große Wasserkraft um 1 Cent pro kWh zu erhöhen, da die noch im RegE vorgesehene Anhebung des Vergütungszeitraums der großen Wasserkraft auf 20 Jahre in den Ministerialverhandlungen mit einer Senkung der Grundvergütung gegenverhandelt worden war.[842] Alle weiteren Klarstellungen der Union zur Wasserkraft akzeptierte die SPD.[843]

In der 2. Koalitionsverhandlung am 02.06.2008 wurden noch 2 Änderungen vorgenommen: Die Verhandlungspartner strichen die als Klarstellung von der Union eingebrachte Vereinbarung, Talsperren mit natürlichem Zufluss in die Förderung miteinzubeziehen. Grund dafür waren Bedenken des BMU, das am Sinn dieser erweiterten Förderungsmöglichkeit zweifelte. Da es den Vorschlag nur für eine zusätzliche Einnahmequelle der Anlagenbetreiber ohne weiteren Nutzen hielt, warnte es die Verhandlungspartner vor „Mitnahmeeffekten".[844] Schließlich nahm die Union ihre als Klarstellung eingereichte Forderung zurück, wonach eine Behörde über die Voraussetzungen des § 23 Abs. 5 abschließend zu entscheiden gehabt hätte.[845]

Somit konnte die Union am Ende die *Erhöhung des Vergütungssatzes für die kleine Wasserkraft bei Durchführung einer Modernisierung* durchsetzen. Zugleich erreichte sie als Klarstellung eine Anpassung der Bestimmungen des Begriffes der *ökologischen Modernisierung*. Der Vergütungszeitraum für Anlagen der großen Wasserkraft wurde von 20 Jahren (RegE) wieder auf die ursprünglichen 15 Jahre reduziert. Als Ausgleich dafür wurde der Vergütungssatz für diese Anlagen um 1 ct/kWh erhöht.[846]

---

[840] BMU 02.06.2008b, § 23 Abs. 2.
[841] BMU 02.06.2008b, § 21 Abs. 2.
[842] Vgl. BMU 02.06.2008b, § 23 Abs. 3; siehe auch BMU 15.12.2007a, § 2.
[843] Vgl. alle Punkte in ‚K3': CDU/CSU-Bundestagsfraktion 28.05.2008a; siehe auch BMU 02.06.2008b, § 23.
[844] Vgl. eigene Notizen in: BMU 02.06.2008b, § 23 Abs. 5 und BMU 02.06.2008a, § 23 Abs. 5. Siehe auch CDU/CSU-Bundestagsfraktion 28.05.2008a, Rn. K4.
[845] Vgl. BMU 02.06.2008a, § 23 Abs. 5. Siehe auch CDU/CSU-Bundestagsfraktion 28.05.2008a, Rn. K4 und Bundesregierung 05.12.2007, § 23 Abs. 5.
[846] BMU 02.06.2008a, §§ 21 und 23.

5.4.8.4 Strom aus Biomasse

5.4.8.4.1 Klarstellungen

Im *Biomasse-Bereich* stellten beide Fraktionen Anträge; in der ersten Sitzung am 29.05.2008 schlugen beide Seiten zunächst mehrere *Klarstellungen* vor. Gemeinsam wollte man § 27 Abs. 2 konkretisieren und griff damit einen Vorschlag des Energiekonzerns E.ON auf. Danach verhindere die bisherige Ausgestaltung des Paragraphen eine effiziente Einspeisung von Biogas in das öffentliche Gasnetz. Der Grund dafür zeige sich in einer unzureichend klaren Bestimmung darüber, wie Ein- und Ausspeisungen zur Deckung gebracht werden sollten.

Die Union schlug deshalb u.a. vor, dass grundsätzlich ein *Bilanzierungszeitraum von 12 Monaten* zulässig sein sollte. Dies sei erforderlich, damit KWK-Anlagen wärmebedarfsgetrieben gefahren werden könnten.[847] Die SPD favorisierte statt des Begriffs „12 Monate" den Begriff „Kalenderjahr", was sie letztlich auch durchsetzte.[848]

Daneben regte die Union 3 Änderungen der Positivliste des *NawaRo-Bonus* gemäß Anlage 2 III EEG an. So sollten folgende Substrate durch eine Aufnahme in die Liste ebenfalls dazu beitragen, in den Genuss der NawaRo-Prämie bezüglich Strom aus Biomasse zu gelangen:

a) „Pflanzen und Pflanzenbestandteile, die im Rahmen vegetationstechnischer Pflege und Instandhaltungsarbeiten anfallen"

b) „ - Futterreste, soweit diese im landwirtschaftlichen Betrieb anfallen,
- aussortiertes Gemüse, aussortierte Kartoffeln, aussortierte Heil- und Gewürzpflanzen sowie aussortierte Schnittblumen, - Zuckerrüben, - Masserüben"

c) „Zuschlagstoffe, Enzyme und Gärhilfen, die der Anlagen- und Verfahrenstechnik zuzurechnen sind und aus denen eine Methanausgasung unter 1 % der Gesamtgasproduktion erfolgt."[849]

---

[847] § 27 Abs. 2 entsprach § 8 Abs. 2 des bisherigen Gesetzes. Vgl. CDU/CSU-Bundestagsfraktion 28.05.2008a, Rn. K5.
[848] Vgl. BMU 02.06.2008a, §§ 24 Abs. 2; 25 Abs. 2 sowie 27 Abs. 2.
[849] CDU/CSU-Bundestagsfraktion 28.05.2008a, Rn. K10.

Der Vorschlag unter Ziffer a) war zugleich ein Vorschlag des *Bundesverbandes Garten-, Landschafts- und Sportplatzbau* gewesen. In den Koalitionsverhandlungen äußerte das BMU deutliche Bedenken gegenüber diesem Unionsvorschlag. Es befürchtete unnötige höhere Subventionen, die nicht zu rechtfertigen seien. Die SPD schloss sich dieser Auffassung an, sodass dieser Punkt in den Verhandlungen vorerst zurückgestellt wurde und letztlich auch keinen Eingang in das Gesetz fand.[850]

Mit den Unionsvorschlägen unter Ziffer b) und c) nahmen die federführenden Umweltpolitiker der Union Vorschläge ihrer Kollegen aus der Arbeitsgruppe Landwirtschaft auf. Letztere wollten die Forderung des Bundesrats vom 15.02.2008 bezüglich Anlage 2 III endlich im EEG realisieren und brachten den entsprechenden Teil der Länderkammer-Stellungnahme Nr. 30 nun in das Unions-Positionspapier ein. Auch der Deutsche Bauernverband und das BMELV unterstützten nach wie vor dieses Anliegen. Das BMWi kritisierte diese Vorschläge dagegen als ‚Systembruch', weil durch die Aufnahme von Futterresten und aussortiertem Material nun auch ‚Abfallstoffe' in den Genuss einer erhöhten Förderung kämen. Daneben befürchtete es durch die Subvention ansteigende Preise für diese Stoffe.

Die SPD stimmte dem Vorschlag zu, Zucker- und Masserüben in die Positivliste aufzunehmen, da sie selbst einen inhaltlich gleichgerichteten Antrag (Nr. K7) eingebracht hatte.[851] Auch die Aufnahme von Futterresten aus landwirtschaftlichem Betrieb akzeptierte sie. Aussortiertes Gemüse, Kartoffeln, Heil- und Gewürzpflanzen und Schnittblumen sollten dagegen in die Positivliste der rein pflanzlichen Nebenprodukte und ihrer Standard-Biogaserträge gemäß Anlage 2 V aufgenommen werden.[852] Nicht berücksichtigt wurde schließlich der Vorschlag der Union unter Ziffer c).[853] Schließlich setzte die SPD im Biomassebereich eine Klarstellung durch, die eine Ergänzung der Negativliste zum *KWK-Bonus* gemäß Anlage 3 vorsah. So sollten sich auch Wärmenutzungen nach Nr. I 3 an den Bedingungen der Negativliste messen

---

[850] Vgl. BMU 02.06.2008b, Anlage 2 III und BMU 02.06.2008a, Anlage 2 III; siehe auch CDU/CSU-Bundestagsfraktion 28.05.2008a.
[851] SPD-Bundestagsfraktion 29.05.2008a, Rn. K7.
[852] Vgl. BMU 02.06.2008a, Anlage 2 III und V.
[853] SPD-Bundestagsfraktion 29.05.2008a, Rn. K7; CDU/CSU-Bundestagsfraktion 28.05.2008a, Rn. K10; BMU 02.06.2008b, Anlage 2 und BMU 02.06.2008a, Anlage 2.

lassen. Andernfalls drohe eine Umgehung der Positivliste. Diesem Anliegen stimmte die Union zu.[854]

5.4.8.4.2 Anträge

Neben den vorgenannten Klarstellungen brachte vor allem die CDU/CSU mit ihrem „Zweiten Teil" diverse Anträge für den Bereich der Biomasse in die Koalitionsverhandlungen ein.

5.4.8.4.2.1 Paketlösung: Grundvergütung, NawaRo-, Gülle- und KWK-Bonus

Während die SPD-Fraktion in diesem Bereich keine wesentlichen Änderungsanträge zur Ausgestaltung der Grundvergütung, des NawaRo- und Güllebonus sowie des KWK-Bonus in die Koalitionsverhandlungen einbrachte, lag hier ein wesentliches Interessenfeld der Union. Die Berichterstatterin Maria Flachsbarth hatte innerhalb der Union die Strategie durchgesetzt, die Summe der Vergütungshöhe aus Grundvergütung und NawaRo-Bonus insgesamt nicht wesentlich über diejenigen des RegE hinaus zu erhöhen. Dabei wollte sie zum einen die zu diesem Zeitpunkt gestiegenen Agrarpreise berücksichtigen, die aus ihrer Sicht die Wirtschaftlichkeit von Biomasse-Bestandsanlagen gefährdeten; zum anderen wollte sie der zunehmenden Flächenkonkurrenz auf den Feldern entgegenwirken. Deshalb sollte die im RegE noch vorgesehene Erhöhung des *NawaRo-Bonus* von 2 ct/kWh gemäß Anlage 2 VI gestrichen und stattdessen die *Grundvergütung* für die untersten beiden Leistungsklassen der Biomasse-Bestandsanlagen um den gleichen Betrag erhöht werden.[855]

Durch eine gleichzeitige weitere *Erhöhung des Güllebonus* sollten zudem Anreize dafür geschaffen werden, mehr Abfallstoffe in den Biogasanlagen zu verwenden. Damit wollte man einerseits die Flächenkonkurrenz auf den landwirtschaftlich genutzten Feldern eingrenzen, andererseits könnte damit die Ausbringung dieser Gülle auf den Feldern eingedämmt werden, sodass Klimaschädigungen durch Ausgasung von Methan vermieden werden. Der

---

[854] SPD-Bundestagsfraktion 29.05.2008a, Rn. K8; BMU 02.06.2008b, Anlage 3 IV.
[855] Vgl. CDU/CSU-Bundestagsfraktion 28.05.2008b, Rn. A14 und CDU/CSU-Bundestagsfraktion 28.05.2008b, Rn. A10.

Güllebonus sollte insofern bis zu einer installierten Leistung von 75 kW um 8 Cent, von 75 kW bis 150 kW um 4 Cent und von 150 kW bis 500 kW um 1 Cent pro Kilowattstunde erhöht werden – ein Anliegen, für das sich im Grundsatz auch die Landwirtschaftspolitiker der Union und der DBV besonders eingesetzt hatten.[856] Schließlich wollte man den *KWK-Bonus auch für* diejenigen *Bestandsanlagen* in Höhe von 3 ct/kWh gewähren, die bereits Strom im KWK-Betrieb erzeugen. Allen voran hatte sich der CSU-Abgeordnete Josef Göppel dafür eingesetzt, eine Schlechterstellung und „Wettbewerbsverzerrung" der Altanlagen gegenüber Neuanlagen zu vermeiden, die einen Anspruch auf diesen Bonus in Höhe von 3 ct/kWh hatten.[857]

Die Erhöhung des Güllebonus stieß bei den *Sozialdemokraten* zunächst auf Ablehnung. Auch das BMU kritisierte die Vorschläge als „zu teuer", sodass dieser Punkt in den Verhandlungen neben den Unionsvorschlägen zu Grundvergütung, zum NawaRo- und zum KWK-Bonus zunächst zurückgestellt wurde.[858] Am Ende des 1. Verhandlungstages einigten sich die Verhandlungsführer beider Seiten allerdings wie bereits im Bereich der Wasserkraft auf eine *Paketlösung*. Danach sollte der Güllebonus, wie von der Union gefordert, bei einer installierten Leistung von 150 - 500 kW künftig 1 Cent und von 75-150 kW 4 Cent betragen. Für kleine Anlagen bis 75 kW sollte es künftig allerdings nicht wie gefordert 8 Cent, sondern nur 4 Cent geben.[859] Hinsichtlich Grundvergütung und NawaRo-Bonus einigten sich Union und SPD auf einen Mittelweg zwischen RegE und Unionsforderung. Danach sollten, statt der von der Union geforderten Streichung der Erhöhung des NawaRo-Bonus um 2 ct/kWh und der Erhöhung der Grundvergütung für Bestandsanlagen in gleicher Höhe, sowohl NawaRo-Bonus für Alt- und Neuanlagen als auch die Grundvergütung für Biogasanlagen um je einen Cent für Bestandsanlagen erhöht werden.[860] Dem Wunsch der Union nach einer Gewährung des KWK-Bonus in Höhe von 3 ct/kWh auch für Altanlagen entsprach die SPD im Rah-

---

[856] Dazu CDU/CSU-Bundestagsfraktion 28.05.2008b, Rn. A15 und DBV 07.05.2008.
[857] Die Gewährung des Bonus i.H.v. 3 ct/kWh sollte laut Unionsvorschlag auch für Altanlagen gelten, die vor dem Jahr 2004 in Betrieb genommen wurden. Vgl. CDU/CSU-Bundestagsfraktion 28.05.2008b, Rn. A12.
[858] Vgl. eigene Notizen in: CDU/CSU-Bundestagsfraktion 28.05.2008b, Rn. A15.
[859] BMU 02.06.2008b, Anlage 2 VI Abs. 2 b Satz 1.
[860] BMU 02.06.2008b, Anlage 2 VI Abs. 2 b Satz 1.

men dieses Verhandlungspaketes. Allerdings sollte dies nur für kleine Anlagen bis einschließlich einer Leistung von 500 kW gelten.[861]

5.4.8.4.2.2 KWK-Bonus-Erweiterung und Kulturlandschaftsbonus

Die Union wollte den Anwendungsbereich des *KWK-Bonus* gemäß Anlage 3 Abs. III noch erweitern. Es war vorgesehen, als Wärmenutzung auch die Verwertung von Prozesswärme zur Aufbereitung von Gärresten zum Zwecke der Düngemittelherstellung geltend zu machen. Durch eine Trocknung und entsprechenden Wasserentzug könnte danach ein geringeres Gewicht erreicht werden, so dass auch ein Transport wirtschaftlich möglich werden konnte. Ferner wollte die Union prüfen lassen, ob die „Trocknung von Haupt- und Nebenerzeugnissen der landwirtschaftlichen Produktion (Aufkonzentration von Gülle)" in die Positivliste aufgenommen werden kann. Beide Vorschläge lehnte die SPD-Fraktion allerdings ab.[862]

Zustimmung gewährte sie dagegen dem Unionsvorschlag, den *KWK-Bonus* auch für die *Trocknung von Klärschlamm* mittels erneuerbarer Energien zu gewähren. Die CDU/CSU wollte mit der Klärschlammtrocknung eine weitere thermische Verwertung in Kohlekraftwerken oder Zementwerken ermöglichen. Vor allem Josef Göppel hatte sich auch dafür eingesetzt, die entsprechende Stellungnahme des Bundesrates Nr. 33 als Antrag in die Koalitionsverhandlungen einzubringen.[863]

Ein Dorn im Auge der Landwirtschaftspolitiker der Union waren die Auflagen des RegE zur Gewährung des *KWK-Bonus* für die *Beheizung von Tierställen* gemäß Anlage 3 III Nr. 5. Man hielt diese für „willkürliche Obergrenzen und Einschränkungen, die weder den klimatischen noch den betrieblichen Erfordernissen Rechnung tragen" und damit als „Marktverzerrungen", die zu einem nicht gerechtfertigten Verwaltungsaufwand der Landwirte führen würden. Zum anderen hielt man diese Vorgaben für zu streng und forderte deshalb die Streichung dieses Passus Nr. 5. Das BMU argumentierte während der Koalitionsgespräche dagegen, dass der Verwaltungsaufwand für die Landwir-

---

[861] Vgl. BMU 02.06.2008b, § 66 Abs. 1 Nr. 3.
[862] CDU/CSU-Bundestagsfraktion 28.05.2008b, Rn. A16; BMU 02.06.2008b, Anlage 3 III.
[863] CDU/CSU-Bundestagsfraktion 28.05.2008b, Rn. A17; BMU 02.06.2008b, Anlage 3 III Nr. 7. Siehe auch Bundesrat 15.02.2008, Rn. 33.

te durch die Auflagen des Regierungsentwurfes sogar verringert würde; schließlich entfalle damit die obligatorische Prüfung durch einen Umweltgutachter. Gleichwohl stimmte die SPD gegen den Unionsvorschlag, sodass am Ende doch auf den RegE zurückgegriffen wurde.[864]

Schließlich brachten sowohl Union als auch SPD unabhängig voneinander die Idee eines *„Kulturlandbonus"* in die Gespräche ein, der als Erweiterung des Technologiebonus gemäß Anlage 1 in Höhe von 2 ct/kWh an bestimmte ökologische Kriterien gebunden sein sollte.[865] Die Union wollte damit Anreize zur besseren Nutzung von energiearmen Substraten wie „Landschaftspflegematerial und Eingangsstoffen aus Grünland- und Branchenbewirtschaftung" setzen; diese Materialien müssten auch „aus landeskulturellen Gründen" verwendet werden. Ziel müsse der Erhalt der biologischen Vielfalt und des Klimaschutzes sein.[866] Die SPD argumentierte ähnlich und sah durch die starke Nutzung von Energiepflanzen die „Gefahr, dass es beim Anbau zu ökologischen Fehlentwicklungen" kommen könnte. Deshalb müssten neben Anreizen zu nachwachsenden Rohstoffen auch Anreize für einen „ökologisch nachhaltigen Anbau von Energiepflanzen" gesetzt werden. Die Christdemokraten und Christsozialen warben dafür, den eigenen Vorschlag in das Gesetz zu übernehmen, da dieser konkreter ausformuliert sei. Zudem wollten sie ein Kriterium des SPD-Vorschlages zur Gewährung des Bonus nicht akzeptieren: das Verbot von gentechnisch veränderten Organismen (GVO). Das BMWi kritisierte die Anknüpfung des Bonus an den Technologiebonus, der eigentlich „innovative Technologien" fördern sollte. Doch das BMU hielt keinen der beiden Vorschläge für sinnvoll und warb in den Verhandlungen sogar dafür, den Bonus nicht einzuführen.[867] Allerdings bestand vor allem SPD-Politiker Ulrich Kelber weiterhin auf die Einführung der Prämie, sodass die Koalitionäre das BMU letztlich beauftragten, einen Vorschlag bis zum nächsten Sitzungstermin am 02.06.2008 vorzulegen. Daraufhin legte das BMU am 02.06. einen solchen, in Absprache mit dem BMWi, vor. Dabei setzte es sei-

---

[864] Vgl. eigener Vermerk, in: CDU/CSU-Bundestagsfraktion 28.05.2008b, Rn. A16; BMU 02.06.2008b, Anlage 3 III.
[865] CDU/CSU-Bundestagsfraktion 28.05.2008b, Rn. A13; SPD-Bundestagsfraktion 29.05.2008b, Rn. Ä12.
[866] Vgl. CDU/CSU-Bundestagsfraktion 28.05.2008b, Rn. A13.
[867] BMU 02.06.2008b, § 27 Abs. 4 Nr. 1.

nen Vorschlag durch, den Bonus „für die überwiegende Nutzung von Pflanzen, die im Rahmen der Landschaftspflege anfallen", nicht wie von der Koalition vorgeschlagen beim Technologiebonus, sondern beim NawaRo-Bonus anzusiedeln. Die SPD-Forderung nach einem diesbezüglichen Verbot von GVO blieb also unberücksichtigt.[868]

5.4.8.4.2.3 Anlagensplitting: Biogaseinspeisung & Verstromungsanlagen

Beide Fraktionen sahen ein Wettbewerbsproblem in dem sog. *Anlagensplitting bei der Biogaseinspeisung*. Wurde das in einer Biogasanlage erzeugte Biogas in das Erdgasnetz eingespeist, konnte die Vergütung bisher durch das Verteilen auf viele kleine BHKW, die jeweils als eigene Anlagen gelten, erhöht werden. Hierdurch konnte die anteilig höhere Vergütung für kleinere Leistungsklassen mehrmals in Anspruch genommen werden.[869] Dagegen griff die Vergütungsdegression in voller Höhe bei Biogasanlagen, die das Biogas am Standort des Fermenters verstromten und ins Stromnetz einspeisten.[870] Gerade die Landwirtschaftspolitiker der Union wie *Johannes Röring*, aber auch Umweltpolitiker beider Fraktionen kritisierten, dass durch diese Regelung eine Umgehung der Vergütungsdegression für Anlagen ermöglicht wurde, die das Gas ins Gasnetz einspeisen. Da vor allem große Biogasanlagen in das Gasnetz einspeisen, hätten diese auf der einen Seite größenbedingte Kostenvorteile, etwa durch Synergieeffekte oder Marktmacht beim Einkauf von Rohstoffen. Auf der einen Seite hätten sie durch die dezentrale Verstromung mehrfachen Anspruch auf die Boni.[871]

Obwohl sich beide Fraktionen in der Problembeschreibung einig waren, gab es unterschiedliche Ansätze für die Lösung. Um einen *Wettbewerbsnachteil für kleine, nicht ins Gasnetz einspeisende Anlagen* zu verhindern, schlug die *Union* vor, die Berechnung der Vergütungshöhe bei einspeisenden Biogasan-

---

[868] BMU 02.06.2008b, Anlage 2 VI Nr. 2 c; siehe auch BMU 02.06.2008a, Anlage 2 VI Nr. 2 c.
[869] Dazu gehören etwa die erhöhte Mindestvergütung, ein höherer NawaRo-Bonus oder der Güllebonus. Vgl. CDU/CSU-Bundestagsfraktion 28.05.2008b, Rn. A2.
[870] Die Vergütungsdegression ist abhängig von der Anlagengröße. Vgl. CDU/CSU-Bundestagsfraktion 28.05.2008b, Rn. A2.
[871] Vgl. SPD-Bundestagsfraktion 29.05.2008b, Rn. Ä14 und CDU/CSU-Bundestagsfraktion 28.05.2008b, Rn. A2. Siehe auch Röring 12.02.2008.

lagen künftig nicht mehr an den Verstromungsanlagen, sondern gänzlich an der Rohgaserzeugungsanlage festzumachen.[872] Dagegen wollte die SPD das Problem lösen, indem der Technologiebonus anteilig für alle Anlagen erhöht werden sollte. Um kleinere Anlagen zu schützen, sollten danach grundsätzlich nur Gasaufbereitungsanlagen bis zu einer maximalen Kapazität von 2.000 Normkubikmetern Rohgas pro Stunde förderfähig sein. Die Bonushöhe wollte man bis 1.250 Normkubikmetern Rohgas pro Stunde mit 2,0 ct/kWh fördern; Anlagen bis 2.000 Normkubikmeter Rohgas pro Stunde sollten dagegen 1 ct/kWh erhalten.[873]

Während das *BMWi* sich zu dieser Thematik überhaupt nicht äußerte, schloss sich das *BMU* in den Koalitionsverhandelungen der Position der SPD an. Es hielt den Vorschlag der Union, der eine grundlegende Veränderung der Vergütungssystematik zur Folge gehabt hätte, für einen ‚Systembruch' des EEG. Die Koalitionäre vereinbarten schließlich, dass BMU und BMWi bis zur 2. Koalitionssitzung einen Vorschlag vorlegen sollten. Als sich die Verhandlungspartner schließlich am 02.06.2008 trafen, wurde ein Vorschlag vorgelegt, der sich am SPD-Wunsch orientierte und eine Erhöhung des Technologiebonus für die Aufbereitung von Biogas vorsah, die von der Kapazität der Gasaufbereitungsanlage abhängig sein sollte. Allerdings schränkte die Formulierung der Ministerien die Bonuserhöhung auf noch kleinere Anlagen ein, als es der SPD-Vorschlag zuvor getan hatte. So sollte die maximale Kapazität einer Gasaufbereitungsanlage als Voraussetzung für den Erhalt des Bonus statt 2.000 Normkubikmetern Rohgas pro Stunde (SPD-Vorschlag) nur noch die Hälfte, nämlich 1.000 Kubikmeter, betragen. Auch die maximale Kapazität der Gasaufbereitungsanlage, für die der Bonus tatsächlich gezahlt wird, halbierten die Ministerien von 1.250 (SPD-Vorschlag) auf 600 bzw. von 2.000 (SPD-Vorschlag) auf 1.000 Normkubikmeter Rohgas pro Stunde.[874] Die Union, und hier vor allem Landwirtschaftspolitiker Johannes Röring, war allerdings nicht mit diesem Vorschlag einverstanden. Sie bestand weiterhin auf die Kopplung der Vergütung an die Rohgaserzeugungsanlage. Nach einer

---

[872] In § 27 Abs. 2 sollte folgender Satz 2 neu eingefügt werden: „Zum Zweck der Ermittlung der Vergütung in Fällen des Satzes 1 ist unbeschadet des § 19 Abs. 1 die Leistung im Sinne des § 3 Abs. 6 der Rohgaserzeugungsanlage zugrunde zu legen." Vgl. CDU/CSU-Bundestagsfraktion 28.05.2008b, Rn. A2.
[873] Vgl. SPD-Bundestagsfraktion 29.05.2008b, Rn. Ä14.
[874] Vgl. BMU 02.06.2008b, Anlage 1 I Nr. 2.

Sitzungsunterbrechung wurde schließlich die jüngste Formulierung der Ministerien übernommen und durch nochmals gesenkte Grenzen für die Kapazität der Gasaufbereitungsanlage in Höhe von 350 Normkubikmetern (2 ct/kWh) und 700 Normkubikmetern (1 ct/kWh) festgesetzt.[875]

Ein weiteres Problem sah die Union noch immer in dem *Anlagensplitting bei Verstromungsanlagen in großen Anlagenparks,* wie Penkun. Der Bundesrat hatte bereits mit seiner Stellungnahme Nr. 27 vom 15.02.2008 auf Nachdruck Mecklenburg-Vorpommerns gefordert, dass Bestandsanlagen von der Neugestaltung des Anlagenbegriffs in § 19 Abs. 1 durch eine entsprechende Änderung des § 66 Abs. 1 ausgenommen werden sollten.[876] Die Union hatte sich diesem Begehren angeschlossen, da sie die Bestandsanlagen in ihrer wirtschaftlichen Existenz gefährdet sah und Bestandsschutz gewähren wollte. Die Bundesregierung hatte in ihrer Gegenäußerung auf die Bundesratsstellungsstellungnahme angekündigt, dass sie noch weitere Vorschläge zur Lösung dieses Problems vorlegen werde. Da der Union solche Vorschläge nicht vorlagen, übernahm sie die Stellungnahme des Bundesrates Nr. 27 als eigenen Antrag für die Koalitionsverhandlungen.[877] Allerdings argumentierte das *BMU* in den Koalitionsverhandlungen gegen diesen Antrag. Zum einen wies es darauf hin, dass die Betreiber dieser Anlagenparks von Anfang an gewusst hätten, dass sie sich mit ihrem Geschäftsmodell in einer rechtlichen Grauzone befänden. Zudem hätte die Bundesregierung stets dargestellt, dass sie Bioenergieparks wie Penkun für rechtswidrig halte. Schließlich plädierte das BMU für das Fallenlassen des Unionsantrags unter Hinweis auf zu erwartende erhebliche finanzielle Mehrbelastungen der EEG-Umlage. Die *SPD* schloss sich dieser Position an, sodass der Antrag letztlich nicht verwirklicht wurde.[878]

---

[875] Vgl. BMU 02.06.2008b, Anlage 1 I Nr. 2; siehe auch BMU 02.06.2008a, Anlage 1 I Nr. 2.
[876] Der Antrag wurde im Umwelt-, Agrar- und Wirtschaftsausschuss beschlossen. Vgl. Kap. 5.4.5.
[877] CDU/CSU-Bundestagsfraktion 28.05.2008b, Rn. A11. Vgl. dazu Bundesrat 15.02.2008, Rn. 27 und Bundesregierung 29.02.2008, Rn. 27.
[878] Vgl. eigener Vermerk, in: CDU/CSU-Bundestagsfraktion 28.05.2008b, Rn. A4.

5.4.8.4.2.4 Anforderungen zur Nachhaltigkeit von Biomasse

Die Verhandlungspartner waren sich darin einig, dass *Verordnungsermächtigungen* im Biomassebereich gemäß § 64 Abs. 1 Nr. 2 und Abs. 2 nicht allein von den Ministerien, sondern nur mit der *Zustimmung des Deutschen Bundestages* auf den Weg gebracht werden sollten.[879] Damit wollten die Parlamentarier ihren Einfluss auf die Verordnungen sichern.

Der Union war darüber hinaus die Formulierung in Abs. 2 Nr. 1 a) ein Dorn im Auge: Dort war vorgesehen, dass die Ministerien eine Verordnung erlassen können, die den Vergütungsanspruch für Strom aus Biomasse an den Nachweis knüpft, dass beim Anbau der eingesetzten Biomasse „bestimmte Anforderungen an eine *nachhaltige Bewirtschaftung* land- und forstwirtschaftlicher Flächen und zum Schutz natürlicher Lebensräume beachtet worden sind." Aus Sicht der Union hatten sich stattdessen die Anforderungen der *guten fachlichen Praxis* in der Vergangenheit bewährt, die stattdessen wieder gelten sollten. Diese Sicht teilte auch der DBV, der sich bereits vor Beginn der Koalitionsverhandlungen in einem Positionspapier gegenüber weitergehenden Nachhaltigkeitsvorschriften kritisch geäußert hatte.[880] Allerdings konnte die SPD nicht von dieser Notwendigkeit überzeugt werden, sodass der Vorschlag abgelehnt wurde und es beim RegE blieb.[881]

Ablehnend standen die Sozialdemokraten auch dem Unionsvorschlag gegenüber, größeren Biomasse-Bestandsanlagen mit einer Leistung über 150 kW, die „in ihren Wirtschaftlichkeitsberechnungen auf die Verwendung von *Palm- und Sojaöl* abheben", den Betrieb weiterhin zu ermöglichen, nämlich bis zur endgültigen Vorlage einer Nachhaltigkeitsverordnung. Die CDU/CSU-Fraktion wollte damit auf der einen Seite keine Substrate wie Palmöl aus Drittländern fördern, deren Anbau zum Beispiel durch Brandrodung aus ökologischer Sicht fragwürdig war.[882] Auf der anderen Seite wollte sie bereits bestehenden

---

[879] SPD-Bundestagsfraktion 29.05.2008b, Rn. Ä26; CDU/CSU-Bundestagsfraktion 28.05.2008a, Rn. K8.
[880] Vgl. CDU/CSU-Bundestagsfraktion 28.05.2008a, Rn. K9; AG Umwelt der CDU/CSU-Bundestagsfraktion 21.04.2008.
[881] CDU/CSU-Bundestagsfraktion 28.05.2008a, Rn. K9; BMU 02.06.2008b, § 64 Abs. 2 Nr. 1 a.
[882] Vgl. CDU/CSU-Bundestagsfraktion 28.05.2008b, Rn. A9.

Anlagen, die mit diesen Substraten betrieben wurden, bis zur Umsetzung der Nachhaltigkeitsverordnung keine Schwierigkeiten bereiten. Deshalb bat sie die Bundesregierung um einen entsprechenden Formulierungsvorschlag, der dann in den EEG-Gesetzestext aufgenommen werden sollte.[883]

Die sozialdemokratische Seite stimmte dem nicht zu. Als Kompromiss verständigten sich die Verhandlungspartner darauf, eine *Protokollnotiz in die Beschlussempfehlung und den Bericht des Umweltausschusses* zum EEG-Gesetzentwurf aufzunehmen. Insofern sollte auf das Problem aufmerksam gemacht und zugleich auf eine zeitnahe Umsetzung der Nachhaltigkeitsverordnung noch in 2008 gedrängt werden. Sollte diese nicht wie geplant im Herbst desselben Jahres beschlossen werden, wollte man einen anderen Nachweis ermöglichen. Die Formulierung setzte die Union nach der Sitzung des Umweltausschusses vom 04.06.2008 im Ausschussprotokoll entsprechend um. Dort hieß es: „Weiterhin habe man sich darauf geeinigt, im Rahmen der Übergangsbestimmungen für Anlagen über 150 kW, die mit Palmöl oder Soja betrieben werden, es beim Stand des RegE zu belassen. Diese Anlagen kämen, wenn es nicht sehr bald zu einer Nachhaltigkeitsverordnung komme, in existenzielle Schwierigkeiten. Wenn es nicht bis zum Herbst 2008 bis zu einer entsprechenden Nachhaltigkeitsverordnung komme, werde noch vor Jahresende ein entsprechendes Überleitungsverfahren hinsichtlich eines anders gearteten Nachweises von nachhaltiger Produktion zur Anwendung kommen."[884]

5.4.8.4.2.5 Lex Stendal und weitere SPD-Anliegen

Die SPD-Fraktion begrüßte es, dass die Ministerien im RegE mit dem sog. *„Lex Stendal"* gemäß § 66 Abs. 1 auch bestehende hocheffiziente *Zellstoff- und Biomassekraftwerke* in die EEG-Vergütung aufgenommen hatten, und dass mit den eng ausgelegten Anforderungen zugleich beabsichtigt war, einen eventuellen Missbrauch zu verhindern. Allerdings wollte sie die Wirtschaftlichkeit dieser Anlagen sicherstellen und schlug deshalb vor, einige Anforderungen zu senken.[885] Dazu gehörte die 90 %-Vorgabe für den Einsatz von *Schwarzlauge* in Abs. 1 Nr. 5, der durch Einfügung des Begriffs „über-

---

[883] CDU/CSU-Bundestagsfraktion 28.05.2008b, Rn. A9.
[884] Deutscher Bundestag 04.06.2008, S. 27; vgl. auch Kap. 5.4.9.

wiegend" auf 50 % reduziert werden sollte.[886] Auch das Übergangsdatum sollte vorgezogen werden.[887] Die Union zeigte sich zunächst mit einem Kompromiss einverstanden, der nur eine Senkung der 90 %-Vorgabe beinhalten sollte. Am Ende beschloss man, den Wert für Schwarzlauge nicht auf 50, sondern auf 75 % abzusenken.[888]

Schließlich stimmte die Union den folgenden 3 Vorschlägen der SPD-Fraktion zu: Erstens sollten weitere Anreize für die verstärkte energetische Verwertung von Stroh und zur Vergärung von Bioabfällen gesetzt werden. Aufgrund der aktuellen Diskussion über mögliche Flächennutzungskonkurrenzen sollten so die „Potentiale in diesen Reststoffbereichen stärker zur Energiegewinnung erschlossen" werden. Dazu sollten die *thermochemische Konversion (Pyrolyse) von Stroh* und anderer halmgutartiger Biomasse, sowie auch die Vergärung von Bioabfällen vor der Kompostierung in die Förderung des Technologiebonus aufgenommen werden.[889] Zweitens wollte die SPD im Gesetz klarstellen, dass *Biodiesel zur Zünd- und Stützfeuerung* als Biomasse im Sinne von § 27 Abs. 1 zugelassen werde. Das BMU erklärte in den Koalitionsverhandlungen, dass dieser Punkt schon im bisher geltenden EEG 2004 enthalten sei. Bei der Erstellung des RegE hatte das BMU die erneute Aufnahme dieser Formulierung schlicht vergessen und bat nun um deren Aufnahme in den Gesetzestext.[890] Drittens wollte die SPD-Fraktion Betreibern immissionsschutzrechtlich genehmigungsbedürftiger Biogasanlagen den NawaRo-Bonus nur gewähren, sofern sie durch Verwendung einer Abdeckung des Gärrestebehälters sowie durch eine „alternative Gasverbrennungseinrichtung" für den Fall der Überproduktion oder eines Störfalls den *Austritt von Methan verhindern* können.[891] Ziel war die „Steigerung des Klimaschutzbei-

---

[885] SPD-Bundestagsfraktion 29.05.2008b, S. Ä29 / pagemargin.
[886] Schwarzlauge ist ein Nebenprodukt bei der Zelluloseherstellung nach dem Sulfat-Verfahren in der Papierindustrie.
[887] SPD-Bundestagsfraktion 29.05.2008b, S. Ä29 / pagemargin.
[888] Vgl. eigener Vermerk, in: BMU 02.06.2008a, § 66 Abs. 1 Nr. 5. Siehe auch BMU 02.06.2008b, § 66 Abs. 1 Nr. 5.
[889] SPD-Bundestagsfraktion 29.05.2008b, Rn. Ä13. Siehe auch BMU 02.06.2008b, Anlage 1 II.
[890] SPD-Bundestagsfraktion 29.05.2008b, Rn. Ä15. Siehe auch BMU 02.06.2008b, § 27 Abs. 1 Nr. 4.
[891] SPD-Bundestagsfraktion 29.05.2008b, Rn. Ä16.

trages" von Biogasanlagen durch verminderte Emissionen.[892] Zwar hielt die Union diese Regelung zunächst für unangebracht und verwies auf das UGB; auch war sie sich der daraus entstehenden Kosten unsicher. Das BMU reagierte und hielt eine Regelung im EEG für angebracht, da sich die Kosten für die Anlagenbetreiber nach seiner Auffassung in einem vertretbaren Rahmen hielten. Schließlich stimmten Union und SPD für diesen Antrag.[893]

5.4.8.4.2.6 BMU setzt Formaldehyd-Cent durch

Das *BMU* machte die Koalitionspartner am 02.06.2008 auf ein weiteres Problem beim Betrieb von immissionsschutzrechtlich genehmigungsbedürftigen Biogas-Neuanlagen aufmerksam. Denn die neuen Biogasanlagen überschritten die rechtlich zulässigen *Grenzwerte der TA-Luft für Formaldehyd-Konzentrationen*. Aus diesem Grund sei eine Investition in eine technische Einrichtung zur Einhaltung dieser Grenzwerte notwendig.[894] Da die Kosten dieser Einrichtung bislang aber nicht in der Vergütung berücksichtigt seien, schlug das Ministerium vor, die Vergütung für immissionsschutzrechtlich genehmigungsbedürftige Biogasanlagen um 1 ct/kWh zu erhöhen, die nicht Gas aus einem Gasnetz entnahmen, sondern es direkt verstromen. Voraussetzung sollte eine „Bescheinigung der zuständigen Behörde" sein.[895]

Verschiedene Unionsvertreter kritisierten allerdings verärgert, dass das BMU erst während des 2. Koalitionsverhandlungstages auf dieses Problem aufmerksam gemacht hatte, und sie mit diesem Verschlag somit „vor vollendete Tatsachen" stellte. Maria Flachsbarth hielt den Vorschlag insofern zunächst für nicht realisierbar, da er eine Ungleichbehandlung zwischen Alt- und Neuanlagen bedeutete. Das BMU verwies jedoch auf eigene Berechnungen, nach denen die Umrüstungskosten für Neuanlagen derart hoch seien, dass sie ohne die vorgeschlagene Vergütungserhöhung wirtschaftlich überhaupt nicht realisierbar seien. Dementsprechend einigten sich Union und SPD auf

---

[892] SPD-Bundestagsfraktion 29.05.2008b, Rn. Ä16. Vgl. auch eigener Vermerk, in: SPD-Bundestagsfraktion 29.05.2008b, Rn. Ä16.
[893] Vgl. eigener Vermerk, in: SPD-Bundestagsfraktion 29.05.2008b, Rn. Ä16. Vgl. BMU 02.06.2008b, Anlage Nr. 1 Nr. 4.
[894] Vgl. BMU 02.06.2008b, § 27 Abs. 5.
[895] Vgl. BMU 02.06.2008b, § 27 Abs. 5.

den BMU-Vorschlag, sodass sich das Ministerium am Ende durchgesetzt hatte.[896]

5.4.8.5 Strom aus Geothermie

Wie schon im Bereich der Wasserkraft brachten die Sozialdemokraten aus taktischen Gründen auch keine Forderung zur Geothermie in die Koalitionsverhandlungen ein. Dagegen wollte die Union für eine stärkere Förderung der Geothermie verhandeln und legte entsprechende Änderungsanträge vor. Vor allem die Vertreter *Baden-Württembergs* und *Bayerns* unterstützten die Unionspläne. Die Verbesserung der Bedingungen für Geothermie erschien aus Sicht der Union erforderlich, da zu diesem Zeitpunkt nur wenige Anlagen existierten, die Vergütung nach dem EEG bezogen. Deshalb würden die Kosten für die Verbraucher durch eine Erhöhung der Umlage entsprechend moderat ausfallen.

So griff die Union einen ursprünglich von Baden-Württemberg stammenden Vorschlag auf, den bereits der Bundesrat am 15.02.2008 in seiner Stellungnahme gefordert hatte. Dieser sah eine *Besserstellung großer Geothermie-Anlagen* vor, indem die oberen beiden Leistungsklassen von 10-20 und ab 20 MW von 10,50 ct/kWh auf 16 ct/kWh angehoben werden sollten. Das hätte zur Folge gehabt, dass es nur noch eine einzige Leistungsklasse gegeben hätte, da stets der Satz von 16 ct/kWh gegolten hätte.[897] Im Übrigen wollte die Union weitere Anreize für eine effiziente Nutzung der Geothermie schaffen, durch die Anhebung des *Wärmenutzungsbonus von 2 auf 3 ct/kWh*. Damit griff sie ebenfalls eine ursprünglich von Baden-Württemberg stammende Forderung des Bundesrates vom Februar wieder auf.[898]

Am Ende einigten sich die Koalitionspartner zur Geothermie bereits in der 1. Koalitionsrunde am 29.05.2008 auf die Erhöhung des *Wärmenutzungsbonus* um den von der Union geforderten einen Cent. Statt einer Besserstellung

---

[896] Vgl. BMU 02.06.2008b, § 27 Abs. 5; vgl. eigener Vermerk, in: BMU 02.06.2008b, § 27 Abs. 5 sowie Bröer 2008.
[897] CDU/CSU-Bundestagsfraktion 28.05.2008b, Rn. A4; siehe auch Bundesrat 15.02.2008, Rn. 16.
[898] CDU/CSU-Bundestagsfraktion 28.05.2008b, Rn. A5; Bundesrat 15.02.2008, Rn. 17.

großer Geothermieanlagen bei der Grundvergütung wurde vereinbart, Anreize für einen zügigen Ausbau der Geothermie mittels eines zusätzlichen neuen *Sprinterbonus* zu schaffen. Die Prämie in Höhe von 4 ct/kWh sollten fortan alle Anlagen erhalten, die bis zum 31.12.2015 in Betrieb gehen würden. Schließlich erhöhten die Koalitionäre den *Bonus für Anlagen bis 10 MW für den Einsatz petrothermaler Techniken* von 2 auf jetzt 4 ct/kWh.[899]

Damit beließen Union und SPD die Grundvergütung für Geothermie zwar auf dem Niveau des RegE; allerdings wurden auch zwei Prämien erhöht und mit dem Sprinterbonus eine weitere eingeführt. Im Ergebnis hat Baden-Württemberg seinen Antrag zum Wärmenutzungs-Bonus durchsetzen können; während er über den Bundesrat nicht verwirklicht werden konnte, realisierte die Union ihn als eigenen Antrag.

5.4.8.6 Strom aus Windenergie

Im Bereich des Stroms aus Windenergie brachte die SPD mit 8 Anträgen deutlich mehr Vorschläge in die Verhandlungen ein als die Union, die lediglich einen einzigen Antrag zu Offshore-Windenergie und keinen Antrag zu Onshore vorlegte.

5.4.8.6.1 Paketlösung Onshore & Offshore-Vergütung

Die Entscheidung zu einigen wichtigen Anträgen zur Vergütung von Onshore- und Offshore-WEA verschoben die Verhandlungspartner in den Gesprächen des 29.05.2008 zunächst auf das Ende dieses ersten Verhandlungstages. Nachdem die Verhandlungsführer beider Seiten außerhalb des Verhandlungsraumes zusammen gekommen waren, um sich zu besprechen, einigten sie sich schließlich auf eine *Paketlösung*. Das Paket kam folgendermaßen zustande:

Die *SPD* wollte den *Anfangsvergütungssatz für Onshore-WEA* aus § 29 Abs. 2 um 2 ct/kWh auf 9,95 ct/kWh erhöhen. Als Grund führte sie gestiegene Rohstoff- und Materialkosten an, die die Wirtschaftlichkeit der WEA und damit den weiteren Ausbau der Windenergie-Onshore als „Arbeitspferd" der EE-

---
[899] Vgl. BMU 02.06.2008b, § 28; vgl. Kap. 5.3.1. und 5.4.3.5.

Stromerzeugung belasten würden.[900] Ferner wollte sie den *Systemdienstleistungsbonus* für diese Anlagen erhöhen, der an die Erfüllung bestimmter Anlageneigenschaften gebunden ist. Allerdings konkretisierte sie diesen Vorschlag zunächst nicht, sondern verwies am 1. Verhandlungstag auf die Vorlage eines Formulierungsvorschlages bei der 2. Sitzung der Koalitionsrunde.[901]

Aufgrund der „rapide gestiegenen Rohstoffkosten" wollte die SPD-Fraktion außerdem auch die *Anfangsvergütung für Offshore-WEA* aufstocken.[902] Die im RegE vorgesehene Anfangsvergütung von ‚12 Cent plus 2 Cent Frühstarterbonus' hielt sie für unzureichend, um einen zügigen Einstieg in diese Technologie zu ermöglichen und die ersten Projekte zu realisieren. Deshalb schlugen die Sozialdemokraten vor, die *Anfangsvergütung und den Frühstarterbonus* um je einen Cent auf 13 ct/kWh bzw. 3 ct/kWh zu erhöhen.[903]

Dagegen brachte die *Union* im Bereich der Windenergie nur einen einzigen Antrag zum Thema Offshore in die Verhandlungen ein: Wie die SPD lautete das Ziel, Anreize für einen zügigen Ausbau der Offshore-Windparks zu setzen. Da aus Sicht der Union der bislang vorgesehene Zeitraum für den Frühstarterbonus nicht ausreiche, um einen „nennenswerten Ausbau" zu realisieren, wollte sie diese *Prämie nicht aufstocken, sondern zeitlich verlängern*. So sollte die Frist zur Gewährung des Bonus um 2 Jahre, d.h. bis zum Jahr 2015, ausgedehnt werden. Der Beginn der Degression sollte dementsprechend erst ab dem Jahr 2017 greifen.[904]

Am Ende des 1. Verhandlungstages einigten sich die Verhandlungsführer auf folgendes Ergebnis: Die *Anfangsvergütung für Strom aus Onshore-WEA* wollte man wie von der SPD gewünscht anheben, allerdings nicht auf 9,95 Cent, sondern auf 9,2 Cent. Die *Endvergütung* sollte 5,2 ct/kWh betragen.[905] Außerdem einigte man sich darauf, den *Systemdienstleistungsbonus für Onshore-Anlagen* nicht wie von der SPD gewünscht zu erhöhen, sondern zu senken. Dies galt zumindest für Neuanlagen, und zwar gegenüber dem RegE um

---

[900] SPD-Bundestagsfraktion 29.05.2008b, Rn. Ä17.
[901] SPD-Bundestagsfraktion 29.05.2008b, Rn. Ä27.
[902] SPD-Bundestagsfraktion 29.05.2008b, Rn. Ä27.
[903] SPD-Bundestagsfraktion 29.05.2008b, Rn. Ä27.
[904] CDU/CSU-Bundestagsfraktion 28.05.2008b, Rn. A6.
[905] BMU 02.06.2008b, § 29 Abs. 2.

0,20 ct auf 0,50 ct/kWh für die Dauer der Anfangsvergütung; für Altanlagen sollte der Bonus dagegen gemäß RegE 0,70 ct/kWh betragen, jedoch auf 5 Jahre befristet.[906] Allerdings war die Erhöhung der Anfangsvergütung für *Repowering-Anlagen* gemäß § 30 durch einen Bonus um 0,5 ct/kWh vorgesehen.[907]

Bei *Offshore-WEA* konnten sich die Sozialdemokraten überwiegend durchsetzen. Die Anfangsvergütung wurde daher um einen Cent auf 13 ct/kWh erhöht; Nur die Erhöhung des Frühstarterbonus gelang ihnen nicht. Stattdessen einigten sich die Koalitionäre auf den Unionsvorschlag, die Gewährung dieser Prämie bis zum Jahr 2015 zu verlängern. Jedoch wurde die ebenfalls von der Union geforderte Verschiebung des Einsatzes der Degression auf das Jahr 2017 nicht aufgenommen.[908]

Es wurden also einige Veränderungen für On- und Offshoreanlagen erzielt, die meist von SPD angestoßen, aber von der Union mitgetragen wurden. Während sich die Union für Offshore eingesetzt hatte, konzentrierte sich die SPD vor allem auf Onshore-Anlagen.

5.4.8.6.2 Weitere Anträge der SPD-Fraktion

Die SPD brachte auch weitere Anträge zum Thema Windenergie in die Verhandlungen ein, die allerdings allesamt von der Union abgelehnt wurden:
Dazu gehörte etwa der Antrag, die Vergütungsberechtigung gemäß § 29 Abs. 2 auch auf *Klein-Windkraftanlagen bis 50 kW* Nennleistung in Höhe der Anfangsvergütung für Windenergie auszudehnen. So sollte die Dezentralisierung der Energieversorgungsstruktur vorangetrieben werden, die Übertragungsnetze sollten auf den Ebenen der 110-380 kV durch eine höhere Anzahl von Einspeisern in darunter gelagerte Netzebenen entlastet werden und die Anzahl der Akteure bei der Energieerzeugung erhöht werden.[909] Ein weiterer Vorschlag lag darin, die sog. *60 %-Regelung* bei der Windenergie-Onshore gemäß § 29 Abs. 3 zu streichen. Man hielt diese „willkürlich gesetzte Abschneidegrenze" zur Erlangung des Vergütungsanspruches für unnötig;

---
[906] BMU 02.06.2008b, § 29 Abs. 2; BMU 02.06.2008a, § 66 Abs. 1 Nr. 6.
[907] BMU 02.06.2008b, § 30.
[908] BMU 02.06.2008b, § 31 Abs. 2; siehe auch § 20 Abs. 2.
[909] SPD-Bundestagsfraktion 29.05.2008b, Rn. Ä19.

stattdessen verhindere sie die „Möglichkeit z.B. für Regionen und Gemeinden, erste Schritte in Richtung einer Vollversorgung mit einem Mix aus Erneuerbaren Energien" zu machen, zu dem auch Windenergie gehöre.[910]

Wann tritt das EEG in Kraft?

Die SPD-Fraktion schlug am Ende des 2. Sitzungstages der Koalitionsverhandlungen vor, das Gesetz nur für die *Bereiche der Windenergie und Bioenergie bereits am 01.08.2008 in Kraft* treten zu lassen. Vorgesehen war bislang für alle Bereiche des EEG der 01.01.2009 als Stichtag. Alternativ schlug man vor, dass Wind- und Bioenergieanlagen, die zwischen dem 01.08.2008 und dem 01.01.2009 erstmalig in Betrieb gehen, ab dem 01.01.2009 dem Gesetz nach als ‚neu in Betrieb gegangen' gelten und somit ab 2009 auch die höhere Vergütung erhalten. Damit wollte die SPD-Fraktion vor allem potentiellen Betreibern von WEA Anreize dazu geben, ihre Anlage noch im Jahr 2008 erstmalig in Betrieb zu nehmen.

Das *BMU* argumentierte in den Verhandlungen gegen diesen Vorschlag, da es durch die Umsetzung bürokratische Hürden bei der Abrechnung des EEG-Stroms, aber auch statistische Unregelmäßigkeiten befürchtete.[911] Die *Union* sympathisierte zwar mit dem SPD-Anliegen, da sie eine unnötige Verzögerung von Bauvorhaben vermeiden wollte. Andererseits hatte sie während der Koalitionsverhandlungen in vielen Bereichen Vorteile für Anlagenbetreiber verhandelt, die sie nun noch innerhalb der eigenen Fraktion vertreten und durchsetzen musste. Da größere Teile der Unionsfraktion wie die Wirtschafts- und Finanzpolitiker zu diesem Zeitpunkt ohnehin einer zu starken Förderung kritisch gegenüber standen, verzichteten die Verhandlungsführer der Union im Sinne des Fraktionsfriedens auf dieses weitere Entgegenkommen an die Anlagenbetreiber.[912]

5.4.9 Bundestag: Tagung der Fraktionsgremien und des Umweltausschusses

Die Verhandlungsergebnisse der Umweltpolitiker der Koalition vom 02.06.2008 mussten im Anschluss an die Koalitionsverhandlungen den eige-

---

[910] SPD-Bundestagsfraktion 29.05.2008b, Rn. Ä18.
[911] Vgl. eigener Vermerk, in: BMU 02.06.2008b.
[912] Vgl. eigener Vermerk, in: BMU 02.06.2008b; siehe auch Michaeli 2008, S. 6.

nen Abgeordnetenkollegen vorgelegt werden. Letztere sollten die neuen Beschlüsse *erstens* gegenüber der Öffentlichkeit und der „Basis" in den Wahlkreisen präsentieren.[913] *Zweitens* galt es, diese offiziell zu beschließen. Um in der öffentlichen 2. und 3. Sitzung im Bundestagsplenum Geschlossenheit zu demonstrieren, wurde über die Fraktionsposition vorab in internen Sitzungen noch einmal abgestimmt.

Dabei galt es zu beachten, dass der neue Gesetzestext deutlich komplexer als der bestehende ausgestaltet war; der EEG-Entwurf beinhaltete zahlreiche Subventionsregelungen für die verschiedensten Branchen und zog so diverse Interessengruppen an.[914] Deshalb rechneten die Verhandlungsführer beider Fraktionen mit Kritik und Diskussionen, und zwar auch von Abgeordneten aus den eigenen Reihen. Vor allem in der Union wurde von der EEG-Verhandlungsführung befürchtet, das Verhandlungsergebnis bezüglich der Vergütungshöhe der PV könnte aufgrund des Streites der zurückliegenden Wochen zwischen Wirtschafts- und Umweltpolitikern auf Widerstand und Ablehnung einiger Unionsabgeordneter stoßen. Auf der anderen Seite hatten die Koalitionspartner die Termine der Koalitionsverhandlungen so spät angesetzt, dass sich diese Diskussionen nur auf wenige Tage beschränken konnten, wollte man den Termin der 2./3. Lesung am Freitag der gleichen Woche (06.06.2008) aufrechterhalten.

Tatsächlich wurde das Verhandlungsergebnis aus den Koalitionsverhandlungen in der *SPD-Fraktion* überwiegend positiv aufgenommen.[915] Auch innerhalb der *Union* wurden die Ergebnisse überwiegend akzeptiert. Zuvor aber gab es teils heftigen Widerstand und kontroverse Diskussionen um die *finanzielle Belastung der Stromverbraucher* durch das EEG, die aus Sicht vieler Unionsparlamentarier mit der Ausgestaltung dieser Novelle unzumutbar geworden war. Vor allem die *PV-Vergütung* sorgte zeitweise für heftigen Unmut. Deutlich wurde dies vor allem in der Sitzung des Unions-Fraktionsvorstandes am 02.06.2008, aber auch in den Sitzungen einiger Landesgruppen, die sich

---

[913] Vgl. Feldkirchen et al. 09.06.2008.
[914] BMU 2008c, S. 18.
[915] Sattar 05.06.2008.

am gleichen Tag zu ihren regelmäßigen Treffen zusammenfanden.[916] Schließlich wurden die Ergebnisse in den federführenden und mitberatenden Arbeitsgruppen kritisch diskutiert, die anschließend am Dienstagmorgen ihre Sitzungen abhielten.[917]

5.4.9.1 Nachverhandlung: Zugeständnis an die ökonomische Koalition

Nach Tagung der Arbeitsgruppen am Dienstag, den 03.06.2008 zeichnete sich innerhalb der Unionsfraktion die *Unzufriedenheit der ökonomischen Koalition* über das Verhandlungsergebnis ab. Der Geschäftsführende Fraktionsvorstand und die anschließende Fraktionssitzung am 03.06.2008 war die letzte wichtige Hürde für die Durchsetzung der Koalitionsergebnisse zum EEG.[918] Um vor allem die Zustimmung der Kritiker vor allem aus dem Wirtschaftsflügel der Union sicherzustellen, vereinbarten die Spitzen von Union und SPD im Nachgang zu den bereits geführten Koalitionsverhandlungen am Dienstag Morgen, d.h. vor den Fraktionssitzungen um 15h, ein auf den Bereich der PV beschränktes *Zugeständnis an die unionsinternen Kritiker des EEG*.

So sollte der Kompromiss zur Förderung von Solarstrom auf Drängen der Union um eine *Revisionsklausel* ergänzt werden. Damit war sichergestellt, dass die Förderung in immer aufs Neue überprüft wird, sobald eine bestimmte PV-Strommenge in Deutschland erreicht ist. Die SPD-Fraktionsführung stimmte dieser Regelung am Dienstagmorgen im Grundsatz zu; Details wurden allerdings erst im Laufe des Tages ausgehandelt.[919] Immer wenn der Zubau der Solaranlagen über dem Plan von 1500, 1700 bzw. 1900 MW für die

---

[916] Das Verhandlungsergebnis stieß vor allem in der CDU-Landesgruppe Niedersachsen im Deutschen Bundestag auf Kritik, da viele niedersächsische Bundestagsabgeordnete die finanzielle Belastung der Verbraucher durch das EEG für zu hoch hielten. Sie äußerten die Sorge, den Bürgern ihrer Wahlkreise die gestiegene Belastung nicht vermitteln zu können. Vgl. auch n-tv.de 2008b; siehe auch May 2008b, S. 16.
[917] Während das Ergebnis in der AG Wirtschaft der Unionsfraktion erwartungsgemäß auf Kritik stieß, erntete die Berichterstatterin Maria Flachsbarth in der federführenden AG Umwelt Zustimmung für das Verhandlungsergebnis. Siehe auch May 2008b, S. 16.
[918] Der Geschäftsführende Vorstand der Fraktion trifft sich regelmäßig unter Leitung des Fraktionsvorsitzenden zur Besprechung mit den Vorsitzenden der verschiedenen Arbeitsgruppen. Hier wird die Fachpolitik der einzelnen Sachbereiche mit der allgemeinen Fraktionslinie abgestimmt. Vgl. CDU/CSU-Bundestagsfraktion.
[919] „In der CDU-Fraktion grummelte es weiter gehörig. Deshalb wurde auf höchster Ebene nachverhandelt. Ergebnis: Es gibt erstmals eine Revisionsklausel speziell für die Photovoltaik." May 2008b, S. 16; siehe auch n-tv.de 2008b.

Jahre 2009, 2010 bzw. 2011 liegt, sollte die Degression nach dem Willen der Union im darauf folgenden Jahr um einen Prozentpunkt stärker steigen. Allerdings setzte die SPD als Gegenbedingung durch, dass die Degression für den Solarstrom um einen Prozentpunkt gesenkt wird, sofern die Zahl neuer Anlagen unter der festgelegten Mindestzubaumenge von 1000, 1100 bzw. 1200 MW für die kommenden 3 Jahre liegt.[920]

Die Nachverhandlung dieses ‚atmenden Deckels' hatte aufgrund ihrer geringen finanziellen Auswirkungen gemessen an der ursprünglichen Forderung der Unions-Wirtschaftspolitiker von einem einmaligen Abschlag von 30 %, eher symbolischen Charakter.

5.4.9.2 Fraktionssitzung: Kanzlerin protegiert EEG-Entwurf

Kurz darauf fanden am Nachmittag des 03.06.2008 um 15h die Fraktionssitzungen statt. Die *SPD-Fraktion* zeigte sich insgesamt zufrieden mit dem Kompromiss zum EEG. Ulrich Kelber bekundete, dass aus seiner Sicht die „die Erfolgsstory der erneuerbaren Energien" fortgeschrieben werde.[921] Angesichts der Kritik aus der Union an den hohen Kosten für die PV-Einspeisevergütung bemängelten einzelne SPD-Abgeordnete noch, dass jene Unionskritiker zugleich aber auch für höhere Förderungen von Biomasse oder Wasserkraft stritten; dies sei Klientelpolitik für die Landwirtschaft.[922]

Im Gegensatz hierzu dazu gestaltete sich die *Fraktionssitzung der Union* zum Thema EEG als turbulent und streitig. Es meldeten sich viele Abgeordnete zu Wort, um ihr Missfallen zur Ausgestaltung des Gesetzes kund zu tun.[923] Während Umweltpolitiker der *ökologischen Koalition* wie Katherina Reiche oder Maria Flachsbarth die Ausgestaltung der Novelle verteidigten, bewerteten Abgeordnete des *Wirtschaftsflügels* die gestiegene finanzielle Belastung durch das EEG für die Stromverbraucher skeptisch. Nach wie vor wurden die neuen Vergütungssätze von *PV* vor dem Hintergrund der in jenen Tagen ge-

---

[920] Schmidt 06.06.2008; siehe auch CDU/CSU-Bundestagsfraktion, SPD-Bundestagsfraktion 04.06.2008, S. 8f.
[921] focus.de 2008b.
[922] Sattar 05.06.2008.
[923] „Die Abgeordneten hatten Zorn und Zeit." vgl. Feldkirchen et al. 09.06.2008.

stiegenen Energiepreise kritisiert.[924] Die Diskussion führte an diesem Nachmittag dazu, dass die Abstimmung über das EEG zeitweise gar „am seidenen Faden" hing.[925] Dabei war eine erfolgreiche Fraktionsabstimmung über den Kurs der Union zum EEG in dieser Situation ganz besonders wichtig; denn ein Scheitern hätte zu einer Verschlechterung des Koalitionsklimas und letztlich zu einer spürbaren und unerwünschten Schwächung der CDU/CSU-Fraktion in diesem Bündnis beigetragen.

Die *Große Koalition* befand sich zu diesem Zeitpunkt, eineinhalb Jahre vor der Bundestagswahl 2009, in einer *schwierigen Situation*. In wichtigen politischen Feldern wie der Steuerpolitik stritten sich die Partner öffentlich um den richtigen Weg. Eine von Union und SPD-Fraktion geplante Diätenerhöhung zog die SPD-Fraktion nachträglich wieder zurück.[926] Zudem hatte die SPD mit Gesine Schwan gerade eine eigene Kandidatin für die Bundespräsidentschaftswahl benannt, was in der Union als Affront aufgefasst wurde. Erst recht aber in der Klimapolitik gab es in diesen Tagen Differenzen. So hatten führende SPD-Politiker die Union und namentlich auch die Kanzlerin nur wenige Tage vor der Fraktionssitzung wegen ihres Kurses kritisiert. Umweltminister *Gabriel* hatte in einem persönlichen Vermerk für den SPD-Vorsitzenden Kurt Beck Vorwürfe anlässlich der schwierigen Verhandlungen zur Einführung einer kohlendioxidabhängigen Kraftfahrzeugsteuer erhoben. Dort hieß es: „CDU/CSU machen es sich derzeit bequem und lehnen JEDEN Vorschlag ab, ohne eigene Vorschläge zu machen. [...] Es kann nicht sein, dass sich die Kanzlerin als Klimaschützerin profiliert und CDU/CSU in der Realität alles

---

[924] Vgl. Sattar 05.06.2008; siehe auch focus.de 2008b.
[925] „Die Fraktionsführung stand auf dünnem Eis [...] Ich habe das so noch nicht erlebt." schilderte ein Unionsabgeordneter die Situation gegenüber der Presse. Vgl. Stuttgarter Zeitung 05.06.2008. Die Presse titelte zum Beispiel mit „Meuterei im Fraktionssaal" (Griffin 20.06.2008) oder „Rache in Berlin" (Inacker 09.06.2008). Siehe auch Feldkirchen et al. 09.06.2008 und Sattar 05.06.2008.
[926] Nachdem eine Diätenerhöhung der Bundestagsabgeordneten in den Fraktionsvorständen der Koalitionsfraktionen beschlossen worden war, sahen sich die Parlamentarier breiter Kritik ausgesetzt. Schließlich zogen die Fraktionen das gemeinsame Vorhaben auf Druck vor allem vieler Abgeordneter der SPD-Fraktion wieder zurück, da die SPD eine Mehrheit für das Vorhaben im Plenum des Bundestages für gefährdet hielt. Vgl. Lachmann, Müller 2008; siehe auch Meinke 21.05.2008 und Neue Osnabrücker Zeitung 21.05.2008.

blockieren."[927] Damit meinte Gabriel u.a. auch das EEG. Er rief aus diesem Grund zu einem strikten Kurs auf: „Ich plädiere deshalb für eine absolut harte Linie gegenüber der CDU/CSU.". Schließlich warf SPD-Fraktionschef Peter Struck der Kanzlerin öffentlich vor, in der Klimapolitik „immer wieder starke Erklärungen abzugeben, ohne aber den Widerstand in den eigenen Reihen zu brechen."[928] Der so angesprochene Widerstand innerhalb der Union gründete zum Teil auch in eigener Kritik am Führungsstil der Kanzlerin selbst, die aus der Sicht vieler Unions-Abgeordneter in einigen Politikbereichen zu starke Kompromisse mit dem Koalitionspartner einginge und damit der Partei Möglichkeiten der Identitätsgewinnung nahm. Kritisiert haben vor allem auch Abgeordnete der *ökonomischen Koalition*: „Die Abgeordneten nervt, dass sie allein Mehrheitsbeschaffer für Regierungsbeschlüsse sein sollen, deren Sinn sie nicht einsehen".[929]

Letztlich zeichnete sich in der Diskussion jedoch ab, dass die Mehrheit der Unionsabgeordneten ein Scheitern des ersten Klimaschutzpaketes selbst als unzulässigen Affront gegen die eigene CDU-Vorsitzende und Bundeskanzlerin Angela Merkel werteten. Eine Ablehnung des EEG-Entwurfes in der Fraktionssitzung hätte insofern für die Öffentlichkeit eine Abkehr von der Politik der „Klimakanzlerin" bedeutet.[930]

Auch die Bundeskanzlerin wohnte der Fraktionssitzung bei und verfolgte die Debatte „zunehmend nervös".[931] Sie bat Vertraute wie *Ronald Pofalla*, die Fraktionssitzung nicht vorzeitig zu verlassen. Nachdem *Katherina Reiche* und *Michael Meister* den Kompromiss mit den Sozialdemokraten zum EEG einleitend vorgestellt hatten, meldeten sich zahlreiche Abgeordnete der *ökonomischen Koalition* kritisch zu Wort, und erhielten dafür teilweise kräftigen Applaus. Der nordrhein-westfälische Parlamentarier *Willi Zylajew* zweifelte etwa Merkels Behauptung an, der Mittelstand profitiere von dem Gesetz. Auch sein Kollege *Franz Obermeier* fragte sich, warum „denn die deutsche Wirtschaft von den Solarsubventionen [profitiert], wenn 60 % der Fertigung im Ausland

---

[927] Vgl. Lachmann, Müller 2008 siehe auch n-tv.de 2008a.
[928] Vgl. Lachmann, Müller 2008 siehe auch n-tv.de 2008a.
[929] Feldkirchen et al. 09.06.2008 und Griffin 20.06.2008.
[930] focus.de 2008b.
[931] Sattar 05.06.2008.

stattfinden".[932] Der frühere Forschungsminister *Heinz Riesenhuber* hatte bereits in den zurückliegenden Monaten innerhalb der Fraktion starke Kritik am EEG geäußert. Aus seiner Sicht sollte es nicht auf die Gleichung hinauslaufen: „Wer die Solarenergie deckelt, der deckelt auch die Bundeskanzlerin." Nachdem Riesenhuber diesen Satz mehrfach wiederholt hatte, äußerten Kollegen Zwischenrufe: „Heinz, lass jetzt gut sein." Riesenhuber schob nach: „Aber gell, Angela, das war jetzt das letzte Mal, dass Du uns so etwas zugemutet hast."[933] Schließlich intervenierte die Bundeskanzlerin, dass sie die Gleichung in dieser Form nicht aufgestellt habe. Dennoch setzte sie sich für die Verabschiedung des beschlossenen Entwurfes ein und betonte die Notwendigkeit des Kompromisses aus den übergeordneten Gründen des Klimaschutzes. Es sei generell kompliziert, neue Technologien einzuführen. Zum Kompromissergebnis und der Verhandlungsrolle der Unionsfraktion im Gesetzgebungsprozess gegenüber der SPD-Fraktion sagte sie: „Mehr war nicht möglich."[934] Insgesamt musste sich Merkel dreimal lautstark und energisch in die Debatte einschalten, um für die Beschlüsse zu werben.[935]

Gegen den Entwurf stimmten in dieser Sitzung schließlich insgesamt 9 Abgeordnete, unter anderem Bundestagspräsident *Norbert Lammert* und der Junge-Union-Vorsitzende *Philip Mißfelder*. 3 Abgeordnete enthielten sich. Für den Entwurf stimmte u.a. der Vorsitzende der AG Wirtschaft, *Laurenz Meyer*, der im Fraktionsvorstand noch dagegen gestimmt hatte. Als Begründung sagte er, er wisse als früherer Generalsekretär der CDU, dass diese das Thema Klimaschutz besetzen müsse.[936]
Die Verabschiedung des EEG-Entwurfes in der Fraktionssitzung war die letzte kritische Hürde vor der finalen Abstimmung zur 2./3. Lesung im Plenum. Sie symbolisierte in der Union somit den *Höhepunkt des Konfliktes zwischen der ökologischen und der ökonomischen Koalition zum EEG*, der sich inhaltlich vor allem auf die künftige Förderung der Photovoltaik bezog und durch

---

[932] „Einige werden verdienen, und die anderen werden bezahlen." Willi Zylajew, in Feldkirchen et al. 09.06.2008.
[933] Inacker 09.06.2008.
[934] Vgl. Merkel, in: Feldkirchen et al. 09.06.2008. Siehe auch Sattar 05.06.2008.
[935] „So oft, so energisch hatte sie noch nie intervenieren müssen"; vgl. Feldkirchen et al. 09.06.2008. Vgl. auch Inacker 09.06.2008 und Griffin 20.06.2008.
[936] Vgl. focus.de 2008b; siehe auch Sattar 05.06.2008.

die Zustimmung der Parlamentarier für die *ökologische Koalition* entschieden wurde.

5.4.9.3 Umweltausschuss: Verbesserung für Offshore-WEA

Am darauf folgenden Tag, dem 04.06.2008, wurde der in den Koalitionsverhandlungen verhandelte EEG-Entwurf vom federführenden *Umweltausschuss* erwartungsgemäß beschlossen.[937] Es hatte bei den Abgeordneten keine ernsthaften Zweifel darüber gegeben, dass der Ausschuss jedenfalls mit den Stimmen der Koalitionsabgeordneten die vereinbarten Änderungsanträge zum RegE beschließen würde.[938]

Eine allerletzte *Ergänzung zur Offshore-Windenergie* sollte aber noch formuliert werden. Zwar hatte sich die Union am Ende der zweiten Koalitionsverhandlung am 02.06. dagegen gesperrt, das EEG für einzelne Branchen eher in Kraft treten zu lassen. Doch hatte am Tag darauf eine Allianz aus Windenergie-Unternehmen und -Verbänden wie dem *BWE* und dem *WVW* eine Lobby-Offensive gestartet, in der noch einmal nachdrücklich für ein rasches Inkrafttreten des EEG geworben wurde.[939] Die Interessenvertreter hatten ihre Forderung auch mit dem Argument unterlegt, dass ein erhöhter Vergütungsanspruch mit der bislang vorgesehenen Inbetriebnahme erst ab dem Jahr 2009 eine weitere Verzögerung der Inbetriebnahme des deutschen Offshore-Windenergie-Testfeldes *alpha-ventus* zur Folge hätte. In Briefen an die Parlamentarier hieß es dementsprechend: „Ferner würde der von allen gewünschte sichtbare Start der deutschen Offshore-Windenergie mit dem Testfeld ‚alpha-ventus' abermals verschoben. Das Betreiberkonsortium aus E.ON, Vattenfall und EWE ist darüber sehr besorgt und hat uns gebeten, auf diesen Umstand gegenüber Ihnen nochmals gesondert hinzuweisen."[940]

---

[937] Deutscher Bundestag 04.06.2008.
[938] Zum einen waren die Mitglieder des Umweltausschusses der Koalition bereits in den Sitzungen der Arbeitsgruppen am Vortag von den federführenden Berichterstattern über die Inhalte und Ergebnisse der Koalitionsverhandlungen zum EEG informiert worden. Zum anderen hatten die Umwelt-AGs beider Koalitionsfraktionen das Ergebnis am Vortag in den Sitzungen der federführenden AGs einstimmig akzeptiert.
[939] Vgl. BWE 03.06.2008; siehe auch ENERCON 03.06.2008.
[940] BWE 03.06.2008.

Die *Union* blieb zwar nach wie vor bei ihrer Auffassung. Allerdings hatte sie sich in den Verhandlungen auch für die Offshore-Windenergie eingesetzt. Außerdem waren die zu erwartenden zusätzlichen Kosten für eine entsprechende Änderung relativ gering, da es noch keine Offshore-Felder in Deutschland gab. Deshalb verständigten sich die Ausschussmitglieder darauf, in der Gesetzesbegründung zumindest *für Offshore-WEA eine Klarstellung zum vorhandenen Gesetzestext* zu formulieren. Damit sollten Anlagen, die ab 2008 in Betrieb genommen würden, ab dem Jahr 2009 als ‚neue Anlagen' gelten und somit den nach Inkrafttreten der EEG-Novelle erhöhten Vergütungssatz erhalten. Dies sollte potentiellen Betreibern von Offshore-Anlagen Anreize dafür liefern, ihre Anlagen bereits im laufenden Jahr 2008 in Kraft treten zu lassen.[941] Die neu in die Begründung des Änderungsantrags von CDU/CSU-Fraktion und SPD-Fraktion aufgenommene Formulierung lautete insofern: „Für Offshore-Anlagen, die noch 2008 in Betrieb gehen, gelten ab 1.1.2009 die Vorschriften dieses Gesetzes."[942]

Schließlich sorgte die Union in dieser Ausschusssitzung hinsichtlich Pflanzenöl-BHKW dafür, dass die in den Koalitionsverhandlungen am 29.05.2008 vereinbarte *Protokollnotiz zur Nachhaltigkeitsverordnung* im Biomassebereich wie vereinbart in das Ausschuss-Protokoll aufgenommen wurde.[943]

Nach Beschluss des Ausschusses wurde die Gesetzesvorlage dem Plenum des Bundestages zur 2./3. Lesung vorgelegt.

5.4.10 Bundestag: Plenum: 2./3. Lesung 06.06.2008

5.4.10.1 Spartenübergreifendes

5.4.10.1.1 Mäßige Kritik der Opposition

In der Plenardebatte am 06.06.2008 stellten die *Oppositionsfraktionen* der Regierungskoalition erwartungsgemäß ein insgesamt nur mäßiges Zeugnis

---

[941] CDU/CSU-Bundestagsfraktion, SPD-Bundestagsfraktion 04.06.2008, S. 55.
[942] CDU/CSU-Bundestagsfraktion, SPD-Bundestagsfraktion 04.06.2008, S. 55.
[943] Vgl. Kap. 5.4.8.4.2.; siehe auch Deutscher Bundestag 04.06.2008.

für die vorgelegte EEG-Novelle aus.[944] Allerdings unterschied sich die Kritik der jeweiligen oppositionellen Fraktionen inhaltlich.

Der Vertreter der *FDP*, Michael Kauch, betonte wie bereits in der 1. Lesung des EEG, dass seine Fraktion grundsätzlich für den Ausbau der erneuerbaren Energien eintrete. Auch das Ziel eines Ausbaus im Strombereich um 30 % solle „rechtsverbindlich" verpflichtend gemacht werden. Allerdings halte die FDP das derzeitige Instrument EEG nicht für geeignet, dieses Ziel zu erreichen. Kauch forderte vielmehr, dass die erneuerbaren Energien „auch in den Wettbewerb untereinander" um die besten Lösungen eintreten müssten.[945] „Die FDP unterstützt das Ziel, den Anteil erneuerbarer Energien am Endenergieverbrauch bis zum Jahr 2020 auf 20 % zu erhöhen. Wir wollen die Stromversorger nicht nur mit einer Zielsetzung, sondern sogar rechtsverbindlich dazu verpflichten, den Nachweis zu erbringen, dass sie mindestens 30 % EE in den Markt bringen. Diese Rechtsverbindlichkeit geht weiter als die reine Zielsetzung in Ihrem EEG-Gesetz. [...] Durch die Verabschiedung der Entwürfe der Koalition entstünden schlichtweg zu hohe Kosten und würde der Wettbewerb zwischen den Anlagen verzerrt."[946]

Zwar waren im Gesetzestext aus FDP-Sicht einige positive Aspekte wie die Direktvermarktung berücksichtigt worden. Doch kritisierten die Liberalen eine *Benachteiligung effizienter Großanlagen* durch die Novelle. Die Kritik galt dem Windbereich, wo größere WEA durch die Leistungsbegrenzung beim Repowering benachteiligt würden, ebenso wie dem Biomassebereich bzgl. größerer Biomasseanlagen und größerer Blockheizkraftwerke, die Pflanzenöle nutzen.

Insbesondere die CSU hätte sich für eine „Luxusförderung für kleinste Minibiogasanlagen" stark gemacht.[947] Statt Wettbewerb entstehe durch die staatlich verordnete Einspeisung und die selektive Förderung von Technologien zunehmend unerwünschte Bürokratie. Die Förderung orientiere sich nicht am tatsächlichen Förderungsbedarf, sondern am *Erfolg der Interessenvertretung durch Lobbyisten*. Dies, so die FDP, hatten die Diskussionen innerhalb der

---

[944] Deutscher Bundestag 06.06.2008, S. 17733–17737.
[945] Deutscher Bundestag 06.06.2008, S. 17732.
[946] Deutscher Bundestag 06.06.2008, S. 17732.
[947] Deutscher Bundestag 06.06.2008, S. 17733.

Union um den Bereich der Solarenergie gezeigt.[948] Kauch kritisierte: „Bei dieser EEG-Novelle kommt es nicht darauf an, ob die Förderung in dieser Form tatsächlich notwendig ist. Vielmehr kommt es darauf an, ob jemand gute Kontakte zur SPD und zur Union hat oder nicht. Das Paradebeispiel dafür ist die Solarstromförderung. [...] „7 Prozent Degression, 10 Prozent Degression, 20 Prozent Degression kam von den Wirtschaftspolitikern der Union [...] Ich frage mich: Wie schlampig ist die Gesetzesvorbereitung in den Ministerien eigentlich? Wie schlampig sind die Analysen, wenn Sie mit Ihren Forderungen derart weit auseinander liegen können?"[949]

Am Solarenergiebereich zeigte sich aus dieser Sichtweise heraus vor allem die *Zerstrittenheit in der Union zwischen den Vertretern der ökonomischen und der ökologischen Koalition*, was zu einer Verunsicherung der Bürger geführt hatte. Um die Öffentlichkeit in Kenntnis über das Abstimmungsverhalten der Vertreter der ökonomischen Koalition in der Unionsfraktion zu setzen, beantragte die FDP über Kauch eine *namentliche Abstimmung* beantragt. „Die schwarz-rote Koalition ist heillos zerstritten. Sie streiten sich wie die Kesselflicker – zwischen den Parteien, aber auch innerhalb der Union. Deshalb haben wir eine namentliche Abstimmung beantragt. Dann werden wir sehen, ob bei der Abstimmung auch das berücksichtigt wird, was einige Abgeordnete der Union vorher gesagt haben."[950]

Anders als die FDP-Fraktion befürworteten *DIE LINKE* und *BÜNDNIS90/DIE GRÜNEN* das EEG grundsätzlich als Instrument zur Förderung erneuerbarer Energien. Beide Fraktionen zeigten sich grundsätzlich mit der Umsetzung dieser Novelle durch die Große Koalition zufrieden, forderten aber wie bereits in der 1. Lesung eine *noch stärkere Förderung der einzelnen Energieträger*.[951]

Hans-Josef Fell von den Grünen begrüßte die Vergütungserhöhungen für Windkraft an Land und auf See. Auch die Veränderungen bei der Geothermie und der Biomasse wurden als Verbesserungen begrüßt; positiv wurde insbe-

---

[948] Deutscher Bundestag 06.06.2008, S. 17732–17733.
[949] Deutscher Bundestag 06.06.2008, S. 17733.
[950] Deutscher Bundestag 06.06.2008, S. 17733.
[951] „Das Erneuerbare-Energien-Gesetz ist ein Erfolgsmodell. Ich will es gleich vorwegnehmen: Die Linke wird der Neuregelung des EEG zustimmen." vgl. Deutscher Bundestag 06.06.2008, S. 17735.

sondere die Besserstellung von Gülle und der Abwärmenutzung gesehen.[952] Allerdings hätte sich seine Fraktion gewünscht, auch Kleinwindanlagen in die Förderungswürdigkeit aufzunehmen. Zudem vermissten die Grünen bei der PV, den Meeresenergien und in der „Stärkung der Nachhaltigkeit bei den Bioenergien" Fortschritte. So fehlten noch immer eine Nachhaltigkeitsverordnung und „weitere Regelungen, die dem Einsatz von Mais entgegenstehen". [953] Die Redner der *Grünen* betonten mehrfach, die Beteiligung ihrer Partei an der Entstehung des EEG im Jahre 2000; die Große Koalition baue nun mit ihrer Novelle auf diesen Grundlagen auf.[954] Kritikwürdig sei, dass die Koalitionsfraktionen die Grünen dabei nicht angemessen in die parlamentarischen Beratungen eingebunden hätten.[955] Schließlich beobachte Fell, dass sich führende Köpfe der Union im Laufe der Zeit von EEG-kritischen zu nunmehr EEG-freundlicheren Akteuren gewandelt hätten. Ursächlich dafür hielt er allerdings keine ökologischen, sondern ökonomische Interessen.[956]

Hans-Kurt Hill als Vertreter von *DIE LINKE* lobte vor allem das Bestreben der SPD-Fraktion während des EEG-Novellierungsprozesses, Netzbetreiber stärker zu reibungslosen Anschluss- und Einspeisebedingungen für Anlagenbetreiber zu verpflichten. „Herr Kelber, Ihnen und Ihren Kollegen gilt mein Respekt in der Sache [...] wir wollen, dass den Netzbetreibern endlich in Sachen Einspeisung auf die Finger geklopft und Biomasse effizienter genutzt wird."[957] Weiterhin lobte Hill die neuen Bedingungen für Offshore-WEA und die Geothermie. Dagegen kritisierte er, dass die Nachhaltigkeitsregelungen bei der Einfuhr von Soja und Palmöl „nicht konsequent genug" seien.[958] Schließlich kritisierte er aus Sicht der „kleinen Leute" zum einen, dass die Fördersätze von Solarenergie-Kleinstanlagen bis 5 MW zu stark herabgesetzt seien. Zum anderen investierten die Hersteller von Solaranlagen ihre Gewinne nicht in

---

[952] Deutscher Bundestag 06.06.2008, S. 17738.
[953] Deutscher Bundestag 06.06.2008, S. 17738.
[954] Deutscher Bundestag 06.06.2008, S. 17737–17742.
[955] Deutscher Bundestag 06.06.2008, S. 17740.
[956] „Es ist gut, dass Frau Reiche und mit ihr die Unionsfraktion ihre Meinung zum Erneuerbare-Energie-Gesetz geändert haben. Das resultiert jedoch aus dem nicht zu übersehenden volkswirtschaftlichen Nutzen und basiert eben nicht auf Weitblick." Vgl. Deutscher Bundestag 06.06.2008, S. 17740; siehe auch Deutscher Bundestag 06.06.2008, S. 17737.
[957] Deutscher Bundestag 06.06.2008, S. 17736.
[958] Deutscher Bundestag 06.06.2008, S. 17736.

Deutschland und boten Arbeitnehmern mit schlechter Bezahlung und langen Schichten schlechte Arbeitsbedingungen.[959]

5.4.10.1.2 Koalition argumentiert mit Energiepreisen

Die *Vertreter der Koalitionsfraktionen* lobten erwartungsgemäß die von ihnen gestaltete EEG-Novelle in der 2./3. Lesung und bezogen besonders die *Energiepreise* in ihren argumentativen Fokus ein.

Die Eckpunkte des Energie- und Klimaprogramms der Bundesregierung waren in 2007 zu einem Zeitpunkt beschlossen worden, als das *Thema Klimaschutz* im Vordergrund der Regierungsbemühungen stand. Unter diesem Eindruck waren ehrgeizige Klimaschutzziele formuliert worden. Kurz vor Verabschiedung des EEG im Jahre 2008 spielten allerdings die *gestiegenen Energiepreise* als innenpolitischer Störfaktor für die Bundesregierung eine noch präsentere Rolle. So war der Ölpreis seit Dezember 2007, als die Bundesregierung das Klimapaket verabschiedete, um gut ein Drittel angestiegen. Auch die Strompreise waren auf ein Rekordhoch geklettert.[960] Die gestiegenen Energiepreise wirkten sich aber nicht nur auf die finanzielle Situation der Bundesbürger und eine verstärkt auf gestiegene Energiepreise fokussierte Medienberichterstattung aus.[961] Es stellte sich auch zunehmend die ‚soziale' Frage, inwieweit Subventionen für erneuerbare Energien aus Klimaschutzgründen eine stärkere finanzielle Belastung für ohnehin durch steigende Energiepreise betroffene Verbraucher rechtfertigen können.[962] Vor allem in der *FDP* und der *Union* war diese Frage in den zurückliegenden Wochen vor der 2./3. Lesung verstärkt thematisiert worden.[963] Deshalb wurde auch die Verabschiedung des EEG im Plenum am 06.06.2008 von einigen Politikern der Koalition dazu genutzt, EE und das EEG nicht nur von der Seite des Klimaschutzes zu betrachten, sondern ganz bewusst auch auf das Thema Energiekosten für die Bürger einzugehen.

---

[959] Deutscher Bundestag 06.06.2008, S. 17736.
[960] Mrusek 07.06.2008. Zur Entwicklung der Strompreise in Deutschland vgl. BMWi 02.01.2008.
[961] Reuters; Associated Press 19.08.2008; welt.de 20.08.2008.
[962] Mrusek 07.06.2008.
[963] Vgl. Diskussion der Union über die Förderbedingungen der PV, Kap. 5.4.7.2.

Dementsrechend ging die CDU/CSU auch in der 2./3. Lesung auf die steigenden Energiepreise ein. *Maria Flachsbarth* erwähnte, dass der Ölpreis auf zeitweise 135 Dollar pro Fass angestiegen sei; die Kraftstoffpreise waren zu dieser Zeit auf 1,50 € pro Liter erhöht worden. Heizöl hatte sich gegenüber dem Vorjahr um bis zu 65 % verteuert. Schließlich war die Inflationsrate infolgedessen auf bis zu 3 % angestiegen. Zwar war auch weiterhin nicht davon auszugehen, dass diese Energiepreise sinken würden, allerdings sorgten die erneuerbaren Energien laut Flachsbarth dafür, dass langfristig Versorgungssicherheit, Klimaschutz und Wirtschaftlichkeit in Deutschland besser gewährleistet seien. Gleichwohl sorge sich die Union um die aktuellen Nöte der Bürger bezüglich der hohen Energiepreise.[964]

Auch ihr Kollege *Ulrich Kelber* unterstrich, dass das EEG nicht nur einen Beitrag zum Klimaschutz leiste, als „Jobwunder" neue Arbeitsplätze schaffe und die Energieversorgungssicherheit erhöhe. Langfristig wirke es auch den gestiegenen Energiepreisen entgegen: „Die steigenden Energiepreise bedrücken immer mehr Menschen. Es gibt Menschen, die nicht mehr wissen, wie sie ihre Energiepreise bezahlen sollen. […] Die Menschen wollen eine Antwort der Politik. Eine dieser Antworten ist: Wir müssen auch dafür sorgen, dass wir unabhängiger von einem Preiskartell weniger Monopolisten werden. Die Erneuerbaren Energien sind ein Teil dieser Strategie. Sie sind eine Lebensversicherung für die Volkswirtschaft, und sie sind eine Unabhängigkeitserklärung des Einzelnen."[965] Aus diesem Grund habe die SPD-Fraktion mit der EEG-Novelle dafür gesorgt, dass „in fünf, sechs Jahren" Strom aus der eigenen Photovoltaikanlage billiger sei, als konventioneller Haushaltsstrom der Energieversorger. Ab diesem Tag sei die Photovoltaik die „Stromproduktion des kleinen Mannes", mit der sich jedermann Strom unabhängig von den Preisen machen könne.[966]

---

[964] Flachsbarth sagte: „Während das vergangene Jahr der Klimaschutz im Mittelpunkt stand, steht dieses Jahr zunehmend unter dem Zeichen steigender Energiepreise. […] Die Union nimmt deshalb die Sorgen und Nöte der Menschen sehr ernst, die sich derzeit wegen der extrem steigenden Energiepreise Sorgen machen". Vgl. Deutscher Bundestag 06.06.2008, S. 17734.
[965] Deutscher Bundestag 06.06.2008, S. 17731.
[966] Deutscher Bundestag 06.06.2008, S. 17731.

5.4.10.1.3 Beschluss

Das EEG wurde am 06.06.2008 in der 167. Plenarsitzung des Deutschen Bundestages aufgrund der Beschlussempfehlung und des Berichts des Ausschusses für Umwelt, Naturschutz und Reaktorsicherheit zum RegE vom 05.12.2007 in der 3. Lesung mit den Stimmen von CDU/CSU, SPD und DIE LINKE, bei Enthaltung von BÜNDNIS'90/DIE GRÜNEN, und mit Gegenstimmen der FDP beschlossen.[967]

Seitens der Union stimmten 181 Abgeordnete mit ‚Ja' bei 2 Enthaltungen und 29 nicht abgegebenen Stimmen; 11 Parlamentarier der stimmten mit ‚Nein'. Zwar votierten die meisten Mitglieder der Arbeitsgruppen Wirtschaft und Finanzen für das EEG. Gleichwohl gehörten zu den ablehnenden Stimmen fast ausschließlich Parlamentarier, die als ordentliches (OM) oder stellvertretendes (SM) Mitglied einem Ausschuss angehörten, der sich vor allem mit Wirtschafts- oder Finanzpolitik beschäftigte.[968]

Auf Seiten der SPD fand das EEG ebenfalls eine große Mehrheit der Stimmen (190 „Ja"-Stimmen). Hier gab es keine Enthaltungen, aber 32 nicht abgegebene Voten.

Aus den Reihen der *FDP-Fraktion* stimmte kein einziger Parlamentarier für das EEG. Bei 41 Nein-Stimmen gab es 10 Enthaltungen und 10 nicht abgegebene Stimmen. Aus der Fraktion *DIE LINKE* stimmten 41 Abgeordnete für das Gesetz. Hier gab es 4 Enthaltungen und 8 nicht abgegebene Voten. Schließlich enthielten sich *BÜNDNIS 90/DIE GRÜNEN* mit wiederum 41 Stimmen bei 10 nicht abgegebenen Stimmen.[969] Da der Gesetzentwurf die notwendige Mehrheit im Bundestag gefunden hatte, wurde er als Gesetz am 13.06.2008 dem Bundesrat zum zweiten und abschließenden Durchgang zugeleitet.[970]

---

[967] Deutscher Bundestag 06.06.2008, S. 17730ff. Siehe auch Lesefassung des BMU: BMU 02.09.2008.
[968] Vgl. Deutscher Bundestag 2008d.
[969] Deutscher Bundestag 2008d.
[970] Bundesrat 13.06.2008; siehe auch Ismayr 2000, S. 288 und Deutscher Bundestag 2008a.

5.4.11 Bundesrat: Plenum Verabschiedung 04.07.2008

Die Länderkammer konnte faktisch keine Änderungen mehr an dem vom Bundestag beschlossenen Gesetz vornehmen, da es sich bei dem EEG um ein sogennanntes *Einspruchsgesetz* handelt, so dass der Bundestag das Gesetz mit absoluter Mehrheit auch bei fehlender Zustimmung des Vermittlungsausschusses hätte in Kraft treten lassen können.[971]

In seiner 846. Sitzung am 04.07.2008 beschloss der Bundesrat, keinen Antrag auf Einberufung des Vermittlungsausschusses zu stellen.[972] Damit war der Weg frei für das novellierte EEG. Allerdings nahm der Bundesrat eine rein *redaktionelle Änderung zur Regelung der Direktvermarktung* in § 17 vor, die der Direktor des Deutschen Bundestages an dem Direktor des Bundesrates am 03.07.2008 im Rahmen einer Berichtigung mit der Bitte um Berücksichtigung übersandt hatte.[973]

Ferner entschied der Bundesrat, die neue Formulierung des *Anlagenbegriffs gemäß § 19 Abs. 1 nicht auf Bestandsanlagen* zu erstrecken. Dies hatte er bereits in seiner Stellungnahme Nr. 27 vom 15.02. mit dem Ziel gefordert, den Bestandsanlagen Vertrauensschutz zu gewähren, um „negative wirtschaftliche Folgen" zu vermeiden.[974] Da die Große Koalition diesen Wunsch aber nicht umgesetzt hatte, bat der Bundesrat die Bundesregierung nunmehr in seiner Entschließung, „die Situation der Anlage nach Inkrafttreten des Gesetzes nochmals zu überprüfen" und ihm anschließend darüber zu berichten. Der Antrag ging auf die Länder *Niedersachsen* und *Rheinland-Pfalz* zurück.[975]

Zwei weitere Vorschläge, die der Länderkammer am 01.07.2008 von den Ländern *Brandenburg* bzw. *Baden-Württemberg* vorgelegt worden waren, lehnte das Bundesratsplenum hingegen ab. Einerseits wurde von Brandenburg eine zunehmende Flächenkonkurrenz im Biomassebereich durch das EEG befürchtet. Deshalb hatte es beantragt, die Bundesregierung zu bitten, die „Auswirkungen und Nebeneffekte des EEG auf die landwirtschaftliche Produktion und auf die Märkte für landwirtschaftliche Erzeugnisse laufend

---
[971] Vgl. Deutscher Bundestag 2008e.
[972] Bundesrat 04.07.2008b, S. 1.
[973] Bundesrat 03.07.2008.
[974] Bundesrat 01.07.2008a; siehe auch Bundesrat 15.02.2008, Rn. 27 und Kap. 5.4.5.
[975] Bundesrat 04.07.2008b.

und sorgfältig zu beobachten." Bei „erkennbaren ökonomischen und ökologischen Fehlentwicklungen" sollte die Bundesregierung die *Förderbedingungen nicht erst nach den vorgesehenen 4 Jahren korrigieren, sondern bereits früher*.[976] Andererseits wurde von *Baden-Württemberg* vorgeschlagen, die Bedingung des § 41 Abs. 1 Nr. 4 zu streichen, wonach die Inanspruchnahme der *Härtefallregelung für energieintensive Unternehmen von einer „Zertifizierung" abhängig* gemacht und der „Energieverbrauch und die Potentiale zur Verminderung des Energieverbrauchs erhoben und bewertet" werden sollten. Baden Württemberg hielt dagegen eine Pflicht, jährlich betriebsfremde Berater zur Zertifizierung einzusetzen nicht für erforderlich. Sie verursachten lediglich „Kosten und Bürokratie", ohne dass weitere Energieeinsparungen in wesentlichem Umfang zu erwarten gewesen wären.[977]

Nachdem der Gesetzentwurf den Bundesrat passiert hatte, wurde er als Gesetz gedruckt und der Bundeskanzlerin sowie dem zuständigen Ressortminister Sigmar Gabriel zur Gegenzeichnung zugeleitet. Anschließend erhielt der Bundespräsident das Gesetz, das er am 25.10.2008 ratifizierte. Am 30.10.2008 wurde es im Bundesgesetzblatt veröffentlicht und somit verkündet. Am 01.01.2009 trat es in Kraft.[978]

5.4.12 Zusammenfassung: Das novellierte EEG

Auf den ersten Blick erscheint die Novelle des EEG als totale Umgestaltung des bislang geltenden Gesetzestextes. Die Anzahl der Paragrafen hat sich von 21 auf 66 mehr als verdreifacht. Die Zahl der Anlagen ist von 1 auf 5 gewachsen. Teilweise wurde auch der Gesetzesaufbau verändert. Allerdings bleibt die Funktionsweise des Gesetzes weitgehend erhalten, was darauf zurückzuführen ist, dass viele einzelne Paragrafen des EEG 2004 in der novellierten Fassung nunmehr entzerrt und auf zwei Paragrafen verteilt wurden. Außerdem wurden an vielen Stellen Details geregelt und Klarstellungen zur Beseitigung von Rechtsunsicherheiten eingefügt. Ziel war es daher auch, „die Rechtslage klarzustellen".[979] Obwohl das EEG 2009 vergleichsweise zügig

---

[976] Vgl. Bundesrat 01.07.2008b; siehe auch Rede des brandenburgischen Wirtschaftsministers Ulrich Junghanns, in: Bundesrat 04.07.2008a, S. 199ff.
[977] Bundesrat 01.07.2008c.
[978] Vgl. Deutscher Bundestag 2008e.
[979] Vgl. Schumacher 2008 und Altrock, Lehnert 2008, S. 118f.

und unter Zeitdruck novelliert wurde, bot es einer großen Anzahl an Akteuren die Möglichkeit, ihre Interessen und Änderungswünsche einzubringen. Im Folgenden sollen die wichtigsten Entwicklungen zusammengefasst werden.

Im Rahmen der Ressortverhandlungen bestätigte sich die Zuordnung des BMU zur ökologischen Koalition und die des BMWi zur ökonomischen Koalition deutlich. So waren BMU und BMWi grundsätzlich unterschiedlicher Auffassung über die *EEG-Mindestziele für Erneuerbare Energien*. Beide Ministerien konnten sich als Kompromiss zunächst nur auf eine Zielspanne einigen. Allerdings hatte die Union zwischenzeitlich selbst höhere Mindestziele in anderen Gremien beschlossen, die sie dann auch im Rahmen der Koalitionsverhandlungen des EEG vereinbarte.

Zwei ganz verschiedene Standpunkte zeigten sich auch bei der Frage nach dem *volkswirtschaftlichen Nutzen* des EEG. Während das BMU einen solchen Nutzen erkannte und stets anhand von Berechnungen besonders hervorhob, kritisierte das BMWi die Berechnungen als unzulänglich und bestritt letztlich den Nutzeneffekt.

Die Vorschläge, die das BMU zum *Einspeisemanagement* eingebracht hatte, konnte es weitgehend realisieren. Zwar war das BMELV gegen die Sicherstellungspflicht für Anlagenbetreiber, ihre Anlagen im Netzengpassfall vom Netzbetreiber ferngesteuert regeln zu können. Es konnte sich mit seiner Kritik jedoch nicht durchsetzen. Das galt auch für das BMWi, das die vom BMU durchgesetzte Einführung einer Härtefallregelung nur wenig ‚entschärfen' konnte.[980] Unstrittig war dagegen die *Aufweichung des Ausschließlichkeitsprinzips*, dem die Ressorts bereits im September 2007 zustimmten.[981]

Auch die Vorstellungen des BMU zu den Themen *Speichertechnologien und Systemintegration* wurden frühzeitig von den andern Ministerien angenommen. Zwar waren sich die Ressorts grundsätzlich einig, künftig Anreize zur Verbesserung der Markt- und Systemintegration der erneuerbaren Energien setzen zu wollen. Allerdings wollten sie konkrete Vorschläge dazu nicht im

---

[980] Vgl. Kap. 5.4.4.1 und 5.4.8.2.

Gesetzentwurf regeln, sondern in einer selbst erstellten Verordnung nachreichen, was ihnen letztlich teilweise auch gegen den Willen der Koalitionsfraktionen gelang. Klargestellt war jedoch bereits, dass Anlagenbetreiber auch künftig die Wahl haben sollten, ihren Strom aus erneuerbaren Energien abseits der EEG-Vergütung optional am Markt zu verkaufen.[982]

Union und SPD waren sich nach Vorlage des RegE grundsätzlich einig, dass in der aktuellen EEG-Novelle die Markt- und Netzintegration vorangetrieben werden müsste. Hier erschien vielen Akteuren eine zügige Reform des *Wälzungsmechanismus* und eine weitere Verbesserung der *optionalen Direktvermarktung* als besonders wichtig. Über die konkrete Ausgestaltung beider Punkte gab es aber unterschiedliche Ansichten. Union, BMU, BDEW, BNE und später auch BMWi votierten für einen Vorschlag, den die CDU/CSU in Grundzügen bereits in die Koalitionsverhandlungen einbrachte. Die SPD stimmte dem Vorschlag einer Reform des Wälzungsmechanismus zu, sodass eine VO-Ermächtigung auf den Weg gebracht werden konnte, die bereits wichtige Eckpfeiler wie den Ersatz der physikalischen Wälzung durch eine rein finanzielle, oder den Betrieb eines EEG-Kontos durch unabhängige Dritte, beinhaltete.[983] Allerdings sprach sich die SPD bei der Direktvermarktung wie der BEE gegen eine Marktprämie aus und schlug alternativ einen Netzintegrationsbonus vor. Da ein echter Kompromiss beider Fraktionen in diesem Punkt scheiterte, hielten die Verhandlungspartner im Rahmen der Koalitionsverhandlungen lediglich eine wenig konkrete Formulierung für eine Verordnungsermächtigung im Gesetzestext fest, der nachfolgende Verhandlungen auf Ministerialebene zur Lösung des Problems zur Folge hatte.

---

[981] Weiterhin wurden Nebenvereinbarungen getroffen. Vgl. Kap. 5.4.3.2.4.
[982] Am Ende wurde noch ein Vorschlag berücksichtigt, der es den Anlagenbetreibern in kürzeren Abständen ermöglichen sollte, zwischen der EEG-Vergütung und der optionalen Direktvermarktung zu wechseln. Insbesondere Abgeordnete der CDU/CSU-Bundestagsfraktion hatten sich dafür eingesetzt. Vgl. Kap. 5.4.8.
[983] Beschlossen wurde eine VO-Ermächtigung mit Zustimmung des Bundestages: Die physikalische Wälzung wird durch eine rein finanzielle Wälzung ersetzt. Die Übertragungsnetzbetreiber sollten den EEG-Strom nicht mehr an die Vertriebe liefern, sondern künftig am Strommarkt vermarkten. Weiterhin sollten die Übertragungsnetzbetreiber oder unabhängige Dritte ein gemeinsames ‚EEG-Konto' führen, das die Vergütungszahlungen und Verkaufserlöse verrechnet. Ferner sollten die Übertragungsnetzbetreiber rechtzeitig für das folgende Kalenderjahr die bundesweit einheitliche EEG-Umlage ankündigen. Die Stromvertriebe sollten schließlich verpflichtet werden, die EEG-Umlage zu zahlen.

Die Vorschläge des BMU zur *Besonderen Ausgleichsregelung für energieintensive Unternehmen* waren unstrittig. Allerdings nahm es in seinen RefE vom 09.10.2007 als Anspruchsgrundlage für die unter die Ausgleichsregelung fallenden Unternehmen auf, ein *Einspeisemanagement* nachzuweisen. Dies stieß auf den Widerstand von BMWi und CDU/CSU-Fraktion, woraufhin diese Verpflichtung aus dem am 05.12. gemeinsam veröffentlichten RegE verbannt wurde. Daneben wurde auf Drängen des BMWi auch die *KWK-Eigenerzeugung aus dem EEG-Belastungsausgleich* gestrichen.[984] Die Verbannung des Einspeisemanagements konnte die SPD-Fraktion allerdings gegenüber der Union im Rahmen der Koalitionsverhandlungen überwiegend wieder rückgängig machen.

Was die einzelnen Energieträger angeht, kann Folgendes festgehalten werden:

Wasserkraft

Das *BMU* wollte die *Wasserkraft* zwar stärker fördern, allerdings genoss dieses Anliegen nur eine vergleichsweise niedrige Priorität, wie die Verhandlungsposition des BMU zu den Eckpunkten von Meseberg deutlich macht. So wollte es die Vergütungszeiträume auf 20 Jahre angleichen. Die Vergütungssätze für Anlagen der Kleinen Wasserkraft sollten um 1-3 Cent angehoben werden und eine zusätzliche Leistungsklasse über 0,5 MW bis einschließlich 2 MW eingeführt werden.[985]

Das *BMWi* war mit den BMU-Vorschlägen schon im September 2007 weitgehend einverstanden, sodass sich die Ressortverhandlungen in diesem Bereich als unkompliziert darstellten. Allerdings setzte man bei der Großen Wasserkraft als Ausgleich für die Verlängerung der Vergütungsdauer die Formulierung einer „angemessenen Senkung" des Vergütungssatzes durch. Auch bei der Vergütung für revitalisierte und modernisierte Anlagen der Kleinen Wasserkraft konnte das BMWi eine etwas geringere Steigerung des Satzes durchsetzen, als dies ursprünglich vom BMU geplant war.

---

[984] Siehe Kap. 5.4.4.
[985] Kap. 5.4.1.2.

Der vom BMU ausformulierte RefE stieß vor allem auf Kritik bayerischer Akteure, die von Nachteilen für Anlagenbetreiber ausgingen. Sie setzten schließlich im RegE durch, dass die vom BMU vorgesehenen erhöhten ökologischen Anforderungen an Wasserkraftanlagen in Verbindung mit dem Wasserhaushaltsgesetz gestrichen wurden.[986] Dass Wasserkraft vor allem ein süddeutsches Thema war, zeigte auch die *Stellungnahme des Bundesrates* zum EEG, die diesbezüglich vor allem aus bayerischen und baden-württembergischen Anträgen bestand. So forderte der Bundesrat u.a. über einen ursprünglich bayerischen Antrag, die ökologischen Anforderungen an Wasserkraftanlagen zu relativieren, indem gemäß der EG-Wasserrahmenrichtlinie (WRRL) neben dem Begriff „ökologischer Zustand" auch der breitere Begriff des „ökologischen Potentials" gelten sollte.[987] Dies konnte sich allerdings nicht durchsetzen.

Das *Engagement bayerischer Akteure* für diesen Energieträger weitete sich im Rahmen der Verhandlungen im Deutschen Bundestag aus. Sämtliche Anträge der Union zur Wasserkraft waren *CSU-Anliegen*, die wiederum bereits im Bundesrat als Stellungnahme durchgesetzt worden waren. Die *SPD* wusste um die Interessen der CSU-Parlamentarier hinsichtlich der Wasserkraft und verhandelte diese gegen Interessen wie die PV, statt eigene Anträge im Wasserbereich einzubringen.[988]

Am Ende konnte die Union die *Erhöhung des Vergütungssatzes für die Kleine Wasserkraft bei einer Modernisierung* durchsetzen. Als Klarstellung erreichte sie eine *Anpassung der Bestimmungen des Begriffes der ökologischen Modernisierung*. Der Vergütungszeitraum für Anlagen der Großen Wasserkraft wurde von 20 (RegE) wieder auf die ursprünglichen 15 Jahre reduziert. Als Ausgleich dafür wurde der Vergütungssatz für diese Anlagen um 1 ct/kWh erhöht.[989]

---

[986] Vgl. Kap. 5.4.4.
[987] Vgl. Bundesrat 15.02.2008, Rn. 9 und 10 und Bundesregierung 29.02.2008, Rn. 9.
[988] Vgl. SPD-Bundestagsfraktion 29.05.2008b; auch Kap. 5.4.8.
[989] BMU 02.06.2008a, §§ 21 und 23.

Biomasse

Die Ressorts stimmten nach anfänglicher Skepsis des BMWi zwei Vorschlägen des BMU zu, wonach in Bezug auf Biomasse die *Degression für Neuanlagen* aufgrund gestiegener Rohstoffkosten auf 1 % leicht abgesenkt und gleichzeitig der *KWK-Bonus* auf 3 ct/kWh erhöht werden sollte. Auch Altanlagen sollten diese Prämie laut BMU beantragen dürfen, was allerdings keine Zustimmung fand. Einig waren sich die Ressorts dennoch grundsätzlich über das BMU-Anliegen, eine missbräuchliche Inanspruchnahme dieses Bonus zu erschweren. Weiterhin sollte laut Umweltministerium zunächst die *Grundvergütung* vor allem für große Anlagen (um 2 ct/kWh; kleine Anlagen um 0,5 ct/kWh) gesenkt werden.

Die Ressorts beschlossen den BMU-Vorschlag, die bislang geltende *20-MW-Leistungsobergrenze* für große Anlagen zur Gewährung des Vergütungsanspruchs unter der Bedingung erhöhter Effizienzanforderungen fallen zu lassen. Weiterhin beschlossen sie das Anliegen des BMVBS, Bestandsanlagen mit einer Leistung über 20 MW künftig auch für den Anteil des eingespeisten Stroms eine Vergütung zu gewähren, der dem Leistungsanteil bis 20 MW entspricht. Um Unklarheiten zur Gewährung des *NawaRo-Bonus* zu beseitigen, schlug das BMU erfolgreich vor, eine Positiv-Negativ-Liste einführen.

Per VO-Ermächtigung sollten weiterhin *stärkere Nachhaltigkeitsanforderungen* an nachwachsende Rohstoffe wie importiertem Palmöl zur Gewährung des Bonus geregelt werden. Das BMELV erstritt in diesem Punkt eine Beteiligung seines Hauses an der Verordnung. Gestrichen werden sollte der Technologiebonus dagegen für die *Trockenfermentation*, was sofort auf Zustimmung aller Ressorts traf. Schließlich wurde beschlossen, den *Bonus für die Einspeisung von aufbereitetem Biogas* in das Erdgasnetz aus Klimaschutzgründen an die Einhaltung von Obergrenzen für Methanemissionen zu koppeln.

Das *BMELV* wollte den Einsatz der ohnehin in der Landwirtschaft anfallenden Gülle in Biogasanlagen stärker finanziell fördern und empfahl, einen neuen *Bonus für die Verwendung von mindestens 30 % Gülle* für Strom vor allem aus kleinen Biogasanlagen einzuführen (3 ct/kWh für Anlagen bis 150 kWh und 1 ct/kWh für Anlagen von 150 kW bis 500 kW). Während das BMWi den Vorschlag als unnötige Subvention ablehnte, wollte das BMU als Kompromissvorschlag lieber den VS von kleinen Anlagen bis 75 kW sowie den NawaRo-Bonus für Alt- u. Neuanlagen erhöhen. Letzteres befürwortete das BMWi zwar nur für Altanlagen, es wurde aber schließlich von BMU und BMELV im Rahmen eines Kompromisses überstimmt, nach dem die Prämie für Anlagen bis 500 kW für gasförmige Biomasse auf 8 ct/kWh erhöht werden sollte. Große Biomasseanlagen ab 150 kW, die flüssige Biomasse verwenden, sollten künftig keinen NawaRo-Bonus mehr erhalten. Im Zuge des Kompromisses wurde aber auch der weitere BMU-Vorschlag nach einer Erhöhung der Grundvergütung für kleine Anlagen teilweise berücksichtigt, die nun für die Leistungsklasse bis 150 kW um einen Cent auf 11,67 Cent ansteigen sollte. Schließlich konnte das BMELV auch seinen Wunsch nach einem Güllebonus bei Einsatz von 30 % Wirtschaftdünger verwirklichen, wenngleich nur für kleine Anlagen und mit einer etwas geringeren Prämienhöhe von 2 ct/kWh bis 150 kW.

Die nach Veröffentlichung des RegE abgegebene Stellungnahme des Bundesrates wurde fast vollständig abgelehnt.

Während die *SPD-Fraktion* im Biomasse-Bereich keine wesentlichen Änderungsanträge zur Ausgestaltung der Grundvergütung, des NawaRo- und Güllebonus, sowie des KWK-Bonus in die Koalitionsverhandlungen eingebracht hatte, lag hier ein wesentliches Interessenfeld der *Union*. Diese war an einer Verminderung der Flächenkonkurrenz stark interessiert und wollte statt der von BMU und BMELV auf Ressortebene durchgesetzten Erhöhung des NawaRo-Bonus um 2 ct/kWh lieber die Grundvergütung um den gleichen Betrag erhöhen. Durch eine gleichzeitige, weitere Erhöhung des Güllebonus sollten Anreize dafür geschaffen werden, mehr Abfallstoffe in den Biogasanlagen zu verwenden (Erhöhung bis 75 kW um 8 Cent, von 75 kW bis 150 kW um 4 Cent und von 150 kW bis 500 kW um 1 Cent). Schließlich sollten auch Bestandsanlagen den KWK-Bonus von 3 ct/kWh erhalten, womit die Union einen Vorschlag des BMU aufgriff, der bis zum RegE noch erfolgreich vom BMWi abgelehnt worden war.

Die *Sozialdemokraten* und das *BMU* kritisierten die geforderte Erhöhung des Güllebonus zunächst als zu teuer, stimmten am Ende aber im Rahmen einer Paketlösung zu. Allerdings sollten kleine Anlagen bis 75 kW statt 8 nur 4 ct/kWh erhalten. Weiterhin sollten Grundvergütung und NawaRo-Bonus um je einen Cent erhöht werden, was ein Mittelweg zwischen dem RegE und der Unionsforderung darstellte. Dem Wunsch der Union nach einer Gewährung des KWK-Bonus in Höhe von 3 ct/kWh auch für Altanlagen stimmte die SPD im Rahmen dieses Verhandlungspaketes zu; allerdings sollte dies nur für kleine Anlagen bis einschließlich einer Leistung von 500 kW gelten.[990]

Neben zahlreichen weiteren Punkten wurde auf Betreiben von *Union* und *SPD* gegen die Empfehlung von *BMU* und *BMWi* für kleine Anlagen bis 500 kW ein *Kulturlandschaftsbonus* in Höhe von 2 ct/kWh für die überwiegende Nutzung von Pflanzen, die im Rahmen der Landschaftspflege anfallen, eingeführt. Die Abschaffung der vom BMU im RegE durchgesetzten strengeren *Auflagen zur Gewährung des KWK-Bonus* hinsichtlich Tierställen forderten die Landwirtschaftspolitiker der Union am Ende vergeblich.

SPD und *BMU* konnten sich der Union gegenüber in Fragen des *Anlagensplittings für Biogas-Einspeiseanlagen* weitgehend durchsetzen, indem der Technologiebonus anteilig für Anlagen erhöht werden sollte, statt die Vergütung gänzlich an der jeweiligen Rohgaserzeugungsanlage festzumachen. Auch bei der Kritik an der Neufassung des *Anlagenbegriffs für große, Strom erzeugende Bestandsanlagen* konnte sich die Union bis zum Beschluss des Bundesrates am 04.07.2008 nicht gegen SPD und BMU durchsetzen, die diesen Großanlagen Bestandsschutz gewähren wollte. Gleiches gilt für den Unionsvorschlag, mit Palm- oder Sojaöl betriebenen größeren Biomasse-Bestandsanlagen bis zur endgültigen Vorlage einer *Nachhaltigkeitsverordnung* den Betrieb unter Weitergewährung des NawaRo-Bonus zu erlauben.[991] Zugleich erreichte die *SPD* auch mit dem *Lex Stendal* weitere Verbesserun-

---

[990] Vgl. BMU 02.06.2008b, § 66 Abs. 1 Nr. 3.
[991] Gleichwohl war die Union auch nach Verabschiedung des Gesetzes durch den Bundesrat bestrebt, diese beiden Punkte noch nachträglich gemäß ihrer eigenen Position zu ändern. Dies gelang ihr noch vor Inkrafttreten des EEG am 01.01.2009 bei der Nachhaltigkeitsverordnung durch nachträgliche Einigung mit dem Koalitionspartner und Realisierung eines Bundestagsbeschlusses. Vgl. Ausblick Kap. 6.4.

gen für ‚bestehende hocheffiziente Zellstoff- und Biomassekraftwerke'. Das BMU wiederum informierte die Koalitionspartner erst spät über notwendige Umrüstungen von *immissionsschutzrechtlich genehmigungsbedürftigen Biogas-Neuanlagen* aufgrund erhöhter Schadstoffemissionen, und setzte für diese als Kostenausgleich eine weitere Vergütungserhöhung von 1 Cent/kWh durch.

Am Ende konnte nicht zuletzt das *BMU* seine Ziele aus dem EEG-EB zur Biomasse größtenteils verwirklichen. Doch auch die Vertreter der Interessen der *Landwirtschaft* wie das BMELV oder die Landwirtschaftpolitiker der Union konnten mit der Einführung des *Güllebonus* ihre Anliegen realisieren. Der Einfluss des *BMWi* beschränkte sich dagegen vor allem auf die Abschwächung von Vorschlägen, welche eine Erhöhung der EEG-Umlage zum Ziel hatten. Nach Vorlage des RegE erreichten sowohl *Union* als auch *SPD* als Vertreter der ökologischen Koalition weitgehend ihre Ziele.

Geothermie

Geothermie ist eine Technologie, die sich in Deutschland bei der Stromerzeugung noch nicht etabliert hat. Um der Entwicklung Vorschub zu gewähren, wollte das *BMU* die *Grundvergütung* um 2-5 ct/kWh erhöhen und die *Leistungsklassen* von 4 auf 2 reduzieren. Um die geförderte Energie effizienter zu nutzen, sollte schließlich die *Wärmenutzung* mit 3 ct/kWh prämiert werden. Die übrigen Ministerien zeigten sich mit diesen Plänen grundsätzlich einverstanden; auch das *BMWi* wollte die Geothermie stärken, allerdings vor allem die kosteneffiziente Nutzung.[992] Es erwirkte deshalb einerseits eine durchschnittlich um 1-2 ct/kWh geringere Erhöhung der Grundvergütung und einen um 1 Cent geringeren Wärmenutzungsbonus, als vom BMU zuvor vorgeschlagen. Andererseits setzte das BMWi mit dem Petrothermie-Bonus in Höhe von 2ct/kWh auch die Förderung einer potentiellen Zukunftstechnologie zur effizienten Wärmenutzung um. Alle Vorschläge wurden bereits im September 2007 beschlossen und im BMU-RefE berücksichtigt.

---

[992] So auch in den ‚Eckpunkten von Meseberg'. Vgl. Kap. 5.4.2.2 und 5.4.2.3; siehe auch Kap. 5.4.3.5.

Nach Verabschiedung des RegE empfahl der *Bundesrat* erstens, die Leistungsklassen aufzuheben und die Grundvergütung nochmals auf einheitlich 16 ct/kWh zu erhöhen. Zweitens sollte der Wärmenutzungsbonus um einen Cent erhöht werden. Die Bundesregierung lehnte die Vorschläge, die ursprünglich von *Baden–Württemberg* stammten, ab. Gleichwohl sahen beide Bundestagsfraktionen der *Großen Koalition* in der Nutzung der grundlastfähigen Geothermie erhöhtes Potential, wie schon die 1. Lesung des EEG zeigte. Da zu diesem Zeitpunkt zudem nur wenige Geothermieanlagen existierten, die die EEG-Umlage und somit die Verbraucherkosten erhöhen könnten, engagierte sich vor allem die Union in diesem Bereich und nahm beide Anträge als eigene Forderungen in die Koalitionsverhandlungen auf. Die SPD brachte dagegen wie bereits im Bereich der Wasserkraft aus verhandlungstaktischen Gründen keine Forderung in die Koalitionsverhandlungen ein.

Am Ende beschlossen Union und SPD schon in der ersten Koalitionsrunde eine *Erhöhung des Wärmenutzungsbonus* um den von der Union geforderten einen Cent. Im Ergebnis hatte das Land Baden-Württemberg sein Anliegen somit erfolgreich über die Unionsfraktion verwirklicht. Daneben vereinbarten die Koalitionäre, eine *neue Sprinterprämie* von 4 ct/kWh für Anlagen einzuführen, die bis zum 31.12.2015 in Betrieb gehen. Schließlich erhöhten sie den *Bonus für Anlagen bis 10 MW für den Einsatz petrothermaler Techniken* von 2 auf 4 ct/kWh.[993] Im Ergebnis beließ man also die Grundvergütung für Geothermie auf dem Niveau des RegE; erhöhte aber zwei Boni und etablierte mit dem Sprinterbonus einen dritten. Die Verhandlungen im Bereich der Geothermie erwiesen sich letztlich als zügig und unkompliziert.

Windenergie

Das *BMU* hielt die *Onshore-Windenergie* zwar für relativ ausgereift, wollte aber aufgrund gestiegener Rohstoffkosten für die WEA den Vergütungsdegressionssatz von 2 % auf 1 % senken. Zur besseren Netzintegration sollten WEA künftig ‚Anforderungen zum Verhalten im Netzfehlerfall' sowie zur Spannungs- und Frequenzstützung erfüllen. Als Ausgleich für die zusätzlichen Kosten wollte das BMU Anlagenbetreibern für Strom aus bis Ende 2013 neu installierten Anlagen eine um 0,7 ct/kWh erhöhte Anfangserhöhung ge-

---

[993] Vgl. BMU 02.06.2008b, § 28.

währen. Auch für die technische Aufrüstung von Altanlagen wollte es einen solchen Bonus, befristet auf 5 Jahre, gewähren. Schließlich forderte es, das Repowering durch Vereinfachung von Mindestbedingungen anzuregen, indem in Zukunft die geforderte Mindestleistungserhöhung gesenkt wird und höhere Vergütungssätze von Altanlagen auf Neuanlagen übertragen werden dürfen.

Der Bau von *Offshoreanlagen* hatte sich aufgrund noch nicht wirtschaftlicher Rahmenbedingungen bislang kaum entwickelt, sodass das BMU daran interessiert war, kurzfristig Projekte anzureizen. Es schlug vor, die Anfangsvergütung für die ersten 12 Jahre auf 11–14 ct/kWh anzuheben. Im Gegenzug wollte es den niedrigeren Vergütungssatz von 5,95 ct/kWh ab dem 13. Lebensjahr auf 3,5 ct/kWh absenken. Schließlich sollte die Vergütungsdegression von 2008 auf 2013 verschoben werden, während sie danach allerdings auf zwischen 5-7 % erhöht werden sollte.

Das *BMWi* zeigte sich vor allem mit den Vorschlägen zum Repowering einverstanden; schließlich war dessen Stärkung als Eckpunkt in das Meseberg-Papier aufgenommen worden. Auch den Anforderungen zum Verhalten im Netzfehlerfall sowie einem zeitlich befristeten Bonus von 0,7 ct/kWh für die technische Nachrüstung bzgl. Netzstabilität von Altanlagen stimmte es zu. Doch lehnte es generelle Verbesserungen der Förderung wie die erhöhte Anfangsvergütung von 0,7 ct/kWh für neue Anlagen und die Degressionssenkung für neue Onshoreanlagen ab. Am Ende setzte sich das BMU als Vertreter der ökologischen Koalition in beiden Konflikten durch. Allerdings wurde in dieser Phase auch beschlossen, dass die jährliche Degression künftig nicht nur auf die Vergütung, sondern auch auf den Bonus angewandt werden sollte.

Weniger Uneinigkeit gab es im *Offshorebereich*. Hier wollte auch das BMWi schnell zu einem Ausbau kommen und unterstützte die BMU-Vorschläge. Die Vergütungserhöhung hatte es ebenfalls bereits in Meseberg als Eckpunkt vereinbart. Beratungsbedarf gab es deshalb nur noch hinsichtlich der konkreten Höhe von VS und Degression, die am Ende auf 12 ct/kWh plus 2 ct/kWh (Frühstarterbonus bei Inbetriebnahme bis 2013) bzw. 5 % festgelegt wurden.

Nach Veröffentlichung des RegE nahm der *Bundesrat* zum Bereich der Windenergie nicht Stellung. In der 1. Lesung des EEG im Bundestag begrüßten die *Unionsvertreter,* ähnlich wie das BMWi, vor allem die im RegE vorgeschlagenen Maßnahmen für das Repowering und waren besonders an einem zügigen Ausbau der *Offshore-WEA* interessiert. Dagegen gab die *SPD-Fraktion* ähnlich wie zuvor das BMU zu verstehen, generelle Vergütungserhöhungen - besonders im *Onshore-Bereich* - anzustreben. Dieser Haltung wurde Anfang 2008 durch Umweltminister *Gabriel* neuer Auftrieb gegeben, der aufgrund der geplatzten E10-Biosprit-Verordnung die Klimaschutzziele der Bundesregierung mittels einer Erhöhung der Onshore-Vergütung ab 2009 auf 9,1 ct/kWh erreichen wollte. Die *SPD-Fraktion* unterstützte diesen Vorschlag und forderte in den anschließenden Koalitionsverhandlungen sogar 9,95 ct/kWh. Aufgrund des Widerstandes der Union einigte man sich im Rahmen einer Paketlösung schließlich auf eine moderate Erhöhung von 9,2 Cent. Zwar wollte die SPD den Systemdienstleistungsbonus für Onshoreanlagen weiter erhöhen. Dies gelang jedoch nicht. Stattdessen wurde er jedenfalls für Neuanlagen geringfügig auf 0,5 ct/kWh gesenkt.

Bei der *Offshore*-Vergütung wollte die SPD die Anfangsvergütung und den Frühstarterbonus um jeweils einen Cent aufstocken, während die Union es favorisierte, stattdessen die zeitliche Frist zur Gewährung der Anfangsvergütung zu verlängern. Man einigte sich schließlich darauf, der Fristverlängerung plus Erhöhung der Anfangsvergütung um lediglich einen weiteren Cent zuzustimmen. Damit wurden die Bedingungen für Offshore deutlich verbessert. Dies galt auch für Repowering-Anlagen, deren Anfangsvergütung sich gemäß § 30 durch einen Bonus um 0,5 ct/kWh erhöhen sollte.[994] Nach Abschluss der Koalitionsverhandlungen vereinbarte der *Umweltausschuss*, dass Offshore-Anlagenparks, die noch im Jahr 2008 in Betrieb gehen, die ab dem Jahr 2009 geltende erhöhte Vergütung erhalten sollten.

Photovoltaik

Das *BMU* hielt die PV für „leicht überfördert". Deshalb wollte es erstens die jährliche *Vergütungsdegression* stufenweise um zwei Prozentpunkte für 2009

---

[994] BMU 02.06.2008b, § 30. Vgl. auch Schumacher 2008.

und 2010 und um einen weiteren Prozentpunkt ab 2011 erhöhen (Dachanlagen: von 5 % auf 7 % und 8 %; Freiflächen: von 6,5 % auf 8,5 % und 9,5 % p.a.). Zweitens war geplant, die *Vergütung vor allem für große Dachanlagen* zu senken, durch Einführung einer neuen Leistungsklasse für Dachanlagen ab 1 MW unter Absenkung des VS um mehr als 6 Cent auf 35,48 ct/kWh. Die *Senkung des Vergütungssatzes für Photovoltaik* wollte das BMU zudem als Baustein für das Eckpunktepapier der Bundesregierung von Meseberg aufnehmen. Dies entsprach auch den Vorstellungen des BMWi, sodass für die Meseberger Eckpunkte schließlich eine „Erhöhung der Degression" vereinbart wurde.[995]

Im September 2007 stimmte das Wirtschaftsressort gemeinsam mit weiteren Ministerien dem BMU-Vorschlag zur Vergütungssenkung für große Dachanlagen zu.[996] Allerdings wollte das *BMWi* die Förderung noch weiter reduzieren, da es die PV-Branche immer noch für stark überfördert hielt. Auf der einen Seite gelang ihm dies Anfang Oktober 2007, als sich die Verhandlungspartner darauf verständigten, die PV-Basisvergütung zusätzlich um 1 ct/kWh ab 2009 herabzusetzen.[997] Zudem beschlossen die Ressorts kurz vor Veröffentlichung des RegE, nun auch die Boni unter die Degressionsregelung zu stellen. Auf der anderen Seite sollte die noch im BMU-EEG-EB vorgeschlagene Erhöhung der Vergütungsdegression unter Verweis auf den Wunsch nach einheitlichen Degressionssätzen statt um 2 bis 3 Prozentpunkte nunmehr nur noch um 0,5 Prozentpunkte (von 6,5 % auf 7 % im Inbetriebnahmejahr ab 2009) bzw. um 1,5 Prozentpunkte (6,5 % auf 8 % für eine Inbetriebnahme ab 2011) steigen.

Nach Veröffentlichung des RegE hielt sich der *Bundesrat* mit Stellungnahmen zur PV zurück.[998] Die gleiche Zurückhaltung zeigte sich auch bei der 1. Lesung des EEG im Bundestag, in der lediglich die Unions-, aber auch ein

---

[995] Kap. 5.4.2.
[996] Kap. 5.4.3.7.
[997] Vgl. Bundesregierung 08.10.2007, S. 17; siehe auch Kap 5.4.3.7.1.
[998] Nur das Saarland hatte im dortigen Plenum die Forderung durchgesetzt, die Vergütungssätze für Anlagen auf Stellplatzüberdachungen dem VS für Anlagen auf Gebäuden gleichzustellen. Damit sollten Anreize geschaffen werden, die versiegelten und meist ineffektiv genutzten Flächen für die Gewinnung elektrischer Energie zu nutzen. Der Antrag

SPD-Abgeordneter auf eine Überförderung der PV hinwiesen. Doch wurde die Klage der PV-Branche von einigen Parlamentariern zur Kenntnis genommen, wonach das Zusammenwirken der 7 % Degression und des 1-Cent-Abschlages für 2009 als ein nicht tolerierbares ‚Hin- und Her' in der Degressionskurve kritisiert wurde. Der Ruf nach einer Degressionsglättung verstärkte allerdings die bis dahin latente *Kritik der ökonomischen Koalition innerhalb der Unionsfraktion* am RegE bezüglich PV. Vor allem die AG Wirtschaft um Laurenz Meyer und Joachim Pfeiffer verstanden sich als Sprachrohr der *Unionskritiker* und forderten die politische Umsetzung eines eigens in Auftrag gegebenen *Gutachtens*, das eine Kürzung der Vergütung für Solarstrom ab 2009 um 30 % empfahl. Allerdings wich diese Forderung derart weit von den bisherigen Vorstellungen aller übrigen Akteure ab, dass sich die Vertreter der ökologischen Koalition beider Regierungsfraktionen dagegen aussprachen.

So ging die *Union* offiziell mit keiner konkretisierten Forderung zur PV in die Verhandlungen. Die *SPD-Fraktion* wollte dagegen erstens die Degressionskurve auf einheitlich 8 % glätten, wie es die PV-Branche ähnlich gefordert hatte. Zweitens wollte sie Kleinstanlagen bis 10 kW an oder auf Gebäuden durch eine Umstrukturierung der Größenklassen anteilig stärker fördern. Der Kompromiss sah schließlich unter Beibehaltung der Leistungsklassen vor, in 2009 bei kleinen PV-Anlagen bis 100 kW die von der SPD geforderten 8 % Degression anzusetzen (2010 mit 8 %; 2011 mit 9 %), während größere Anlagen bis 1000 kW um 10 % und Anlagen über 1000 kW auf 33 % abgesenkt werden sollten (> 100 kW in 2010 mit 10 %; 2011 mit 9 %).

Ausschlaggebend für das Ergebnis der Koalitionsverhandlungen war vor allem ein *Zugeständnis*, dass der Unions-Fraktionsvorsitzende *Volker Kauder* gegenüber Bundesminister *Gabriel* bereits im Vorfeld der Verhandlungen zur PV-Vergütung gemacht hatte. Damit hatte die SPD ihre Verhandlungsziele zur relativen Besserstellung kleiner Anlagen und zur Glättung der Degression weitgehend erreicht, während die ökonomische Koalition innerhalb der Union nicht annähernd die geforderten 30 % als Kürzung durchsetzte. Um die Unionsanhänger aber dennoch zur Zustimmung des EEG zu bewegen, wurde im Nachgang zu den Koalitionsverhandlungen eine eher symbolische *Revisions-*

---

wurde in der Gegenäußerung der Bundesregierung abgelehnt. Vgl. Bundesrat 15.02.2008, Rn. 18.

klausel zur PV vereinbart. Liegt hiernach der Zubau der Solaranlagen über dem Plan von 1500, 1700 bzw. 1900 MW für die Jahre 2009, 2010 bzw. 2011, so soll die Degression nach dem Willen der Union im darauf folgenden Jahr um einen Prozentpunkt stärker steigen als geplant. Allerdings setzte die SPD als Gegenbedingung durch, dass die Degression für den Solarstrom um einen Prozentpunkt gesenkt wird, sobald die Zahl neuer Anlagen unter der festgelegten Mindestzubaumenge von 1000, 1100 bzw. 1200 MW für die kommenden 3 Jahre sinkt.[999]

Im Ergebnis hatte die ökologische Koalition vor allem mit dem BMU und der SPD ihre Ziele im PV-Bereich überwiegend erreicht.

---

[999] Schmidt 06.06.2008.

6 Schlussfolgerungen und Wertung

Diese Arbeit hatte zum Ziel, den *Politikformulierungsprozess der EEG-Novelle 2009* systematisch zu untersuchen. Als Methodik wurde das *Advocacy-Koalitionsmodell (ACF)* gewählt, das zunächst als theoretische Grundlage vorgestellt wurde. Anschließend wurde das *Politikfeld Erneuerbare Energien* inhaltlich umrissen und seine *zentralen Akteure* identifiziert. In der *Fallstudie* wurden dann zunächst die gesetzlichen Vorläuferregelungen und die politischen Rahmenbedingungen während der 16. Legislaturperiode herausgearbeitet. Danach wurde der politische Prozess der EEG-Novelle unter Berücksichtigung externer Einflussfaktoren nachvollzogen.

Im Folgenden sollen nun die eingangs aufgeworfenen Leitfragen dieser Studie beantwortet werden. Gefragt war, *warum* die Regenerativstromförderung wieder auf der politischen Agenda stand, *welche Einflussfaktoren* die konkrete Gesetzesgestaltung bedingten, und ob das novellierte Gesetz aus einem *Wettbewerb von Koalitionen* heraus erklärbar ist. Dazu wird nachfolgend eine rückblickende Betrachtung der Akteure, der Koalitionen und der Bedeutung des Policy-Lernens und der externen Faktoren angestellt, bevor ein Gesamtfazit gezogen wird.

6.1 Akteure

Im Verlauf der Studie wurden die an der EEG-Novelle maßgeblich beteiligten Akteure in zwei Gruppen gegliedert – die *ökologische-* und die *ökonomische Koalition*. Mit diesem methodischen Ansatz kann zum einen ein differenziertes Ergebnis erreicht werden; zum anderen ermöglicht diese Einteilung, Aussagen über die im Mittelpunkt stehenden Akteure zu treffen.

Deutlich wurde dabei , dass das *Bundesumweltministerium* für die *ökologische Koalition* und das *Bundeswirtschaftsministerium* für die *ökonomische Koalition* im Mittelpunkt des politischen Prozesses standen. Beide verhandelten maßgeblich den am 05.12.2007 vorgelegten EEG-RegE, der Grundlage für die Arbeit und den Beschluss des Deutschen Bundestages zum EEG war. Beide Ministerien brachten sich schließlich auch während der Koalitionsverhandlungen auf der Ebene der parlamentarischen Verhandlungen unterstützend in die Gespräche ein. Nachdem der RegE dem Deutschen Bundestag zugeleitet worden war, spielte sich die Auseinandersetzung um das EEG zwar entscheidend zwischen den beiden Regierungsfraktionen *CDU/CSU* und *SPD* im Deutschen Bundestag ab. Doch waren die Koalitionäre auch auf den Input aus den fachlich vorbereitenden Ministerien angewiesen. Festzustellen ist, dass beide Fraktionen mit Vertretern der *ökologischen Koalition* besetzt waren. Dabei integrierte die Union in ihrer Mitte auch zahlreiche Parlamentarier der *ökonomischen Koalition*, die sich aktiv an den Verhandlungen beteiligten und vor allem dem Wirtschafts- oder Finanzausschuss angehörten. Die ökonomische Koalition konzentrierte sich vor allem auf die *Reduzierung der Förderung der PV,* und eine Weiterentwicklung des Wälzungsmechanismus und der Direktvermarktung.

Weiterhin waren *Interessenverbände* aus beiden Koalitionen mit intensiver Lobbyarbeit am Diskussionsprozess beteiligt. Dazu gehörten auf Seiten der ökologischen Koalition die Wirtschaftsverbände der regenerativen Energien, vor allem der Bundesverband Solarwirtschaft (BSW-Solar), der Bundesverband Windenergie (BWE), der Fachverband Biogas oder der Bundesverband Erneuerbare Energien (BEE). Dagegen spielten reine Umweltverbände eine eher untergeordnete Rolle. Auf Seiten der ökonomischen Koalition beteiligten sich vor allem der Bundesverband Energie- und Wasserwirtschaft (BDEW), der Verband der Industriellen Energie- und Kraftwirtschaft (VIK) oder der Verband der Chemischen Industrie (VCI) an dem Prozess. Deren Vertreter stellten ihr interessengeleitetes Fachwissen in persönlichen Gesprächen, Briefen, Fachveranstaltungen, Anhörungen oder in Beiträgen in Massenmedien dar, die eine Rekonstruktion des Entscheidungsprozesses erlauben.

Die *Bundesländer* beteiligten sich ebenfalls rege am Entscheidungsprozess - besonders in Form von Stellungnahmen des Bundesrates. Vor allem über den Umwelt- und den Agrarausschuss forderten Länder wie Mecklenburg-Vorpommern, Bayern und Baden-Württemberg überwiegend weitere Verbesserungen der Förderbedingungen für Energieträger wie Biomasse oder Geothermie. Allerdings wurde der Grossteil dieser Anliegen seitens der Bundesregierung abgelehnt. Sie fanden nur teilweise indirekt Berücksichtigung im Gesetz, indem etwa die Unionsfraktion einige von ihnen als eigene Anträge in die Koalitionsverhandlungen einbrachte.

Ferner leisteten *Forschungsinstitute* wie das Institut für Energetik und Umwelt aus Leipzig oder die Prognos AG aus Basel Beiträge zur Novellierung des EEG, indem sie Gutachten für die Ministerien anfertigten und damit wissenschaftliche Vorschläge und Entscheidungshilfen zur Novellierung boten.

Schließlich konnte in dieser Studie aufgezeigt werden, dass die Novelle des Erneuerbare-Energien-Gesetzes 2009 deutlich von den ehrgeizigen Klimaschutzplänen der Bundeskanzlerin *Merkel* bestimmt war, die tendenziell der *ökologischen Koalition* zuzuordnen war. Die Kanzlerin erfüllte nicht etwa die Rolle des *Policy-Brokers*, sondern nutzte das Thema Klimaschutz für sich, um thematische Eckpunkte ihrer Kanzlerschaft zu setzen. Dazu nutzte sie verschiedene politische Ebenen: Auf globaler Ebene engagierte sie sich inhaltlich stark beim G8-Gipfel in Heiligendamm. Auf EU-Ebene wurden beim Frühjahrsgipfel 2007 des Europäischen Rates unter deutscher Führung ehrgeizige Klimaschutzziele vereinbart.[1000] Um die Beschlüsse in nationales Recht zu überführen, beschloss die Bundesregierung am 23./24.08.2007, die Eckpunkte für das Integrierte Energie- und Klimaprogramm umzusetzen, welches neben dem Erneuerbare-Energien-Wärmegesetz und der KWK-Novelle als eines der wichtigsten Maßnahmen das Erneuerbare-Energien-Gesetz enthält.

6.2 Koalitionen

Wie in Kapitel 5.4.12 im Einzelnen dargestellt wurde, hat sich bei der Neufassung des EEG 2009 die *ökologische Koalition* klar durchgesetzt. Damit steht die Novellierung in der Tradition der Politikformulierungsprozesse der Jahre 2000 und 2004. Dem *EEG 2000* lag ein vom Parlament getragener Pro-

---

[1000] Vgl. Kap. 5.2.2.5.

zess zugrunde, bei dem die mehrheitlich der ökologischen Koalition angehörenden Volksvertreter in Konkurrenz zum damals federführenden Wirtschaftsministerium standen. Dagegen lag die Federführung auf Ressortebene bei den *EEG-Gesetzesnovellen der Jahre 2004 und 2009* beim BMU als Vertreter der ökologischen Koalition, sodass die Bundesregierung in diesen Jahren von der ökologischen Koalition noch stärker dominiert wurde. Im Unterschied zur Novelle 2004 forderte das einflussreiche Bundeswirtschaftsministerium als Vertreter der ökonomischen Koalition bei der hiesigen Novelle 2009 zudem keinen grundsätzlichen Systemwechsel des EEG, sondern vertrat offiziell die Auffassung des Koalitionsvertrages, „das EEG in seiner Grundstruktur fort[zu]führen".[1001]

Schon in den anfänglichen Ressortverhandlungen der Bundesministerien zeigte sich die Stärke der ökologischen Koalition, da das BMU einige Punkte im EEG gegen den Willen des BMWi durchsetzen konnte.[1002] Ursächlich dafür waren neben den grundsätzlichen Vorgaben des Koalitionsvertrages die Beschlüsse des Europäischen Rates vom März 2007, welcher auf EU-Ebene unter deutscher Präsidentschaft bindende Ziele für den Einsatz erneuerbarer Energien und zum CO_2-Ausstoß enthielt und somit den Ressorts verbindliche Ziele vorgab, die umzusetzen waren. Zum anderen gab die Bundeskanzlerin den am EEG beteiligten Ministerien nur rund ein halbes Jahr Zeit, um einen ressortabgestimmten RegE zum EEG vorzulegen. Grund dafür war das Ziel Merkels, noch vor der Klimakonferenz auf Bali im Dezember 2007 der Weltöffentlichkeit ein fertiges Energie- und Klimapaket aus Deutschland vorlegen zu können. Die Zeitknappheit, sowie der Umstand, dass das BMU die Federführung für das EEG inne hatte, behinderten das BMWi in der Umsetzung seiner Ziele gegenüber den Vorschlägen des BMU. Dabei spielte auch das große personelle Ungleichgewicht zu Gunsten des BMU bei den für das EEG zuständigen Referenten eine Rolle. Aus diesen drei Gründen konnte die ökologische Koalition ihre Position im Ergebnis stärker durchsetzen.

Bei den anschließenden parlamentarischen *Beratungen im Parlament* zeigte sich ein ähnliches Bild. Es gereichte der *ökologischen Koalition* zum Vorteil,

---

[1001] CDU et al. 2005, S. 51f.; vgl. auch Evert 17.05.2005, S. 87.

dass die Federführung des Umweltressorts sich auch auf die Gremien im Bundestag übertrug. So war innerhalb der Union nicht die der ökonomischen Koalition maßgeblich zugehörige Arbeitsgruppe Wirtschaft federführend, sondern die zur ökologischen Koalition zählende AG Umwelt, die die Verhandlungsführung in den Koalitionsverhandlungen wahrnahm. Insofern entstammten die diesen Sitzungen zugrunde liegenden Anträge der Union der Berichterstatterin Maria Flachsbarth und der AG Umwelt. Der Konflikt zwischen ökonomischer und ökologischer Koalition im Parlament gipfelte zuletzt in der Fraktionssitzung der Union vom 3. Juni, in der das EEG beschlossen wurde und sich die Kritik der ökonomischen Koalition vor allem an den Förderbedingungen der PV festgemacht hatte. Schließlich mögen der öffentliche Einsatz der Bundeskanzlerin für die Ziele der ökologischen Koalition und die Fraktionsdisziplin ebenso dazu beigetragen haben, dass sich unionsinterne Kritiker des EEG im Allgemeinen und der Photovoltaik im Besonderen bei der Abstimmung zurückhielten und am Ende dem vorgelegten Entwurf zustimmten. Wie bereits bei den vorhergehenden EEG-Novellen hatte das Parlament auch beim EEG 2009 großen Anteil an der Reform.

Der Einfluss der *ökonomischen Koalition* blieb bei dieser EEG-Novelle dagegen vergleichsweise gering. Zwar war diese Gruppe finanz- und mitgliederstärker; sie hatte auch innerhalb der Bundesregierung das grundsätzlich durchsetzungsstarke Wirtschaftsministerium an ihrer Seite. Doch war auch das BMWi an die ehrgeizigen Rahmenbedingungen gebunden, die - u.a. durch Kanzlerin Merkel forciert - in Form ehrgeiziger Klimaschutzziele der EU und der Bundesregierung beschlossen worden waren. Schließlich war auch die Homogenität innerhalb der ökonomischen Koalition durch unterschiedliche Interessenschwerpunkte geschwächt. Während die Elektrizitätswirtschaft vor allem für Entlastungen beim Netzausbau und der Regelenergiebereitstellung warb, wollte die Industrie vor allem die stärkeren finanziellen Belastungen eingrenzen, die sich durch die Erhöhung der Umlage ergeben würden.[1003]

[1002] Vgl. Kap. 5.4.1; 5.4.3 und 5.4.4.
[1003] Vgl. auch Evert 17.05.2005, S. 88.

6.3 Die Bedeutung von Policy-Lernen und externer Faktoren

In Kapitel 2.3 ist dargelegt worden, dass sich im Rahmen des *Advocacy-Koalitionsmodells* politischer Wandel wie das politische Ereignis der Weiterentwicklung des EEG auf *Policy-Lernen* oder *externe Faktoren* zurückführen lässt. Beide Aspekte spielten eine Rolle hinsichtlich des EEG-Novellierungsprozesse 2009.

Externe Faktoren
Innerhalb eines Politikfeldes können *dynamische* und *stabile externe Faktoren* zu Machtverschiebungen führen. Während bei der EEG-Novelle 2009 kein Wandel der *stabilen externen Faktoren* wie zum Beispiel der Grundzüge des politischen Systems oder der Ressourcenverfügbarkeit diagnostizierbar war, haben sich aber *dynamische Faktoren* geändert:

Erstens hat die Bundestagswahl zu einem Regierungswechsel geführt, woraufhin BÜNDNIS 90/DIE GRÜNEN zu Gunsten von CDU und CSU aus der Regierungsverantwortung ausschieden. Zwar verblieb die Zuständigkeit der erneuerbaren Energien innerhalb der Bundesregierung wie in der vorherigen Legislaturperiode beim BMU, allerdings hat dieses Ministerium statt eines Vertreters der Grünen nun mit Sigmar Gabriel ein SPD-Vertreter an der Spitze. Das andere thematisch einflussreiche Ministerium der Bundesregierung, das BMWi, wurde mit Michael Glos von einem Vertreter der Union geführt. Trotzdem war die Folge des Regierungswechsels kein grundsätzlicher Wechsel von der ökologischen zur ökonomischen Koalition, da auch die Union im Fall des EEG von Anfang an mehrheitlich der ökologischen Koalition zuzurechnen war. Deutlich wird dies u.a. an der Vereinbarung im Koalitionsvertrag, wonach eine ‚Beibehaltung des EEG' festgeschrieben werden sollte. Schließlich strebte die von der Union gestellte Bundeskanzlerin Angela Merkel mit der Vereinbarung ehrgeiziger Klimaschutz- und Umwelt-Ziele eine Politik an, die den Zielen der ökologischen Koalition zu Gute kam.

Der veränderte dynamische Faktor waren die beim Frühjahrsgipfel des Europäischen Rates am 8. und im März 2007 beschlossenen Ziele zur Reduzierung der CO_2-Emissionen Klimaemissionen und die Mindestziele für den Einsatz erneuerbarer Energien. Die sich aus den Ratsbeschlüssen abgeleiteten Umsetzungsverpflichtungen Deutschlands machten eine Weiterentwicklung des EEG als zentrales Instrument zur Förderung erneuerbarer Energien im Strombereich nahezu unerlässlich.

Doch drittens haben auch die Veröffentlichung des *Stern-Reports* im Oktober 2006 und die im Januar, April und Mai 2007 veröffentlichten Berichte des *IPCC* die weltweite Debatte um den Klimaschutz beflügelt. Beide Bereiche genossen sowohl medial als auch politisch große Aufmerksamkeit, und sie forderten einen stärkeren Ausbau erneuerbarer Energien zur Bekämpfung des Klimawandels. Dies führte einen Wandel in der öffentlichen Meinung, und mittels direkten Einflusses auch zu politischen Diskussionen.[1004]

Policy-Lernen
Neben diesen externen Faktoren spielte auch das *Policy-Lernen* eine erhebliche Rolle bei der EEG-Novelle 2009. Policy-Lernen wurde eingangs definiert als Änderung der Strategie einer Koalition zum Erreichen ihrer Ziele. Diese Veränderung ist jeweils auf die im Laufe der Zeit gemachten Erfahrungen zurückzuführen, die Aussagen darüber treffen, wie die Koalitionen ihre Ziele besser erreichen können. Zwar war ein Teil der ökologischen Koalition (BÜNDNIS 90/DIE GRÜNEN), aufgrund des Regierungswechsels im Jahr 2005 durch einen neuen Teil (CDU, CSU) ersetzt worden. Andererseits war aber auch die Union mehrheitlich der ökologischen Koalition zuzurechnen, sodass in beiden Regierungen grundsätzlich ähnliche Ziele bestanden. Außerdem war das BMU nach wie vor federführendes Ressort bei der Novellierung des EEG.

Insofern bestand ein Mindestmaß an Kontinuität der ökologischen Koalition, die mit dem *EEG-EB* „quasi einen eingebauten Mechanismus des Policy-

---

[1004] So stark sich das Thema Klimaschutz in den Jahren 2006 und 2007 präsentierte, so stark wurde die öffentliche Diskussion Anfang 2008 durch die verstärkt aufkeimende Debatte um die stetig steigenden Energiepreise abgelöst, die kurz vor der Verabschiedung des EEG im Deutschen Bundestag den Anhängern der ökologischen Koalition neue Argumente lieferte. Allerdings stellte dieses Thema letztlich keine Gefahr mehr für die Umsetzung des EEG dar.

Lernens" nutzte.[1005] Der EEG-EB als Grundlage der Novelle evaluierte die Wirkungen des Gesetzes und wies zugleich auf Nachbesserungen hin. Diesem Bericht waren Änderungen der Förderungsmodalitäten zu entnehmen und die Berücksichtigung anderer Faktoren wie die Entwicklung der installierten Leistung nach Verabschiedung des EEG 2004 oder die Entwicklung der internationalen Rohstoffmärkte.

6.4 Fazit

Die Entwicklung und die Verabschiedung der EEG-Novelle 2009 war ein Wettbewerb zwischen Koalitionen, den die ökologische Koalition gewann. Gründe für die Novelle boten als externe Faktoren der Regierungswechsel und der infolgedessen vereinbarte Koalitionsvertrag, in dem die Novellierung des EEG vereinbart worden war; ferner die Beschlüsse des EU-Frühjahrsgipfels vom März 2007 und der damit verbundenen Verpflichtungen zur Umsetzung der Mindestziele Deutschlands beim Ausbau erneuerbarer Energien. Schließlich als Policy-Lernen die Beurteilungen über notwendige Anpassungen des Gesetzes.

Ein Systemwechsel des EEG, wie er in Teilen der ökonomischen Koalition gefordert wurde, konnte mit dem EEG 2009 nicht umgesetzt werden. Ursächlich dafür war bereits der Koalitionsvertrag von 2005, in dem die mehrheitlich der ökologischen Koalition zugewandten Koalitionspartner CDU, CSU und SPD beschlossen hatten, „das EEG in seiner Grundstruktur fort[zu]führen".[1006] Gleichwohl führte die Novellierung des EEG 2009 zu heftigen Auseinandersetzungen, besonders zwischen BMU und BMWi als Vertreter der ökologischen bzw. der ökonomischen Koalition. Bis zum RegE wurden kontroverse Verhandlungen geführt, die in der Mehrzahl das BMU für sich entschied.

Auch in der parlamentarischen Debatte dominierten die Ziele der ökologischen Koalition, da sich die Vertreter der ökonomischen Koalition innerhalb

---

[1005] Evert 17.05.2005, S. 91.

der Union vor allem mangels Ressortzuständigkeit nicht durchsetzen konnten. Einen Kern der Auseinandersetzungen lieferten die Verhandlungen zu den Vergütungssätzen der Photovoltaik, die erst kurz vor Verabschiedung des EEG im Vergleich zum RegE beigelegt wurden. Schließlich gelang es Bundeskanzlerin Merkel als Antwort auf eine politisch-gesellschaftliche Diskussion um den Klimawandel verbindliche Rahmenbedingungen auf nationaler, europäischer und internationaler Ebene zu setzen, die es sowohl dem BMWi als auch den übrigen Vertretern der ökonomischen Koalition von vornherein erschwerten, ihre Ziele durchzusetzen. Gleichzeitig wurde so der Boden für erfolgreiche Verhandlungen der ökologischen Koalition geebnet.

In der vorliegenden Arbeit wurde das *Advocacy-Koalitionsmodell* zur Analyse des Zusammenwirkens der an der EEG-Novelle maßgeblich beteiligten Akteure genutzt. Dieses Modell ermöglicht es, eine umfassende Auseinandersetzung im Bereich der Energiepolitik nachzuvollziehen und damit das Politikfeld Erneuerbare Energien und seine Akteure besser zu verstehen. Dazu beigetragen haben viele während des Gesetzgebungsprozesses veröffentlichte Quellen und Originaldokumente, die die Verhandlungspositionen der an der Novelle beteiligten Akteure widerspiegeln und den Verhandlungsverlauf auf Ministerial- und Parlamentsebene belegen.

Wichtig war es, die Akteure innerhalb der jeweiligen Koalition differenziert zu betrachten. Die EEG-Novelle 2009 hat gezeigt, dass eine für den Politikformulierungsprozess wichtige Grenzlinie zweier Advocacy-Koalitionen mitten durch die Unionsfraktion verlief. Allerdings hat sich die Anwendung des Modells auch als Herausforderung dargestellt. So erschien die konsequente Differenzierung zwischen deep-core, policy-core und secondary-aspects an manchen Stellen als verkomplizierend und unzweckmäßig. Insofern bleibt es Aufgabe weiterer Forschungen, das Politikfeld Erneuerbare Energien weiter zu untersuchen, aber auch das Advocacy-Koalitionsmodell selbst weiterzuentwickeln.[1007]

[1006] CDU et al. 2005, S. 51f.; vgl. auch Evert 17.05.2005, S. 87.
[1007] Zur Zukunft der Policy-Forschung vgl. Janning et al. 2008.

Es gilt zu beobachten, in welche Richtung sich das EEG kurz- und mittelfristig inhaltlich weiter entwickeln wird. Kurzfristig ist zunächst die Bundesregierung bzw. das BMU am Zuge. Durch Beschluss von Bundestag und Bundesrat wurde die Regierung in Form von mehreren *Verordnungsermächtigungen* beauftragt, dem Bundestag Verordnungsentwürfe hinsichtlich des Wälzungsmechanismus, der verbesserten Markt/Netzintegration und einer Nachhaltigkeitsverordnung vorzulegen.[1008] Das BMU rechnet damit, die meisten Verordnungen schon Mitte 2009 vorlegen zu können.

Bei der *Direktvermarktung* hatten sich CDU, CSU und SPD nicht auf eine finanzielle Marktprämie einigen können. Stattdessen wurde eine relativ unkonkrete Verordnungsermächtigung beschlossen, deren Ausgestaltung den Ministerien überlassen bleiben sollte. Da dieser Bonus wesentlicher Aspekt für die Attraktivität der Direktvermarktung ist, bleibt abzuwarten, ob die Direktvermarktung von Strom aus erneuerbaren Energien kurz- oder mittelfristig eine stärkere Bedeutung erfahren wird.[1009]

Das BMU wollte die EEG-Wälzungsreform zunächst zusammen mit (finanziellen) Anreizen zur Direktvermarktung von EEG-Strom und einem Kombikraftwerks-Bonus in einer Verordnung regeln. Seit Anfang 2009 ist das Ministerium von dieser Planung aber abgerückt und beabsichtigt derzeit, den Wälzungsmechanismus in einer separaten Verordnung zu reformieren.[1010] Die Zurückhaltung der Entwürfe stößt auf Kritik bei der Union, die nach wie vor auf einer zügigen und gleichzeitigen Verabschiedung der Wälzungs- und der Direktvermarktungsverordnung besteht.[1011]

Im Herbst 2008 hat sich aber herausgestellt, dass die *Nachhaltigkeitsverordnung* nicht rechtzeitig vor Inkrafttreten des EEG am 01.01.2009 vorliegen würde. Stattdessen rechnete das BMU mit einer Vorlage erst Mitte 2009. Dies stieß auf massiven Widerstand vieler Betreiber von Blockheizkraftwerken, die ihre Anlagen bisher mit Palm- oder Sojaöl betrieben. Da das EEG seit Anfang 2009 für diesen Bonus nun eine Zertifizierungsnachweis vorschreibt, letzterer

---

[1008] BMU 02.09.2008, § 64.
[1009] „Die Eigenvermarktung wäre nur dann attraktiv, wenn der Anlagenbetreiber bei der Eigenvermarktung einen zusätzlichen Bonus erhielte, der die Differenz zwischen der EEG-Vergütung und dem durchschnittlichen Marktpreis abbildete." Vgl. Altrock, Lehnert 2008, S. 122.
[1010] VKU 2009.
[1011] Vgl. Witt 2008d; Reiche, Katherina 19.12.2008.

aber erst nach Vorlage einer Verordnung greift, fürchten die Betreiber um den Verlust des NawaRo-Bonus.[1012] Die Union hatte in den Koalitionsverhandlungen vergeblich eine Regelung gefordert, die Anlagenbetreibern die Sicherstellung des NawaRo-Bonus gewähren sollte. Deshalb warben Umweltpolitiker der Union auch nach Verabschiedung des EEG gegenüber der SPD-Fraktion und Bundesminister Gabriel mehrfach darum, dieses Problem zu lösen.[1013] Es gelang der Union schließlich, die SPD-Fraktion für Koalitionsverhandlungen bezüglich der Pflanzenölproblematik zu gewinnen, die am 04.12.2008 stattfanden. Als Ergebnis wurde ein *Artikelgesetz* zur Änderung des EEG vereinbart, das als Anhang zum Energieeinspargesetz (EnEG) am 19.12.2008 in 2./3. Lesung vom Deutschen Bundestag verabschiedet wurde.[1014] Danach erhalten Anlagen, die vor dem 05.12.2007 erstmalig in Betrieb genommen wurden, solange weiter Anspruch auf den NawaRo-Bonus, bis eine Nachhaltigkeitsverordnung in Kraft getreten ist.[1015] (Das EnEG wurde am 13.02.2009 im Bundesrat beschlossen; die darin enthaltene Pflanzenölregelung des EEG wurde rückwirkend zum 01.01.2009 gültig.)

Auch der *Anlagenbegriff hinsichtlich Biomasseanlagen* ist nach Verabschiedung des EEG noch immer ein strittiges Thema innerhalb der Koalition. Auch hier war die Union in den Koalitionsverhandlungen gegenüber der SPD unterlegen, als sie einen Bestandsschutz für Altanlagen gefordert hatte. Nachdem auch der Bundesrat diese Problematik in seinem Beschluss vom 04.07. thematisiert hatte, startete *Schleswig-Holstein* Anfang November 2008 eine *Bundesratsinitiative*, „um möglichst umgehend die angestrebte Änderung des EEG's herbeizuführen."[1016] Allerdings scheiterte dieses Vorhaben zunächst, da sowohl SPD als auch BMU beiden Anliegen skeptisch gegenüber standen. So bleiben die weiteren Entwicklungen an dieser Stelle abzuwarten.[1017]

[1012] Vgl. BMU 31.10.2008.
[1013] Bleser, Peter 04.12.2008.
[1014] CDU/CSU-Bundestagsfraktion 16.12.2008; Marie-Luise Dött; Maria Flachsbarth 04.12.2008.
[1015] Witt 2008h.
[1016] Schleswig-Holstein 30.10.2008; siehe auch Schleswig-Holstein 29.10.2008. Das Land veranstaltete zudem am 22.09.2008 eine Veranstaltung zu diesem Thema. Vgl. Boetticher 09.09.2008.
[1017] Bei einer Fachveranstaltung haben sich Vertreter von SPD und BMU gegen diese Bestrebungen erklärt. Vgl. eigene Notizen, in: Boetticher 09.09.2008.

Nicht zuletzt ist auch ungewiss, wie lange es der ökologischen Koalition gelingen wird, das novellierte EEG in künftigen Legislaturperioden als Förderungsinstrument für Strom aus erneuerbaren Energien zu erhalten. Auf EU-Ebene droht dem EEG vorerst keine Gefahr, nachdem die neue Europäische Richtlinie für erneuerbare Energien das Recht der Mitgliedsländer garantiert, über ihre Fördersysteme bis zum Jahr 2020 allein zu entscheiden.[1018] Dass eine weitere Novelle oder Reform des EEG kommen wird, kann aber schon jetzt als mit an Sicherheit grenzender Wahrscheinlichkeit festgehalten werden.

[1018] Vgl. Kap. 5.2.2.6.

7 Anhang

7.1 Abbildungsverzeichnis

Abb. 1: Der idealtypische Policy-Cycle 27
Abb. 2: Bruttostromerzeugung in Deutschland, gerundet (2007) 37
Abb. 3: Struktur der Energiebereitstellung aus EE in Deutschland 2007 41
Abb. 4: Struktur der Strombereitstellung aus EE in Deutschland 2007 42
Abb. 5: Belief Systeme in der deutschen Erneuerbare-Energien-Politik 48
Abb. 6: BMU-Verhandlungsposition zum Eckpunktepapier von Meseberg . 142
Abb. 7: Verhandlungsergebnis zum Eckpunktepapier von Meseberg 145
Abb. 8: Absenkung der Solarstromvergütung – Kabinettsentwurf vs. Branchenposition 224

7.2 Tabellenverzeichnis

Tab. 1: Struktur des Primärenergieverbrauchs in Deutschland 2007 36
Tab. 2: Nettoenergieimporte Deutschlands in Prozent 36
Tab. 3: Stromerzeugung aus EE in Deutschland 2007 (Endenergie; in GWh). 39
Tab. 4: Installierte Leistung zur Stromerzeugung EE in Deutschland 40
Tab. 5: 8-Punkte-Plan des BMU zur Erreichung der Klimaziele 108
Tab. 6: Wasserkraftfördersätze für Neubau, Modernisierung und Wiederinbetriebnahme 113
Tab. 7: Wasserkraftfördersätze für Altanlagen mit Maßnahmen zur ausschließlichen Verbesserung des ökologischen Zustands 114
Tab. 8: Wasserkraftfördersätze für Anlagen größer 5 MW 114
Tab. 9: Vergütungssatzanpassung für Strom aus modernisierten oder neu errichteten Wasserkraftanlagen bis 5 MW Leistung 130
Tab. 10: Grundvergütungssatzanpassung für Strom aus Biomasse 133
Tab. 11: Grundvergütungsanpassung für Strom aus Geothermie 136
Tab. 12: Empfehlung zur Anpassung der Vergütungsdegression für PV 139
Tab. 13: RefE: Vergütung für Erneuerung von Wasserkraftanlagen ab 5 MW 156
Tab. 14: Vergütung für neue, revitalisierte und modernisierte Anlagen 156
Tab. 15: Neuzuschnitt der Leistungsklassen für Geothermie 162
Tab. 16: RefE: Degression Solare Strahlungsenergie 168
Tab. 17: Entwicklung der Grundvergütung Offshore im Vergleich 184
Tab. 18: Entwicklung der Degression Offshore im Vergleich 184
Tab. 19: Systemdienstleistungsbonus für Onshore-WEA 185

Tab. 20: Degression für Onshore-WEA 186
Tab. 21: Degression für Solare Strahlung... 187
Tab. 22: Stufenverfahren und Zeitplan der Union zu den Beratungen des EEG.. 222
Tab. 23: Entwicklung der Vergütungssätze PV bis 2013 gemäß Beschluss vom 29.05.2008... 242

7.3 Verzeichnis der Abkürzungen

A	=	Agrarausschuss
AB	=	Anlagenbetreiber
Abb.	=	Abbildung
Abs.	=	Absatz
ACF	=	Advocacy-Koalition-Framework
AG	=	Arbeitsgruppe bzw. Aktiengesellschaft
Anl.	=	Anlage
B	=	Berlin
BB	=	Brandenburg
BDEW	=	Bundesverband der Energie- und Wasserwirtschaft
BDI	=	Bundesverband der Deutschen Industrie
BDW	=	Bundesverband Deutscher Wasserkraftwerke
BE	=	Berichterstatter
BEE	=	Bundesverband Erneuerbare Energie
BfN	=	Bundesamt für Naturschutz
BfS	=	Bundesamt für Strahlenschutz
BGBl.	=	Bundesgesetzblatt
BHKW	=	Blockheizkraftwerk
BM	=	Bundesminister
BMU	=	Bundesministerium für Umwelt, Naturschutz und Reaktorsicherheit
BMU-EEG-EB	=	BMU-Entwurf des EEG-Erfahrungsbericht gemäß § 20 EEG
BMELV	=	Bundesministerium für Ernährung, Landwirtschaft und Verbraucherschutz
BMJ	=	Bundesministerium der Justiz
BMVBS	=	Bundesministerium für Verkehr, Bau und Stadtentwicklung
BMWA	=	Bundesministerium für Wirtschaft und Arbeit
BMWi	=	Bundesministerium für Wirtschaft und Technologie
BNE	=	Bundesverband neuer Energieanbieter
BNetzA	=	Bundesnetzagentur

BSi	=	Bundesverband Solarindustrie
BSW	=	Bundesverband Solarwirtschaft (BSW-Solar)
BW	=	Baden-Württemberg
BWE	=	Bundesverband Windenergie
BY	=	Bayern
bzgl.	=	bezüglich
bzw.	=	beziehungsweise
CCS	=	carbon dioxide capture and storage
CDU	=	Christlich Demokratische Union
CO_2	=	Kohlenstoffdioxid
CSU	=	Christlich Soziale Union
ct.	=	Euro-Cent
D	=	Degression
DBV	=	Deutscher Bauernverband
DENA	=	Deutsche Energie-Agentur
d.h.	=	das heisst
DLR	=	Deutsches Zentrum für Luft- und Raumfahrt
DNR	=	Deutscher Naturschutzring
DS	=	Degressionssatz
E5	=	5 Volumenprozent Beimischung Ethanol zu Benzin
EdF	=	Électricité de France
EE	=	Erneuerbare Energien
EEG	=	Erneuerbare-Energien-Gesetz
EEG-EB	=	EEG-Erfahrungsbericht gemäß § 20 EEG
EEWärmeG	=	Erneuerbare-Energien-Wärmegesetz
EEX	=	European Energy Exchange
EG	=	Europäische Gemeinschaft
EnBW	=	Energie Baden-Württemberg
EnWG	=	Energiewirtschaftsgesetz
E.ON	=	E.ON AG
EP	=	Europäisches Parlament
ER	=	Europäischer Rat
ERP	=	European Recovery Program
EU	=	Europäische Union
EU-25	=	Die 25 Mitgliedstaaten der EU (derzeit 27)

EVU	=	Energieversorgungsunternehmen
et al.	=	et alii
EWE	=	EWE Aktiengesellschaft
FAZ	=	Frankfurter Allgemeine Zeitung
FDP	=	Freie Demokratische Partei
FHG-ISE	=	Fraunhofer-Institut für Solare Energiesysteme
FR	=	Frankfurter Rundschau
Fraunhofer ISI	=	Fraunhofer-Institut für System- und Innovationsforschung
FFU	=	Forschungsstelle für Umweltpolitik
FTD	=	Financial Times Deutschland
GG	=	Grundgesetz
GGBR	=	Gemeinsame Geschäftsordnung des Bundesrates
GGO	=	Gemeinsame Geschäftsordnung der Bundesministerien
GGA-Institut	=	Institut für Geowissenschaftliche Gemeinschaftsaufgaben
Ggf.	=	gegebenenfalls
GVO	=	Gentechnisch veränderte Organismen
GWh	=	Gigawattstunde
HB	=	Bremen
HDR	=	Hot Dry Rock – Verfahren zur Nutzung von Erdwärme
HE	=	Hessen
HEW	=	Hamburgische Electricitätswerke
HH	=	Hamburg
IEU	=	Institut für Energetik und Umwelt, Leipzig
IfnE	=	Ingenieurbüro für neue Energien
IG-BCE	=	Industriegewerkschaft Bergbau, Chemie und Energie
In	=	Ausschuss für Innere Angelegenheiten
IPCC	=	Intergovernmental Panel on Climate Change
ISE	=	Fraunhofer-Institut für Solare Energiesysteme
ISI	=	Fraunhofer-Institut für System- und Innovationsforschung
Kap.	=	Kapitel
KfW	=	Kreditanstalt für Wiederaufbau

kW	=	Kilowat
kWel	=	Kilowatt elektrisch
kWh	=	Kilowattstunde
KWK	=	Kraft-Wärme-Kopplung
KWKG	=	Kraft-Wärme-Kopplungsgesetz
kWp	=	Kilowatt-Peak (Spitzenleistung)
LP	=	Legislaturperiode/Wahlperiode des Deutschen Bundestags
MAP	=	Marktanreizprogramm
MdB	=	Mitglied des Deutschen Bundestages
Mio.	=	Million
Mrd.	=	Milliarde
MV	=	Mecklenurg-Vorpommern
MW	=	Megawatt
MWel	=	Megawatt elektrisch
MWh	=	Megawattstunde
MWp	=	Megawatt-Peak (Spitzenleistung)
NawaRo	=	Nachwachsende Rohstoffe
NB	=	Netzbetreiber
NDS	=	Niedersachsen
NRW	=	Nordrhein-Westfalen
OM	=	Ordentliches Mitglied
OSI	=	Otto-Suhr-Institut für Politikwissenschaft
p.a.	=	per anno
PV	=	Photovoltaik
R	=	Rechtsausschuss
RefE	=	Referentenentwurf
RegE	=	Regierungsentwurf
RiLi	=	Richtlinie
Rn.	=	Randnummer
RP	=	Rheinland-Pfalz
RWE	=	RWE AG
SA	=	Sachsen-Anhalt
SFV	=	Solarenergie-Förderverein Deutschland
SH	=	Schleswig-Holstein

SL	=	Saarland
SM	=	Stellvertretendes Mitglied
SN	=	Sachsen
sog.	=	so gennannt
SPD	=	Sozialdemokratische Partei Deutschlands
SZ	=	Süddeutsche Zeitung
StrEG	=	Stromeinspeisungsgesetz
TA Luft	=	Technische Anleitung zur Reinhaltung der Luft
TH	=	Thüringen
THG	=	Treibhausgas
TW	=	Terrawatt
TWh	=	Terrawattstunde
u.a.	=	und andere
U	=	Umweltausschuss
UA	=	Unterausschuss
UBA	=	Umweltbundesamt
UN	=	United Nations
ÜNB	=	Übertragungsnetzbetreiber
UNCED	=	United Nations Conference on Environment and Development
UNFCCC	=	United Nations Framework Convention on Climate Change
US	=	United States
USA	=	United States of America
UVS	=	Unternehmensvereinigung Solarwirtschaft
V	=	Vergütung bzw. Verordnung
VCI	=	Verband der Chemischen Industrie
VDEW	=	Verband der Elektrizitätswirtschaft
VDMA	=	Verband Deutscher Maschinen- und Anlagenbau
VDN	=	Verband der Netzbetreiber
VEAG	=	Vereinigte Energiewerke
VEBA	=	Vereinigte Elektrizitäts- und Bergwerks
VEW	=	Vereinigte Elektrizitätswerke Westfalen
Vgl.	=	Vergleiche
VIK	=	Verband der industriellen Energie- und Kraftwirtschaft

VKU	=	Verband kommunaler Unternehmen
VNB	=	Verteilnetzbetreiber
VO	=	Verordnung
VS	=	Vergütungssatz
VZBV	=	Verbraucherzentrale Bundesverband
WEA	=	Windenergieanlage
Wi	=	Wirtschaftsausschuss
WMO	=	Weltorganisation für Meteorologie
Wo	=	Ausschuss für Ausschuss für Städtebau, Wohnungswesen und Raumordnung
WRRL	=	Wasser-Rahmen-Richtlinie
WVW	=	Wirtschaftsverband Windkraftwerke
WWF	=	World Wildlife Fund
z.B.	=	zum Beispiel
ZNER	=	Zeitschrift für neues Energierecht
ZSW	=	Zentrum für Sonnenenergie- und Wasserstoff-Forschung Baden-Württemberg

7.4 Literaturverzeichnis

AG Umwelt der CDU/CSU-Bundestagsfraktion (21.04.2008): Synopse zu den Änderungsvorschlägen zum EEG (05.12.2007). Unveröffentlichtes Manuskript, 21.04.2008, Berlin.

AG Wirtschaft und Technologie der CDU/CSU-Bundestagsfraktion (06.05.2008): Beschluss der Arbeitsgruppe Wirtschaft und Technologie zur zukünftigen Förderung von Solarstrom im Rahmen der EEG-Novelle 2008. Unveröffentlichtes Manuskript, 06.05.2008, Berlin.

Altrock, Martin; Lehnert, Wieland (2008): Die EEG-Novelle 2009. In: Zeitschrift für Neues Energierecht, Jg. 12, H. 2, S. 118–122.

Altrock, Martin; Oschmann, Volker; Theobald, Christian (2007): EEG. Erneuerbare-Energien-Gesetz. 2. Aufl. München: Beck (Gelbe Erläuterungsbücher).

Auswärtiges Amt: Der Frühjahrsgipfel des Europäischen Rats: Integrierte Klimaschutz-und Energiepolitik, Fortschritte bei der Lissabonstrategie. Pressemitteilung vom 12.03.2007. Online verfügbar unter www.eu2007.de, zuletzt geprüft am 02.08.2008.

Balsen, Werner (2007): Lob für Brüssel. Online verfügbar unter www.fr-online.de, zuletzt aktualisiert am 11.10.2007, zuletzt geprüft am 30.07.2008.

Basshuysen, Richard van; Schäfer, Fred (2009): Wärmesenke. Online verfügbar unter www.motorlexikon.de, zuletzt geprüft am 16.01.2009.

BDEW: Erneuerbare sollten und könnten mittelfristig ohne Förderung auskommen. Zukunft erneuerbare Energien und Energiewirtschaftliches Gesamtkonzept, Teil 4. Pressemitteilung vom 20.07.2007. Online verfügbar unter www.bdew.de, zuletzt geprüft am 30.08.2008.

BDEW: Energiewirtschaft unterstützt die Klimaschutzziele. BDEW zum Energie- und Klimaprogramm der Bundesregierung. Pressemitteilung vom 05.12.2007. Online verfügbar unter www.bdew.de, zuletzt geprüft am 30.08.2008.

BDEW: Erneuerbare Anlagen europaweit an den günstigsten Standorten fördern. Pressemitteilung vom 05.07.2007. Berlin. Online verfügbar unter www.bdew.de, zuletzt geprüft am 05.10.2008.

BDEW (2008a): Bundesverband der Energie- und Wasserwirtschaft e.V. Online verfügbar unter www.bdew.de, zuletzt geprüft am 05.10.2008.

BDEW: Klimaschutz braucht effiziente neue Kraftwerke. BDEW zu den Forderungen der Deutschen Umwelthilfe. Pressemitteilung vom 12.02.2008. Online verfügbar unter www.bdew.de, zuletzt geprüft am 30.08.2008.

BDEW: Erneuerbare Energien zukunftsfähig machen. BDEW zur 2. und 3. Lesung der EEG-Novelle im Bundestag. Pressemitteilung vom 05.06.2008. Online verfügbar unter www.bdew.de, zuletzt geprüft am 30.08.2008.

BDEW (2008b): Der Verband. Online verfügbar unter www.bdew.de, zuletzt geprüft am 30.08.2008.

BDW (2008): Bundesverband Deutscher Wasserkraftwerke e.V. Online verfügbar unter www.wasserkraft-deutschland.de, zuletzt geprüft am 27.09.2008.

Bechberger, Mischa (2000): Das Erneuerbare-Energien-Gesetz (EEG): Eine Analyse des Politikformulierungsprozesses. Herausgegeben von Forschungsstelle für Umweltpolitik (FFU). Freie Universität Berlin. Berlin. (FFU-Report, 00-06). Online verfügbar unter www.fu-berlin.de, zuletzt geprüft am 05.10.2008.

BEE: Zu den Presseberichten über Äußerungen des Verbandes der Elektrizitätswirtschaft (VDEW) zur Entwicklung der EEG-Umlage erklärt der Bundesverband Erneuerbare Energie (BEE): Verbraucher sparen mit dem EEG mehr ein als es kostet. Pressemitteilung vom 02.08.2007. Berlin. Online verfügbar unter www.bee-ev.de, zuletzt geprüft am 30.08.2008.

BEE: Schluss mit langwierigen Klimadebatten: Erneuerbare Energien schützen das Klima sofort. Pressemitteilung vom 05.06.2007. Berlin. Online verfügbar unter www.bee-ev.de, zuletzt geprüft am 30.08.2008.

BEE (2008a): BEE-Bundesverband Erneuerbare Energie e.V. Mitgliedsverbände. Online verfügbar unter www.bee-ev.de, zuletzt geprüft am 30.08.2008.

BEE (2008b): BEE - Bundesverband Erneuerbarer Energie e.V. Online verfügbar unter www.bee-ev.de, zuletzt geprüft am 05.10.2008.

BEE; BWE; BSW-Solar: EU muss klare Ausbauziele für Erneuerbare Energien beschließen. EE-Verbände: Jetzt Chance deutscher EU-Ratspräsidentschaft nutzen. Pressemitteilung vom 10.01.2007. Berlin. Online verfügbar unter www.bee-ev.de, zuletzt geprüft am 30.08.2008.

Berchem, Andreas (2006): Das unterschätze Gesetz. In: Die Zeit, 2006. Online verfügbar unter www.zeit.de, zuletzt geprüft am 05.10.2008.

Beyme, Klaus von (1990): Politikfeldanalyse in der Bundesrepublik. In: Beyme, Klaus von; Schmidt, Manfred G. (Hg.): Politik in der Bundesrepublik Deutschland. Opladen: Westdeutscher Verlag, S. 18–35.

Bleser, Peter: Anlagenbetreiber müssen sich auf Rechtsstaat verlassen können. Pressemitteilung vom 04.12.2008. Berlin. Online verfügbar unter www.cducsu.de, zuletzt geprüft am 16.01.2009.

BMELV (2008a): Organisation des Bundesministeriums für Ernährung, Landwirtschaft und Verbraucherschutz. Online verfügbar unter www.bmelv.de, zuletzt geprüft am 13.09.2008.

BMELV (2008b): Förderpolitik für Bioenergie und den ländlichen Raum. Online verfügbar unter www.bmelv.de, zuletzt geprüft am 13.09.2008.

BMU (2004a): Novelle des Erneuerbare-Energien-Gesetzes (EEG). Überblick über die Regelungen des neuen EEG vom 21. Juli 2004. Online verfügbar unter www.bmu.de, zuletzt geprüft am 28.01.2008.

BMU (2004b): Erneuerbare-Energien-Gesetz. Entwicklung der Stromerzeugung aus Erneuerbaren Energien bis zum Jahr 2020 und finanzielle Auswirkungen. Berlin. Online verfügbar unter www.wind-energie.de, zuletzt geprüft am 28.01.2008.

BMU: Bundeskabinett beschließt Entlastungen im Erneuerbare-Energien-Gesetz (EEG). Pressemitteilung vom 14.06.2006. Berlin. Online verfügbar unter www.erneuerbare-energien.de, zuletzt geprüft am 05.10.2008.

BMU (04/2006): Forschung für erneuerbare Energien. Spitzentechnologie aus Deutschland. 2. Aufl. Berlin. Online verfügbar unter www.erneuerbare-energien.de, zuletzt geprüft am 28.10.2008.

BMU (06/2006): Erneuerbare Energien: Arbeitsplatzeffekte. Wirkungen des Ausbaus erneuerbarer Energien auf den deutschen Arbeitsmarkt. Online verfügbar unter www.bmu.de, zuletzt geprüft am 16.01.2009.

BMU (05.07.2007): Erfahrungsbericht 2007 zum Erneuerbaren-Energien-Gesetz (EEG) gemäß § 20 EEG. BMU-Entwurf, Kurzfassung. Stand: 05.07.2007. Berlin. Online verfügbar unter www.bmu.de, zuletzt geprüft am 05.10.2008.

BMU (09.10.2007a): Entwurf eines Gesetzes zur Neuregelung des Rechts der Erneuerbaren Energien im Strombereich. Stand: 9.10.2007. Berlin. Online verfügbar unter www.erneuerbare-energien.de, zuletzt geprüft am 05.10.2008.

BMU (09.10.2007b): Entwurf eines Gesetzes zur Neuregelung des Rechts der Erneuerbaren Energien im Strombereich. Versandt an Länder und Verbände am 25.10.2007. Stand: 9.10.2007. Unveröffentlichtes Manuskript, 09.10.2007, Berlin.

BMU (15.12.2007a): Vergleich der EEG-Vergütungsregelungen für 2009. Berlin. Online verfügbar unter www.erneuerbare-energien.de, zuletzt geprüft am 01.01.2008.

BMU (10.10.2007): Begründung B. Zu den einzelnen Vorschriften. Entwurf eines Gesetzes zur Neuregelung des Rechts der Erneuerbaren Energien im Strombereich. Stand: 10.10.2007. Berlin. Online verfügbar unter www.erneuerbare-energien.de, zuletzt geprüft am 06.05.2008.

BMU (14.08.2007): Eckpunkte für ein Integriertes Klima- und Energieprogramm. Entwurf. Stand: 14.08.2007, 20 Uhr. Unveröffentlichtes Manuskript, 14.08.2007, Berlin.

BMU (2007): Begleitende Forschungsvorhaben zum EEG-Erfahrungsbericht. Stand: 05.12.2007. Online verfügbar unter www.bmu.de, zuletzt geprüft am 21.07.2008.

BMU: Erneuerbare Energien sichern das Klimaschutzziel. Erstmals mehr als 200.000 Arbeitsplätze in der Branche. Pressemitteilung vom 27.02.2007. Berlin. Online verfügbar unter www.bmu.de, zuletzt geprüft am 13.01.2008.

BMU (03.07.2007): Erfahrungsbericht 2007 zum Erneuerbaren-Energien-Gesetz (EEG) gemäß § 20 EEG. BMU-Entwurf. Stand: 03.07.2007. Unveröffentlichtes Manuskript, 03.07.2007, Berlin.

BMU (10.07.2007): Eckpunktepapier. "Integriertes Klima- und Energieprogramm". Unveröffentlichtes Manuskript, 10.07.2007,

BMU (03/2007): Strom aus erneuerbaren Energien. Was kostet er uns wirklich. 6. Aufl. Online verfügbar unter www.bmu.de, zuletzt geprüft am 05.10.2008.

BMU (23.07.2007): Eckpunkte für ein Integriertes Klima- und Energieprogramm. Entwurf. Stand: 23.07.2007, 20 Uhr. Unveröffentlichtes Manuskript, 23.07.2007, Berlin.

BMU: Gabriel begrüßt Ergebnis von Bali als großen Fortschritt. Pressemitteilung vom 15.12.2007. Berlin. Online verfügbar unter www.erneuerbare-energien.de, zuletzt geprüft am 05.10.2008.

BMU (04/2007): Klimaagenda 2020: Der Umbau der Industriegesellschaft. Die historischen Beschlüsse der Europäischen Union. Online verfügbar unter www.bmu.de, zuletzt geprüft am 03.08.2008.

BMU: Gabriel: Klimaschutz bedeutet Umbau der Industriegesellschaft. 8-Punkte-Plan zur Senkung der Treibhausgas-Emissionen um 40 Prozent bis 2020. Nr. 116/07. Pressemitteilung vom 26.04.2007. Berlin. Online verfügbar unter www.bmu.de, zuletzt geprüft am 03.08.2008.

BMU (Hg.) (12/2007): Aktionsplan von Bali. Vorläufige, nicht amtliche Übersetzung. Beschluss. Online verfügbar unter www.erneuerbare-energien.de, zuletzt geprüft am 05.10.2008.

BMU (Hg.) (06.06.2008): Erneuerbare Energien in Zahlen. Nationale und internationale Entwicklung. Stand: Juni 2008. Online verfügbar unter www.bmu.de, zuletzt geprüft am 03.08.2008.

BMU (2008a): Das Bundesministerium für Umwelt, Naturschutz und Reaktorsicherheit. Online verfügbar unter www.bmu.de, zuletzt geprüft am 05.10.2008.

BMU (09.05.2008): Verbesserung der Systemintegration der Erneuerbaren Energien im Strombereich. Handlungsoptionen für eine Modernisierung des Energiesystems. Bericht des Bundesministeriums für Umwelt, Naturschutz und Reaktorsicherheit gemäß Auftrag im EEG-Erfahrungsbericht 2007. Online verfügbar unter www.erneuerbare-energien.de, zuletzt geprüft am 06.09.2008.

BMU (02.09.2008): Erneuerbare-Energien-Gesetz (EEG) 2009. Lesefassung. Berlin. Online verfügbar unter www.erneuerbare-energien.de, zuletzt geprüft am 22.10.2008.

BMU (2008b): Bundesregierung startet Integriertes Energie- und Klimaprogramm. Deutschlands Weg in eine klimaverträgliche Zukunft. Sonderteil. In: BMU (Hg.): Umwelt. Berlin (1), S. I–XII.

BMU (2008c): Kurzinfo Erneuerbare Energien. Online verfügbar unter www.bmu.de, zuletzt geprüft am 22.10.2008.

BMU: Gabriel: Europa bleibt Vorreiter beim Klimaschutz. Unterstützung für Brüsseler Klima- und Energiepaket. Pressemitteilung vom 23.01.2008. Berlin. Online verfügbar unter www.bmu.de, zuletzt geprüft am 26.01.2008.

BMU (2008): Der Einsatz von Palmöl in EEG-Anlagen ab 1. Januar 2009. Überblick. Online verfügbar unter www.erneuerbare-energien.de, zuletzt aktualisiert am 31.10.2008, zuletzt geprüft am 02.11.2008.

BMU (06/2008): Entwicklung der erneuerbaren Energien in Deutschland im Jahr 2007. Unter Verwendung aktueller Daten der Arbeitsgruppe Erneuerbare Energien – Statistik (AGEE-Stat). Online verfügbar unter www.erneuerbare-energien.de, zuletzt geprüft am 06.09.2008.

BMU (02.06.2008a): Umsetzung der Vereinbarungen der Fraktionen der CDU/CSU und der SPD vom 29.05.2008 und vom 02.06.2008. Entwurf. Stand: 18:20h. Unveröffentlichtes Manuskript, 02.06.2008, Berlin.

BMU (17.01.2008): Ergebnisse des Klimagipfels auf Bali. Rede von Bundesminister Sigmar Gabriel am 17.01.2008 im Deutschen Bundestag. Berlin. Online verfügbar unter www.erneuerbare-energien.de, zuletzt geprüft am 26.01.2008.

BMU (02.06.2008b): Umsetzung der Vereinbarungen der Fraktionen der CDU/CSU und der SPD vom 29.5.2008. Entwurf. Unveröffentlichtes Manuskript, 02.06.2008, Berlin.

BMU (2008d): Organigramm. Online verfügbar unter www.bmu.de, zuletzt geprüft am 05.04.2008.

BMU; BMWi (22.08.2007): Eckpunkte für ein Integriertes Klima- und Energieprogramm. [abgestimmt]. Stand: 22.08.2007. Unveröffentlichtes Manuskript, 22.08.2007, Meseberg.

BMVBS (2008): Beauftragter der Bundesregierung für die neuen Bundesländer. Online verfügbar unter www.bmvbs.de/beauftragter, zuletzt geprüft am 23.10.2008.

BMWi (05.12.2007): Novellierung des Erneuerbare-Energien-Gesetzes. Berlin. Brief an CDU/CSU-Bundestagsfraktion.

BMWi (02.08.2007): Energie- und Klimaprogramm. Hintergrundinformationen. BMWi-Strategie. Unveröffentlichtes Manuskript, 02.08.2007, Berlin.

BMWi (17.07.2007a): Integriertes Energie- und Klimaprogramm. Bewertung aktueller Vorschläge zum Klimaschutz. Vermerk. Unveröffentlichtes Manuskript, 17.07.2007, Berlin.

BMWi (17.07.2007b): BMWi - Non-Paper. Unveröffentlichtes Manuskript, 17.07.2007, Berlin.

BMWi (30.11.2007): EEG 2009 Gesetzentwurf zur Schlussabstimmung mit Ressorts. Berlin. Telefonat und Email an Steffen Dagger.

BMWi (10.01.2007): Parlamentarisches Verfahren für IEKP-Maßnahmen, hier EEG-Novelle. Unveröffentlichtes Manuskript, 10.01.2007, Berlin.

BMWi (09/2007): Die Novellierung des EEG 2009. Berlin. Gespräch an Steffen Dagger.

BMWi (2007): Stellungnahme zur EEG-Position der Arbeitsgruppe Umwelt. Unveröffentlichtes Manuskript, 2007, Berlin.

BMWi (08.05.2007): Erneuerbare Energien Gesetz (EEG) - Präsentation des Gutachtens von IE, Leipzig, und Prognos, Basel, zu den "Auswirkungen der Änderungen des Erneuerbaren Energien Gesetzes (EEG)". Berlin. Brief an Steffen Dagger.

BMWi (2008a): Politik für Energie. Online verfügbar unter www.bmwi.de, zuletzt geprüft am 05.04.2008.

BMWi (2008b): Organisationsplan. Berlin. Online verfügbar unter www.bmwi.de, zuletzt geprüft am 05.04.2008.

BMWi (2008c): Erneuerbare Energien. Online verfügbar unter www.bmwi.de, zuletzt geprüft am 05.04.2008.

BMWi (2008): Was kostet der Strom für Haushalte und Unternehmen. Strompreise - Einstiegsinfos. Online verfügbar unter www.energie-verstehen.de, zuletzt aktualisiert am 02.01.2008.

BMWi (2008d): Energiemix. Online verfügbar unter www.energie-verstehen.de, zuletzt geprüft am 28.08.2008.

BMWi (01/2008): Energie- und Klimaprogramm der Bundesregierung. In: Schlaglichter der Wirtschaftspolitik. Allgemeine Wirtschaftspolitik. Monatsbericht Januar 2008. Berlin, S. 7–9.

BMWi (2008e): Energiedaten - nationale und internationale Entwicklung. Online verfügbar unter www.bmwi.de, zuletzt geprüft am 03.08.2008.

BNE (01/2006): Köpfe der Energiepolitik. Folge 1: Dr. Joachim Pfeiffer, MdB. In: Bewölkt bis bedeckt – Aussichten für den deutschen Gasmarkt (BNE-Kompass, 1/2006), S. 19.

BNE (01/2007): Köpfe der Energiepolitik. Folge 3: Hans-Josef Fell MdB. In: Energiestrategien für 2007 - Neue Strategien für mehr Wettbewerb (BNE-Kompass, 1/2007), S. 19.

Bode, Sven; Groscurth, Helmuth (08/2006): Zur Wirkung des EEG auf den Strompreis. Hamburg. (HWWA discussion paper). Online verfügbar unter www.zbw-kiel.de, zuletzt geprüft am 27.03.2008.

Boetticher, Christian (09.09.2008): EEG-Novellierung 2009 - Auswirkungen der Neufassung des § 19. Einladung. Kiel. Email an Maria Flachsbarth.

Born, Helmut; Blöth, Anton (2004): Anforderungen und Instrumente für eine erfolgreiche Interessenbvertretung für die Landwirtschaft. In: Dagger, Steffen; Greiner, Christoph; Leinert, Kirsten; Meliß, Nadine (Hg.): Politikberatung in Deutschland. Praxis und Perspektiven. Wiesbaden: VS Verlag für Sozialwissenschaften, S. 133–138.

Brand, Ruth; Corbach, Matthias (2005): Akteure der Energiepolitik. In: Reiche, Danyel (Hg.): Grundlagen der Energiepolitik. [für Lutz Mez zum 60. Geburtstag]. Frankfurt/Main: Lang, S. 251–277.

Brand, Ruth; Reiche, Danyel (2005): Status Quo des deutschen und weltweiten Energieverbrauchs. In: Reiche, Danyel (Hg.): Grundlagen der Energiepolitik. [für Lutz Mez zum 60. Geburtstag]. Frankfurt/Main: Lang, S. 37–45.

Bröer, Guido (2007a): EEG und EEWG bereit für den Bundestag. In: Solarthemen, H. 270, S. 3.

Bröer, Guido (2007b): Erneuerbare-Energien-Gesetz wird viel komplexer. In: Solarthemen, H. 266, S. 8–9.

Bröer, Guido (2007c): EEG-Strom für die Börse. In: Solarthemen, H. 268, S. 8–9.

Bröer, Guido (2007d): Einigung beim EEG. In: Solarthemen, H. 268, S. 2.

Bröer, Guido (2008): Klimabilanz von Biogas könnte besser sein. In: Solarthemen, H. 287, S. 1.

BSW-Solar: Der BSW-Solar stellt sich vor. Online verfügbar unter www.solarwirtschaft.de, zuletzt geprüft am 05.10.2008.

BSW-Solar (03/2008): Gesetz für den Vorrang Erneuerbarer Energien (EEG). Positionspapier des Bundesverbandes Solarwirtschaft e.V. (BSW-Solar).

BSW-Solar (2008): Neue Energie für Deutschland. Online verfügbar unter www.solarwirtschaft.de, zuletzt geprüft am 30.08.2008.

Bülow, Marco (2008): Frage zum Thema: Umwelt. Antwort des Abgeordneten Marco Bülow. Online verfügbar unter www.abgeordnetenwatch.de, zuletzt aktualisiert am 31.08.2008, zuletzt geprüft am 24.08.2008.

Bundesrat (08.06.2007): Geschäftsordnung des Bundesrates. GOBR, vom 26.11.1993.

Bundesrat (2008): Die Ausschüsse. Online verfügbar unter www.bundesrat.de, zuletzt geprüft am 27.01.2008.

Bundesrat (13.06.2008): Gesetzesbeschluss des Deutschen Bundestages. Gesetz zur Neuregelung des Rechts Erneuerbarer Energien im Strombereich und zur Änderung damit zusammenhängender Vorschriften. Drucksache 418/08. Berlin. Online verfügbar unter www.bundesrat.de, zuletzt geprüft am 24.07.2008.

Bundesrat (23.01.2008): Niederschrift der Unterausschusssitzung 1/08 am Mittwoch, 23. Januar 2008, 10 Uhr in Berlin, Bundesrat, Leipziger Str. 3-4, Saal 3.088. Ausschuss für Umwelt, Naturschutz und Reaktorsicherheit. Unveröffentlichtes Manuskript, 23.01.2008, Berlin.

Bundesrat (01.07.2008a): Antrag der Länder Niedersachsen, Rheinland Pfalz. Gesetz zur Neuregelung des Rechts Erneuerbarer Energien im Strombereich und zur Änderung damit zusammenhängender Vorschriften. Drucksache 418/3/08. Online verfügbar unter www.bundesrat.de, zuletzt geprüft am 24.07.2008.

Bundesrat (11.01.2008): Tagesordnung der 257. Ausschusssitzung. Ausschuss für Umwelt, Naturschutz und Reaktorsicherheit. U 400. Berlin. Online verfügbar unter www.bundesrat.de, zuletzt geprüft am 05.10.2008.

Bundesrat (01.07.2008b): Antrag des Landes Brandenburg. Gesetz zur Neuregelung des Rechts Erneuerbarer Energien im Strombereich und zur Änderung damit zusammenhängender Vorschriften. Drucksache 418/2/08. Online verfügbar unter www.bundesrat.de, zuletzt geprüft am 24.07.2008.

Bundesrat (04.07.2008a): Stenographischer Bericht 846. Sitzung. Plenarprotokoll 846. Berlin. Online verfügbar unter www.bundesrat.de, zuletzt geprüft am 05.10.2008.

Bundesrat (01.07.2008c): Antrag des Landes Baden-Württemberg. Gesetz zur Neuregelung des Rechts Erneuerbarer Energien im Strombereich und zur Änderung damit zusammenhängender Vorschriften. Drucksache 418/1/08. Online verfügbar unter www.bundesrat.de, zuletzt geprüft am 24.07.2008.

Bundesrat (03.07.2008): Berichtigung. Gesetz zur Neuregelung des Rechts Erneuerbarer Energien im Strombereich und zur Änderung damit zusammenhängender Vorschriften. zur Drucksache 418/08. Online verfügbar unter www.bundesrat.de, zuletzt geprüft am 24.07.2008.

Bundesrat (15.02.2008): Stellungnahme des Bundesrates. Entwurf eines Gesetzes zur Neuregelung des Rechts der Erneuerbaren Energien im Strombereich und zur Änderung damit zusammenhängender Vorschriften. Drs. 10/08 (Beschluss). Berlin.

Bundesrat (31.01.2008a): Niederschrift der 257. Ausschusssitzung am Donnerstag, 31. Januar 2008, 10.30 Uhr in Bonn, Bundeshaus, Nordflügel. Saal 314. Ausschuss für Umwelt, Naturschutz und Reaktorsicherheit. Unveröffentlichtes Manuskript, 31.01.2008, Bonn.

Bundesrat (05.02.2008): Empfehlungen der Ausschüsse der 841. Sitzung des Bundesrates am 15. Februar 2008. Entwurf eines Gesetzes zur Neuregelung des Rechts der Erneuerbaren Energien im Strombereich und zur Änderung damit zuammenhängender Vorschriften. Drucksache 10/1/08. Berlin.

Bundesrat (31.01.2008b): Niederschrift der 765. Ausschusssitzung am Donnerstag, 31. Januar 2008, 9.30 Uhr in Berlin, Bundesrat, Leipziger Str. 4-4, Saal 3.088. Wirtschaftsausschuss. Unveröffentlichtes Manuskript, 31.01.2008, Berlin.

Bundesrat (04.07.2008b): Beschluss des Bundesrates. Gesetz zur Neuregelung des Rechts Erneuerbarer Energien im Strombereich und zur Änderung damit zusammenhängender Vorschriften. Drucksache 418/08 (Beschluss). Online verfügbar unter www.bundesrat.de, zuletzt geprüft am 24.07.2008.

Bundesregierung: Gemeinsame Geschäftsordnung der Bundesministerien. GGO, vom 01.12.2006.

Bundesregierung (2002): Bericht über den Stand der Marktentwicklung und der Kostenentwicklung von Anlagen zur Erzeugung von Strom aus erneuerbaren Energien (Erfahrungsbericht zum EEG). BT-Drs. 14/9807. Berlin.

Bundesregierung (24.09.2007): Erfahrungsbericht 2007 zum Erneuerbaren-Energien-Gesetz (EEG) gemäß § 20 EEG. Interner Entwurf, Stand: 24.09.2007. Unveröffentlichtes Manuskript, 24.09.2007, Berlin.

Bundesregierung (08.10.2007): Erfahrungsbericht 2007 zum Erneuerbaren-Energien-Gesetz (EEG) gemäß § 20 EEG. Interner Entwurf, Stand: 8.10.2007. Unveröffentlichtes Manuskript, 08.10.2007, Berlin.

Bundesregierung (2007): Deutschland hat Vorreiterrolle beim Klimaschutz. Online verfügbar unter www.bundesregierung.de, zuletzt aktualisiert am 05.02.2007.

Bundesregierung (2007): Erneuerbare Energien weiter auf Erfolgskurs. 7.11.2007. Online verfügbar unter www.bundesregierung.de, zuletzt geprüft am 26.03.2008.

Bundesregierung (05.12.2007): Entwurf eines Gesetzes zur Neuregelung des Rechts der Erneuerbaren Energien im Strombereich und zur Änderung damit zusammenhängender Vorschriften. Online verfügbar unter www.erneuerbare-energien.de, zuletzt geprüft am 01.01.2008.

Bundesregierung (07.11.2007): Erfahrungsbericht 2007 zum Erneuerbaren-Energien-Gesetz (EEG-Erfahrungsbericht) gemäß § 20 EEG. Vorzulegen dem Deutschen Bundestag durch BMU im Einvernehmen mit BMELV und BMWi. Beschlossen vom Bundeskabinett am 7. November 2007. Berlin. Online verfügbar unter www.bmu.de, zuletzt geprüft am 01.01.2008.

Bundesregierung (29.02.2008): Entwurf einer Gegenäußerung der Bundesregierung zur Stellungnahme des Bundesrates vom 15. Februar 2008 (Bundesrats-Drucksache 10/08 (Beschluss)) zum Entwurf eines Gesetzes zur Neuregelung des Rechts der Erneuerbaren Energien im Strombereich und zur Änderung damit zusammenhängender Vorschriften. Kabinettsvorlage des BMU. Unveröffentlichtes Manuskript, 29.02.2008, Berlin.

Bundesregierung (2008a): Gabriel stoppt Biosprit-Pläne. 04.04.2008. Online verfügbar unter www.bundesregierung.de, zuletzt geprüft am 16.05.2008.

Bundesregierung (2008b): Europäisches Klimapaket vorgelegt. 23.01.2008. Online verfügbar unter www.bundesregierung.de, zuletzt aktualisiert am 23.01.2008, zuletzt geprüft am 27.08.2008.

Bundesregierung; VEBA; VIAG; RWE; EnBW (14.06.2000): Vereinbarung zwischen der Bundesregierung und den Energieversorgungsunternehmen vom 14. Juni 2000. Online verfügbar unter www.bmu.de, zuletzt geprüft am 13.01.2009.

Bundestag streitet über Klimaschutz. Gabriel hofft auf mehr Jobs durch Erneuerbare Energien (21.02.2008, Berlin, ddp). Online verfügbar unter www.ddp.de, zuletzt geprüft am 16.01.2009.

BÜNDNIS 90/DIE GRÜNEN (03/2002): grün 2020. wir denken bis übermorgen. Grundsatzprogramm. Online verfügbar unter www.gruene-partei.de, zuletzt geprüft am 05.04.2008.

BÜNDNIS 90/DIE GRÜNEN (Juli 2005): Eines für alle: Das grüne Wahlprogramm 2005. Online verfügbar unter www.gruene.de, zuletzt geprüft am 05.04.2008.

Bürger dürfen auf staatliche Hilfe beim Klimaschutz hoffen (22.07.2007, Berlin, Associated Press). Online verfügbar unter www.pr-inside.de, zuletzt geprüft am 24.07.2007.

Büsgen, Uwe; Dürrschmidt, Wolfhart (2008): Strom aus erneuerbaren Energien - eine Bilanz auf der Basis des EEG-Erfahrungsberichtes. In: Energiewirtschaftliche Tagesfragen, Jg. 58, H. 3, S. 8–14.

BWE (2007): Windenergie-Nutzung in den Bundesländern. Diagramm. Online verfügbar unter www.wind-energie.de, zuletzt aktualisiert am 31.12.2007, zuletzt geprüft am 30.08.2008.

BWE (03.06.2008): Inkrafttreten des neuen EEG. Berlin. Brief an Maria Flachsbarth.

BWE (2008): Der Verband. Die Branche und ihr Verband – zusammen groß geworden. Online verfügbar unter www.wind-energie.de, zuletzt geprüft am 30.08.2008.

CDU (19.03.2007): Die CDU steht für eine nachhaltige Energiepolitik. Online verfügbar unter www.cdu.de, zuletzt geprüft am 22.10.2008.

CDU (2007): Freiheit und Sicherheit. Grundsätze für Deutschland. Das Grundsatzprogramm. Beschlossen vom 21. Parteitag. Online verfügbar unter www.cdu.de, zuletzt aktualisiert am 04.12.2007, zuletzt geprüft am 02.08.2008.

CDU: Die CDU steht für eine wirksame Umwelt- und Klimapolitik. Pressemitteilung vom 19.06.2008. Online verfügbar unter www.cdu.de, zuletzt geprüft am 02.08.2008.

CDU; CSU; SPD (2005): Gemeinsam für Deutschland. Mit Mut und Menschlichkeit. Koalitionsvertrag von CDU, CSU und SPD. 11.11.2005. Berlin. Online verfügbar unter www.bundesregierung.de, zuletzt geprüft am 09.03.2008.

CDU Hamburg: Zehn Punkte für eine berechenbare und zukunftsorientierte Energie- und Klimaschutzpolitik. Pressemitteilung vom 10.01.2008. Hamburg. Online verfügbar unter www.cdu.de, zuletzt geprüft am 03.08.2008.

CDU/CSU-Bundestagsfraktion: Geschäftsführender Vorstand. Online verfügbar unter www.cducsu.de, zuletzt geprüft am 07.09.2008.

CDU/CSU-Bundestagsfraktion (12.11.2007): Übersicht Maßnahmen des Integrierten Energie- und Klimaprogramms. Positionen der CDU/CSU-Bundestagsfraktion zum EEG und zum EEWärmeG. Unveröffentlichtes Manuskript, 12.11.2007, Berlin.

CDU/CSU-Bundestagsfraktion (24.04.2007): Klimawandel entgegentreten – Konkrete Maßnahmen ergreifen, Positionspapier zum Klimawandel. Beschluss der CDU/CSU-Bundestagsfraktion. Berlin. Online verfügbar unter www.cducsu.de, zuletzt geprüft am 05.10.2008.

CDU/CSU-Bundestagsfraktion (17.09.2007): Die CDU/CSU-Fraktion bleibt Motor für anspruchsvollen Klimaschutz. Positionspapier der Arbeitsgruppe Umwelt, Naturschutz und Reaktorsicherheit. Online verfügbar unter www.cducsu.de, zuletzt geprüft am 30.08.2008.

CDU/CSU-Bundestagsfraktion (09.10.2007): SICHER - SAUBER - SOZIAL. Positionspapier der CDU/CSU-Bundestagsfraktion. Beschluss vom 9. Oktober 2007. Online verfügbar unter www.cducsu.de, zuletzt geprüft am 02.08.2008.

CDU/CSU-Bundestagsfraktion (30.08.2008): Förderung erneuerbarer Energien Eckpunkte der CDU/CSU-Bundestagsfraktion. Beschluss des Vorstandes der CDU/CSU-Bundestagsfraktion. Berlin. Online verfügbar unter www.cducsu.de, zuletzt geprüft am 30.08.2008.

CDU/CSU-Bundestagsfraktion (04/2008): Einladung 2. Fachgespräch Energie- und Klimaprogramm. Einladung/Programm für den 30.04.2008. Berlin. Online verfügbar unter www.cducsu.de, zuletzt geprüft am 02.08.2008.

CDU/CSU-Bundestagsfraktion (28.05.2008a): Änderungen der Arbeitsgruppe Umwelt und der Berichterstatterin Dr. Maria Flachsbarth MdB zum Entwurf des Erneuerbare-Energien-Gesetzes (EEG) vom 05.12.2007. Erster Teil (Klarstellungen sowie qualitative Weiterentwicklung des EEG). Unveröffentlichtes Manuskript, 28.05.2008, Berlin.

CDU/CSU-Bundestagsfraktion (01/2008): Fachgespräch Energie- und Klimaprogramm (IEKP). Einladung/Programm für den 21.01.2008. Berlin. Online verfügbar unter www.cducsu.de, zuletzt geprüft am 02.08.2008.

CDU/CSU-Bundestagsfraktion (29.05.2008): Entwicklung der Vergütungssätze PV bis 2013 gemäß Beschluss vom 29.05.2008. Unveröffentlichtes Manuskript, 29.05.2008, Berlin.

CDU/CSU-Bundestagsfraktion (28.05.2008b): Änderungen der Arbeitsgruppe Umwelt und der Berichterstatterin Dr. Maria Flachsbarth MdB zum Entwurf des Erneuerbare-Energien-Gesetzes (EEG) vom 05.12.2007. Zweiter Teil. Unveröffentlichtes Manuskript, 28.05.2008, Berlin.

CDU/CSU-Bundestagsfraktion (16.12.2008): Plenum der Woche. Berlin.

CDU/CSU-Bundestagsfraktion (17.04.2008): IEKP Zeitplan. Email an Steffen Dagger.

CDU/CSU-Bundestagsfraktion (08.02.2008): Gespräch Dr. Flachsbarth zu EEG und EEWärmeG. Unveröffentlichtes Manuskript, 08.02.2008,

CDU/CSU-Bundestagsfraktion; SPD-Bundestagsfraktion (08.11.2006): Die Zeit nach dem Kyoto-Protokoll gestalten – entschieden dem Klimawandel entgegentreten. Antrag. Drs. 16/3293. Herausgegeben von Deutscher Bundestag. Online verfügbar unter www.bundestag.de, zuletzt geprüft am 02.08.2008.

CDU/CSU-Bundestagsfraktion; SPD-Bundestagsfraktion (04.06.2008): Änderungsantrag der Mitglieder der CDU/CSU-Fraktion und der SPD-Fraktion im Ausschuss für Umwelt, Naturschutz und Reaktorsicherheit zu dem Entwurf eines Gesetzes zur Neuregelung des Rechts der Erneuerbaren Energien im Strombereich und damit zusammenhängender Vorschriften -Drucksache 16/8128 -. Ausschussdrucksache 16(16)446 zu Top 1 der TO am 04.06.2008. In: Beschlussempfehlung und Bericht des Ausschusses für Umwelt, Naturschutz und Reaktorsicherheit (16. Ausschuss) zu dem Gesetzentwurf der Bundesregierung - Drucksachen 16/8141, 16/8393 - Entwurf eines Gesetzes zur Neuregelung des Rechts der Erneuerbaren Energien im Strombereich und zur Änderung damit zusammenhängender Vorschriften. Drucksache 16/9477, S. 32–64.

CDU/CSU-Bundestagsfraktion; SPD-Bundestagsfraktion (13.02.2008): Das Erneuerbare-Energien-Gesetz darf nicht durch europäische Vorgaben für einen Zertifikatehandel unterlaufen werden. Antrag. Drs. 16/8047. Herausgeben von Deutscher Bundestag. Online verfügbar unter www.bundestag.de, zuletzt geprüft am 02.08.2008.

CSU-Landesgruppe (19.07.2007): Klimaschutz ernst nehmen und effizient gestalten. Klausurtagung Kloster Benz vom 17.07.2007 bis 19.07.2007. Beschluss.

Dagger, Steffen (14.11.2007): Bericht des Staatssekretärs Joachim Würmeling zum Sachstand des IEKP. Sitzung des Energiekoordinationskreises der

CDU/CSU-Bundestagsfraktion am 14.11.2007. Vermerk. Unveröffentlichtes Manuskript, 14.11.2007, Berlin.

Dagger, Steffen (30.11.2007): EEG-Ressortverhandlungen - kurz vorm 5. Dezember. Vermerk. Unveröffentlichtes Manuskript, 30.11.2007, Berlin.

Dagger, Steffen (08.11.2007): Bericht des Staatssekretärs Joachim Würmeling zum Sachstand des integrierten Energie- und Klimaprogramms der Bundesregierung. Sitzung des Energiekoordinationskreis der CDU/CSU-Bundestagsfraktion am 8.11.2007. Vermerk. Unveröffentlichtes Manuskript, 08.11.2007, Berlin.

Dagger, Steffen (13.11.2007): Bericht des Staatssekretärs Michael Machnig zum Sachstand des integrierten Energie- und Klimaprogramms der Bundesregierung. Sitzung der Arbeitsgruppe Umwelt der CDU/CSU-Bundestagsfraktion am 13.11.2007. Vermerk. Unveröffentlichtes Manuskript, 13.11.2007, Berlin.

Dagger, Steffen (21.02.2008): Vorbereitung der Anhörungen des Umweltausschusses zum EEG, EEWärmeG und der 8. BImSchV. Treffen der zuständigen Fachpolitiker aller Fraktionen des Umweltausschusses des Deutschen Bundestages. Vermerk. Unveröffentlichtes Manuskript, 21.02.2008, Berlin.

Dagger, Steffen (20.02.2008): Sitzung des Koordinationskreises Energie der CDU/CSU-Bundestagsfraktion am 20.02.2008. Vermerk. Unveröffentlichtes Manuskript, 20.02.2008, Berlin.

Dagger, Steffen (29.01.2008): Treffen von Bundestagsreferenten mit BMWi-Akteuren am 29.01.2008 im BMWi zum Thema IEKP. Vermerk. Unveröffentlichtes Manuskript, 29.01.2008, Berlin.

Dagger, Steffen (18.02.2008): Vorbereitung der Ersten Lesung zum EEG, EEWärmeG und der 8. BImSchV am 21.02.2008. Treffen der zuständigen Stellvertretenden Fraktionsvorsitzenden der CDU/CSU-Bundestagsfraktion. Vermerk. Unveröffentlichtes Manuskript, 18.02.2008, Berlin.

DBV (2007a): Unser Auftrag. Aufgaben und Ziele. Online verfügbar unter www.bauernverband.de, zuletzt aktualisiert am 29.05.2007, zuletzt geprüft am 30.08.2008.

DBV (2007b): Aufbau des DBV. Online verfügbar unter www.bauernverband.de, zuletzt aktualisiert am 29.05.2007, zuletzt geprüft am 30.08.2008.

DBV (2008): Anhörung zum EEG im Umweltausschuss. Online verfügbar unter www.bauernverband.de, zuletzt aktualisiert am 07.05.2008, zuletzt geprüft am 30.08.2008.

Dehmer, Dagmar (2007): Die Klimakanzlerin. Online verfügbar unter www.tagesspiegel.de, zuletzt aktualisiert am 25.09.2007, zuletzt geprüft am 06.09.2008.

dernewsticker.de (2008): Böhmer lehnt Senkung der Förderung von Solarstrom strikt ab. Online verfügbar unter www.dernewsticker.de, zuletzt aktualisiert am 29.05.2008, zuletzt geprüft am 08.06.2008.

Deutscher Bundestag (01.01.1991): Gesetz über die Einspeisung von Strom aus erneuerbaren Energien in das öffentliche Netz (Stromeinspeisungsgesetz). StrEG.

Deutscher Bundestag (01.01.1991): Gesetz über die Einspeisung von Strom aus erneuerbaren Energien in das öffentliche Netz (Stromeinspeisungsgesetz). StrEG, vom 24.04.1998.

Deutscher Bundestag (01.04.2000): Gesetz für den Vorrang Erneuerbarer Energien. EEG, vom 29.03.2000.

Deutscher Bundestag (01.08.2004): Gesetz zur Neuregelung des Rechts der Erneuerbaren Energien im Strombereich. EEG, vom 21.07.2004.

Deutscher Bundestag (01.12.2006): Erstes Gesetz zur Änderung des Erneuerbare-Energien-Gesetzes. EEG, vom 07.11.2006.

Deutscher Bundestag (27.09.2006): Beschlussempfehlung und Bericht des Ausschusses für Umwelt, Naturschutz und Reaktorsicherheit zu dem Gesetzentwurf der Bundesregierung - Drs. 16/2455 - Entwurf eines Ersten Gesetzes zur Änderung des Erneuerbare-Energien-Gesetzes. Drs. 16/2760. Online verfügbar unter www.bundestag.de, zuletzt geprüft am 22.10.2008.

Deutscher Bundestag (21.10.2005): Geschäftsordnung des Deutschen Bundestages. GOBT, vom 02.07.1980. In: Amtliches Handbuch des Deutschen Bundestages, zuletzt aktualisiert am 21.10.2005.

Deutscher Bundestag (26.07.2002): Grundgesetz für die Bundesrepublik Deutschland. GG, vom 23.05.1949. In: Amtliches Handbuch des Deutschen Bundestages, zuletzt aktualisiert am 26.07.2002.

Deutscher Bundestag (16.11.2007): Gespräch auf Arbeitsebene mit Vertretern des BMWi, BMELV und BMF sowie des Deutschen Bundestages zum integrierten Klima- und Energieprogramm der Bundesregierung am 15. November. Berlin. Vermerk.

Deutscher Bundestag (14.02.2008): Stenographischer Bericht 142. Sitzung. Berlin, Donnerstag, den 14. Februar 2008. Plenarprotokoll 16/142. Berlin. Online verfügbar unter www.bundestag.de, zuletzt geprüft am 02.08.2008.

Deutscher Bundestag (2008a): Weg der Gesetzgebung. Online verfügbar unter www.bundestag.de, zuletzt geprüft am 03.08.2008.

Deutscher Bundestag (24.04.2008): Tagesordnung 64. Sitzung des Ausschusses für Umwelt, Naturschutz und Reaktorsicherheit am 5.5.2007. Öffentliche Anhörung. Berlin.

Deutscher Bundestag (28.02.2008): Tagesordnung 57. Sitzung des Ausschusses für Umwelt, Naturschutz und Reaktorsicherheit am 5.3.2007. Berlin.

Deutscher Bundestag (2008b): Ausschüsse. Ständige Ausschüsse. Online verfügbar unter www.bundestag.de, zuletzt geprüft am 05.10.2008.

Deutscher Bundestag (2008c): Experten für gleichzeitigen Ausbau von erneuerbaren Energien und Netzen. Ausschuss für Umwelt, Naturschutz und Reaktorsicherheit (Anhörung). Online verfügbar unter www.bundestag.de, zuletzt geprüft am 15.05.2008.

Deutscher Bundestag (2008a): Mehr Strom und Wärme aus erneuerbaren Energien. Aktuelle Themen. Online verfügbar unter www.bundestag.de, zuletzt aktualisiert am 21.02.2008, zuletzt geprüft am 27.08.2008.

Deutscher Bundestag (04.06.2008): Beschlussempfehlung und Bericht des Ausschusses für Umwelt, Naturschutz und Reaktorsicherheit (16. Ausschuss) zu dem Gesetzentwurf der Bundesregierung - Drucksachen 16/8141, 16/8393 - Entwurf eines Gesetzes zur Neuregelung des Rechts der Erneuerbaren Energien im Strombereich und zur Änderung damit zusammenhängender Vorschriften. Drucksache 16/9477.

Deutscher Bundestag (21.02.2008b): Stenographischer Bericht 145. Sitzung. Berlin, Donnerstag, den 21. Februar 2008. Plenarprotokoll 16/145. Berlin. Online verfügbar unter www.bundestag.de, zuletzt geprüft am 03.08.2008.

Deutscher Bundestag (2008d): Namentliche Abstimmung Nr. 1. Gesetzentwurf der Bundesregierung über den Entwurf eines Gesetzes zur Neuregelung des Rechts der Erneuerbaren Energien im Strombereich und zur Änderung damit zusammenhängender Vorschriften; Drs. 16/8148 und 16/9477. 167. Sitzung des Deutschen Bundestages. Online verfügbar unter www.eeg-aktuell.de, zuletzt geprüft am 07.09.2008.

Deutscher Bundestag (06.03.2008): Stenographischer Bericht 148. Sitzung. Berlin, Donnerstag, den 6. März 2008. Plenarprotokoll 16/148. Berlin. Online verfügbar unter www.bundestag.de, zuletzt geprüft am 05.10.2008.

Deutscher Bundestag (06.06.2008): Stenographischer Bericht 167. Sitzung. Plenarprotokoll 16/167. Berlin. Online verfügbar unter www.bundestag.de, zuletzt geprüft am 05.10.2008.

Deutscher Bundestag (2008e): Gesetzgebung. Weg der Gesetzgebung. Online verfügbar unter www.bundestag.de, zuletzt geprüft am 05.10.2008.

DIE LINKE (2008): Energie. Online verfügbar unter www.die-linke.de, zuletzt geprüft am 14.09.2008.

DNR (2008): Deutscher Naturschutzring e.V. Online verfügbar unter www.dnr.de, zuletzt geprüft am 05.10.2008.

Dobelmann, Kai (2008): UN Klimakonferenz in Bali. In: Sonnenenergie, H. 01-02/2008, S. 12–19.

Dött, Marie-Luise (2008): Klimapolitik ohne ökologischen Tunnelblick. In: MittelstandsMagazin, H. 1-2, S. 29–31.

Dow Jones Newswires (2007): Piebalgs will deutsche Energie- Einspeisevergütung erhalten. Online verfügbar unter www.boerse-online.de, zuletzt aktualisiert am 12.10.2007, zuletzt geprüft am 05.10.2008.

Dye, Thomas R. (1972): Understanding public policy. Upper Saddle River, N.J: Prentice-Hall.

E.ON (2007a): Die Natur - Ein unerschöpflicher Energielieferant. Erneuerbare Energien, Übersicht. Online verfügbar unter www.eon.com, zuletzt geprüft am 22.07.2007.

E.ON (2007b): Strom. Geschäftsfeld Strom. Online verfügbar unter www.eon.com, zuletzt geprüft am 27.07.2007.

E.ON (2007c): Daten und Fakten zu E.ON. Online verfügbar unter www.eon.com, zuletzt geprüft am 22.07.2007.

EEG-Clearingstelle: EEG-Clearingstelle. Online verfügbar unter www.eeg-clearingstelle.de, zuletzt geprüft am 25.03.2008.

Ehrlich, Peter (2007): "Grummeln über de Maizière". Online verfügbar unter www.ftd.de, zuletzt aktualisiert am 11.08.2007, zuletzt geprüft am 28.08.2008.

EnBW (2007): Kurzporträt: Wer wir sind. Online verfügbar unter www.enbw.com, zuletzt geprüft am 27.07.2007.

ENERCON (03.06.2008): Die anstehende Entscheidung um den Zeitpunkt des Inkrafttretens des EEG. Aurich. Brief an Maria Flachsbarth.

Energie & Markt (2007a): EEG-Förderung auf dem Prüfstand. In: Czakainski, Martin (Hg.): Energie & Markt. Newsletter zu Energiewissenschaftlichen Tagesfragen, Sonderheft Nr. Nr. 19. Essen: Energiewirtschaft und Technik Verlagsgesellschaft, S. 1.

Energie & Markt (2007b): Ökostrom: Vergütung in der EU. In: Czakainski, Martin (Hg.): Energie & Markt. Newsletter zu Energiewissenschaftlichen Tagesfragen, Sonderheft Nr. Nr. 19. Essen: Energiewirtschaft und Technik Verlagsgesellschaft, S. 2.

Enertrag (2008): Enertrag Aktiengesellschaft. Online verfügbar unter www.enertrag.com, zuletzt geprüft am 05.10.2008.

Erk, Claudia (2008): Die künftige Vereinbarkeit des EEG mit Verfassungs- und Europarecht. 1. Aufl. Baden-Baden: Nomos (Schriftenreihe Recht, Ökonomie und Umwelt, 16).

EU-Nachrichten (2008): Die Klimapolitik der EU: Energie für eine Welt im Wandel. 24.01.2008. In: EU-Nachrichten, H. 3, S. 4.

euractiv.com (2005): EU-Politik für Erneuerbare Energien. Online verfügbar unter www.euractiv.com, zuletzt aktualisiert am 30.09.2005, zuletzt geprüft am 02.08.2008.

euractiv.com (2007): Energie-Grünbuch: Welche Energiepolitik für Europa. Online verfügbar unter www.euractiv.com, zuletzt aktualisiert am 09.02.2007, zuletzt geprüft am 02.08.2008.

euractiv.com (2008): Energie und Klimawandel: Auf dem Weg zu einer umfassenden EU-Politik. Online verfügbar unter www.euractiv.com, zuletzt aktualisiert am 17.03.2008, zuletzt geprüft am 02.08.2008.

Euro am Sonntag (2008): Windenergiebranche warnt vor ihrem Untergang. Online verfügbar unter www.finanzen.net, zuletzt aktualisiert am 23.03.2008, zuletzt geprüft am 14.09.2008.

Europäische Kommission (08.03.2006): Eine europäische Strategie für nachhaltige, wettbewerbsfähige und sichere Energie. Grünbuch. KOM(2006) 105 endgültig. Brüssel. Online verfügbar unter www.europa.eu, zuletzt geprüft am 02.08.2008.

Europäische Kommission (10.01.2007): Fahrplan für erneuerbare Energien. Erneuerbare Energien im 21. Jahrhundert: größere Nachhaltigkeit in der Zukunft. Mitteilung der Kommission an den Rat und das Europäische Parlament; KOM (2006) 848. Europäische Kommission. Brüssel. Online verfügbar unter www.europa.eu, zuletzt geprüft am 05.10.2008.

Europäisches Parlament; Rat der Europäischen Union (19.12.1996): Richtlinie 96/92/EG betreffend gemeinsame Vorschriften für den Elektrizitätsbinnenmarkt. EG-RiLi 96/92/EG, vom 19.12.1996. In: Europäische Union (Hg.): Amtsblatt der Europäischen Gemeinschaften vom 30.01.1997. Online verfügbar unter www.europa.eu, zuletzt aktualisiert am 19.12.1996, zuletzt geprüft am 05.09.2008.

Europäisches Parlament; Rat der Europäischen Union (22.06.1998): Richtlinie 98/30/EG betreffend gemeinsame Vorschriften für den Erdgasbinnenmarkt. EG-RiLi 98/30/EG, vom 22.06.1998. In: Europäische Union (Hg.): Amtsblatt der Europäischen Gemeinschaften vom 21.07.1998. Online verfügbar unter www.europa.eu, zuletzt aktualisiert am 22.06.1998, zuletzt geprüft am 05.09.2008.

Europäisches Parlament; Rat der Europäischen Union (27.09.2001): Richtlinie 2001/77/EG zur Förderung der Stromerzeugung aus erneuerbaren Energiequellen im Elektrizitätsbinnenmarkt. EG-RiLi 2001/77/EG, vom 27.09.2001. In: Europäische Union (Hg.): Amtsblatt der Europäischen Gemeinschaften vom 27. Oktober 2001. Online verfügbar unter www.europa.eu, zuletzt aktualisiert am 27.09.2001, zuletzt geprüft am 05.09.2008.

Evert, Astrid (17.05.2005): Die Novellierung des Erneuerbare-Energien-Gesetzes 2004. Eine Analyse des Politikformulierungsprozesses. Diplomarbeit. Berlin. Freie Universität Berlin, Otto-Suhr-Institut für Politikwissenschaft.

Fachverband Biogas (27.03.2008): Stellungnahme. Entwurf eines Gesetzes zur Neuregelung des Rechts der Erneuerbaren Energien im Strombereich und zur Änderung damit zusammenhängender Vorschriften. Freising/Berlin. Online verfügbar unter www.biogas.org, zuletzt geprüft am 01.11.2008.

FAZ (2008): EU-Kommission gibt im Streit um Ökostrom nach. Deutschland kann Handel mit "grünen Zertifikaten" unterbinden. In: Frankfurter Allgemeine Zeitung, 18.01.2008.

FAZ (2008): Ökostrom-Branche fürchtet um ihre Existenz. In: Frankfurter Allgemeine Zeitung, 17.01.2008. Online verfügbar unter www.faz.net, zuletzt geprüft am 26.01.2008.

FAZ.net (2007): Gabriel verspricht „Kraftakt für den Klimaschutz". Regierungserklärung. Online verfügbar unter www.faz.net, zuletzt aktualisiert am 26.04.2007, zuletzt geprüft am 03.08.2008.

FDP (2005): Deutschland hat Vorfahrt. Deutschlandprogramm 2005. Online verfügbar unter www.liberale.de, zuletzt geprüft am 05.04.2008.

FDP (2008): Aufbau der Partei. Online verfügbar unter www.fdp-bundespartei.de, zuletzt geprüft am 30.08.2008.

FDP (01.06.2008): Energiekosten senken – Mehr Netto für die Verbraucher! Beschluss. 59. Ord. Bundesparteitages der FDP, München, 31. Mai - 1. Juni 2008. Online verfügbar unter www.fdp.de, zuletzt geprüft am 30.08.2008.

Feldkirchen, Markus; Neukirch, Ralf; Schwennicke, Christoph (2008): Ende der Schonzeit. In: Der Spiegel, 09.06.2008.

Fell, Hans-Josef (21.12.2007): Schriftliche Frage an die Bundesregierung Nr. 83. In: Schriftliche Fragen mit den in der Woche vom 17. Dezember 2007 eingegangenen Antworten der Bundesregierung. Drs. 16/7639. Deutscher Bundestag. Berlin, S. 47.

Fell, Hans-Josef: Grünen-Sprecher Fell warnt vor Änderung des Erneuerbare-Energien-Gesetzes. Pressemitteilung vom 2007. Online verfügbar unter www.hans-josef-fell.de, zuletzt geprüft am 05.09.2007.

FHG-ISE (2008): Fraunhofer-Institut für Solare Energiesysteme (FHG-ISE). Online verfügbar unter www.ise.fhg.de, zuletzt geprüft am 05.10.2008.

Flachsbarth, Maria (27.02.2007): Trockenfermentationsbonus. Berlin. Brief an Sigmar Gabriel.

Flachsbarth, Maria (19.10.2007): Position zum EEG. Berlin. Brief an Joachim Würmeling.

focus.de (2008a): Union kann sich im Fall der Solar-Förderung nicht entscheiden. Online verfügbar unter www.focus.de, zuletzt aktualisiert am 07.05.2008, zuletzt geprüft am 05.10.2008.

focus.de (2008b): Koalition billigt Klimapaket. Online verfügbar unter www.focus.de, zuletzt aktualisiert am 03.06.2008, zuletzt geprüft am 05.10.2008.

Fraktion DIE LINKE (2008): Erneuerbare Energien. Online verfügbar unter www.linksfraktion.de, zuletzt geprüft am 14.09.2008.

Fraunhofer Institut System- und Innovationsforschung; Energy Economics Group: Monitoring und Bewertung der Förderinstrumente für Erneuerbare Energien in EU-Mitgliedstaaten. Kurzfassung. Herausgegeben von Umweltbundesamt. 2006. (Climate Change, 8).

Fraunhofer Institut System- und Innovationsforschung; ZSW; Energy Economics Group et.al. (09/2007): Fortentwicklung des Erneuerbaren Energien Gesetzes (EEG) zur Marktdurchdringung Erneuerbarer Energien im deutschen und europäischen Strommarkt. Endbericht. Karlsruhe. Online verfügbar unter www.bmu.de, zuletzt geprüft am 06.09.2008.

Frondel, Manuel; Ritter, Nolan; Schmidt, Christian M. (25.04.2007): Photovoltaik: Wo viel Licht ist, ist auch viel Schatten. Herausgegeben von Rheinisch-Westfälisches Institut für Wirtschaftsforschung (RWI). Essen. (RWI: Positionen). Online verfügbar unter www.rwi-essen.de, zuletzt geprüft am 05.10.2008.

Froning, Sabine (2007): Vorbereitungen auf die Paket-Verhandlungen. In: Energiewirtschaftliche Tagesfragen, Jg. 57, H. 11, S. 7.

Gabriel, Sigmar (2007): Novelle EEG/Trockenfermentation. Berlin. Brief an Maria Flachsbarth.

Gabriel, Sigmar (26.04.2007): Klimaagenda 2020: Klimapolitik der Bundesregierung nach den Beschlüssen des Europäischen Rates. Klimaschutz bedeutet Umbau der Industriegesellschaft. Regierungserklärung vor dem Deutschen Bundestag. Berlin. Online verfügbar unter www.bmu.de, zuletzt geprüft am 03.08.2008.

Gabriel, Sigmar (27.03.2008): Trockenfermentation. Berlin. Brief an Maria Flachsbarth.

Galetti, Nino (2007): Zur Entwicklung der internationalen Klimapolitik. In: Konrad-Adenauer-Stiftung (KAS) (Hg.): Klimareport International. Berlin: Konrad-Adenauer-Stiftung .

Gaserow, Vera; Balsen, Werner (2007): Europäische Ökostrom-Pläne sorgen für Spannung. Online verfügbar unter www.fr-online.de, zuletzt aktualisiert am 12.10.2007, zuletzt geprüft am 30.07.2008.

Geden, Oliver; Fischer, Severin (2008): Die Energie- und Klimapolitik der Europäischen Union. Bestandsaufnahme und Perspektiven. Baden-Baden: Nomos (Denkart Europa, 8).

Geitmann, Sven (2008): Moderate Absenkung der EEG-Förderung. Online verfügbar unter www.energieportal24.de, zuletzt aktualisiert am 06.06.2008, zuletzt geprüft am 05.10.2008.

Gersmann, Hanna (2007): Weniger Geld für Sonnenanbeter. Die Tageszeitung. Online verfügbar unter www.taz.de, zuletzt aktualisiert am 03.11.2007, zuletzt geprüft am 11.01.2008.

GGA-Institut (2008): Verzeichnis Geothermischer Standorte. Online verfügbar unter www.geotis.de, zuletzt geprüft am 30.08.2008.

Gievert, Sebastian (2007): Bilanz des G8-Gipfels. Herausgegeben von Bundeszentrale für politische Bildung. Online verfügbar unter www.bpb.de, zuletzt geprüft am 05.10.2008.

Glos und Gabriel mit umfassendem Klima-Energie-Gesetz beauftragt (30.06.2007, Berlin, Reuters). Online verfügbar unter www.reuters.com, zuletzt geprüft am 30.06.2007.

Glos und Gabriel streiten noch über Klimaprogramm (20.08.2007, Berlin, Reuters). Online verfügbar unter www.reuters.com, zuletzt geprüft am 13.09.2008.

Glos und Gabriel streiten weiter über Energieförderung (11.05.2008, Berlin, Reuters). Online verfügbar unter www.reuters.com, zuletzt geprüft am 05.10.2008.

Gönner, Tanja: Tanja Gönner: Wasserkraft erlebt Renaissance und gewinnt als Stromlieferant weiter an Bedeutung. Weitere Förderung des Ökostroms über das Erneuerbare Energien-Gesetz einsetzen. Pressemitteilung vom 11.09.2007. Online verfügbar unter www.um.baden-wuerttemberg.de, zuletzt geprüft am 24.08.2008.

Göppel, Josef (12.02.2008): Integriertes Energie- und Klimapaket - Änderungsvorschläge von MdB Josef Göppel. Unveröffentlichtes Manuskript, 12.02.2008, Berlin.

Grawe, Joachim (1996): Das Stromeinspeisegesetz - verfehltes Mittel zum guten Zweck. Die Antwort der VDEW auf das Greenpeace-Plädoyer. In: Beste, Dieter (Hg.): Erneuerbare Energien. Warum wir sie dringend brauchen, aber kaum nutzen ; Berichte, Analysen, Argumente. Düsseldorf: VDI-Verlag (Taschenbuchreihe Fakten), S. 79–82.

Griffin, Sylvia (2008): Meuterei im Fraktionssaal. In: Hessische Allgemeine, 20.06.2008.

Harks, Enno (2008): Der globale Energiemarkt: Kooperation statt Konfrontation. Bundeszentrale für politische Bildung. (Dossier Energiepolitik). Online verfügbar unter www.bpb.de, zuletzt aktualisiert am 05.09.2008, zuletzt geprüft am 19.10.2008.

Hauschild, Helmut (2008): BDI stützt Brüssel bei Handel mit Öko-Energie. Thumann stellt sich gegen Umweltminister Gabriel. In: Handelsblatt, 14.01.2008.

HAZ.de (2008): Erste Ergebnisse auf Bali - aber Knackpunkte noch ungelöst. Ausland. Online verfügbar unter www.haz.de, zuletzt aktualisiert am 29.07.2008, zuletzt geprüft am 02.08.2008.

Hempelmann, Rolf (2007): Integriertes Klima- und Energieprogramm. Online verfügbar unter www.rolfhempelmann.de, zuletzt geprüft am 30.08.2008.

Hennicke, Peter (2007): Chancen einer Jahrhundertaufgabe. In: Handelsblatt, 20.03.2007.

Hennicke, Peter; Fischedick, Manfred (2007): Erneuerbare Energien. Lizenzausgabe. Fischedick, Manfred (Hg.). Bonn: Bundeszentrale für Politische Bildung (Schriftenreihe / Bundeszentrale für Politische Bildung, 676).

Héritier, Adrienne (1993a): Einleitung: Policy-Analyse. Elemente der Kritik und Perspektiven der Neuorientierung. In: Héritier, Adrienne (Hg.): Policy-Analyse. Kritik und Neuorientierung. Opladen: Westdeutscher Verlag (Politische Vierteljahresschrift Sonderheft, 24), S. 10–36.

Héritier, Adrienne (Hg.) (1993b): Policy-Analyse. Kritik und Neuorientierung. Opladen: Westdeutscher Verlag (Politische Vierteljahresschrift Sonderheft, 24).

Heyer, Christian; Liening, Stephan (2006): Gesetzgebung. 2. Aufl. Saarbrücken: SDV Saarländische Druckerei & Verlag.

Hill, Hans Kurt (2008): Willkommen bei Hans-Kurt Hill. Online verfügbar unter www.hanskurthill.de, zuletzt geprüft am 14.09.2008.

Hinkel, Klaus (2007a): Einigung über Solarstrom-Förderung steht noch aus - Kreise. Boerse-Online.de. (Dow Jones Newswires). Online verfügbar unter www.boerse-online.de, zuletzt aktualisiert am 02.11.2007, zuletzt geprüft am 11.01.2008.

Hinkel, Klaus (2007b): Regierungskoalition ringt um künftige Ausgestaltung des EEG. Boerse-Online.de. (Dow Jones Newswires). Online verfügbar unter www.boerse-online.de/tools/dowjones/20071018LL003890.html, zuletzt aktualisiert am 18.10.2007, zuletzt geprüft am 10.01.2008.

Hirschhausen, Christian; Jeske, Till (2005): Offshore Windenergie: Studie zur Rentabilität von Offshore-Windparks in der Deutschen Nord- und Ostsee. In: Zeitschrift für Energiewirtschaft, H. 1, S. 55–63.

Hirschl, Bernd (2007): David im Netz gegen Goliath. Die deutsche Erneuerbare Energien-Politik im Mehrebenensystem. In: Brunnengräber, Achim (Hg.): Multi-Level-Governance. Klima-, Umwelt- und Sozialpolitik in einer interdependenten Welt. 1. Aufl. Baden-Baden: Nomos (Schriften zur Governance-Forschung, Bd. 9), S. 129–160.

Hirschl, Bernd (2008): Erneuerbare Energien-Politik. Eine Multi-Level Policy-Analyse mit Fokus auf den deutschen Strommarkt. Wiesbaden: Deutscher Universitäts-Verlag (VS Research Energiepolitik und Klimaschutz).

Hucke, Jochen (1990): Umweltpolitik: Die Entwicklung eines neuen Politikfeldes. In: Beyme, Klaus von; Schmidt, Manfred G. (Hg.): Politik in der Bundesrepublik Deutschland. Opladen: Westdeutscher Verlag, S. 382–398.

IEU - Institut für Energetik und Umwelt (14.11.2006a): Auswirkungen der Änderungen des Erneuerbare-Energien-Gesetzes hinsichtlich des Gesamtvolumens der Förderung, der Belastung der Stromverbraucher sowie der Lenkungswirkung der Fördersätze für die einzelnen Energiearten. Kurzfassung. Untersuchung im Auftrag des BMWi. Leipzig. Online verfügbar unter www.prognos.com, zuletzt geprüft am 05.10.2008.

IEU - Institut für Energetik und Umwelt (14.11.2006b): Auswirkungen der Änderungen des Erneuerbare-Energien-Gesetzes hinsichtlich des Gesamtvolumens der Förderung, der Belastung der Stromverbraucher sowie der Lenkungswirkung der Fördersätze für die einzelnen Energiearten. Endbericht. Untersuchung im Auftrag des BMWi. Leipzig. Online verfügbar unter www.prognos.com, zuletzt geprüft am 05.10.2008.

Inacker, Michael (2008): Rache in Berlin. In: Wirtschaftswoche, 09.06.2008.

ISI (2008): Fraunhofer-Institut für System- und Innovationsforschung. Wirtschaft Technik Gesellschaft. Online verfügbar unter www.isi.fhg.de, zuletzt geprüft am 05.10.2008.

Ismayr, Wolfgang (2000): Der Deutsche Bundestag im politischen System der Bundesrepublik Deutschland. Ein Studienbuch. Opladen: Leske + Budrich (UTB für Wissenschaft Uni-Taschenbücher, 2075).

IWR (2004): Novelliertes Erneuerbare Energien-Gesetz am 01.08.2004 in Kraft getreten. Online verfügbar unter www.iwr.de, zuletzt aktualisiert am 02.08.2004, zuletzt geprüft am 22.10.2008.

IWR (2008): EEG-Novelle: RWI für Senkung der Solarförderung. Online verfügbar unter www.iwr.de, zuletzt aktualisiert am 05.05.2008, zuletzt geprüft am 05.10.2008.

Jann, Werner; Wegrich, Kai (2003): Phasenmodelle und Politikprozesse: Der Policy Cycle. In: Schubert, Klaus; Bandelow, Nils C. (Hg.): Lehrbuch der Politikfeldanalyse. München: Oldenbourg (Lehr- und Handbücher der Politikwissenschaft), S. 71–99.

Janning, Frank; Toens, Katrin (Hg.) (2008): Die Zukunft der Policy-Forschung. Theorien, Methoden, Anwendungen. Wiesbaden: VS Verlag für Sozialwissenschaften.

Kaltschmitt, Martin; Streicher, Wolfgang; Wiese, Andreas (2006): Erneuerbare Energien. Systemtechnik, Wirtschaftlichkeit, Umweltaspekte. 4. Aufl. Berlin: Springer.

Karstens, Jan (1999): Das novellierte Stromeinspeisungsgesetz und alternative Möglichkeiten der Förderung regenerativer Energien. In: Zeitschrift für Umweltrecht, H. 4, S. 188–196.

Kegen, Nadine (2005): Liberalisierung des Energiemarktes – Chancen und Risiken der Deregulierung. Hausarbeit. Universität Hamburg. Hamburg.

Kelber, Ulrich: Energiepolitik: Die Union gräbt sich in Kleinmut und Widersprüche ein. Nr. 777. Pressemitteilung vom 09.10.2007. Online verfügbar unter www.spdfraktion.de, zuletzt geprüft am 02.08.2008.

Kelber, Ulrich (03.03.2008): EEG-Novelle 2008 - Änderungsbedarf. Unveröffentlichtes Manuskript, 03.03.2008, Berlin.

Kemfert, Claudia (2007): Die Energieversorgung in Deutschland und die Rolle der Steinkohle. In: Orientierungen zur Wirtschafts- und Gesellschaftspolitik, H. 1, S. 37–40.

KFW (2003): Das 100.000 Dächer-Programm. Online verfügbar unter www.100000daecher.de, zuletzt geprüft am 31.01.2008.

Kinkel, Lutz (2008): Verbraucher müssen für Solarbranche blechen. Interview mit Katherina Reiche MdB. Online verfügbar unter www.stern.de, zuletzt geprüft am 24.05.2008.

Kissel, Johannes; Oeliger, Dietmar (2004): Ein dreistes Schelmenstück: Das Stromeinspeisegesetz als Einfallstor für die Markteinführung Erneuerbarer Energien. In: Solarzeitalter, H. 1, S. 12–19.

Kohl, Harald (2007): Regenerative Energieträger im Aufwind. Entwicklung der erneuerbaren Energien. In: Erneuerbare Energien, H. 1, S. 4–10.

Kopp, Gudrun (2008): Energie. Online verfügbar unter www.fdp-fraktion.de, zuletzt geprüft am 30.08.2008.

Kords, Udo (1993): Die Entstehungsgeschichte des Stromeinspeisegesetzes vom 5.10.1990. Ein Beispiel für die Mitwirkungsmöglichkeiten einzelner Abgeordneter an der Gesetzgebungsarbeit des Deutschen Bundestages. Diplomarbeit. Berlin. Freie Universität Berlin, Otto-Suhr-Institut für Politikwissenschaft.

Köttker, Verena (2007): Gabriels Geheimpapier. Mieten teurer für die Umwelt. In: Bildzeitung, 18.07.2007. Online verfügbar unter www.bild.de, zuletzt geprüft am 05.10.2008.

Küffner, Georg: Teuerer Sonnenstrom. In: Frankfurter Allgemeine Zeitung, Ausgabe 19.04.2008.

Lachmann, Günter; Müller, Peter (2008): Der großen Koalition geht die Puste aus. Unter Mitarbeit von Joachim Peter. Online verfügbar unter www.welt.de, zuletzt aktualisiert am 31.05.2008, zuletzt geprüft am 05.10.2008.

Lämmel, Andreas (14.05.2008): Argumentationspapier zur Förderung der Solarenergie nach dem EEG. Handout. Berlin.

Land & Forst (2007): Tauziehen um Biogasvergütung. 13.09.2007. In: Land & Forst, H. 37, S. 9.

Lange, Matthias (2007): Direktvermarktung von Windstrom. In: Erneuerbare Energien, H. 6, S. 38–40.

Langkamp, Thomas (2007): Statusbericht Planet Erde. IPCC-Bericht 2007. Online verfügbar unter www.stern.de, zuletzt aktualisiert am 19.01.2007, zuletzt geprüft am 19.10.2008.

Langniß, Ole; Diekmann, Jochen; Lehr, Ulrike (08.06.2007): Fortentwicklung des Instrumentariums zur Förderung der Stromerzeugung aus erneuerbaren Energien. Kapitel 5: Analyse und Weiterentwicklung der Vorrangpolitik in Deutschland. Vohaben gefördert durch das Land Baden-Württemberg; Entwurf.

Lauber, Volker; Mez, Lutz (2004): Three decades of renewable electricity policies in Germany. In:Energy & Environment, vol. 15 no. 4 (2004), S. 599-623.

Lauber, Volkmar; Mez, Lutz (2006): Renewable Electricity Policy in Germany, 1974-2005. In: Bulletin of Science, Technology and Society, H. 2, S. 105–120.

Liebing, Ingbert: Erneuerbare Energien werden erwachsen. Pressemitteilung vom 04.06.2008. Online verfügbar unter www.ingbert-liebing.de, zuletzt geprüft am 26.10.2008.

Marie-Luise Dött; Maria Flachsbarth: Existenz von Pflanzenöl-Blockheizkraftwerken gesichert. Pressemitteilung vom 04.12.2008. Berlin. Online verfügbar unter www.cducsu.de, zuletzt geprüft am 16.01.2009.

May, Hanne (2007a): Drohendes Unwetter aus Brüssel. In: Neue Energie, H. 10, S. 18.

May, Hanne (2007b): Knüppel aus dem Sack. In: Neue Energie, H. 12, S. 22–28.

May, Hanne (2007c): Keine Sommerpause. In: Neue Energie, H. 8, S. 14–19.

May, Hanne (2008a): Warm spielen. In: Neue Energie, H. 3, S. 14–19.

May, Hanne (2008b): Runde Sache. In: Neue Energie, H. 6, S. 16–19.

May, Hanne; Nikionok-Ehrlich, Angelika (2008): Brüssel macht Ernst. In: Neue Energie, H. 2, S. 16–17.

Mayntz, Renate; Scharpf, Fritz Wilhelm (1975): Policy-making in the German federal bureaucracy. Amsterdam, New York: Elsevier.

mdr.de (2007): Kompromiss auf Bali gefunden. UN-Klimakonferenz. Online verfügbar unter www.mdr.de, zuletzt aktualisiert am 15.12.2007, zuletzt geprüft am 02.08.2008.

Meinke, Ulf (2008): Kleinlauter Rückzieher. In: Westdeutsche Allgemeine Zeitung, 21.05.2008.

Meister, Michael; Meyer, Laurenz; Pfeiffer, Joachim (03/2008): Forderungen für das parlamentarische Verfahren des IEKP. Positionspapier. Unveröffentlichtes Manuskript, 03/2008, Berlin.

Meßmer, Nicole (2007): Neue Gesetze für ein gutes Klima. In: Der Tagesspiegel, 05.12.2007.

Mez, Lutz (2003): Ökologische Modernisierung und Vorreiterrolle in der Energie- und Umweltpolitik? : Eine vorläufige Bilanz. In: Egle, Christoph (Hrg.): Das rot-grüne Projekt : eine Bilanz der Regierung Schröder 1998 – 2002. Wiesbaden: Westdeutscher Verlag.

Mez, Lutz; Reiche, Danyel (2008): An sechzehn Strängen ziehen. In: Solarzeitalter, H. 1, S. 24–28.

Michaeli, Wolf-Dieter (2007): Große Worte - kleine Taten. In: Energiewirtschaftliche Tagesfragen, Jg. 57, H. 11, S. 6.

Michaeli, Wolf-Dieter (2008): Zwang zum Erfolg. Bericht aus Berlin. In: Energiewirtschaftliche Tagesfragen, H. 6, S. 6.

Mihm, Andreas (2008a): Energie in Deutschland. Bundeszentrale für politische Bildung. (Dossier Energiepolitik). Online verfügbar unter www.bpb.de, zuletzt aktualisiert am 05.09.2008, zuletzt geprüft am 19.10.2008.

Mihm, Andreas (2008b): "Wir brauchen neue Kraftwerke". Im Gespräch: Michael Glos. 29.04.2008. Online verfügbar unter www.faz.de, zuletzt geprüft am 15.05.2008.

Morthorst, Poul Erik (2006): Impacts of Wind Power on Power Spot Prices. Online verfügbar unter www.optres.fhg.de, zuletzt geprüft am 27.03.2008.

Mrusek, Konrad (2007): Erste Einigung beim Klimaprogramm. Online verfügbar unter www.faz.net, zuletzt aktualisiert am 22.08.2007, zuletzt geprüft am 13.09.2008.

Mrusek, Konrad (2008): Reguliertes Klima. In: Frankfurter Allgemeine Zeitung, 07.06.2008.

Mrusek, Konrad (2008): Solarstrom-Subvention wird nur leicht gekürzt. In: Frankfurter Allgemeine Zeitung, 31.05.2008.

Mrusek, Konrad (2008): Union will weniger Geld für Solarstrom zahlen. In: Frankfurter Allgemeine Zeitung, 05.05.2008.

Müller, Thorsten (2004): Das novellierte Erneuerbare-Energien-Gesetz. Abhandlungen. In: Recht der Energiewirtschaft, H. 10-11, S. 237–247.

net-tribune.de (2007): Deutsches Klimapaket noch im November. Online verfügbar unter www.net-tribune.de, zuletzt aktualisiert am 11.09.2007, zuletzt geprüft am 28.08.2008.

net-tribune.de (2008): Solarstrom-Förderung: Für Kunden könnte es teuer werden. Online verfügbar unter www.net-tribune.de, zuletzt aktualisiert am 06.05.2008, zuletzt geprüft am 05.10.2008.

Neue Energie (2007): IPCC: Klimawende bis 2015 Pflicht. In: Neue Energie, H. 12, S. 10.

Neue Osnabrücker Zeitung (2008): Rolle rückwärts bei den Diäten. In: Neue Osnabrücker Zeitung, 21.05.2008.

Nikionok-Ehrlich, Angelika (2007): Klare See, unklare Beschlüsse. In: Neue Energie, H. 7, S. 14–15.

Nikionok-Ehrlich, Angelika (2008): Baliwood. In: Neue Energie, H. 1, S. 14–16.

Nitsch, Joachim (02/2007): Leitstudie 2007. Aktualisierung und Neubewertung der "Aufbaustrategie Erneuerbare Energien" bis zu den Jahren 2020 und 2030 mit Ausblick bis 2050. Herausgegeben von BMU. Online verfügbar unter www.erneuerbare-energien.de, zuletzt geprüft am 24.07.2008.

n-tv.de (2007): Klimapaket der Bundesregierung. Hintergrund. Online verfügbar unter www.n-tv.de, zuletzt aktualisiert am 05.12.2007, zuletzt geprüft am 25.08.2008.

n-tv.de (2008a): Merkel ohne Rückhalt. Klimapolitisches Chaos. Online verfügbar unter www.n-tv.de, zuletzt aktualisiert am 01.06.2008, zuletzt geprüft am 05.10.2008.

n-tv.de (2008b): Solarstrom-Deckel im EEG. Koalition bastelt Hintertürchen. Online verfügbar unter www.n-tv.de, zuletzt aktualisiert am 03.06.2008, zuletzt geprüft am 05.10.2008.

n-tv.de (2008c): Gabriel will Windstrom fördern. Online verfügbar unter www.n-tv.de, zuletzt aktualisiert am 06.05.2008, zuletzt geprüft am 05.10.2008.

n-tv.de (2008): CDU-Mehrheit wird kleiner. Machtverhältnisse im Bundesrat. Online verfügbar unter www.n-tv.de, zuletzt aktualisiert am 24.02.2008, zuletzt geprüft am 05.10.2008.

o.A. (2006): Politikfeldanalyse. In: Schubert, Klaus; Klein, Martina (Hg.): Das Politiklexikon. 4., aktualisierte Aufl. Bonn: Bundeszentrale für Politische Bildung (Schriftenreihe / Bundeszentrale für Politische Bildung, 497), S. 102.

Odenwald, Michael (2008): Tank oder intakte Natur. Online verfügbar unter www.focus.de, zuletzt aktualisiert am 02.09.2008, zuletzt geprüft am 06.09.2008.

Oschmann, Volker (2007): Erneuerbare Energien im deutschen und europäischen Recht. Ein Überblick.

Oschmann, Volker; Müller, Thorsten (2000): Gesetz für den Vorrang erneuerbarer Energien (Erneuerbare-Energien-Gesetz - EEG). Synoptische Gegenüberstellung des Stromeinspeisungsgesetzes 1998, des Gesetzentwurfs vom Dezember 1999 und des endgültigen Gesetzestextes. In: Zeitschrift für Neues Energierecht, Jg. 4, H. 1, S. 7–15.

Oschmann, Volker; Müller, Thorsten (2004): Neues Recht für erneuerbare Energien. Grundzüge der EEG-Novelle. In: Zeitschrift für Neues Energierecht, Jg. 8, H. 1, S. 24–30.

Pehnt, Martin (03/2006): Fact Sheets "Erneuerbare Energien". Version 3/2006. Im Auftrag des Bundesumweltministeriums. Herausgegeben von ifeu - Institut für Energie- und Umweltforschung. Online verfügbar unter www.ifeu.de, zuletzt geprüft am 05.10.2008.

Peine, Elmar (2008): Wasser auf einträgliche Mühlen. In: Euro am Sonntag, H. 11. Online verfügbar unter www.finanzen.net, zuerst veröffentlicht: 22.07.2008, zuletzt geprüft am 25.10.2008.

Pfeiffer, Joachim (13.11.2007): Erneuerbare-Energien-Gesetz. Das EEG um markt- und wettbewerbsbezogene Aspekte optimieren. Berlin. Online verfügbar unter www.neue-energieanbieter.de, zuletzt geprüft am 23.10.2008.

Pfeiffer, Joachim (16.01.2008a): Koordinationskreis Energie am 16.01.2008. Integriertes Energie- und Klimaprogramm (IEKP). Vermerk. Unveröffentlichtes Manuskript, 16.01.2008, Berlin.

Pfeiffer, Joachim (14.01.2008): Einladung zum Energiepolitischen Dialog der CDU/CSU-Bundestagsfraktion am 24.01.2008. Unveröffentlichtes Manuskript, 14.01.2008, Berlin.

Pfeiffer, Joachim: Pfeiffer: Erneuerbare Energien in den Markt integrieren - EEG dringed ergänzen. Pressemitteilung vom 05.05.2008. Berlin. Online verfügbar unter www.cducsu.de, zuletzt geprüft am 05.10.2008.

Pfeiffer, Joachim (16.01.2008b): Koordinationskreis Energie am 16.01.08. Integriertes Energie- und Klimaprogramm (IEKP). Protokoll. Unveröffentlichtes Manuskript, 16.01.2008, Berlin.

Pflüger, Antonio (2007): Erneuerbare Energien - Status und Potentiale. In: Vierteljahreshefte zur Wirtschaftsforschung (DIW), H. 1, S. 35–49.

Proissl, Wolfgang (2007): EU-Plan für Zertifikatehandel ängstigt Ökostrombefürworter. In: Financial Times Deutschland, 27.12.2007.

Quaschning, Volker (2008): Erneuerbare Energien und Klimaschutz. Hintergründe - Techniken - Anlagenplanung - Wirtschaftlichkeit. München: Hanser.

Ragwitz, Mario; Sensfuß, Frank (22.05.2008): BEE-Integrationsbonus versus optionale Dirketvermarktung. Gegenüberstellung. Fraunhofer Institut System- und Innovationsforschung.

Ramsauer, Peter (2005): Abschied von Matthias Engelsberger, MdB 1969 - 1990. Online verfügbar unter www.peter-ramsauer.de, zuletzt aktualisiert am 4.11.2005, zuletzt geprüft am 27.09.2008.

Rathaus & Umwelt (2008): EU-Konzept "Öko-Energie". In: Rathaus & Umwelt, H. 1, S. 11–12.

Reiche, Danyel (2004): Rahmenbedingungen für erneuerbare Energien in Deutschland. Möglichkeiten und Grenzen einer Vorreiterpolitik. Frankfurt/Main: Lang.

Reiche, Danyel (Hg.) (2005): Grundlagen der Energiepolitik. [für Lutz Mez zum 60. Geburtstag]. Frankfurt/Main: Lang.

Reiche, Danyel (2007): Erneuerbare Energien. Online verfügbar unter www.tagesspiegel.de, zuletzt aktualisiert am 18.07.2007, zuletzt geprüft am 22.08.2008.

Reiche, Danyel (2008): Einführung: Die Energiepolitik. Bundeszentrale für politische Bildung. (Dossier Energiepolitik). Online verfügbar unter www.bpb.de, zuletzt aktualisiert am 05.09.2008, zuletzt geprüft am 19.10.2008.

Reiche, Katherina: Politik und Wirtschaft müssen beim Klimaschutz an einem Strang ziehen. Pressemitteilung vom 27.06.2007. Berlin. Online verfügbar unter www.cducsu.de, zuletzt geprüft am 30.08.2008.

Reiche, Katherina (27.11.2007): Vorbereitung der ersten Lesung der Novelle des EEG, des EEWärmeG und des Achten Gesetzes zur Änderung des Bundesimmissionsschutzgesetzes. Unveröffentlichtes Manuskript, 27.11.2007, Berlin.

Reiche, Katherina: Reiche: Biogasherstellern muss geholfen werden. Pressemitteilung vom 19.12.2008. Online verfügbar unter www.cducsu.de, zuletzt geprüft am 16.01.2009.

Reiche, Katherina: EU muss deutsche Stahl- und Chemieindustrie stärken - Deutsches EEG muss erhalten bleiben. Pressemitteilung vom 22.01.2008. Berlin. Online verfügbar unter www.cducsu.de, zuletzt geprüft am 05.10.2008.

Reimer, Nick (2008): CDU scheitert bei Solarstrom. SPD setzt sich durch. Online verfügbar unter www.taz.de, zuletzt aktualisiert am 30.05.2008, zuletzt geprüft am 31.05.2008.

Reinhardt, Peter (2008): Zuschuss für Öko-Heizung in Altbauten. In: Mannheimer Morgen, 06.06.2008.

Reshöft, Jan (2003): Verfassungs- und Europarechtskonformität des EEG. [Rechtsprobleme des Gesetzes für den Vorrang Erneuerbarer Energien (EEG) unter besonderer Berücksichtigung verfassungs- und europarechtlicher Fragestellungen]. Norderstedt: Books on Demand.

Reshöft, Jan (2004): Zur Novellierung des EEG - was lange wird, wird endlich (gut). In: Zeitschrift für Neues Energierecht, Jg. 8, H. 3, S. 240–249.

Reuters (2008): Gabriel will Windstrom an Land noch stärker fördern. 06.05.2008. Online verfügbar unter www.reuters.com, zuletzt aktualisiert am 06.05.2008, zuletzt geprüft am 15.05.2008.

Röring, Johannes (12.02.2008): Vermerk zum Kabinettsentwurf des EEG für die AG ELV der CDU/CSU-Fraktion. Unveröffentlichtes Manuskript, 12.02.2008, Berlin.

Runci, Paul J. (17.01.2005): Renewable Energy Policy in Germany: An Overview and Assessment. Herausgegeben von Pacific National Laboratory. Joint Global Change Research Institute. (Technical Reports, PNWD-3526).

RWE (2007a): Keine Investitionen ohne verlässliche Rahmenbedingungen - Was wir von der Politik erwarten. Grundsatzpapier. Online verfügbar unter www.rwe.com, zuletzt geprüft am 27.07.2007.

RWE (2007b): Regenerative Energien. Online verfügbar unter www.rwe.com, zuletzt geprüft am 22.07.2007.

RWE (2007c): RWE - eines der führenden europäischen Energie-Unternehmen. Online verfügbar unter www.rwe.com, zuletzt geprüft am 22.07.2007.

Sabatier, Paul A. (1993): Advocacy-Koalitionen, Policy-Wandel und Policy-Lernen eine Alternative zur Phasenheuristik. In: Héritier, Adrienne (Hg.): Policy-Analyse. Kritik und Neuorientierung. Opladen: Westdeutscher Verlag (Politische Vierteljahresschrift Sonderheft, 24), S. 116–148.

Sabatier, Paul A.; Weible, Christopher M. (2007): The Advocacy Coalition Framework. Innovations and Clarifications. In: Sabatier, Paul A. (Hg.): Theories of the policy process. 2. Aufl. Boulder Colorado: Westview Press, S. 189–220.

Sattar, Majid (2008): Merkel setzt Solarförderung durch. Online verfügbar unter www.faz.net, zuletzt aktualisiert am 04.06.2008, zuletzt geprüft am 05.10.2008.

Sattar, Majid (2008): Streit in der Union über Förderung der Solarenergie. In: Frankfurter Allgemeine Zeitung, 05.06.2008.

Sauter, Raphael; Grashof, Katherina (2007): Ein neuer Impuls für eine europäische Energiepolitik. Ergebnisse des EU-Frühjahrsgipfels 2007. In: Integration, Jg. 30, H. 3, S. 264–280.

Schäfermeister, Andreas (2008): Reichlich Klärungsbedarf. In: Neue Energie, H. 2, S. 22–24.

Scharpf, Fritz Wilhelm (1973): Planung als politischer Prozess. Aufsätze zur Theorie der planenden Demokratie. Frankfurt (Main): Suhrkamp (Theorie).

Schiffer, Hans-Wilhelm (2007): Deutscher Energiemarkt 2006. In: Energiewirtschaftliche Tagesfragen, Jg. 57, H. 3, S. 32–43.

Schleswig-Holstein (29.10.2008): Entwurf eines Gesetzes zur Änderung des Erneuerbare-Energien-Gesetzes (EEG). Gesetzentwurf. Antrag des Landes Schleswig Holstein. Unveröffentlichtes Manuskript, 29.10.2008, Kiel.

Schleswig-Holstein (30.10.2008): Bundesratsinitiative Schleswig Holstein zum "Anlagenbegriff" im EEG 2009. Berlin. Email an Steffen Dagger.

Schmidt, Holger (2008): Der Sieg der Solar-Lobby. In: Frankfurter Allgemeine Zeitung, 06.06.2008.

Schneider, Volker; Janning, Frank (2006): Politikfeldanalyse. Akteure, Diskurse und Netzwerke in der öffentlichen Politik. 1. Aufl. Wiesbaden: VS Verlag für Sozialwissenschaften (Grundwissen Politik : 43).

Schubert, Klaus; Bandelow, Nils C. (Hg.) (2003): Lehrbuch der Politikfeldanalyse. München: Oldenbourg (Lehr- und Handbücher der Politikwissenschaft).

Schumacher, Hanna (2008): Die Neufassung des Erneuerbare-Energien-Gesetzes im Rahmen des Integrierten Energie- und Klimapaketes. In: Zeitschrift für Umweltrecht, H. 3, S. 121–126.

Selke, Jan-Welf; Bardt, Hubertus (2008): Ein neues Klimaschutzabkommen nach 2012. In: Energiewirtschaftliche Tagesfragen, Jg. 58, H. 1/2, S. 125–128.

Sensfuß, Frank; Ragwitz, Mario (18.06.2007): Analyse des Preiseffektes der Stromerzeugung aus erneuerbaren Energien auf die Börsenpreise im deutschen Stromhandel. Anlalyse für das Jahr 2006. Gutachten für das BMU. Herausgegeben von Fraunhofer Institut System- und Innovationsforschung. Karlsruhe.

Simonis, Udo E. (05/2007): Kyoto II and ‚Houston Protocol' – On the Future of International Climate Policy. lecture at the 12th Japanese-German Symposium "A Universal Challenge: Climate Change", May 12, 2007 in Bamberg, Residenzschloss. Herausgegeben von Wissenschaftszentrum Berlin für Sozialforschung (WZB). Berlin. (P 2007-004).

solarportal24 (2008): Solarbranche alarmiert: Union will Solarenergie ausbremsen. Online verfügbar unter www.solarportal24.de, zuletzt aktualisiert am 27.05.2008, zuletzt geprüft am 05.10.2008.

solarserver.de (2007): BMWI: Neues Gutachten zur EEG-Förderung veröffentlicht. Online verfügbar unter www.solarserver.de, zuletzt aktualisiert am 13.04.2007, zuletzt geprüft am 21.07.2008.

SPD (2005): Vertrauen in Deutschland. Das Wahlmanifest der SPD. Online verfügbar unter www.spd.de, zuletzt geprüft am 06.09.2008.

SPD-Bundestagsfraktion (2003): Energiepolitische Agenda 2010. Innovativ, sicher und nachhaltig. (Dokumente, 5). Online verfügbar unter www.rolfhempelmann.de, zuletzt geprüft am 30.08.2008.

SPD-Bundestagsfraktion (06/2007): Klimaschutz und nachhaltige Energiepolitik. Eckpunkte für die Umsetzung der europäischen Ziele in der Klimaschutz- und Energiepolitik in Deutschland. Beschluss der SPD-Bundestagsfraktion. (Dokumente, 07/07). Online verfügbar unter www.spdfraktion.de, zuletzt geprüft am 02.08.2008.

SPD-Bundestagsfraktion (18.06.2007): Klimaschutz und nachhaltige Energiepolitik. Umwelt. (Fraktion Intern, 5). Online verfügbar unter www.spdfraktion.de, zuletzt geprüft am 02.08.2008.

SPD-Bundestagsfraktion (2007): Energiepolitik heute - unser Morgen gestalten. Konferenz der SPD-Bundestagsfraktion. 15. Juni 2007 in Berlin. (Dokumente, 11). Online verfügbar unter www.spdfraktion.de, zuletzt geprüft am 02.08.2008.

SPD-Bundestagsfraktion (12.05.2007): Dem Klimawandel entgegensteuern. Kein "Weiter so" möglich. Thema Klima. (Fraktion Intern, 4). Online verfügbar unter www.spdfraktion.de, zuletzt geprüft am 02.08.2008.

SPD-Bundestagsfraktion (29.05.2008a): Vorschläge der SPD-Bundestagsfraktion für redaktionelle Klar- und Richtigstellungen im EEG-Gesetzesentwurf. (ohne inhaltliche Veränderungen). Unveröffentlichtes Manuskript, 29.05.2008, Berlin.

SPD-Bundestagsfraktion: Erfolgreiche Konferenz der SPD. Nr. 417. Pressemitteilung vom 04.06.2008. Online verfügbar unter www.spdfraktion.de, zuletzt geprüft am 02.08.2008.

SPD-Bundestagsfraktion (29.05.2008b): Änderungsvorschläge der SPD-Bundestagsfraktion zur Novelle des EEG. Unveröffentlichtes Manuskript, 29.05.2008, Berlin.

spiegel.de (2007): Bundesregierung will erneuerbare Energien fördern. Klimaprogramm. Online verfügbar unter www.spiegel.de, zuletzt aktualisiert am 04.12.2007, zuletzt geprüft am 25.08.2008.

spiegel.de (2007): Glos torpediert Gabriels Klima-Projekt. Streit über Öko-Wende. Online verfügbar unter www.spiegel.de, zuletzt aktualisiert am 21.07.2007, zuletzt geprüft am 13.09.2008.

spiegel.de (2007): EU will Treibhausgasausstoß um 20 Prozent senken. Klimapolitik. Online verfügbar unter www.spiegel.de, zuletzt aktualisiert am 10.01.2007, zuletzt geprüft am 26.07.2008.

Stadthaus, Marcus (2003): Der Konflikt um moderne Gaskraftwerke (GuD) im Rahmen der ökologischen Steuerreform. Herausgegeben von Forschungsstelle für Umweltpolitik (FFU). Freie Universität Berlin. Berlin. (FFU-Report, 01-03). Online verfügbar unter www.fu-berlin.de, zuletzt geprüft am 06.09.2008.

Staiß, Frithjof (Hg.) (2007): Jahrbuch Erneuerbare Energien 2007. 1. Aufl. Radebeul: Bieberstein Horst.

Stratmann, Klaus (2007): Öko-Energie verteuert die Stromnetze. Online verfügbar unter www.handelsblatt.com, zuletzt aktualisiert am 19.10.2007, zuletzt geprüft am 14.09.2008.

Stratmann, Klaus (2008): Solarstrom - teuer und ineffizient. 24.04.2007. Online verfügbar unter www.handelsblatt.com, zuletzt geprüft am 16.05.2008.

stromtip.de (2006): Bundestag beschließt Änderung des EEG. Online verfügbar unter www.stromtip.de, zuletzt aktualisiert am 29.09.2006, zuletzt geprüft am 22.10.2008.

stromtip.de (2007): Gutachten zum EEG sorgt für Wirbel. Online verfügbar unter www.stromtip.de, zuletzt aktualisiert am 14.04.2007, zuletzt geprüft am 21.07.2008.

Stuttgarter Zeitung (2008): Rettung für Gönners Wärmegesetz in Sicht. In: Stuttgarter Zeitung, 31.05.2008.

Stuttgarter Zeitung (2008): Unionsfraktion äußert Kritik an der Führung. In: Stuttgarter Zeitung, 05.06.2008.

Suck, André (2008): Erneuerbare Energien und Wettbewerb in der Elektrizitätswirtschaft. Staatliche Regulierung im Vergleich zwischen Deutschland und Großbritannien. 1. Aufl. Wiesbaden: VS Verlag für Sozialwissenschaften.

Süddeutsche Zeitung (2007): Kraftprobe im Kabinett. In: Süddeutsche Zeitung, 18.07.2007.

tagesschau.de (2007): Die Beschlüsse des Bali-Gipfels im Überblick. Hintergrund. Online verfügbar unter www.tagesschau.de, zuletzt aktualisiert am 15.12.2007, zuletzt geprüft am 02.08.2008.

Teske, Sven (1996): Das Stromeinspeisegesetz - Rückrat der regenerativen Energiequellen. Ein Greenpeace-Plädoyer für den Erhalt und die Erweiterung des Einspeisegesetzes. In: Beste, Dieter (Hg.): Erneuerbare Energien. Warum wir sie dringend brauchen, aber kaum nutzen ; Berichte, Analysen, Argumente. Düsseldorf: VDI-Verlag (Taschenbuchreihe Fakten), S. 72–78.

Thiel, Ruben (2008): Donnerwetter um die Solarförderung. 05.05.2008. Online verfügbar unter www.derwesten.de, zuletzt geprüft am 15.05.2008.

Thiele, Carl-Ludwig (07.12.2007): Schriftliche Frage an die Bundesregierung Nr. 32. In: Schriftliche Fragen mit den in der Woche vom 3. Dezember 2007 eingegangenen Antworten der Bundesregierung. Drs. 16/7434. Deutscher Bundestag. Berlin, S. 24.

Trittin, Jürgen (2003): Ziele und Eckpunkte der geplanten EEG-Novelle. Neujahrsempfang BWE/FV Biogas/VDMA. Online verfügbar unter www.erneuerbare-energien.de, zuletzt aktualisiert am 28.01.2003, zuletzt geprüft am 16.10.2008.

Troje, Hans (2007): Verbrennen statt düngen. In: DLG-Mitteilungen, H. 12, S. 50–51.

Uhlmann, Stefan (2007): Die erfolgreiche Klimakanzlerin. Online verfügbar unter www.welt.de, zuletzt aktualisiert am 11.12.2007, zuletzt geprüft am 06.09.2008.

Uken, Marlies (2007): Merkel bleibt grün. Online verfügbar unter www.zeit.de, zuletzt aktualisiert am 04.07.2007, zuletzt geprüft am 13.09.2008.

Umbach, Frank (2004): Sichere Energieversorgung auch in Zukunft. Die Notwendigkeit einer europäischen Strategie. In: Internationale Politik, H. 8, S. 17–28.

Umbach, Frank (2008a): Diversifizierung statt Protektorat. In: Die Politische Meinung, Jg. 53, H. 466, S. 25–30.

Umbach, Frank (2008b): Die EU-Energiestrategien. Bundeszentrale für politische Bildung. (Dossier Energiepolitik). Online verfügbar unter www.bpb.de, zuletzt aktualisiert am 05.09.2008, zuletzt geprüft am 19.10.2008.

UNFCCC (14.03.2008): Report of the Conference of the Parties on its thirteenth session, held in Bali from 3 to 15 December 2007. Part Two: Action taken by the Conference of the Parties at its thirteenth session. Herausgegeben von United Nations. Online verfügbar unter www.unfccc.int, zuletzt geprüft am 05.10.2008.

Vattenfall (2007a): Umweltschutz ist Unternehmensaufgabe. Online verfügbar unter www.vattenfall.de, zuletzt geprüft am 27.07.2007.

Vattenfall (2007b): Vattenfall in Deutschland: Teil einer europäischen Kraft. Online verfügbar unter www.vattenfall.de, zuletzt geprüft am 27.07.2007.

VCI (2008): Verband der Chemischen Industrie e.V. Online verfügbar unter www.vci.de, zuletzt geprüft am 05.10.2008.

VDMA: VDMA: Erfahrungsbericht zum Erneuerbare-Energien-Gesetz unterstreicht Erfolg. Pressemitteilung vom 05.07.2007. Online verfügbar unter www.vdma.org, zuletzt geprüft am 30.08.2008.

VDMA (2008a): VDMA Profil. Online verfügbar unter www.vdma.org, zuletzt geprüft am 30.08.2008.

VDMA (2008b): Energiepolitik. Online verfügbar unter www.vdma.org, zuletzt geprüft am 30.08.2008.

Verbraucher müssen 28 Prozent mehr zahlen (19.08.2008, Berlin, Reuters; Associated Press). Online verfügbar unter www.stern.de, zuletzt geprüft am 07.09.2008.

verivox.de: Strategien für billigeren Strom - Wie die Politik die Strompreise künftig senken will. 13.06.2007. Online verfügbar unter www.verivox.de, zuletzt geprüft am 05.04.2008.

VKU (2009): BMU plant Rechtsverordnung zur Reform des EEG-Wälzungsmechanismus. Online verfügbar unter www.vku.de, zuletzt geprüft am 17.01.2009.

vzbv (2008): Verbraucherzentrale Bundesverband e.V. Online verfügbar unter www.verbraucherzentrale.de, zuletzt geprüft am 05.10.2008.

vzbv: Warnung vor Milliardenkosten für Solarstrom. Verbraucherschützer für geringere Förderung - Auch Union erwägt dies - Anhörung im Bundestag. Pressemitteilung vom 05.05.2008. Online verfügbar unter www.pr-inside.de, zuletzt geprüft am 24.05.2008.

Weber, Eicke R. (2008): Das Erneuerbare-Energien-Gesetz - eine Erfolgsgeschichte. In: Energiewirtschaftliche Tagesfragen, Jg. 58, H. 4, S. 71–74.

Weber, Jürgen (1981): Interessengruppen im politischen System der Bundesrepublik Deutschland. 2. überarb. u. erw. Aufl. München: Bayerische Landeszentrale für Politische Bildungsarbeit (Arbeitsheft / Bayerische Landeszentrale für Politische Bildungsarbeit, 52).

Weilemann, Peter R.; Schrey, Denis; Einhäuser, Barbara (03/2006): Der Frühjahrsgipfel des Europäischen Rates 2006. Herausgegeben von Konrad-Adenauer-Stiftung. Brüssel. Online verfügbar unter www.kas.de, zuletzt geprüft am 05.10.2008.

welt.de (2008): Hohe Energiepreise belasten die Verbraucher. Online verfügbar unter www.welt.de, zuletzt aktualisiert am 20.08.2008, zuletzt geprüft am 07.09.2008.

Welter, Patrick (2008): Sonnenenergie verbrennt Geld. In: FAZ-Sonntagszeitung, 20.04.2008.

Wetzel, Daniel (2008): Union kämpft gegen Solar-Förderung. Online verfügbar unter www.welt.de, zuletzt aktualisiert am 08.05.2008, zuletzt geprüft am 15.05.2008.

Wille, Joachim (2007a): Bund will Solarstrom weniger fördern. FR-Online.de. Online verfügbar unter www.fr-online.de, zuletzt aktualisiert am 02.11.2007, zuletzt geprüft am 11.01.2008.

Wille, Joachim (2007b): Solarstrom richtig kürzen. FR-Online.de. Online verfügbar unter www.fr-online.de, zuletzt aktualisiert am 02.11.2007, zuletzt geprüft am 11.01.2008.

Windenergieagentur Bremerhaven; WVW (10.03.2008): Windenergie an Land in Deutschland. Stellungnahme zum EEG-Egsetzentwurf vom 05.12.2007. Positionspapier. Berlin. Online verfügbar unter www.wvwindkraft.de, zuletzt geprüft am 01.11.2008.

Windhoff-Héritier, Adrienne (1987): Policy-Analyse. Eine Einführung. Frankfurt/Main: Campus (Campus-Studium, 570).

Wirtenberger, Franz (2008): Erneuerbare Energien in der Europäischen Union - Politik und Rechtsetzung. In: Zeitschrift für europäisches Umwelt- und Planungsrecht, Jg. 6, H. 1, S. 11–19.

Wissen, Ralf; Nicolosi, Marco: Ist der Merit-Order-Effekt der erneuerbaren Energien richtig bewertet. In: Energiewirtschaftliche Tagesfragen, Jg. 58, S. 110–115. Online verfügbar unter www.ewi.uni-koeln.de, zuletzt geprüft am 05.10.2008.

Wissen, Ralf; Nicolosi, Marco (09/2007): Ist der Merit-Order-Effekt der erneuerbaren Energien richtig bewertet. Energiewirtschaftliches Institut an der Universität zu Köln. (EWI Working Paper, 07/3). Online verfügbar unter www.ewi.uni-koeln.de, zuletzt geprüft am 05.10.2008.

Witt, Andreas (2008a): EEG-Novelle startet im Bundestag. In: Solarthemen, H. 274, S. 3.

Witt, Andreas (2008b): Harter Konflikt um neue EU-Richtlinie. In: Solarthemen, H. 271, S. 2.

Witt, Andreas (2008c): Grünes Licht für EU-Richtlinie. In: Solarthemen, H. 294, S. 1.

Witt, Andreas (2008d): Pfeiffer: Verordnungen werden blockiert. In: Solarthemen, H. 294, S. 3.

Witt, Andreas (2008e): EEG-Novelle tritt in die heiße Phase. In: Solarthemen, H. 279, S. 2.

Witt, Andreas (2008f): Union im Bundestag läuft sich warm. In: Solarthemen, H. 272, S. 3.

Witt, Andreas (2008g): PV-Szene: Ruhe vor der EEG-Novelle. In: Solarthemen, H. 275, S. 1.

Witt, Andreas (2008h): Übergangslösung für Palmöl in BHKW. In: Solarthemen, H. 294, S. 3.

Wuppertal Institut für Klima, Umwelt, Energie (2008): Vorbereitung und Begleitung bei der Erstellung eines Erfahrungsberichtes gemäß § 20 EEG. Kurzbeschreibung. Online verfügbar unter www.wupperinst.org, zuletzt geprüft am 21.07.2008.

Zellstoff Stendal (2008): Das Unternehmen. Online verfügbar unter www.zellstoff-stendal.de, zuletzt geprüft am 03.01.2008.

Ziegler, Helmuth (2000a): Grüß Gott, gelungenes Gesetz! In: UmweltMagazin, H. 3, S. 3.

Ziegler, Helmuth (2000b): Start ins Solarzeitalter. In: UmweltMagazin, H. 3, S. 20–23.

ZSW (2008): Zentrum für Sonnenenergie und Wasserstoffforschung. Online verfügbar unter www.zsw-bw.de, zuletzt geprüft am 05.10.2008.

ZSW (et.al.) (11/2007a): Vorbereitung und Begleitung der Erstellung des Erfahrungsberichtes 2007 gemäß § 20 EEG. Forschungsbericht; Forschungsvorhaben im Auftrag des BMU. Kapitel 9 bis 12. Online verfügbar unter www.erneuerbare-energien.de, zuletzt geprüft am 05.10.2008.

ZSW (et.al.) (11/2007b): Vorbereitung und Begleitung der Erstellung des Erfahrungsberichtes 2007 gemäß § 20 EEG. Forschungsbericht; Forschungsvorhaben im Auftrag des Bundesministeriums für Umwelt, Naturschutz und Reaktorsicherheit. Kapitel 1-4. Online verfügbar unter www.erneuerbare-energien.de, zuletzt geprüft am 01.01.2008.

ZSW (et.al.) (11/2007c): Vorbereitung und Begleitung der Erstellung des Erfahrungsberichtes 2007 gemäß § 20 EEG. Forschungsbericht; Forschungsvorhaben im Auftrag des BMU. Kapitel 5 bis 7. Online verfügbar unter www.erneuerbare-energien.de, zuletzt geprüft am 01.01.2008.

ZSW (et.al.) (03/2008): Vorbereitung und Begleitung der Erstellung des Erfahrungsberichtes 2007 gemäß § 20 EEG. Forschungsbericht; Forschungsvorhaben im Auftrag des BMU; 3. Zwischenbericht. Kapitel 6. Online verfügbar unter www.erneuerbare-energien.de, zuletzt geprüft am 21.07.2008.

ECOLOGICAL ENERGY POLICY - EEP

Edited by Prof. Dr. Danyel Reiche

ISSN 1864-5860

1   Dagmar Sibyl Steuwer
    Der Europäische Emissionshandel und die Rolle der Europäischen
    Kommission
    Eine akteurszentrierte Analyse zur Untersuchung eines Policy Wandels
    Mit einem Vorwort von Lutz Mez
    ISBN 978-3-89821-793-4

2   Katharina Istel
    Förderung erneuerbarer Energien im Bundesland Nordrhein-Westfalen
    Eine politikwissenschaftliche Analyse der Auswirkungen des Regierungswechsels
    nach den Landtagswahlen 2005
    Mit einem Vorwort von Manfred Fischedick
    ISBN 978-3-89821-789-7

3   Xin Nina Zheng
    Understanding the Paradoxes in China's Energy Efficiency Trends
    Comparative Energy Analysis in the Global and National Context
    With a foreword by Nathan E. Hultman
    ISBN 978-3-89821-836-8

4   Angela Choe
    Energy Assistance to North Korea
    Options to be Considered Immediately by the Six Parties and Beyond
    With a foreword by Robert L. Gallucci
    ISBN 978-3-89821-838-2

5   Matthias Corbach
    Die deutsche Stromwirtschaft und der Emissionshandel
    Mit einem Vorwort von Thomas Leif
    ISBN 978-3-89821-816-0

6   Christian Schossig
    Erneuerbare Energien in den US-Bundesstaaten
    Eine vergleichende Fallstudie der Förderpolitiken von Kalifornien und Texas
    Mit einem Vorwort von Miranda Schreurs
    ISBN 978-3-89821-844-3

7   Paul Mußler
    Standortfaktoren für den Ausbau der Photovoltaik in Bayern
    Eine Analyse der politischen Steuerungsinstrumente im Mehrebenensystem
    Mit einem Vorwort von Hans-Josef Fell
    ISBN 978-3-89821-881-8

8   Iwona Podrygala
    Erneuerbare Energien im polnischen Stromsektor
    Analyse der Entstehung und Ausgestaltung der Instrumente zur Förderung der
    Stromerzeugung aus erneuerbaren Energien
    Mit einem Vorwort von Grzegorz Wiśniewski
    ISBN 978-3-89821-837-5

9   *Marie-Christine Gröne*
    Erneuerbare Energien in Indien
    Möglichkeiten, Grenzen und Zukunftsperspektiven für deutsche Unternehmen
    ISBN 978-3-8382-0008-8

10 *Mischa Bechberger*
    Erneuerbare Energien in Spanien
    Erfolgsbedingungen und Restriktionen
    Mit einem Geleitwort von Udo Simonis
    ISBN 978-3-89821-952-5

11 *Daniel Vallentin*
    Coal-to-Liquids (CtL): Driving Forces and Barriers – Synergies and Conflicts from an Energy and Climate Policy Perspective
    Including Country Studies on the United States, China and Germany
    and a Foreword by Peter Hennicke
    ISBN 978-3-89821-998-3

12 *Steffen B. Dagger*
    Energiepolitik & Lobbying
    Die Novellierung des Erneuerbare-Energien-Gesetzes (EEG) 2009
    ISBN 978-3-8382-0057-6

Steffen Dagger

Mitarbeiter im Deutschen Bundestag

Politikmanager, Öffentlichkeitsarbeiter und Berater

ISBN 978-3-8382-0007-1

134 S., Paperback, € 24,90

Erhältlich in jeder Buchhandlung
oder direkt bei

ibidem

Der Deutsche Bundestag ist das Parlament der Bundesrepublik Deutschland. Hier arbeiten mehr als 600 Parlamentarier als Vertreter des Volkes, um ihre Vorstellungen von Politik in gesetzliche Regelungen zu überführen. Hinter den Kulissen des Reichstagsgebäudes und abseits der Fernsehkameras arbeiten aber auch tausende Mitarbeiter bei der Bundestagsverwaltung, bei Fraktionen oder direkt für die Bundestagsabgeordneten. Zu ihren Aufgaben gehören Politikmanagement, Öffentlichkeitsarbeit oder Politikberatung.

Steffen Dagger analysiert in diesem Buch die Arbeit der Wissenschaftlichen Mitarbeiter der Bundestagsabgeordneten und der Referenten der Fraktionen des Deutschen Bundestages am Beispiel der CDU/CSU-Fraktion. Dabei gewährt es erstmals einen Einblick in politische Arbeitsstrukturen und Kommunikationsprozesse, die bislang noch kaum erforscht worden sind.

Series Subscription

Please enter my subscription to the series *Ecological Energy Policy - EEP*, ISSN 1864-5860, edited by PD Dr. Danyel Reiche, as follows:

❏ complete series   OR   ❏ English-language titles
                                                        ❏ German-language titles

starting with
❏ volume # 1
❏ volume # ___
    ❏ please also include the following volumes: #___, ___, ___, ___, ___, ___,

❏ the next volume being published
    ❏ please also include the following volumes: #___, ___, ___, ___, ___, ___,

❏ 1 copy per volume   OR   ❏ ___ copies per volume

Subscription within Germany:

You will receive every volume at 1st publication at the regular bookseller's price – incl. s & h and VAT.
Payment:
❏ Please bill me for every volume.
❏ Lastschriftverfahren: Ich/wir ermächtige(n) Sie hiermit widerruflich, den Rechnungsbetrag je Band von meinem/unserem folgendem Konto einzuziehen.

Kontoinhaber: _____ Kreditinstitut: _____
Kontonummer: _____ Bankleitzahl: _____

International Subscription:

Payment (incl. s & h and VAT) in advance for
❏ 10 volumes/copies (€ 319.80)   ❏ 20 volumes/copies (€ 599.80)
❏ 40 volumes/copies (€ 1,099.80)
Please send my books to:

NAME_____DEPARTMENT_____
ADDRESS_____
POST/ZIP CODE_____COUNTRY_____
TELEPHONE_____EMAIL_____

date/signature_____

Please fax to: **0511 / 262 2201 (+49 511 262 2201)**
or mail to: *ibidem*-Verlag, Julius-Leber-Weg 137, D-30457 Hannover, Germany
or send an e-mail: ibidem@ibidem-verlag.de

27 EU Mitglieder 2011   (Erweiterung 2004)

1
Belgien
Deutschland
Frankreich
Italien
Luxemburg
Niederlande

2 1973
Irland
VK
Dänemark

3 1980(?)
Griechenland
Portugal
Spanien

6 2007
Rumänien
Bulgarien

4 1995
Schweden
Finnland
Österreich

5 2004
Estland
Lettland
Litauen
Polen
Tschechien
Slowenien
Slowakei
Ungarn
Malta
Zypern (Süd)

Zeitschrift Erneuerbare Energien Abo!

ibidem-Verlag
Melchiorstr. 15
D-70439 Stuttgart

info@ibidem-verlag.de

www.ibidem-verlag.de
www.ibidem.eu
www.edition-noema.de
www.autorenbetreuung.de